日中全面戦争に至る
中国の選択
1933-1937

「防共」と「抗日」をめぐる葛藤

鹿 錫俊

東京大学出版会

CHINA'S DECISION MAKING PATHWAYS TO
THE SECOND SINO-JAPANESE WAR, 1933-37
Vacillating between 'Anti-communism' and 'Anti-Japan'
LU Xijun
University of Tokyo Press, 2024
ISBN978-4-13-036289-4

凡　例

1. 本書が対象とする時期の中国の国名は「中華民国」であるが，原則として「中国」とし，また，「駐中」，「駐中国」，「駐華」などの略称を「駐華」に統一した．しかし，日本語の一次資料からの直接引用は「支那」，「北支」などの原文をそのまま使用した．

2. 中国の東北部を指す名称として，「満州」または「満洲」があったが，本書では「満洲」に統一した．

3. 年代の表記は日本側の日付も含めて西暦に統一した．

4. 当時の日本の資料の原文を引用する場合，旧字を新字に改めるのを原則とした．

5. この時期の蔣介石日記は，あらかじめ年月日が印刷されている日記帳に書かれている．一部の内容は紙幅の関係で，別のページに記述している例が少なくない．その場合，括弧で所在ページを明記しておいた．例えば，（雑録）は，日記の雑録のページに記載されていることを意味する．

6. 蔣介石日記を含め，未公刊の手稿や会議録などには，誤字脱字等が避けられない．内容の理解を助けるために，本書では文意に基づいて，〔　〕を用いて補足または注釈を加えた場合がある．

7. 中国国民党の資料は，所蔵先が「中国国民党党史委員会」，「中国国民党党史館」などの変遷があるため，検索用の資料番号もしばしば変わっている（最新のものは「国立政治大学中国国民党党史档案探索系統」である）．なお，中央研究院近代史研究所の所蔵資料にも番号の変更がある．混乱を避けるために，本書ではすべて筆者が調査した時期の番号を使った．原文と照合する際は，時期によって資料番号に相違があることに注意されたい．

8. 書名や論文名が示されていない日本側の資料は，筆者が外務省外交史料館などの機関で抄録または複製した一次資料を示す．その多くは現在，出版または国立公文書館アジア歴史資料センターのウェブサイトで公開されている．中身の比較や注の付け直しの時間を節約し，また，協力して頂いた諸機関のスタッフに感謝の意を表するために，本書ではすべて抄録または複製時の所蔵機関のファイル番号を用いた．読者が原文を確認する必要がある場合は，まずその資料が出版またはウェブサイトで公開されているかどうかを確かめることをお勧めする．

9. ソ連などの第三国側の資料については，中国語訳があった場合，中身の照合や再確認の便宜を図るため，できる限り原典と中国語訳の出典をともに明記した．

目　次

凡　例

序　論 ……………………………………………………………………1

　1.　本書の目的　1

　2.　本書の対象時期と構成　2

　3.　本書の方法　3

　4.　資料とその運用　7

　5.　本書の意義　9

　結　び　9

第1章　前史：国民政府誕生後の対日・対ソ関係（1927〜1932）…………15

　1.　ジレンマによる対ソ敬遠方針　15

　2.　中ソ国交回復の裏表　21

　3.　特殊構造の背景と影響　23

　結　び　25

第2章　二重外交の形成と「制露攘日」構想の始動（1932.10〜1934.12）……31

　1.　「ソ連利用」策の浮上　31

　2.　ソ連との関係の冷却　35

　3.　米ソ国交樹立の波紋　40

　4.　「対ソ接近」論の台頭と汪精衛の反対　43

　5.　蔣介石の日中ソ関係観と「制露攘日」構想　48

　6.　日ソ相互牽制戦略の試行　55

　結　び　62

目 次　iii

第3章　華北事変前後における中日ソ関係の転換 (1935.1〜12) ………73

1. 1935年初頭の対日親善の背景　73
2. 日本の蔣介石認識とその当否　79
3. 華北問題をめぐるソ連カードの利用　84
4. 磯谷対案の衝撃と「連ソ制日」論の高揚　89
5. 蔣介石の新しい対日提案　94
6. 日本の回答とソ連側新政策の判明　99
7. 対ソ提携と対日抗戦への転換　104

結　び　109

第4章　何鍵密告，ソ蒙協定と1936年の激動 (1935.12〜1936.12) ……119

1. 陳立夫の回想に見る極秘の旅　119
2. 中ソ関係に関する日本側の観測　121
3. 湖南省政府主席何鍵の密告　125
4. 日中間の平穏の裏の中ソ関係の悪化　127

　(1) 何鍵の密告にあった誤り (128) ／ (2) 密告前における中ソ間の軋轢 (129)
　／ (3) ソ蒙相互援助議定書のショック (133)

5. 日本の対蔣不信とソ連の観察　134
6. 「共同防共」をめぐる日中の相克　138
7. 日独防共協定の影響　145

結　び　148

第5章　中ソ「絶対密件」に至る駆け引き (1936.12〜1937.8) ………………157

1. 西安事件による「共同防共」問題の本格化　157
2. 国民政府における「連ソ容共」の実相　164
3. 中ソ関係の再度の冷え込み　167
4. 心理的葛藤と全面戦争の勃発　176
5. 中ソ「絶対密件」と「共同防共」問題の決着　186

結　び　194

iv　目　次

第6章　「防共」概念をめぐる日中間の攻防 （1937.8〜9）………………205

1. 中ソ不可侵条約に対する日本の非難　205

2. 日本に対する国民政府の反論　209

3. 「防共」をめぐる日本の政策の虚実　213

4. 「防共」をめぐる中国の「正用」と「逆用」　219

　（1）日ソ共倒れ論による対独説得（220）／（2）ソ連の要求の拒否と中独友好の堅持（222）／（3）「侵中＝造共」論に基づく和平の呼びかけ（223）

結　び　225

第7章　日独ソをめぐる路線対立の展開と終焉 （1937.8〜1938.1）…………231

1. 「外交方略」の不発と「疑ソ依独」論の台頭　231

　（1）楊杰の使命と蔣介石の「外交方略」（231）／（2）ソ連への懐疑とドイツへの期待（236）

2. 「反共」執念の復活と別ルートの模索　241

　（1）日中戦争をめぐる独ソ間の角逐（241）／（2）反共執念の再燃と路線対立の激化（244）／（3）「造共」防止論に基づく対日・対独工作（248）

3. 「以独促ソ」と「依独講和」の交叉　252

　（1）「張沖伝言」による誤判断とドイツ調停の両面的利用（252）／（2）「共同防共」条件への危惧（257）／（3）スターリン返電への対応（259）／（4）蔣廷黻大使の観察と提言（261）／（5）蔣介石の孤立と中ソ乖離の拡大（264）

4. 日本の行動と中国の路線対立の終焉　266

　（1）日本の対中判断と講和条件の過酷化（266）／（2）国益・党益の相克と各派の相違（270）／（3）「対手トセズ」声明による戦争長期化の確定（273）

結　び　275

結　論………………………………………………………………………289

1. 「抗日」と「防共」に関する国民政府の思惑　289

2. 中国の抗日戦突入とソ連の意向との関連　293

3. ソ連の参戦拒否と国民政府の対日姿勢との関連　295

4. 国民政府の路線対立の終焉　298

5. 1937年の「曲線」と教訓　301

基本資料目録……………………………………………………………305

　1.　未公刊資料　　305

　2.　公刊資料　　306

あとがき　　311

索引（人名・事項）　　313

序　論

1. 本書の目的

　1931 年の満洲事変以降，日本からの侵略とソ連からの「赤禍」が交差して襲来する中，中国国民政府にとって，「抗日」と「防共」という複合的課題にどのように対処するかは，極めて困難で，利害が錯綜する多重的なジレンマであった．一般的に言えば，蔣介石をはじめとする国民政府は，「外患」と最大の「内憂」である中国共産党の武装革命との関連性に依拠して，「日患」をいわば「皮膚の病」と見なし，「露患」を「急所の禍」と見なしたといってよい．このような認識に基づいて，彼らはソ連に由来する中共の「赤禍」を一掃することを「日患」退治の前提とした．すなわち，「先に国内を安定させ，後に外患の解消にあたる〔中国語では「先安内，後攘外」〕」という優先順位を決めたのである．

　また，これに関連して，「赤禍」の粛清を優先的に進めるため，彼らは，日中間の紛争をできるだけ平和的に解決し，それが不可能でも，できる限り緊張の緩和を図ること，そして日中戦争の勃発は日ソ戦争勃発後まで先延ばししなければならないという方針を決めた．

　しかし，周知のように，こうした国民政府の既定方針に反して，日中両国は 1937 年 7 月の盧溝橋事件をきっかけに全面戦争に突入し，そして，当初双方とも短期的に終結させられると考えていた[1] この戦争は，1938 年 1 月のドイツによる調停の破綻を転換点に，長期戦争となったのである．

　では，このような結果はなぜ生まれたのか．そこに至るまでに，「抗日」と「防共」という二大課題をめぐって，蔣介石と国民政府はどのような葛藤を抱えていたのか．その中で，彼らの対日・対ソ政策の選択は，どのような過程を辿っていったのか．そこにおいて，日本要因はどのように作用したのか．そし

て，ソ連要因は中日両国の政策決定にどのような影響を及ぼしたのか．本書の目的は，こうした問題の解明を試みることである．

2. 本書の対象時期と構成

上記の目的を達成するには，本来，1931 年の満洲事変への対応を研究の始点にすべきである．しかし，すでに拙著『中国国民政府の対日政策 1931-1933』において，満洲事変期における中国の外交を考察した[2]．そこで本書では，同書との重複を避けるため，1933-1937 年を対象時期とし，次のような構成で論述を展開していく．

第 1 章「前史：国民政府誕生後の対日・対ソ関係（1927〜1932）」では，本書で扱う時期の前史として，前著に関連する内容のポイントを提示しつつ，1927 年南京での国民政府の誕生から，満洲事変への対応の一環として 1932 年 10 月に下した中ソ国交回復の決定までの中日ソ関係を概観し，中日ソ三国間の特殊な構造を明らかにする．

第 2 章から第 4 章までは，本書で扱う時期の前半部分であるが，「二重外交の形成と『制露攘日』構想の始動（1932.10〜1934.12）」，「華北事変前後における中日ソ関係の転換（1935.1〜12）」，「何鍵密告，ソ蒙協定と 1936 年の激動（1935.12〜1936.12）」というテーマを，時系列で論じる．それを通じて，中ソ国交回復から 1936 年の「日独防共協定」成立に至る期間を対象に，「抗日」と「防共」をめぐる国民政府の葛藤を再現している．

第 5 章から第 7 章までは後半部分に当たるが，1936 年 12 月の西安事件から 1938 年 1 月に発出した日本の「国民政府ヲ対手トセズ」声明までが対象時期である．この 14 カ月間は，時期的には本書の前半部分の 4 分の 1 程度に過ぎないが，位置づけとしては，「防共」と「抗日」をめぐる国民政府の選択の最終局面に当たり，それまでの数々の対立や矛盾が臨界点に達した段階である．この極めて重要な時期の諸問題を解明するため，「中ソ『絶対密件』に至る駆け引き（1936.12〜1937.8）」，「『防共』概念をめぐる日中間の攻防（1937.8〜9）」，「日独ソをめぐる路線対立の展開と終焉（1937.8〜1938.1）」といったテーマについて詳述することによって，この最終局面における国民政府の政策決

定とその因果関係を具体的に検証している.

　最後に,「結論」では本書全体の要旨をまとめながら, 五つの重要な問題について総括と補足を加えたい.

3. 本書の方法

　研究計画の構想から, 学術誌における個別論文の発表を経て, 新資料を追加して修正と加筆を行い, 最終的に本書をまとめるまで, 長い年月がかかった. その間, 学界では日中戦争の研究が進展し, 関連する書籍や論文は数多く発表されている[3]. こうした現状の中でも, 筆者は本書の出版を目指して心血を注いできた[4]. 本書においては, 先行研究に対する批判的整理を基に, 以下のように, 独自の視点と方法を定め, 従来の成果と異なる特徴を持たせるよう努めている.

　(1) 本書が探究する一連の問いについて, 1937 年の日本政府は「ソ連とコミンテルンの陰謀」を主旨とした回答を出していたと考えられる. それに対して, 国民政府は日本の中国侵略を主要因とする反論を展開していた. それから 80 年以上が過ぎた今日, 日本では, 政府は当時の主張を公言しなくなっているが, 民間ではこの古い主張を繰り返す人が後を絶たない[5]. 他方で, 現在の中国政府は, 当時の国民政府とほぼ同様の見解で戦争勃発の原因を述べながらも, 国民政府の対日・対ソ政策については否定的な評価を基本にしている. しかし不思議なことに, 中国大陸と台湾の民間では,「ソ連とコミンテルンの陰謀」説と似たような「国民政府はソ連と中共に騙された」という議論がもてはやされている[6].

　このような現状は, 本書の課題が研究上, 歴史認識や政治的な要因による有形無形の影響を受けやすいことを物語っている. 先行研究には, 歴史の政治化, あるいは政治化される危険を免れない論述が少なくない. 一例を挙げれば, 満洲事変後の中国の対ソ国交回復問題について, 国民政府の対応を論じる際に, 当時の中国の国内政治およびソ連の対中政策の実際を結びつけた掘り下げた分析に欠けるものなどがそうである. そのため,「国交回復」と「連ソ」とを混同したり, 国交回復の遅れを単純に国民政府側の錯誤や日本側の破壊に帰因さ

4 　序 論

せたりしたものが多くある．本書は，研究方法において，イデオロギーなどの非学術的な要素に由来する障害を克服し，歴史学上の疑問に対して事実に基づく実証的な解答を行うという学術研究のルールを守ることを第一の留意点とした[7]．

（2）1931 年から 1937 年までの中国の歴史には三つの特徴がある．第一に，ソ連およびその支配下にあるコミンテルンが推し進めた共産主義革命を背景とする中国国民党と中共との内戦（以下，国共内戦と略す）が，中国侵略に有利に利用できる機会を日本に与えたこと，同時に，日本の中国侵略も国民政府の内政問題への対応を根本的に妨げ，中国におけるソ連，コミンテルンおよびその指導下にある中共の活動に重要な条件を与えたことである．

第二に，日本は「防共」を中国侵攻の理由とするとともに，日中国交調整の先決条件とする一方で，ソ連と中共は当初，「抗日」を国民政府打倒の根拠とし，後には「抗日」を中ソ関係と国共関係改善の前提としたことである．

第三に，このような国内外の環境の制約を受けていた国民政府は，「抗日」を計画する際には「防共」への影響を配慮しなければならず，「防共」を計画する際には「抗日」への影響を配慮しなければならなかったことである．

上記の三つの特徴が相まって，この時期における国民政府の対日政策と対ソ・対中共政策との密接な関連性をもたらした．同時に，それは，抗日問題と防共問題をめぐる国民政府の政策決定過程を考察するに当たって，両者を密接に絡み合った複合体として，総合的な分析を加えなければならないことを研究者に求めている．

しかし，先行研究ではこの点への注意が不十分であったため，国民政府の対日関係を論じる際に対ソ関係との関連性を軽視したり，あるいは逆に，国民政府の対ソ関係を論じる際に対日関係との関連性を軽視したりしていた．また，論述においては，国民政府の「反ソ親日」の側面だけを強調したり，あるいは逆にその「連ソ抗日」の側面だけを強調したりして，矛盾を含んだ多様な側面が同時に存在していたことを疎かにしている．

この反省を踏まえて，研究方法における本書の第二の留意点は，いずれかの要因にのみ注目する一面性を克服し，国民政府の政策決定における対日と対ソ，抗日と防共などの諸側面が錯綜する複合体として当時の国民政府の対外戦略を

とらえ，それに多角的に考察を加えることである．

　したがって，本書は，中日ソ三国間の相互作用を究明することで，対日のなかの対ソ，対ソのなかの対日，そして，防共思惑のなかの抗日思惑，抗日思惑のなかの防共思惑を浮き彫りにしつつ，中日ソ関係の多様な側面を立体的に再現することを目指している．

　(3) 本書がカバーする時期には，数多くの事件が発生していた．本書の課題に関連する重要なものを挙げると，1933–1934年には塘沽停戦協定や蒋介石の「制露攘日」構想の形成と試行，1935年には日本の華北分離工作，コミンテルン第5回大会，日本の「日中共同防共」要求，1936年には陳立夫の訪ソ計画のリーク，「ソ蒙相互援助議定書」の締結と西安事件の勃発，1937年には日本の「中国再認識」，中国の対日・対ソ交渉，日中全面戦争勃発と「中ソ不可侵条約」締結，ドイツの日中戦争調停と国民政府の路線対立などがある．これらはこの5年間の大きな節目として，それぞれ重要な意義を持っている．

　他方で，この時期の中日ソ関係に関する初期の先行研究は，堅実なケーススタディに支えられない巨視的な記述が多く，結果，実証不足のため一般論にとどまるものが多かった．その後，資料状況の改善に伴い，ケーススタディが進展してきたが，今度は関連する諸事件に対する連鎖的な考察が不十分であった．そのため，諸事件における因果関係を説明できず，論理的チェーンの断絶をもたらした．これまで防共と抗日を主題とする国民政府の対日・対ソ政策変遷史についての比較的まとまった分析が欠如してきた原因は，この点と大きく関係していると思われる．

　要するに，ケーススタディを重視しないと論述の実証性と説得力を持てず，単純化を招く．同時に，個々の事件に対する孤立した研究にとどまって，関連する諸事件にある因果関係を連鎖的に究明しないと，研究の断片化を招く．このような認識から，研究方法における本書の第三の留意点は，ケーススタディで詳細を掘り下げるだけでなく，関連諸事件を連鎖的に考察して，節目と節目を貫く内在的な関連性とロジックを探り出し，実証性と整合性を併せ持つ政策変遷史を描き出すよう努力することである．

　(4) 1933–1937年の日中関係史を振り返ってみる際，政治体制と政策決定における両国の重大な相違点に留意しなければならない．日本では，末端の政治

6 序 論

組織は堅固で，国民は団結していたが，中央政治では天皇，政府，軍部の多元的な体制にあり，しかも，天皇は殆ど政策決定に直接関与せず，多元的な意思決定を一元的にまとめるべき立場にある首相は頻繁に交代していた．それゆえ，当時の日本には長期的に重大な政策方針の方向を左右する中心的な人物がいなかったのは事実であろう．

　他方で，当時の中国は日本と対照的に，末端の政治はばらばらで，国共両党の対立も続いていたが，国民政府の中央政治レベルでは，蔣介石が常に最高実力者の地位にあり，内政や外交の意思決定において枢要な役割を果たし続けていた．したがって，蔣介石を研究せずして，この時期の中国の内政・外交の性格や特色を真に認識することはできない．このことは，国民政府の対日・対ソ政策に関する研究を，蔣介石に対する人物研究と密接に結びつけることを研究者に要請している．しかし，先行研究ではこの結合が緩かった．例えば，1935年を中国の対日・対ソ政策転換の節目の年と見るのが学界のコンセンサスだが，蔣介石の構想と対応については深く分析していなかったので，いまだに多くの疑問が残されている．

　これに鑑みて，研究方法における本書の第四の留意点は，政策史研究と人物研究の相互補完関係を重視することである．すなわち，中心人物である蔣介石に対する考察により国民政府の政策決定の深層を明らかにしつつ，国民政府の政策変化の多面性に対する考察により蔣介石の役割を検証することである．

　(5) 日中関係における対立と衝突（特に日中戦争の原因）については，研究成果は枚挙にいとまがない．しかし，管見の限りでは，それらの殆どは政治，経済，軍事，資源，あるいは地政学などの視点に基づいた検討であり，政策決定者の心理面に踏み込んだ分析はごく稀であった．こうした状況は早急に改善しなければならない．なぜなら，政治，経済，軍事，資源あるいは地政学などの視点は確かに重要であるが，これらの問題について判断し意思決定を行ったのはあくまでも人間であり，そして人間の判断や意思決定はその時々の心理状態に大きく左右されるからである．換言すると，心理的要因を突き止めることは，戦争の原因を含めた政策研究の弱点を克服するのに役立つ．

　この反省を踏まえて，研究方法における本書の第五の留意点は，政策決定者の心理状態の分析を重視することである．つまり，政策決定者の心理的葛藤を

深く掘り下げて，その意思決定の深層を明らかにし，歴史の表と裏を両眦みするよう努力することである．具体的な取り組みとしては，蔣介石ら中国側の政策決定者の心理状態の分析に力を入れているほか，特に第 5 章では心理状態およびその影響の視点から，1937 年の日本の「中国再認識」や穏健姿勢の逆転過程について，先行研究とは異なる分析を展開している [8]．

4. 資料とその運用

次に，資料面について述べたい．

本書は，この面において二つの「可能な限り」を目指している．一つは関連する一次資料を可能な限り収集することである．そのため，筆者は日本では，国立国会図書館，外務省外交史料館，防衛省防衛研究所戦史研究センター，国立公文書館アジア歴史資料センター，東京大学附属図書館など，中国大陸では，中国第二歴史档案館 [9]，中国社会科学院近代史研究所および関連地区あるいは大学の档案館，図書館など，台湾では国史館，中国国民党党史館，中央研究院近代史研究所などでの資料調査に努めてきた．同時に，筆者は合計 2 年間の在外研究の機会を利用して，スタンフォード大学，ハーバード大学，コロンビア大学，オックスフォード大学とアメリカ議会図書館，アメリカ国立公文書館，大英図書館，イギリス国立公文書館などでの資料収集や学術交流に尽力してきた [10]．

もう一つは可能な限り一次資料に依る実証分析を行うことである．この点では，筆者は特に二つの面における厳密な照合と相互の裏付けを重視している．

第一は，公文書と私文書の綿密な照合と相互の裏付けである．長い間，国民政府の対日・対ソ政策に関する研究は，資料の面では公文書のみに依存していた．しかし，外交は秘匿性が高いのみならず，センシティブで誤解や非難を受けやすい性格もある．特に弱い立場に置かれ，ジレンマの中で選択を迫られていた国民政府では，政策決定に参与する者の本音は公の場では吐露するのが難しく，日記や書簡などの私的な記録にしかそれを残さないものが多い．したがって，公文書だけに依拠すると，研究は政策決定の表層的な観察にとどまりがちであり，当事者の私的な記録をも丁寧に読んではじめてその内心に入り込ん

8 序論

で，知られざる事実を見つけ出すことができるのである．

　幸いなことに，近年，蔣介石ら重要人物の日記がスタンフォード大学フーバー研究所などで閲覧が可能になったほか，大陸と台湾などでは要人達の日記が大量に出版されている．それらをうまく利用すれば，研究者は同じ日に起きた出来事を，異なる人物の日記と照らし合わせることができる．それゆえ，各自の記録から漏れや誤記，あるいは意図的な言及の回避がないかを確認しながら，異なる人物の独自の観察や思惑を把握し，さらに公文書との照合を加えて，相互補完を図れるのである．このような認識に基づき，本書は多くの公文書を用いながら，蔣介石，蔣経国，王世杰，徐永昌，張嘉璈，翁文灝，周仏海，邵元冲，顔恵慶，胡適，王子壮，陳克文ら当事者の日記や書簡などの私文書と綿密に照合し，政策決定の真相を掘り起こし，その多面性と複雑性を示すことに努めた[11]．

　第二は中国の資料と外国の資料の綿密な照合と相互の裏付けである．この点については，特に日本側の資料の重要性を強調しておきたい．本書の対象期間において，日本の政府や軍部が残した大量の資料の中には，中国に関する日本側の判断や決定を反映したものもあれば，スパイや買収などを通じて集めた中国側のものもある．また，中国の要人が様々の動機で日本に漏らしたり密告したりしたものさえあった．このような日本にしかない資料は，国民政府の対日・対ソ政策を探る上で欠かすことのできない価値を有する．

　たとえば，国民政府はもともとソ連の新疆への進出を非常に警戒していたが，1935年10月の国民党中央政治会議の速記録の中に，突如，「新疆とソ連との結託説は完全な誤りである」というような文言が現れる．日本の極秘資料を調べた結果，それは，新疆での実態調査を命じられた駐ソ連武官である鄧文儀がソ連側の接待攻勢を受け，「連ソ抗日」を促進するために南京に虚偽の報告を送ったためであることが判明した（詳細は第3章を参照）．

　また，1935年末に国民政府の重鎮である陳立夫が蔣介石の命を受けて極秘にソ連訪問の旅に出たが，秘密漏洩が発生したため，途中でそれを断念した．なぜ秘密が漏れたか，真相は長年不明だったが，日本の極秘資料を調べた結果，当時湖南省政府主席だった何鍵が国民政府の連ソ活動に反対するため自ら日本に密告したことが明らかになった（詳細は第4章を参照）．

ちなみに，資料とその運用に関する上記の考えと関連して，本書の注は，資料の出典を記載するのみならず，誤記の訂正や補足説明なども必要に応じて行っている．本文とはいわば車の両輪であるため，注にも是非留意して頂きたい．

5. 本書の意義

1933-1937 年の東アジア国際関係について，従来の研究の多くは，日中，日ソ，中ソといった二国間関係に絞った検証を基本とし，且つ，主として日本の侵略とそれに対する中国の抵抗という視角から捉えてきた．他方，この時期におけるソ連・中共要因の影響については，日本の学界では，一種の政治的配慮や資料の制約などにより，本書が目指したような方法での研究は十分になされておらず[12]，中国の学界では，それに関する客観的な研究はいまだに十分に行える状況にないと言わざるを得ない．このような現状は，中国の政治と外交の研究に空白を残すだけでなく，日本の政治と外交に関するより深い検討および日中戦争に至る経緯のより全面的な解明をも妨げていると考えられる．

「日患」と「露患」，侵略と赤化の挟撃に直面した中国当局者の葛藤と，抗日優先か防共優先かという選択の過程を明らかにする本書には，下記のような意義があると思われる．

（1）防共と抗日の優先順位をめぐる蔣介石と国民政府の認識と葛藤という新しい視角から，従来見落とされてきた中国の対日・対ソ政策の重要な側面を実証的に解明し，日中ソ関係史研究に存在する空白を埋める．

（2）日中ソ関係史研究と人物研究の相互補完，中国政治外交史研究と日本政治外交史研究の相互補完，二国間関係の研究と多国間関係研究の相互補完を図るとともに，私文書と公文書の照合による研究のあり方を模索する．

（3）日中全面戦争への道程について，貴重な新資料を紹介するとともに，特にソ連要因と中共要因との関連を重視した視角から新しい解釈を提示する．

結　び

以上，本書の目的，構成と方法，資料，意義などの概要を述べた．それらは

10 　序　論

本書を執筆する際の筆者の心構えを記しただけであり，本書がその要件を完全
に満たしたこととイコールではないことをお断りしなければならない．能力の
不足や時間の制約などの要因により，「目指したこと」と「達成したこと」と
の間にギャップがあることを，筆者は十分に自覚している．

　なお，国民政府の対日・対ソ政策を論じる際，アメリカ，イギリス，ドイツ
をはじめとする他の主要国との関連の考察も重要であるが，本書はその点では
不十分である．紙幅の制約の他，すでに刊行した拙著においてある程度の論述
を試みたという事情もある．さらに，本書の課題と比べて，日中関係における
米，英要因の研究は長い間，研究の焦点となっていたため，多くの成果があっ
た．また，日本では，盧溝橋事件までの日中関係におけるドイツ要因の検証に
ついては，田嶋信雄氏の丹念な研究が他の追随を許さない高みに到達してい
る[13]．そのため，本書では，ドイツ要因については，まだ検討の余地がある
盧溝橋事件後の時期に焦点を絞ったが，英米を含む他の主要国については，蛇
足を避けようとした．しかし，今後，時間があればこの点を補足しなければな
らないと思っていることを付記しておきたい．

　最後になるが，本書を通じ，一部の古びたテーマに新しい見解を示したこと
を読み取っていただければ，筆者にとって望外の幸せである．

　　注

1)　周知のように，日中戦争の開始直後，日本の指導部の中では，「3 カ月で問題を
　　片づけられる」との主張が有力であった．他方で，中国では，蔣介石が，1937 年 8
　　月 13 日付の日記において「日本の戦争耐久期間は約 1 年だ」と判断し，同年 10 月
　　15 日付の日記には「半年間対峙できるならば，遅くとも来年の 3 月までに日本に
　　内乱が起こるか，さもなければ外患が来る．耐え忍ぶべきだ」と記していた事実が
　　ある．詳細は，『蔣介石日記』（手稿），1937 年 8 月 13 日条，10 月 15 日条，スタン
　　フォード大学フーバー研究所所蔵（以下同様）．
2)　鹿錫俊『中国国民政府の対日政策 1931–1933』（東京大学出版会，2001 年）．
3)　先駆的意義を果たした日本国際政治学会太平洋戦争原因研究部編，島田俊彦・宇
　　野重昭著『太平洋戦争への道　第 3 巻　日中戦争』（朝日新聞社，1962 年），Wil-
　　liam C. Kirby, *Germany and Republican China* (Stanford: Stanford University
　　Press, 1984) のほかに，1990 年代以降の成果は，管見の限りで書籍のみに絞ると，
　　主に次のようなものがある（刊行年順）. Parks M. Coble, *Facing Japan: Chinese*

Politics and Japanese Imperialism, 1931-1937 (Cambridge, Mass.: Harvard University Press, 1991)，酒井哲哉『大正デモクラシー体制の崩壊——内政と外交』(東京大学出版会，1992年)，王真『動蕩中的同盟——抗戦時期的中蘇関係』(桂林，広西師範大学出版社，1993年)，余子道『長城風雲録——従楡関事変到七七抗戦』(上海，上海書店，1993年)，Youli Sun, *China and the Origins of the Pacific War, 1931-1941* (New York: St. Martin's Press, 1993)，井上寿一『危機のなかの協調外交——日中戦争に至る対外政策の形成と展開』(山川出版社，1994年)，劉維開『国難時期応変図存問題之研究——従九一八到七七』(台北，国史館，1995年)，王建朗『抗戦初期的遠東国際関係』(台北，東大図書股份有限公司，1996年)，李嘉谷『合作与衝突——1931-1945年的中蘇関係』(桂林，広西師範大学出版社，1996年)，秦郁彦『盧溝橋事件の研究』(東京大学出版会，1996年)，ボリス・スラヴィンスキー著，加藤幸広訳『日ソ戦争への道——ノモンハンから千島占領まで』(共同通信社，1999年)，臼井勝美『日中外交史研究——昭和前期』(吉川弘文館，1998年)，許育銘『汪兆銘与国民政府——1931年至1936年対日問題下的政治変動』(台北，国史館，1999年)，羅志剛『中蘇外交関係研究 1931-1945』(武漢，武漢大学出版社，1999年)，臧運祜『七七事変前的日本対華政策』(北京，社会科学文献出版社，2000年)，周美華『中国抗日政策的形成——従九一八到七七』(台北，国史館，2000年)，ボリス・スラヴィンスキー／ドミートリー・スラヴィンスキー著，加藤幸広訳『中国革命とソ連——抗日戦までの舞台裏 (1917-37年)』(共同通信社，2002年)，楊天石『蔣氏秘档与蔣介石真相』(北京，社会科学文献出版社，2002年)，安井三吉『柳条湖事件から盧溝橋事件へ——1930年代華北をめぐる日中の対抗』(研文出版，2003年)，内田尚孝『華北事変の研究——塘沽停戦協定と華北危機下の日中関係 1932-1935年』(汲古書院，2006年)，楊天石『蔣介石与南京国民政府』(北京，中国人民大学出版社，2007年)，沈志華主編『中蘇関係史綱 (1917-1991)』(北京，新華出版社，2007年)［日本語版：熊倉潤訳『中ソ関係史』(東京大学出版会，2024年)］，彭敦文『国民政府対日政策及其変化——従九一八事変到七七事変』(北京，社会科学文献出版社，2007年)，楊奎松『国民党的聯共和反共』(北京，社会科学文献出版社，2008年)，陶文釗・楊奎松・王建朗『抗日戦争時期中国対外関係』(北京，社会科学文献出版社，2009年)，李君山『全面抗戦前的中日関係 (1931-1936)』(台北，文津出版社，2010年)，富田武『戦間期の日ソ関係 1917-1937』(岩波書店，2010年)，黄自進『蔣介石と日本——友と敵のはざまで』(武田ランダムハウスジャパン，2011年)，家近亮子『蔣介石の外交戦略と日中戦争』(岩波書店，2012年)，山田辰雄・松重充浩編著『蔣介石研究——政治・戦争・日本』(東方書店，2013年)，張祖葵『蔣介石与戦時外交研究 (1931-1945)』(杭州，浙江大学出版社，2013年)，宮田昌明『英米世界秩序と東アジアにおける日本——中国をめぐる協調と相克 1906-1936』(錦正社，2014年)，

12　序　論

五百旗頭真・下斗米伸夫ほか編『日ロ関係史——パラレル・ヒストリーの挑戦』（東京大学出版会，2015 年），李君山『蔣中正与中日開戦（1935-1938）——国民政府之外交準備与策略運用』（台北，政大出版社，2017 年），蕭李居『合作或衝突——防共問題糾結下的中日関係（1931-1945）』（台北，民国歴史文化学社，2021 年），岩谷将『盧溝橋事件から日中戦争へ』（東京大学出版会，2023 年）．なお，その他は各章の関連の箇所で示す．

4）　本書の基礎となったものとして，次のような日本語拙稿がある．「『連ソ』問題を巡る国民政府の路線対立と『二重外交』」（『北東アジア研究』第 1 号，2001 年 3 月），「日ソ相互牽制戦略の変容と蔣介石の『応戦』決定——再考　1935 年における中日ソ関係の転換過程」（『軍事史学』第 43 巻第 3・4 号，2008 年 3 月），「日中戦争長期化の政策決定過程におけるソ連要因の虚実——蔣介石らの私文書に基づく中国側の対応の考察を中心に」（『軍事史学』第 53 巻第 2 号，2017 年 9 月），「陳立夫訪ソをめぐる日中ソ関係史の謎解き——秘密はなぜ漏洩したのか，日本はなぜ柔軟に対応したのか」（『北東アジア研究』第 29 号，2018 年 3 月）．

5）　2008 年，当時の航空自衛隊幕僚長だった高官が「コミンテルン陰謀論」に基づいて書いた日中戦争関連論文は，民間の論文コンテストで「最優秀賞」を受賞した．その後，当該高官は更迭されたが，同様の意見を主張する本は引き続き日本で出版されている．

6）　こうした言説は特にインターネット上のいわゆる「セルフメディア」に多く見られる．

7）　中ソ国交回復の真相については，前掲『中国国民政府の対日政策 1931-1933』第 4 章および本書第 1 章を参照されたい．

8）　この問題に関する日本側の主な研究は，次のとおりである．伊香俊哉「日中戦争前夜の中国論と佐藤外交」（『日本史研究』第 345 号，1991 年），松浦正孝「再考日中戦争前夜——中国幣制改革と児玉訪中団をめぐって」（『国際政治』第 122 号，1999 年），藤枝賢治「佐藤外交の特質——華北政策を中心に」（『駒沢大学史学論集』第 34 号，2004 年），西村成雄「日中戦争前夜の中国分析——“再認識論”と“統一化論争”」（岸本美緒編『「帝国」日本の学知』第 3 巻，岩波書店，2006 年），湯川勇人「1930 年代の外務省『英米派』と現状打破構想——佐藤尚武の対外構想をめぐって」（『神戸法学年報』第 31 号，2017 年）．また，中国側の研究には，下記のものがある．臧運祜「西安事変和日本的対華政策」（『近代史研究』2008 年第 2 期），王希亮「西安事変与日本的対応——以日本档案文献資料為中心」（『抗戦史料研究』2016 年第 2 輯）．全般的に言えば，上記の諸論文は，心理状態を視点とした本書の論述とは異なるものである．

9）　ちなみに，国民政府が残した一次資料の多くは台湾の資料館と研究機関に収蔵されているが，筆者としては南京における中国第二歴史档案館での資料調査も重視す

べきことを強調したい．例えば，国民政府の重鎮である孔祥熙は 1937 年 4 月 2 日に訪欧し，10 月 18 日に上海に戻ったが，孔の外遊中に行われた国防最高会議などの会議には，部下の鄒琳らが代理として出席していた．また，孔が帰国した後の重要な会議にも，部下が代理で出席したり，孔と共に出席したりすることが多かった．これらの代理者は会議の内容をほぼ毎回，孔の長男である孔令侃に報告している．現在，第二歴史档案館にある孔祥熙ファイルに収められているこれらの報告は，台湾に所蔵されている資料の欠如を補い，本書の研究にとっては貴重な価値がある（詳細は第 7 章を参照）．

10) 本書で使用されている主な資料は，各章の注と巻末の「基本資料目録」を参照されたい．

11) 拙著『蔣介石の「国際的解決」戦略 1937-1941——「蔣介石日記」から見る日中戦争の深層』（東方書店，2016 年）と同様，公文書と私文書との照合に当たって，本書は特に次の 4 点に留意した．①私文書にあり，公文書にないもの．②公文書にあり，私文書にないもの．③公文書の記載と私文書の記載が異なっているもの．④公には秘匿されている判断，認識，意図，思惑．

12) 前掲の先行研究のなかで本書の課題との関連性が最も高いのが，『戦間期の日ソ関係 1917-1937』と『日ロ関係史』であるが，前者は，「満蒙権益」を軸に日中ソ三国の関係を検討しつつ，後藤新平らの民間交流と漁業交渉の過程を跡づけ，さらに日ソ間の諜報活動を解明したものである．後者は，18 世紀から今日までの長い時期をカバーしているため，1930 年代については，日ソ不侵略条約問題とスターリンの日本像という二項に絞らざるを得なかった．なお，酒井哲哉の『大正デモクラシー体制の崩壊』は，「防共的国際協調主義」説を提示したが，国民政府がなぜ日本との共同防共を拒否したのかという疑問が残されている．

13) 詳細は，下記の田嶋信雄氏の著書を参照されたい．『ナチズム外交と「満洲国」』（千倉書房，1992 年），『ナチズム極東戦略——日独防共協定を巡る諜報戦』（講談社，1997 年），『ナチス・ドイツと中国国民政府 1933-1937』（東京大学出版会，2013 年），『日本陸軍の対ソ謀略——日独防共協定とユーラシア政策』（吉川弘文館，2017 年）．ちなみに，台湾では周恵民『徳国対華政策研究』（台北，三民書局，1995 年），中国では陳仁霞『中徳日三角関係研究 1936-1938』（北京，生活・読書・新知三聯書店，2003 年）がある．

第1章　前史：国民政府誕生後の対日・対ソ関係 (1927〜1932)

　本書は 1933–1937 年を対象期間とするが，その考察の前に，まず前史として，蔣介石および 1927 年南京に誕生した国民政府が，1931 年の満洲事変を経て，1932 年 10 月に対ソ国交回復を決定するまでの歩みを振り返っておく必要がある．なぜなら，この 5 年余りの間に，国民政府は一地方政権から全国政権へと成長するとともに，初めて一国政府として対外関係を処理し，その過程で，中日ソ三国関係に特殊な構造が形成されたからである．なお，この特殊な構造の背景と影響への理解は，1933–1937 年における中国の対日・対ソ政策を見るための前提でもあるが，その詳細については，2001 年に刊行した拙著『中国国民政府の対日政策 1931–1933』ですでに論じている．本章では要点をまとめることに留めたい．

1. ジレンマによる対ソ敬遠方針

　中国国民党は，1923 年 1 月の「孫文・ヨッフェ共同宣言」をシンボルとして，共産主義とソビエト制度を中国に実行しない，中東鉄道[1] や外モンゴル[2] に対する中国の主権を侵害しないという原則を前提に，「連ソ容共」政策をとりはじめた[3]．その後，ソ連からは顧問が派遣され直接に国民党を指導し，国民党側からも蔣介石を含め数多くの幹部がソ連を訪問したり，子女をソ連に留学させたりして，多方面にわたって深い影響を受けた[4]．

　しかし 1927 年 4 月，蔣介石に率いられたグループは，ソ連とその指導下の中国共産党が中国の「赤化」を図っていたことを理由に，反共反ソのクーデターを起こして，南京で蔣介石を首班とする中華民国国民政府（以下，国民政府と略称する）を樹立した．それ以後，蔣介石グループが率いる国民政府は，中共の掃滅とソ連の「中国赤化陰謀」の粉砕を内外政策の急務として推進し始めた．

16 第1章 前史：国民政府誕生後の対日・対ソ関係（1927～1932）

それに対し，ソ連は，コミンテルン及びその一支部としての中共を通して，蔣介石と国民政府の打倒を「中国革命」の主要目標として遂行し始めた．そのため，双方は激しい敵対状態に入った．

1928年6月，国民政府は，北京政府を倒し，中国を代表する中央政府となった．一地方政権から全国政権への立場の転換に伴って，国民政府とソ連の間では，従来の中共問題を中心とする政治体制やイデオロギーをめぐる対立の他に，外交の面においても，外モンゴル問題と中東鉄道問題を中心に，主権をめぐる対立が繰り広げられ始めた．結局，1929年7月に中東鉄道利権の回収問題を通じて双方はついに武力衝突を起こし，以後，国家間の外交関係を断絶してしまった．

ソ連は，このいわゆる「中東鉄道事件」を，帝国主義列強が国民党政権を利用して発動したソ連侵攻の始まりと見なして，「帝国主義の戦争を国内戦争に換えよ」と，中共に指令した[5]．これに従い，中共は，反国民政府の「ソビエト武装革命」を一層推進した[6]．国共両党の内戦は更に熾烈さを増した．それと相まって，外交の面においては，中東鉄道問題に関する中ソの交渉が行き詰まったまま，国民政府が独立を認めない外モンゴルに対するソ連の実質的支配が益々進展し，中ソ間のもう一つの紛争の根源を形作った．

このように，1927年以降，中ソ関係では，イデオロギーの軋轢と国益・主権の衝突が交叉し，内政的危機と外交的危機とがリンクし始めていた．こうした構造的な対立のもとで迎えたのが，1931年9月の満洲事変であった．蔣介石を中心とする国民政府指導部にとって，対ソ関係の処理はまさにジレンマとなったのであったが，その理由は以下の3点に要約できよう．

第一に，満洲事変以降，対日関係は危機に陥ったが，対ソ関係においても，外モンゴル問題と中東鉄道問題をめぐる主権対立が依然として存在し，中共の反政府闘争へのソ連の支持も変わっていなかった．そのため，ソ連への接近は外交上主権の侵害をもたらし，内政上「赤禍」の深刻化を招くと国民政府指導部は判断した．つまり，対日政策を強化する為だからといってソ連に安易に接近することはできなかった．

第二に，国民政府の日中紛争解決のための外交方針において，国際連盟と英米両国は，最大の支援者として位置付けられていた．しかし，ソ連は国際連盟

と英米とは実質的な敵対関係にあった．そのため，国民政府指導部は，ソ連への接近が英米等の同情を失うことにつながると考えざるを得なかった．

第三に，日本側が「反ソ反共」を対中侵略の正当化理由として使っていた．国民政府指導部は中ソ接近が日本の世論を刺激し，また侵略勢力に口実を与えることになることを懸念したのである[7]．

以上の三つの理由のうち，第一の理由は中ソ間の外交懸案と国内政治への配慮であり，第二の理由は国際政治への配慮であり，第三の理由は日本への配慮であったとそれぞれ要約できよう．

こうした配慮を背景に，1931年9月の満洲事変の直後，国民政府指導部は日中関係にとってのソ連ファクターを「両刃の剣」と見なした．即ち，日ソの極東利益が「正面から衝突する」のであるから，対ソ関係の改善には対日牽制というプラスの面があることは否定できないが，この反面，ソ連は中国とも内・外両面にわたって敵対していること，中国が頼みとしている英米・国際連盟もソ連と対立関係にあること，日本は「反ソ反共」を以て満洲事変を正当化していること，という三つの要因によって，既定の外交方針を捨てた対ソ接近は，国内では中共の勢力増大に拍車をかけ，「赤禍」という内政的危機を深め，国際的には英米と連盟の対中同情を失い，日本に刺激と侵略の口実を与えることになると，国民政府指導部は懸念していた[8]．

中国にとって，対ソ関係の改善には対日牽制という利点がある．しかし，前述の三つの要因により，マイナスの面がプラスの面を上回るのではないかという考え方に導かれて，満洲事変による日中危機の中，国民政府は対ソ関係のさらなる悪化を免れたいとは望みながらも，「連ソ制日」論を黙殺し，ソ連との国交回復にも消極的な姿勢をとり続け，ソ連との関わりを回避しようとした．

このような対ソ敬遠方針の理由をよく示しているのが，一時下野しながらも最高実力者の地位を保っていた蔣介石の1932年1月10日付の電報である．そこには，中国・日本・ソ連を中心とし，更に他の「国際要因」の連鎖関係の視点から，次のような判断が述べられている．

　　ソ連と国交を回復するならば，列強は我が国を援助するどころか，むしろ日本を助けるに違いない．そのため，東三省〔満洲地域〕問題を解決する以前の対ソ復交は，満蒙を捨てることになるだけでなく，中国全体をも

18　第1章　前史：国民政府誕生後の対日・対ソ関係（1927～1932）

駄目にしてしまう[9].

　一方，日中紛争に対するソ連側の対応はどうであったろうか．結論を言えば，ソ連の動向は，国民政府の対ソ警戒感に拍車をかけていた．

　満洲事変後，ソ連は「日本の対中戦争は反ソ戦争への一歩前進である」と見て，かなりの危機感を抱いていたが[10]，対日戦に備えて軍備を増強する時間を稼ぐため，日中紛争に対しては，早くから「厳格に不干渉の方針を取る」ことを表明した．しかし日本に対しては妥協的態度で一貫していたソ連[11] の中国への対応は，矛盾に満ちていた．ソ連は，一方では，「中国に同情する」と表明しつつ[12]，満洲事変に対応するため中ソ両国は早急に国交を回復すべきと国民政府に呼び掛けるなど[13]，一見，中国に友好的であったが，他方では，日本に対する妥協的態度をもって国民政府を失望させ[14]，中東鉄道問題や外モンゴル問題という既存の外交懸案を放置したまま，満洲事変後2週間足らずの10月1日に，既に中国新疆省の地方政府と秘密協定を結び，新疆の権益にも手を出したのである[15].

　その上，コミンテルンを通して中共に出したソ連の指示は，「戦争責任を負うべきものは日本帝国主義だけでなく，帝国主義の強盗である国際連盟を通じて中国の再分割を準備し，且つこの戦争の開始に同意した英，仏，米帝国主義である」とし，「フランスとイギリスの帝国主義者は軍事的挑発により，中国での戦争をソ連との戦争に変えようとしている」と断言した．したがって，中共に対して，コミンテルンは「すべての帝国主義者に反対する」ことを求めただけでなく，国内の団結が外敵に抵抗するための前提であるにもかかわらず，「国民党を打倒する民衆の革命行動は反帝民族革命戦争の勝利の先決条件である」と主張した[16]. これらの指示に従って，当時左傾路線が支配的であった中共指導部は，満洲事変がもたらした国内外の情勢の変化を顧みず，対外的には「武装して労働者階級の祖国ソ連を擁護する」，「日本帝国主義に反対，すべての帝国主義に反対」というスローガンを打ち出した．また，国内においては，1932年1月末に始まる第一次上海事変の前後，中共は国民党支配地域に大都市占領を目標とする武装総攻勢をかけた[17]. 当然ながら，国民政府はそれに牽制されて，対日問題に集中できなかったのである．

　要するに，ソ連は主観的には日本牽制と自国の孤立脱却を図って双方の関係

改善と中国の対日抵抗を望んでいたが，その実際の政策は中国の国家体制と中央政府を敵視し，中国の分裂と混乱を増幅させてきたのであった．ソ連の政策は，客観的にみれば，中国を助けるどころか，中国の対日抵抗を妨害する重大な障害となっていたのである．

　ところで，第一次上海事変の後，日本の新たな侵攻に対する反発と国際連盟や英米の無作為に対する失望を背景に，立法院長である孫科を代表とする一部の人は４月に，「連ソ制日」論を主張し，対ソ政策における中国指導部のかつての一致団結に亀裂が生じ始めたことを示していた[18]．続いて５月上旬に，行政院も外交官サイドの提言を受け入れ，対ソ国交回復を国民党中央政治会議に提案した．

　しかし，５月19日，この提案を審議した国民党中央政治会議外交組[19]は次のような二つの「憂慮すべきこと」を指摘し，ソ連との国交回復に反対した．

　　（一）イギリス・アメリカ・フランス・イタリアなどの国は，未だにソ連と国交を回復していないか，あるいは使節を交換していても感情のもつれは解消されていない．それゆえ，現情勢下で中ソ国交を回復するならば，東アジアの情勢が急変し中国がソ連と手を結んだと列国に誤認される恐れがある．その場合には中国に対する同情が失われる．

　　（二）日本があまりにソ連に迫ると，ソ連は自衛に出ると断言できよう．しかし，日ソ戦の戦場は必ずや中国の領土であるため，中国は傍観したくても許されないはずである．それゆえ，現時点で中ソ国交を回復するならば，相互援助の発端にはなるが，日本に非常に大きな疑念を抱かせ，ひいては，日本はソ連が中国に兵器を供給していると宣伝して，それを口実に対ソ戦を起こすかもしれない．その場合，日本が東アジアの戦局を拡大するのは中ソが共同で戦いを挑んでくるのを防止するためである，と列国は信じてしまうことになろう[20]．

　こうした結論を受けて，６月，国民党中央政治会議は「連ソ」どころか，「即時対ソ国交回復」といった行政院の提言をも退け，欧米列国の理解を得ること，日本に口実を与えないこと，外モンゴル問題などに対する中国の主権を守り，ソ連の対中赤化陰謀を阻止することという三つの目的に資するために，国交回復よりも中ソ不可侵条約の締結を先行させると決議した[21]．

20 第1章 前史：国民政府誕生後の対日・対ソ関係（1927〜1932）

なお，7月8日から13日にかけて，行政院長である汪精衛の主導の下で，国民政府は「専門家会議」を招集し，外交問題を討議させた．対ソ関係について，会議では「不可侵条約締結を先決条件とすべきではない」という意見もあったが，多くの出席者は赤化宣伝問題や外モンゴル問題などをあげて，拙速な対ソ復交の副作用を警戒した．会議の総括として，汪精衛は，「九一八事変〔満洲事変〕以来，日本は国際連盟宛ての覚書で，中国がソ連の侵略を防止する能力を持っていないことを主張し，それを我が東北を占拠する根拠としてきた．それゆえ，日本の東北占拠の陰謀を打破するには，我々は積極的な面では対ソ防衛を進めなければならず，消極的な面では中国が対ソ防衛の能力を有することを列国に信じさせなければならない」と述べ，「我々は正門で虎の来襲を防ぐあまり，裏門から狼を誘い込むような愚挙をやってはならない」と力説した[22]．

その後，7月下旬，蔣介石軍事委員長，汪精衛行政院長及び林森国民政府主席は，「不可侵条約及び赤化宣伝の禁止などの問題に関する事前の確かな協議を達成しなければ，ソ連に騙されることを防げない」として，「対ソ復交を後回しにするのは適切である」という点で意見が一致した[23]．

このように，第一次上海事変後，孫科らの連ソ論が浮上し，外交官サイドにも動揺があったが，国民政府指導部の中枢は対ソ関係改善の実施を回避する方針を維持することで一致していたのであった．

また，この時期，中日ソ三国関係に総合的に対応するための原則として，蔣介石は次の三つを強調している．

第一に，「日ソ戦争が勃発したらそれを利用しなければならないが，中立を維持することを前提にする．しかし，中立でいられる条件を満たさなければならないので，速やかに準備しなければならない」[24]．すなわち，前記の外交組の結論にも示されたように，「日ソ紛争は中国にとってのチャンス」という連ソ論者の見方と異なって，国民政府指導部はそれを利益のみあるものと認めず，むしろその副作用，つまり中国の領土が戦場にされること，中国が巻き込まれること，英米の同情が日本に向くことなどを懸念していたのである．

第二に，「対露外交では外モンゴルを放棄してはならない．対日外交では東三省を放棄してはならない」[25]．これは，領土や主権にかかわる問題において，

国民政府指導部は日本にもソ連にも譲歩しないという意志を示したものである.

第三に,「日本に対しては, 緊張の緩和を図るとともに, 抵抗の準備も積極的に進める. ソ連に対しては, 赤匪〔中共軍〕を殲滅してから, 国交回復へ進む」[26]. すなわち, 対日政策と対ソ政策をめぐって, 国民政府指導部は両方とも「先安内, 後攘外」という優先順位を出発点とした. その中で, 日本に対しては, 安内の優先を確保するため緊張緩和を図り, ソ連に対しては, 中共問題の解消を前提としたのであった.

2. 中ソ国交回復の裏表

さて, 1932 年 7 月以後, 国民政府は対ソ関係改善の実施を回避する姿勢を堅持する一方, 日本との緊張緩和を実現するために「対日接近」を試みた[27]. こうした動きは, 中国指導者の日本認識と深い関連があった.

そもそも, 中国国民党が立党以来日本と密接な関係にあり, 孫文, 蔣介石, 汪精衛を含む主要指導者の多くは, 長年にわたって日本で活動し, 中には日本の士官学校への留学を経験した人も少なくない. そのため, 彼らは「中日締盟を以てアジア大同盟の土台を築く」という孫文の構想を実現することを自らの使命としていた[28]. 特に, 蔣介石グループが 1927 年春の「南京事件」によって列強の制裁と中共の攻撃という二方面からの打撃を受けた時,「幣原外交」と呼ばれた日本側の好意的対応は蔣介石勢力の危機を回避させ, その反共反ソクーデターの成功と南京政権の成立を支える大きな力となった. 翌 1928 年 5 月の済南事件での衝突を契機に, 蔣介石らの対日感情は悪化し始めたが,「中日提携」論に対する信念などは雲散霧消したわけではなかった. そのため, 満洲事変の勃発当初, 蔣介石ら指導部は日本の一連の行為を主として陸軍を中心とする「侵略派」の仕業と見なし, 日本の「穏健勢力」の自浄能力に期待していた[29]. 同時に, 蔣介石, 汪精衛らは, 中国と日本がともに反共の国家であるために,「反共という共通の立場からも中日平和の基礎を定められるはず」と見て,「反共産主義」における中日両国の「利害の共通性」に関係改善の望みをかけていた[30]. さらに重要なのは, 日本の来襲という「倭患」と, ソ連による指導・支持下の中共のソビエト革命という「露患〔赤禍〕」を比較する

22 第1章 前史：国民政府誕生後の対日・対ソ関係（1927～1932）

時，彼らは「倭患」を「皮膚の病」に過ぎないと見る一方，「露患」を「中国の根本を潰滅させる」ことになる「急所の禍」と見ていたことであった[31]．したがって，長期的視点から蔣介石ら指導部の大勢はソ連を日本以上に危惧し，「一心掃共」という国内政治の当面の必要から「近ソ」より「近日」のほうがましと考えていたのである[32]．

以上のような日本観のもとで，1932年7月に始まる対日緊張緩和の努力において，実行役の蔣作賓駐日公使は日本の軍部，政府側の責任者と会談を重ね，日中紛争の長期化が「専ら『第三者』と共産党にチャンスを与えるだけである」ということ，その結果「中国ハ或ハ赤化スヘク日本亦共産化スル虞ナシトセス」ということを繰り返し強調した[33]．

しかし，日本側はこうした「反ソ反共における利害の共通性」を根拠とする中国側の説得を意に介さず，9月15日に「満洲国」を正式に承認した．これを転機として，蔣介石ら指導者は全中国の抗日気運の高まりの中で，これまでの対ソ関係改善回避姿勢を再考し始めた．日中の長期的敵対が日本の「満洲国」承認により決定的になったからには，中国は対ソ関係を改善するほか選択肢がないと考えたからであった[34]．

他方，日本側の「満洲国」承認と呼応するように，9月中旬以後ソ連側は，中国が無条件の国交回復を渋れば，「ソ連は即時に満洲国を承認する意向はないが，長期的にそれをしないことも保証し得ない」と国民政府に警告した．また，日本に対しては，ソ連は「満洲国」承認を日ソ不可侵条約の締結との交換条件にしてもよいとほのめかし，従来の対日宥和の態度を一層露骨にして，中国側を驚かせていた[35]．

こうしたソ連の圧力を受けて，国民政府外交部は行政院に提出した緊急報告の中で，ついに以下の判断を下した．

> 対ソ復交を行わないならば，日ソはさらに接近し，現在シベリアに駐在している我が総領事の地位もさらに不安定になるであろう．そして，ソ連は既に偽「満洲国」領事官の駐在に同意したので，国際法的には事実上の承認に等しい．もしソ連がさらに日本とほかの面での結託をも進めるとすると，我が国はソ連と国交を回復していない以上，交渉においてなすすべもないであろう．逆に，外交関係を一度回復したならば，すべての問題に

ついてまだ外交を運用する道が残される．しかも，1924年の協定[36]は新たな言及がなくても法律的には当然ながら依然有効であり，国交回復後我が国は条約によって抗争し得る．総じて，たとえ無条件での国交回復であっても，復交を引き延ばすよりは有利であろう[37]．

このような外交部の判断に基づいて，10月5日，国民党中央政治会議は「対ソ無条件国交回復」を決議した[38]．しかし，前述の経緯に示されたように，「連ソ制日のため」という外部の観測や通説と異なって，この決定の真意は「日ソ結託」の阻止とソ連の対満追随承認の防止にあったのであった．

3. 特殊構造の背景と影響

上に見てきた過程から明らかなように，満洲事変による危機の中，国民政府は，「連ソ制日」を選ぶべきだという常識的発想に反して，「連ソ」どころか，対ソ国交回復でさえも13カ月の躊躇を経てからようやく決定した一方，日本に対しては，対峙していながらも，反ソ反共における共通利害によって説得し接近しようとしたのであった．

このような躊躇と矛盾に満ちた行為は，いったい何に起因していたのだろうか．

この答えは既に上述の議論に含まれていたが，ここではさらに国民政府の対ソ・対日関係の特殊な構造に分析のメスを入れ，ジレンマの所在とそれによる国民政府の苦悩を明らかにしておきたい．

まずは歴史的淵源から見てみる．1932年10月の国交回復決定に至るまでの経緯から分かるように，歴史上，対ソ関係であれ，対日関係であれ，中国国民党は組織としても，主要指導者個人としても，合作・協力の経験もあり，反目・対立の経験もあった．また，さまざまな過程において，彼らはソ連と日本には，共に助けられたこともあり，逆に叩かれたこともあった．それゆえ，程度の差があるにせよ，中国国民党とその一党支配下の国民政府にとって，日ソ両国はともに「功」の側面もあり，「罪」の側面もあったと言ってよい．

こうしたいきさつがあるだけに，ソ連に対しても日本に対しても，中国国民党と国民政府指導部の根底には，認めると認めざるとにかかわらず，親近感や

接近・提携につながる歴史の正の遺産もあれば，嫌悪感や疎遠・対立につなが
る歴史の負の遺産もあった．そして，その反面，同様の理由により，彼らは日
ソ双方から共に疑われ警戒される羽目になった．

　このような歴史における正の遺産と負の遺産の混在は，対ソ・対日関係にお
ける国民政府の意思決定における複雑さや意思決定者の苦悩をもたらした第一
の要因となったと考えられよう．これを歴史的遠因と呼びたい．

　第二の要因は，現実における矛盾する必要性の併存であった．まず，対ソ関
係から見てみよう．満洲事変後の内外情勢の下で，対日牽制と支援獲得のため
だけでも，国民政府には「近ソ」ないし「連ソ」の必要があった．しかし，そ
れと同時に，中東鉄道問題や外モンゴル問題をはじめとする領土や主権にかか
わる懸案への配慮，中共問題を中心とする国内政治への配慮，日本に刺激と口
実を与えず，英米・国際連盟の同情を失わないための国際政治への配慮という
三つからは，「離ソ」ないし「反ソ」の必要もあったのである．

　対日関係においても同様であった．国民政府にとって，反共における共通利
害からも，剿共・統一・建設という「安内優先」の国策に専念できるための環
境作りと時間稼ぎからも，対日接近，緊張緩和の必要があった．しかしそれと
同時に，日本の侵略に反対すること，「対日屈服」や「売国」という政府非難
のキャンペーンを行っている国内の各反政府勢力に口実を与えないこと，抗日
感情高揚中の民衆からの誤解を避けること，などの理由からは，「離日」ない
し「反日」の必要もあったことになる．

　このような矛盾する必要性の併存と表裏一体となったのは，日ソ間の対立関
係による対日の必要と対ソの必要の乖離と，国内の政治的分裂と国民政府指導
部内の意見対立による外交上の必要と内政上の必要の乖離である．こうした併
存と乖離の錯綜によって形成された板挟みに直面して，如何にバランスをとる
かは至難の課題であった．

　上の要因と密接に関連した第三の要因は，対策の効果における利害の交錯で
あった．つまり，前記の板挟みのゆえに，対ソであれ，対日であれ，国民政府
の選択できる範囲がもともと限られていた上に，何れの選択肢もすっきりした
ものではなく，メリットとデメリット，プラスとマイナスという背反的な効果
が互いに交錯し合っていたということである．例えば，中ソ国交回復までの対

ソ関係改善回避政策は，国民政府にしてみれば，前記の三つの配慮に応えたという点ではプラスとなったが，対日牽制の必要を満たさなかったという点ではマイナスと言わざるを得なかった．対日政策の選択肢も同じで，国際政治の面でメリットにつながりそうなものは往々にして国内政治上のデメリットになってしまった．

こうした三つの要因により，対ソ政策と対日政策の選択にあたって，国民政府は多重的なジレンマに陥り，苦悩を感じざるを得なかったのであった．それだけに，その対ソ国交回復決定への過程は苦渋と動揺に満ち，時間を必要としたのである．

一方，当時，中ソ国交回復の決定を国民政府の連ソ政策の確立と見る向きもあったが，これも間違った見方であった．既に述べた通り，連ソ論は満洲事変直後から唱えられ，徐々に勢いを増してきたとはいえ，「復交」と「連ソ」を終始区別してきた国民政府の指導部にとって，対ソ国交回復決定の最大の眼目は日ソ結託の阻止とソ連の対満承認の防止という，いわば防御のための喫緊の課題にあったのであり，中ソ提携による「共同制日」という攻勢的目標はまだ遠く先のことであった．なぜなら，ソ連と中共の国民政府打倒政策が継続しており，国民政府の反ソ反共観念と「日患急，露患緩．露患大，日患小〔日本という災いは緊急であり，ロシアという災いは緩やかだ．しかし，ロシアという災いは大きく，日本という災いは小さい〕」の認識も変わっていなかったからである．

結　び

1927-1932 年における中日ソ関係の変遷は，蔣介石が率いる国民政府に「抗日」と「防共」という二重の課題をもたらした．しかし，この両者は矛盾を含んでいる．つまり，中ソ両国には対立がある一方，「抗日」の面では共通の利害を有する．他方で，日中両国には対立があるが，「防共」の面では共通の利害がある．

したがって，二重の課題を同時並行的に解決する力を持たない国民政府にとって，抗日を優先するためには，ソ連の力を借りるか，中ソ対立を最小限に抑えなければならないが，結果，防共を阻害してしまう．反対に，防共を優先す

るためには，日本の力を借りるか，日中間の対立をできるだけ緩和しなければならないが，結果，抗日を妨害してしまう．

このような日中ソ関係の特殊な構造は，蔣介石および国民政府に対策効果の逆説をもたらした．その制約により，対日であろうと対ソであろうと，国民政府が柔軟に対処できる余地が限られているだけでなく，どの措置も効果の面ではメリットとデメリットが交叉し，プラスとマイナスが錯綜する．すなわち，「抗日」の面でのプラスは，往々にして「防共」の面でのマイナスを意味する．同様に，「防共」面でのメリットは，「抗日」面でのデメリットをもたらすのである．

本書では以下，1932 年 10 月の対ソ国交回復決定以降の国民政府の対日・対ソ関係について考察していくが，それを十全に理解するためには，この逆説を常に念頭に置かなければならない．

注

1) 満洲里―ハルビン・綏芬河間とハルビン―長春間の鉄道．日本では東支鉄道，東清鉄道または北満鉄道とも呼ぶ．本書では引用文以外，中東鉄道の名称に統一する．

2) 1911 年の辛亥革命によって清朝が倒れると，外モンゴルは中国からの独立を宣言し，その後ロシア（のちソ連）の支援を受けて，1924 年にモンゴル人民共和国となった．しかし，国民政府は 1946 年 1 月に至るまでそれを承認しなかった．

3) 詳細は，李雲漢『中国国民党史述』第 2 編（台北，中国国民党中央党史委員会，1994 年），359-360 頁．

4) 1925 年秋，蔣介石の長男である蔣経国が 16 歳で多くの国民党指導者の子供とともにソ連での留学を始めたことは，代表的な事例と言える．

5) 中共中央「中央通告第 42 号」（1929 年 7 月 24 日），『紅旗』第 34 期，1929 年 7 月 27 日．

6) 「中国共産党為八一国際赤色日宣言」（1929 年 7 月 24 日），中央档案館編『中共中央文件選集』第 5 冊（北京，中共中央党校出版社，1990 年），387 頁．

7) 詳細は，「中国国民党中央執行委員会政治会議第 290 次会議速記録」（1931 年 9 月 23 日），劉維開編『国民政府処理九一八事変之重要文献』（台北，中国国民党中央委員会党史委員会，1992 年），181-182 頁を参照．

8) 「中国国民党中央執行委員会政治会議第 290 次会議速記録」（1931 年 9 月 23 日），「中国国民党中央政治会議特種外交委員会第 1 次会議記録」（1931 年 9 月 30 日），前掲『国民政府処理九一八事変之重要文献』，181-182 頁，1-8 頁．

注　27

9)　「蔣介石発何応欽, 朱培徳, 陳果夫宛電報」(1932 年 1 月 10 日), 台北, 国史館
所蔵, 蔣中正総統文物〔蔣介石機密文書〕, 002-090200-00003-237.

10)　中国社会科学院近代史研究所翻訳室編訳『共産国際有関中国革命的文献資料』
第 2 輯 (北京, 中国社会科学出版社, 1982 年), 166-167 頁.

11)　外務省欧亜局第一課編『日ソ交渉史』(1942 年 4 月) (復刻版, 厳南堂書店,
1969 年) を参照.

12)　「駐蘇莫徳恵代表発外交部宛電報」(1931 年 9 月 23 日), 中華民国外交問題研究
会編『中日外交史料叢編』(2) (台北, 中国国民党党史委員会, 1995 年), 82 頁.

13)　国民政府外交部「中俄復交問題」(1932 年 9 月), 台北, 中国国民党党史館所蔵,
政 001/36.

14)　「外交部長羅文幹致行政院報告」(1932 年 2 月 7 日) 及び「外交部工作報告」
(1932 年 2 月) を参照, 南京, 中国第二歴史档案館所蔵, 国民政府外交部档案, 全
宗号 2.

15)　郭廷以編著『中華民国史事日誌』第 3 冊 (台北, 中央研究院近代史研究所,
1984 年), 87 頁.

16)　詳細は,「共産国際執行委員会組織部常設反戦委員会関於満洲問題給各国共産党
中央委員会的指示」(1931 年 11 月 15 日),「共産国際執行委員会政治書記処関于反
帝闘争問題給中共中央的電報」(1931 年 12 月 29 日), 中共中央党史研究室第一研
究部編訳『共産国際, 聯共 (布) 与中国革命档案資料叢書』第 13 巻 (北京, 中共
党史出版社, 2007 年), 73-77 頁, 86-87 頁. Директивы Постоянной антивоенной
комиссии Оргтдела ИККИ центральным комитетам компартий по маньчжурскому
вопросу (15 ноября 1931 г.); Телеграмма Политсекретариата ИККИ в ЦК КПК по
вопросу об антиимпериалистической борьбе (29 декабря 1931 г.), *М.Л. Титаренко и
др* (Ред.) //ВКП (б), Коминтерн и Китай, Т. 4, Ч. 1 (Москва: РОССПЭН, 2003),
с. 96-100; 106-107.

17)　詳細は,「中国共産党為反対日帝国主義占領錦州号召民族的革命戦争的宣言」
(1932 年 1 月 5 日),「中央関於争取革命在一省与数省首先勝利的決議」(1932 年 1
月 9 日),「中国共産党関於上海事件的闘争綱領」(1932 年 2 月 2 日),「中央為上海
事変給各地党部的信」(1932 年 2 月 15 日),「請看！！！反日闘争如何能够得到勝
利？」(1932 年 2 月 26 日), 中央档案館編『中共中央文件選集』第 8 冊 (北京, 中
共中央党校出版社, 1991 年), 14-17 頁, 34-47 頁, 100-102 頁, 110-124 頁, 142-
145 頁.

18)　『中央日報』〔中国国民党機関紙〕1932 年 4 月 25 日.

19)　中国国民党中央執行委員会政治会議 (中央政治会議と略称) は, 外交組, 財政
組などの専門委員会を設けて, 所掌事務の審査と設計を担当していた.

20)　中央政治会議外交組「関於中蘇復交問題方案」(1932 年 5 月), 台北, 中国国民

28　第1章　前史：国民政府誕生後の対日・対ソ関係（1927～1932）

　　党党史館所蔵，政 001/36.

21）「中央政治会議第 313 次会議決議」（1932 年 6 月 6 日），台北，中国国民党党史館所蔵，政 001/36.

22）「専家会議速記録」（1932 年 7 月），台北，中国国民党党史館所蔵，政 10/6.2.

23）「蔣介石発汪精衛宛電報」（1932 年 7 月 25 日），「汪精衛発蔣介石宛電報」（1932 年 7 月 25 日），台北，国史館所蔵，蔣中正総統文物，002-020200-00032-051，002-090400-00006-451.

24）『蔣介石日記』（手稿），1932 年 5 月 6 日条.

25）同上，1932 年 5 月 16 日条.

26）同上，1932 年 8 月 30 日条.

27）北京師範大学・上海市档案館編『蔣作賓日記』（南京，江蘇古籍出版社，1990 年），1932 年 6 月 22 日，23 日，24 日，7 月 5 日条，447 頁，450 頁.

28）董顕光『蔣総統伝』（台北，中国文化書院出版部，1980 年），214 頁.

29）詳細は前掲拙著『中国国民政府の対日政策 1931-1933』第 1～4 章を参照されたい.

30）汪精衛「十年来和平運動的経過」，台北，中国国民党党史館所蔵，一般 715.1/174.

31）この見方は，上海抗日戦の最中に既に明確に出始めていた．詳細は，『歴史档案』1984 年第 4 期，65-66 頁を参照.

32）詳細は，前掲拙著『中国国民政府の対日政策 1931-1933』第 4 章を参照されたい.

33）詳細は，前掲『蔣作賓日記』，1932 年 7 月 25 日，8 月 1 日，8 月 2 日，8 月 5 日，9 月 2 日条，455 頁，457-459 頁，468-469 頁．なお，8 月 15 日の蔣作賓公使会談要領は，「日，支外交関係雑纂」，外務省外交史料館所蔵，A.1.1.0.9（松）を参照.

34）『中央日報』社説，1932 年 12 月 14 日.

35）前掲「中俄復交問題」（1932 年 9 月）.

36）「懸案を解決するための協定要綱〔解決懸案大綱協定〕」（1924 年 5 月 31 日）と「中華民国東部三自治省政府とソビエト連邦政府との協定〔中華民国東三省自治省政府与蘇維亜社会聯邦政府之協定〕」（1924 年 9 月 20 日）を指す．前者は中ソ国交樹立当時の協定で，「ソ連政府は外モンゴルが中華民国の一部分であることを承認し当領土内の中国主権を尊重する」，「両締約国政府は，それぞれの国境内に，暴力を以て相手国の政府に反対する機関と団体の存在及びその行為を禁止し，相手国の公共秩序と社会組織に反対する宣伝を行わない」などの条文があった．後者はソ連政府と中国東三省自治政府との間で結ばれた協定で，中東鉄道とその全ての付属産業は契約満期後に所有権を中国政府に無償で移転すること，契約期限前には中国はそれを買収する権利があること，中東鉄道の今後については中ソ両国で決め，第三

者の干渉を容認しないことなどの条文があった. 詳細は, 王鉄崖編『中外旧約章彙編』第 3 冊（北京, 三聯書店, 1962 年), 423-425 頁, 466-470 頁.

37) 前掲「中俄復交問題」(1932 年 9 月).

38) 「中央政治会議第 326 次会議決議」(1932 年 10 月 5 日), 台北, 中国国民党党史館所蔵, 政 001/36.

第2章　二重外交の形成と「制露攘日」構想の始動 (1932.10〜1934.12)

　1932年10月の対ソ国交回復の決定から，1934年秋冬における蔣廷黻の訪ソ，そして翌年1月の「敵乎友乎」の執筆まで，蔣介石は対日・対ソ政策でさまざまな模索を行った．他方で，国民政府全体を見ても対日・対ソ方針をめぐって多くの議論が展開されていた．この過程について，先行研究では，視点が対ソ関係あるいは対日関係に偏っていたため，中日ソ三国関係を総合的に考察したものは少なかった．また，この時期の中国外交の主導者である蔣介石と汪精衛の関係については，二人の協力の側面を強調する研究が多く，他方，対立の側面に関する検討は両者の権力争いの観点からなされるのがほとんどで，国際政治観と外交方針をめぐる両者の相違は軽視されてきた．

　こうした研究状況に鑑みて，本章は，この時期における国民政府の二重外交の形成過程を追跡しつつ，中日ソ三角関係に対する蔣介石の構想とそれに基づく日ソ相互牽制戦略の始動を明らかにし，その上で蔣介石と汪精衛の対立をもたらした深層原因を探り出す．

1.「ソ連利用」策の浮上

　対ソ国交回復を決議した1932年10月から，それが実現した12月を経て，1933年春の長城抗戦（日本で言う「熱河作戦」）に至る時期において，国民政府は次の三つの要因によって，接近の回避という従来の消極的な対ソ姿勢から，ソ連ファクターの利用という積極的な対ソ姿勢に転じていった．

　第一は，ソ連の対中圧力と英米，国際連盟のソ連重視という新しい動向であった．第1章で述べたように，ソ連との間に中国共産党問題，外モンゴル問題，中東鉄道問題などの対立を有する国民政府の為政者にとって，1932年10月の対ソ国交回復決定は，本来，極めて不本意なことであった．事実，国民政府は

32 第 2 章 二重外交の形成と「制露攘日」構想の始動 (1932.10〜1934.12)

この決定の実行をめぐって 2 カ月も逡巡していた. しかし, この 2 カ月の間に, ソ連は日本と「満洲国」との不可侵条約の締結を求め, そのためには「満洲国」の承認も厭わない意向を示し, 対中圧力を強めていた [1]. 他方, 国際連盟では「米ソ両国を 19 カ国委員会の協議に招請する提案が出たため, 中ソ国交回復の必要性が一層高まった」ことがわかっている [2]. この相反する情勢に動かされて, 国民政府は 12 月 12 日に対ソ国交を正式に回復した.

　続いて, 国際連盟は 1933 年 2 月 24 日に日中紛争を処理する「諮問委員会」を設立し, 米ソの参加を要請した. 第 1 章で論じたように,「対ソ接近は国際的同情を失わせる」という懸念は国民政府の対ソ政策を拘束してきた一つの要因であった [3] が, こうした一連の動きは, 国民政府指導部の従来の懸念を軽減した. つまり, ソ連がアメリカのように極東地域における決定的な勢力となり, 他の大国の態度に大きな影響をおよぼし得ると国民政府は判断し, ソ連の役割をより重視し始めた [4].

　第二は, 中ソ国交回復に対する日本側の反発が重視されたことである. 1932 年 12 月 13 日すなわち中ソ国交回復の翌日, 日本外務省は満洲事変以来ソ連が繰り返し求めてきた日ソ不可侵条約締結の提議を正式に拒否した [5] うえ,「支那が現在の連盟外交戦に奇勝をねらわんとする焦慮のあまり, 赤化宣伝に関する重大事項を明確にせずして国交回復を急いだことは近い将来において支那の社会層に重大なる影響を招来すべし」という「憂慮」を表明した [6]. 同日, 日本陸軍省は, 日露両国が最近著しく接近の傾向を示したことが露支復交の原因であると指摘したうえで, 国民党はソ連の助力により現在の勢力を得たという点, 目下江西, 安徽を中心として約 30 万の共産党軍が跋扈しているという点に対する「注意」を喚起し,「露国側としてこれらが支那の赤化に対する有力なる足場となることはもちろんである. 従つて将来揚子江を中心とする南支一帯が赤色に変化することも予期せられる」と強調した [7]. そして, 15 日に外務省はアメリカ人新聞記者との会見で,「露支の国交回復を以て日本に取り甚だ好ましからざる事件となし, 世界の平和を脅威する二つの国が提携し, その矢面に日本が立つことになつた」と述べた [8]. これに呼応して, 23 日に陸軍省は, 22 日の中国国民党第 4 期中央委員会第 3 回全体会議（四期三中全会）で採択されたばかりの「徹底抗日案」と関連して,「〔中国が〕伝統的以夷制夷

策，遠交近攻策により米露両国との提携が伝えられてゐる．国民党の真意は対日敵愾心を露骨に挑発して人心を刺激し，かつ国内の一時的結束を計り以て対外的に無政府状態を覆はんとするにあるが，これは東洋の平和に対し重大なる脅威を加へんとするものであつた．〔中略〕現下の急務は極東平和に対する第一手段として，まず危険極まりなき支那国民党の存在並にその外交政策を清算することである」という声明を発表した[9]．蔣介石らは日本側のこうした動向から，日本が中ソ提携を最も恐れていると判断し，中ソ国交回復は日本を怯えさせ，「中国の雪辱・復興の基礎を一層固めた」と見た．ソ連との国交回復は，抗日に役立つと見なされたのである[10]．

　第三の要因は日中危機の深刻化であった．1932年12月の山海関事件を契機に，中国の東北三省を占拠した日本軍は熱河省を攻略する構えを見せ，日中関係を新たな対立に陥れた．この危機に直面して，蔣介石は1933年1月20日に，次のように論じた．「赤匪〔中国共産党〕と日本について，一つを捨てて，一つに専念しなければならない．日本だけに専念するならば，明末の反乱の如く滅亡を招く恐れがある．あるいはロシアのケレンスキーやトルコの青年党の如く世の笑いものになる．ただ，天理と人情に基づいて推察すると，現在，まず日本に対応し，その後に中共に対応するべきである」[11]．総じて，蔣介石ら指導部は「先安内，後攘外」を理想としたが，「倭患」の「急」によって理想どおりにならない時には，逆の順序をとることも辞さないというのである．これに伴って，第1章で述べたとおり，国民政府は日ソ両国をともに中国の外患と見なすが，「倭患急，露患緩．露患大，倭患小」[12]という観測に基づいて，「倭患」の「急」が中国の忍耐の限度内にとどまる時は，国民政府は「患の大小」の考慮を優先して，中共勦滅と安内優先のためには「近ソ」より「近日」がましという方針を取るが，「倭患」の「急」が中国の忍耐の限度を越えた場合には，国民政府は「患の緩急」の考慮を優先して，「急患」を緩和するには内政的苦痛を忍んで「緩患」と接近してもやむを得ないという方針に転じるのである．

　以上の三つの要因を背景に，対ソ国交が回復した後の一時期，蔣介石は日中関係におけるソ連ファクターをプラスの視点から捉え直し，それを利用しようとし始めた．蔣介石機密文書から幾つかの例を見てみよう．

34 第2章 二重外交の形成と「制露攘日」構想の始動 (1932.10～1934.12)

1932年12月15日，湖南省政府主席の何鍵が蔣介石に打電して中ソ国交回復に疑問を呈したが[13]，蔣介石は「対ソ国交回復によって国際の雰囲気は大きく変わった．軍縮会議におけるイギリスの譲歩はその一例である．我が国の新しい局面はそれによって開かれる．弊害は何もない」と一蹴した[14]．

1933年1月4日，蔣介石は次のように指摘した．「日本は偽満洲国を手にした後，当初は満足していたが，世界大戦の再発を恐れ，中国が世界大戦に乗じて復讐することを防ごうとしている．したがって，日本は中国が日本に屈服し，日本の味方になって共同でソ連に対する防衛にあたることを望んでいる．また，日本はソ連の報復と中ソ間の提携も心配している．このことは日本の対中圧迫を加速させた．敵国が最も危惧するものは我が国に最も有利なものである．敵国が急いでやろうとすることは我が国が遅延させるべきものである．対日関係の鍵なるものはここから求めるべきである」[15]．

1月17日付の日記にも蔣介石はこう書いている．「日本が最も恐れるのは中国の対ソ提携と熱河への出兵である．したがって，日本は中ソ提携による対満洲攻撃を防ぐため，熱河を奪い，要塞を築こうとしている．中国の対ソ国交回復は日本に第一の打撃を与え，中国軍の北上は日本の熱河侵攻を阻止し，日本に第二の打撃を与えた．要するに，中国は日本に対して，なによりもソ連と関連のある点から討つ方法を考案しなければならない．日本に精神的な脅威を感じさせてから，はじめて交渉に入るべきである」[16]．

こうした中，1933年2月以降，日本軍が熱河省を占領し，さらに長城線で中国軍と激戦を繰り広げ，華北地域の心臓部を脅かすようになった．国民政府はイギリス，アメリカ，フランスに対日制裁を要請したが，いずれも拒否された．この結果を受けて，国民政府指導部はソ連に最後の望みをかけざるを得なくなり，3月9日，次のような「対ソ要望事項」をソ連当局に提出することを駐ソ大使顔恵慶に命じた．

一，満洲北部におけるソ連権益を，掠奪・買収及びその他の横暴な手段によって日本軍に奪取されるのを防止すること．

二，中東鉄道を始め満洲北部におけるソ連権益に対する日本軍の干渉を有効な方法を以て阻止すること．

三，「満洲国」に対し如何なる事実上又は法律上の承認も与えないこと．

これと関連して,「満洲国」または日本から派遣された領事及び中東鉄道の職員に対しても承認を与えないこと.

四,中国と日本が華北で大規模な戦争を行う場合,中国に物的援助を与えること.

五,中国が日本と国交を断絶する場合,東京駐在のソ連大使を召還すること.

六,適切な時期において日本に対する経済制裁に賛同しそれを実行すること.

なお,この対ソ要請の最後に,国民政府は「我が国の政策」として,中ソ関係における 1924 年の協定[17] の有効性を再確認すること,アメリカにソ連の承認を勧めること,日中紛争に対する中ソ米三国の協力を形成させること,ソ連と不可侵条約および通商条約を締結すること,という 4 点を提示した[18].

さらに,蔣介石は,3 月 26 日付の日記に,「欧米はみな東方の問題に目を配ることができず,日ソ両国の衝突も何時起こるか定かでない.中国は時間稼ぎを図りつつ,静かに変化を待たなければならない.また,中国は国力増強に努めるとともに,米,ソ,独,伊との提携を図らなければならない」と記した[19].4 月に,蔣介石は過去における中ソ関係の悪化が現在の国際的危機を醸成した一大要因であると指摘したうえで,「最初に対日開戦をする国はソ連であろう.日本は英米との緊張を緩和するため,ソ連を圧迫しているからである.したがって,たとえソ連が戦争を避けようと欲しても避けられない.日露戦争の再開は日本の滅亡をもたらす.中国が国力増強に努力すれば,自立できる」と力説した[20].

2. ソ連との関係の冷却

上述のように,国民政府は,「対ソ敬遠」から「ソ連利用」策に転じ,「対ソ要望事項」によってそれを具体的に実現させようとした.しかし,中ソ国交が回復したとは言え,ソ連の対日宥和の基本政策が変わったわけではなかった.それゆえ,中国の「対ソ要望事項」がソ連側に提出された後,ソ連は国民政府の期待に沿う行動をとるどころか,それに反する数々の行為により中国を失望

36 第2章 二重外交の形成と「制露攘日」構想の始動（1932.10〜1934.12）

させた.

　まず，1933年3月27日に駐ソ中国大使顔恵慶がソ連外務人民委員部を訪ね，「日本の拡張の目標は中国の東北だけでなくソ連の極東領土をも含んでいる」こと，「他の大国が何らかの措置をとる可能性が出てきた場合，ソ連がこれらの国家と接触しなければ，それは中国の地位を低下させるだけでなくソ連自身の地位も低下させることになる」ことなどを理由に，国際連盟諮問委員会への不参加の取消，「法律上及び事実上の満洲国不承認」という連盟の決議の遵守などをソ連側に再度強く要請した．それに対し，ソ連側は「極東の紛争に対する不関与と中立の政策を厳格に堅持する」という「中日紛争以来の外交指針」を繰り返しただけで，顔大使の諸要望を全て退けた[21].

　次に，国民政府外交部の計画では，国交回復後の対ソ関係の「第一歩」は不可侵条約の締結から始めることになっていた[22]. したがって，4月5日，国民党中央政治会議第357回会議は「中ソ不可侵条約主要原則」を採択し，条約の締結に向けて準備を整えつつあった[23]. しかし，24日に駐ソ日本大使大田為吉がソ連側に，「蘇支不可侵条約ヲ締結ストセハ日本ノ輿論ハ蘇側カ支那ノ術策ニ乗リタルモノトナシ蘇側ノ措置ヲ攻撃スヘキモノト認メサルヲ得サル」[24]と警告すると，翌日にタス通信はソ連当局の意を受けてソ中間で不可侵条約の交渉がなされていることを否認した[25]. 大田大使の観測によれば，「蘇支不可侵条約ハ既ニ予備的交渉ヲ完了シ唯調印ノミ残リ居ル次第ナルカ前記蘇側ノ打消ハ畢竟日本ニ対スル気兼ネノ結果」[26] であったという.

　そして，この間にソ連は，「満洲国」領事の受け入れという「事実上の満洲国承認と見られる政策」をとり続けたうえ，日・「満」・ソ三者による国境問題協議委員会の設立にも同意し，5月2日という駐華ソ連大使の国書提出の日には，中東鉄道を日本または「満洲国」に売却する旨を日本側に提案するまでに至った[27].

　他方，中共に目を転じると，熱河・華北危機の中にあっても，ソ連とコミンテルンの指導の下，中共は国民党を「帝国主義の忠実な手先」と見なし，国民政府の打倒を日本侵略反対の先決条件とする従来の方針を改めていなかった．それゆえ，国民政府が剿共戦に従事している政府軍の一部を長城一帯の対日前線へ北上させた3月上旬から，中共軍は前年の上海事変期と同じく，政府軍と

日本軍との激戦の隙に乗じて，政府支配地に対する反撃を展開し，国民政府と
その軍を再度日本軍と中共軍による挟み撃ちの窮地に陥れた[28]．4月に入ると，
国民政府側は長城一帯の対日前線で大損害を受けると同時に，南方の対中共前
線では，昨年7月以来遂行してきた第四次剿共戦が破綻し，江西省，福建省な
ど，国民政府の死活に関わる重要地域が中共軍の攻撃によって危機に陥ってし
まった．

　ソ連とその指導下の中共の以上の一連の行為はいずれも中国の対ソ要請に逆
行するものであったため，国民政府に大きなショックを与えた．なかでも，二
正面作戦の窮境の再来のために，蔣介石ら指導部は「急所の禍を顧みずに，外
患撃退ばかりの空論を唱えることは，前後関係と緩急関係の本末転倒にほかな
らない」ことを再確認した[29]．また，ソ連による中東鉄道売却案に対して，
蔣介石は「ソ連は赤匪を唆して我が後方を攪乱した」うえ，中東鉄道の売却を
声明していることから，中共も親日派や親ソ派も「みんな他人に依存し，自立
ができないものである」[30]と憤慨した．

　こうした中，5月14日，顔恵慶大使は国民政府の訓令を受けてソ連政府の
中東鉄道売却案についてソ連側に次のような厳重な抗議を行った．「中国政府
はソ連当局の提案に驚きを禁じ得ない．当案は，ソ連政府が条約の義務を全く
無視していることを表明しているのみならず，ソ連が不法組織と不法な行為を行う
意図を持つことをも明らかにした」．「これはソ連政府が国際的に非合法と宣告
された組織を承認し，侵略国家に援助を与えたことに等しい」[31]．

　この3月から5月に至る間は，中国が熱河省を新たに日本軍に奪われたうえ，
長城線でも敗色が濃くなりつつあった重大な時期であった．国民政府は英米・
国際連盟に失望し，もはや，国交が回復したばかりのソ連に最後の望みをかけ
ざるを得なかったが，英米等に対する以上の失望という結果に終わった．この
ことについて，5月15日に国民政府司法院院長の居正は政府の会議で次のよ
うに述べている．

　　　近時の事態を見れば，ソ連はもはや社会主義国家の仮面を破り帝国主義
　　国家と提携しようとしている．このことの意味は極めて重大である．我々
　　は外交上の「友好国政策」に信頼を置いてきたが，これに過ちはなかった
　　であろうか．中ソ復交の時，我々はどれほど喜んだであろう．しかしいつ

38　第2章　二重外交の形成と「制露攘日」構想の始動（1932.10〜1934.12）

の間にか過去の外交上の歓喜は苦痛な悪夢と化してしまった[32]．

　満洲事変を契機に，日本問題への対応が国民政府の最大の課題となった．これまで，内外の情勢の悪化につれて，局部的な対日妥協を行わざるを得ないという認識が国民政府指導部に広がってきたが，実行には至らなかった．その原因は，「専ら国民の諒解を得ようとしたこと」を別とすれば，主として「国際的援助が得られると誤信していたことにある」と指摘された[33]．しかし，英米と国際連盟に対する失望に続いて，居正の言うソ連をめぐる「歓喜」から「苦痛な悪夢」への転落は，当面の「国際的援助が得られる」という「誤信」に終止符を打たせた．したがって，国民政府は5月31日に締結した「塘沽停戦協定」を契機に，日本に対する局部的妥協政策に転換したのであった[34]．

　その後，蔣介石ら中国指導部はあらためて「赤禍の粛清」と「国力の充実」が内政の根本的急務であるとする[35]とともに，外交の面では，9月上旬，「日本に対して，東北三省と熱河省の割譲と偽国の承認は絶対に拒否するが，税制などの副次的な問題については，適切に周旋・処理し，日本側の感情を刺激するような行動と言論はできるだけ控える．なお，華北の我が地方当局に対しては，相当に自由な処置の権限を授与し，円滑な対応を図る」[36]という方針を定めた．

　中日ソ三国関係の連鎖作用により，塘沽停戦協定を締結する前の「対日を優先する」必要が「ソ連利用」策をもたらしたのと同様，塘沽停戦協定を締結した後の以上のような対日政策は，「赤禍の粛清」と「日本を刺激しない」という必要から，国民政府のソ連との関係を冷却させた．

　折しも，6月，ソ連が満洲事変直後に中国新疆省の地方政府と中国の主権を損なう秘密協定を結んだことが暴露された．同時に，盛世才[37]が新疆で親ソ政策を実行し，ソ連が以前よりも新疆での勢力を伸ばしているといった情報は次々と蔣介石周辺に届いてきた．したがって，中東鉄道問題，外モンゴル問題と並んで，新疆問題もこの時期から中ソ間の主権紛争の第三の焦点となってきたのである[38]．また，塘沽停戦協定締結後，馮玉祥，吉鴻昌ら旧軍人勢力が国民政府に対する反乱を起こしたが，ソ連が背後で彼らを指示・支持しているというような情報が数多く国民政府に伝えられた[39]．

　この二つのことは国民政府指導部に新たな刺激を与えた．7月7日，蔣介石

は「倭患急，露患緩．露患大，倭患小」という持論を再確認した[40]．また，9月，「中国，東アジアおよび日本に対するソ連の赤化計画と陰謀」といった関係情報を入手した後，蒋介石は「近頃，日本よりもソ連を憎んでいる」と日記に書いた[41]．さらに，10月4日，蒋介石は第二次世界大戦勃発の可能性やその際におけるソ連の対中侵攻の有無を考え，「真の友と真の敵を確かめるべきだ」と自戒した[42]．

こうした中，日ソ両国の間では8月以後，中東鉄道の売却価格と「菱刈文書」[43]をめぐって緊張が高まった．日本の情報によれば，ソ連が10月に「日本側ニ対抗スル意味」で中国に不可侵条約の締結を持ちかけたが，国民政府は全然乗り気でなかった[44]．

こうした中国側の対ソ冷淡姿勢をソ連側は敏感に察知していた．11月13日，駐華ソ連大使のボゴモロフ（Dmitry Vasilyevich Bogomolov）は次のような報告をモスクワに送った．

〔中ソ不可侵〕条約に対する中国政府の態度は非常に冷たくなった．〔中略〕我々の草案は1カ月前に既に渡してあるにもかかわらず，中国政府は何ら反応しなかった．この引き延ばしの原因は，我々の草案に南京が不満であったこと，国民政府が目下日本と今後の政策をめぐって極めて重要な交渉を行っていることにあるだろう[45]．

特筆すべきは，対日妥協政策に反対した宋子文ら国民政府の対日強硬派もソ連に不満を抱いていたことである．10月6日，ソ連大使との談話において，宋は，中国政府はソ連が中共の支配地域を援助していることをしっかりと把握したこと，この種の行為は中ソ両国の政治的接近を妨害したこと，ソ連の中立政策と中東鉄道の売却交渉がソ連に好感を持った中国世論を失望させたことなどを指摘して，ソ連を批判した[46]．宋子文のこうした態度について，ソ連大使は前記の報告の中で次のように指摘している．

宋子文と多くの中国人の眼には，ソ連との友好関係は，それが抗日の確実な保障になることができてからはじめて価値を有すると映っている．宋は，中国の虚弱さゆえ抗日には力が足りず，よって中日紛争に対するソ連の「中立」は中国にとって何ら役立たないと見ている．対ソ関係の検討にあたって，中国の為政者は中国の共産党地域に注目する．明らかに，彼ら

40   第2章　二重外交の形成と「制露攘日」構想の始動（1932.10〜1934.12）

の焦点は第三国に関する事項よりも，国内情勢に適用する事項にあるのである[47]．

　ソ連大使の以上の観察は，塘沽停戦協定締結後の国民政府の対ソ冷淡政策の根本的な要因を正確に見抜いていたと言えよう．しかし，彼が予想もしなかったことに，その報告の直後，米ソ国交が樹立される．それは，国民政府の内外に大きな波紋を投げかけることとなった．

3. 米ソ国交樹立の波紋

　1933年10月10日，アメリカ大統領ルーズヴェルト（Franklin Delano Roosevelt）は米ソ間の外交懸案を解決するための交渉をソ連側に提案した[48]．11月17日，日ソ緊張が高まり，中ソ関係が冷却しつつある中，アメリカは16年間に及んだソ連不承認政策に終止符を打ち，ソ連と外交関係を樹立した．それに先立ち，日本のメディアは，ルーズヴェルト大統領が10月10日付で懸案解決のための交渉を提案する通牒をソ連側に送付したことから米ソ国交樹立への動きを察知し，その中国への影響を懸念していた．例えば，10月22日の『東京日日新聞』は，

　　　米国の対露国交回復交渉決定の報は国民政府に非常な影響を与へこれに
　　　よつて政府の対露政策の方向を決定するであらう．〔中略〕国民政府の目
　　　下の対露政策は全て米国と足並を揃へるといふことに尽くされてゐる，し
　　　たがつて今回の米国の露国承認は国民政府をして再び親露政策に転向せし
　　　むべき転機をなすものと一般では見てゐる，また国民政府は米国が偶然に
　　　も日露関係悪化の場合を狙つて露国を承認せんとする事実に大なる期待を
　　　置いてゐる

と予測した[49]．

　そして米ソ国交樹立が正式に公表された後の11月19日に，同新聞は以下のような「日本外務省の見解」を伝えている．

　　　米国のソビエト承認によりソビエト政府の対日外交方針は多少挑戦的と
　　　なるかも知れぬ．また国民政府もこれを利用して再び誤れる抗日政策に転
　　　向することになるかも知れぬがこれに対して厳重警戒の必要がある[50]．

国民政府の対日政策の変化に対する日本側の以上のような懸念は杞憂ではなかった．そもそも，ソ連と英米の緊張関係は国民政府の対ソ政策を拘束してきた要因の一つであった．英米・国際連盟がソ連と不倶戴天であるゆえ中ソ接近が「国際的同情」を失わせるという危惧は，かつて国民政府の対ソ接近回避政策に大きく作用した．1932年9月に国民政府外交部は「アメリカのソ連承認はもはや時間の問題にすぎない」という新しい情報をつかんだが[51]，それによるある種の安心感は国民政府の対ソ国交回復にプラスの影響を与えた[52]ものの，「情報」が現実になるまで，上の危惧が一掃されたわけではなかった．それゆえ，塘沽停戦協定が結ばれた後，国民政府は当面の対ソ関係を冷却させながらも，長期的には「米ソの接近への趨勢」を望んでいたのであった[53]．従って，いまや米ソの国交樹立によって制約要因の一つに大きな変化ができた以上，国民政府の内外に波紋が起こるのは理の当然であった．

　まず，言論界では大きな影響力を持つ『東方雑誌』が1933年12月に米ソ接近を分析する論説を掲載した．それは，ルーズヴェルトの対ソ接近の動機について，「大恐慌」による経済的要因とヒトラー（Adolf Hitler）の政権掌握による欧州情勢の要因にも触れたが，「主要原因」は「極東問題の切迫」にあると断じた．そのうえ，「九・一八の暴行〔満洲事変〕以後，中国を独占しようとする日本の野心は火を見るよりも明らかになった．〔中略〕日本の横暴は東北三省から熱河へ，さらに関内へと進み，華北全体を席巻しようとする勢いを見せている．それによるアメリカの屈辱と憤慨は言うまでもない．最近，日本は外交政策を改め，勢力を以て強圧した後に利益を以て誘惑し，中国の親日派も台頭し始めた．アメリカは声を上げなければならなくなった」[54]と，アメリカの対ソ接近は日本を牽制するためにほかならないと主張した．

　一方，同じく大きな影響力を持つ『大公報』は，11月23日付社説で次のように論じている．

　　　最近の国際情勢は中華民族にある種のチャンスをもたらした．過去の国際情勢の最大の特色は「赤」と「白」とは両立しないということであった．だが，今日，赤と白を代表するソ連とアメリカという二大勢力が手を握ってしまった．このような赤と白の併存はコミンテルンの中国赤化活動が消極に転じたことを裏付ける一方，日本に対する米ソの新しい勢力均衡が形

成されたことも象徴している[55].

　以上は世論の反応であったが，それと相まって，国民政府内部でも，外交部政務次長唐有壬の指摘を借りて言えば，「多くの人，特に国際関係通と自認する人が米ソ復交を見て，極東の新たな均衡が成立し，それにより日本はこれからは慎重にならざるを得なくなり，中国はこの情勢の下で一息つくことができると判断している」[56]．特に注目すべきは，『大公報』が説いた「赤と白の併存」論も新聞の論調に止まらず，国民政府の重鎮，国民党中央組織部長の陳立夫という著名な反共主義者でさえ，須磨弥吉郎南京総領事との談話で，「日本カ飽ク迄覇道ヲ以テ臨ムナラハ支那ハ藁ヲモ攫マン其ノ藁ハ紅ナル（共産党）ト白ナル（英米アタリカ）トヲ問ハサルナリ」[57]と喝破した．

　上の情勢を背景に，中国は米ソ国交樹立を機にソ連との関係を緊密にしなければならないと主張する声もあがった．『独立評論』第78号（1933年11月）に掲載された胡適の「世界新情勢下の中国外交方針」と題する論説はその先陣を切った．その要旨は次の通りである．

　　目下の中国は確かに日本との衝突や決裂を避けるべきである．しかし，だからといって国際連盟と欧米第三国を軽視してはならない．中国の外交は，四つのチャンネルすなわち日本，ソ連，アメリカ，国際連盟（西欧とイギリスを代表するもの）を併せて考慮しなければならない．四つのチャンネルを全てうまくつかめれば最高であるが，次善の策としては少なくともその内の三つのチャンネルに目を配らなければならない．

　　ここ2年来の我が外交の成功は国際連盟とアメリカという二つのチャンネルを摑むとともに，ソ連との関係をも修復したことにある．それにより中国の問題を世界の問題にし，日本を世界道徳によって非難される罪人にしたからである．

　　2年前，各大国は協力できず極東を顧みる余裕もなかっただけに，日本は大胆に国際条約を破り紛争を起こすことができた．米ソ国交が樹立された今，世界情勢は大きく変わった．これから日本の軍閥は自分の野心を少々抑えなければならなくなるだろう．

　　ソ連の国際理想主義，新大陸の国際理想主義及び国際連盟の国際理想主義という三つのグループの提携は，強力な国際平和主義を誕生させようと

している．我々の将来は，このような人類の理性に近い国際組織に依存しなければならない．軍閥支配下の日本は決して我々の友ではない．友を多く作り，狂犬を厳戒する．これは我々の今日の唯一の道である．もし狂犬を恐れるあまり友を作ることすらやめるならば，友を作る資格さえ失うことになる[58]．

　総じて，この論説において胡適は，塘沽停戦協定以来の汪精衛行政院長主導下の対日妥協の外交方針に理解を示しつつも，日本との関係改善のみに没頭するのは「消極的すぎる」と見なし，米ソ国交樹立という新しい国際情勢の下で中国は対日関係への対応とともに，ソ連，アメリカ及び国際連盟に対する「友を作る」外交をも再度積極的に行わなければならないと唱えていた．

　胡適は北京大学の著名な教授で，学界の旗手的存在であった．1933 年 3 月以来，彼は国民政府から教育部長や駐独公使への就任を要請されたのに続いて，この時はさらに駐米公使に就任することも求められている[59]．この点からも彼の存在感の大きさがうかがえる．事実，彼の上記の論説は政府内外からかなりの共感を寄せられたのであった[60]．

4.「対ソ接近」論の台頭と汪精衛の反対

　ところで，政府内外に台頭してきた新しい動きを代弁していた胡適の議論は，国民政府外交当局の見方とは合致していなかった．

　塘沽停戦協定締結以後，対日政策が「局部的妥協」に転換したのに伴って，国民政府外交当局の人事が一新された．すなわち，妥協反対派の宋子文，羅文幹らは財政部長兼行政院副院長，外交部長などの要職から退任させられ，汪精衛行政院長が外交部長を兼任し，彼の麾下，唐有壬が政務次長として外交部の日常事務を担当し，元外交部長の黄郛は行政院駐北平政務整理委員会委員長として華北現地の対日関係を統括した．この「汪・唐・黄体制」と呼ばれた新外交当局は，胡適らの唱える「安心」論と「対ソ接近」論とは反対に，米ソの国交樹立により日本が「近い将来武力を盾に極めて厳しい圧迫を中国に加えてくるに違いない」と見ていた[61]．その理由は，華北前線の黄郛と山西省政府主席の徐永昌との間の下記の共通認識に典型的に代弁されていると思われる．つ

まり,「最近我が国の一般国民は日本とソ連およびアメリカとの外交関係の決裂を望んでいるが,それは我が国に対する日本のとどめの一撃を促すに違いない.日本はソ・米と無事ならば何もしないが,有事の場合は必ず先に我が国を討つ.中国に漁夫の利を許すわけがないからである」[62].

外交当局と胡適らとの具体的な対立点は,駐ソ顔大使の報告に対する汪精衛の態度によって一層浮き彫りとなった.1933年11月中旬,顔大使は「日ソ関係の悪化につれて,ソ連が我が国と接近する意思を示してくるかも知れない.それに対してどのように対応すればいいか」と汪精衛の指示を仰いだが,汪は,「日ソ間で戦争が起こった場合,日本が勝利をおさめたならば,中国は東北〔満洲地域〕を失うことになるが,たとえソ連が勝利をおさめても,我が東北または華北にソビエト政権をもたらすに違いない.後者による禍は江西〔の中共根拠地〕よりも酷い.そして,日本側は必ず我が国に態度の表明を迫ってくるだろう.もし我々がソ連に与する意思を示せば,日本はきっと先に武力を以て我が華北を占領する.それゆえ,英米の態度が明白になるまで,我々は中立を守るしかない」[63]と,11月16日に蔣介石に電報を打って,中ソ接近への反対を表明した.

その後,11月22日,汪精衛は胡適に書簡を送り,胡がいう「日本,ソ連,アメリカ,国際連盟」を「甲,乙,丙,丁」と称して,以下のような反論を展開した.

　　一国の外交は単に外交のための外交ではなく,軍事,財政など全般的状況に適応できる外交でなければならない.甲は乙と開戦する前に必ず我が国に態度の表明を迫ってくる.我々には甲を助ける理由がないが,だからといってそれを拒否できる自信もない.拒否すれば華北と港湾都市などが直ちに甲に占領される恐れがあるからである.つまり,乙の勝敗がまだ分からない内に,我々は既に惨敗を喫してしまうのである.甲は,乙だけと戦うならば勝敗の行方は未知数であるが,乙,丙,丁と同時に戦うならば敗北するに決まっている.しかし,今日の戦争は経済の戦争で,我が国の軍隊が経済的供給を得られない場合,沿海沿江地域に止まったら必ず無数の傀儡政府と化し,西北の奥地に撤退したら必ず無数の土匪になる.換言すれば,我々はベルギーになれない.我が国はベルギーのような単純な状

況にはないからである．つまり，たとえ乙，丙，丁が甲に勝ったとしても，中国だけではやはり太刀打ちできず，ソビエト化されるか又は国際分割されるか国際管理されるかの運命を回避できないのである[64]．

　汪精衛が触れたベルギーは，第一次世界大戦中にドイツに占領され，のちに連合国側に頼って独立を回復した国である．「ベルギーに学べ，ベルギーになれ」は，この時点における「連外制日」論者の合言葉であった．しかし，上の書簡から明らかなように，「ベルギーに学べ」というスローガンを含め，米ソ国交樹立後の国際情勢や「連外制日」の将来の可能性に関する胡適の楽観的な見方に対し，汪精衛は否定的な態度をとっていたのであった．

　さらに，11月29日，汪精衛は自らの主張を一層明確に打ち出した．当日行われた国民党中央政治会議において，彼は「米ソの国交樹立は日ソ間の対立を促成するに足りる．近い将来国際情勢に変化が起こりうる．変化の結果，中国に新生への気運がもたらされるかも知れない」と指摘しながら，「銅鑼を鳴らして救助を哀願しても救助が来ないか，または敵の更なる侵略を招くだけという現状において，むしろ『黙守待援』〔黙って守備に努めつつ，救援の到来を待つ〕のほうが割に合う」として，塘沽停戦協定以来遂行してきた「第三国との合従連衡を行わない」という「黙守待援」の方針を続けていかなければならないと主張した[65]．

　一方，胡適は汪精衛の11月22日の書簡に対し，12月20日に長文の返事を送った．要旨は次の通りである．

　　外交は，世界の大局と国家の百年の大計から考えるべきであり，一つの局面，一時の利害に局限してはならない．先生の懸念は中国がベルギーのような条件を満たしていないこと，たとえ乙，丙，丁〔ソ連，アメリカ，国際連盟〕が勝っても中国が国際分割や国際管理の禍を避けられないことにあった．しかし，このような懸念をまず解消しなければならない．

　　米ソの提携が世界大戦を促すことになるのではないかと懸念している人もいるが，私は，米ソ間の相互援助が軍国主義国家の野心を少しでも抑制できると考える．ベルギーが亡国から復興した原因は，連合国をしっかり繋ぎ止め，それらに対する信頼を堅持していたことにある．我々はベルギーに学びたいならば，何よりもまず国際組織に対する信頼を培わなければ

ならない．疑いもなく，我々の将来はデンマーク，スイスとイギリス，フランスとが共存できるような国際組織に依存しなければならない．もし，乙，丙，丁による国際分割や国際管理を疑うならば，我が国は甲〔日本〕の懐に入り朝鮮になるしか道がない．

ここ 30 年来，国際関係は確実に理想主義に傾いている．国際連盟やソ連はみなこの理想主義の大勢の産児である．世界の新しい情勢は中国を見捨てるわけがない．列国は無力の叫びから徐々に有力な戦備に転じただけである[66]．

胡適のこの返信に対し，汪精衛は 12 月 25 日に次のように返答した．

中国はデンマークやスイスとは絶対に異なる国である．デンマークやスイスは小さすぎて，肉のない骨みたいな存在である．2 匹の狼がそれを争っても，どちらも腹一杯にならないため，争いもしないだろう．しかし中国はうまい肉である．この世界では，弱くて小さな国は生存できるが，弱いが大きな国は生存できない．中国をインドに喩えるならば適切であるかも知れないが，デンマークやスイスに喩えるならば間違いである．ベルギーの生存は確かに「連合国をしっかり繋ぎ止めた」ことをよりどころとするが，しかし，英，露，仏の対独開戦は，それぞれの自国の利益のためであり，ベルギーのためではなかった．ベルギーのためなら彼らは絶対に戦わないであろう[67]．

汪・胡間の論争はこの 25 日の汪精衛書簡を以て一応幕を閉じたが，論点を整理すると以下のようになろう．すなわち，胡適は，「日本との衝突や決裂を避ける」という「局部的妥協」政策の続行には反対しないが，それと同時に，米ソ国交樹立後の新しい国際情勢の下では他の「三つのチャンネル」，特にソ連との接近も積極的に再開しなければならないと主張していた．その背後には米，ソと「国際組織」の将来の援中制日の可能性に対する期待がうかがえる．これに対して，汪精衛は，米ソ国交樹立後の現在でも中国が依然日本との緊張緩和と関係改善に集中し，米，ソ及び国際連盟という他の「三つのチャンネル」に対しては行動を差し控えなければならないという主張であった．その背後には「日本を刺激してはならない」という現実論も働いているが，米ソと国際連盟の将来の役割及び中国がそれを利用する可能性に対する悲観論と，「連

外」による中国の「ソビエト化」または「国際分割や国際管理」の「運命」に対する危機感が強く作用していたのであった.

既述したように,「現状での国際的援中制日は不可能」という判断は,塘沽停戦協定の締結及びそれを契機とする「局部的対日妥協」への転換をもたらした一大要因であった. しかし,上記の汪・胡論争は二つの問題を提起している.第一に,「現状での国際的援中制日」の可否をめぐって認識が一致した人々は,必ずしも「将来の国際的援中制日」の可否でも一致したとは限らない.「現在は絶望,将来も絶望」と悲観する人もいれば,「現在は絶望,将来は有望」と楽観する人もいる. 第二に,「現状での国際的援中制日」の可否で認識が一致した人々は,必ずしも「当面の連外制日活動」の当否の判断でも一致したとは限らない.「当面の連外は無益」と見る人もいれば,「当面の連外は無難」と見る人もいる.

以上の二つの相違点と関連して,ここで補足しなければならないのは,日本及び日中関係の将来に対する認識の懸隔も「連外制日」問題上の対立とつながっていたという点である. すなわち,この時点で,日本及び日中関係の将来について,国民政府内外には二つの予測があった.

一つは,「軍閥支配下の日本は決して我々の友ではない」という前記の胡適の考えに代表されるもので,日本の対中侵略は「止まるところを知らない」ものであり,「日本の軍閥が国の権力を握り,日本人が中国の国力と文化を軽蔑している今日,一切の対日親善論は,日本人に利用されることにしかならない」という理由の,いわば「日中は食うか食われるか」論であった[68].

もう一つは前者と反対の「日中共存共栄」論であった. 国民政府教育部長の王世杰に言わせれば,塘沽停戦協定が締結された後の国民政府には「日中共存共栄」論に「傾いている政府要員がかなり」いたのであり,特に「汪精衛もそれに心を動かされて」いたのであった[69]. そして,その理由も「日本の対中侵略は止まるところを知らない」論と正反対で,「日本には平和勢力が徐々に台頭してくる可能性がある」[70] という汪精衛の予測に依拠していたのであった.

このように,塘沽停戦協定締結以後,中国では妥協の反対派は外交の表舞台から姿を消したが,「局部的対日妥協」賛成派の内部でも,第三国観及び「連外制日」の将来の可能性に対する判断と,日本観及び日中関係の将来の可能性

に対する判断の相違によって，二つの流れに分かれていた．それゆえ，対日緊張緩和を以て「安内第一」を実現させるという共通の発想から同じく妥協政策をとっていても，「連外制日」の戦略を「当面は無難，将来は有望」とし，「日中は食うか食われるか」論に立つ人々の対日妥協と，「連外制日」の戦略を「当面は無益，将来は絶望」とし，「日中共存共栄」論に立つ人々の対日妥協は，その出発点も同じでなければ，目指す終着点も同じではなかったわけである．そしてそれに基づいて，ソ連，アメリカ及び国際連盟という日本以外の三つのチャンネルに対する態度も自ずから異なっているのである．こうした二つの流れは，国民政府の「局部的対日妥協」が，実は対外戦略に対して異なる二つの方向性を孕んでいたことを示している．

　もっとも，米ソ国交樹立の後も，中国では波紋と論争が起こったが，汪精衛らの主張が外交当局の主流を占めていたので，前節で見た日本側の懸念は杞憂に終わったともいえる．しかし，中国の対日政策の底流には胡適の主張に代表される国際戦略というべき伏流も流れていたことには十分に注意しなければならない．

5. 蔣介石の日中ソ関係観と「制露攘日」構想

　汪精衛の主張と胡適の主張に代表される二つの潮流に対して，蔣介石軍事委員長はどのような態度をとっていたのか．その答えは日中ソ関係に対する彼の認識から探らなければならない．

　蔣介石が残した機密文書や日記などから，塘沽停戦協定を締結した後，彼は中日ソ関係と中国が取るべき戦略について，集中的に考えていたことが窺える．

　1933年6月，日中ソ三角関係と国際政治の現状について，蔣介石は次のように分析していた．「倭寇〔日本〕，赤露と英米の三者を見ると，倭寇は中国を憎しむと同時に中国を恐れているが，それに中国が順応できれば付き合いは可能だ．赤露は中国を敵視するのみならず，中国を恨んでいる．その目的は私〔蔣介石〕を倒すだけでなく，中国を滅ぼすことである．英米は日露に対抗するために中国を利用しようとするが，領土的野心がない．大局的に言えば，英米とは与国〔友好国〕になれるが，倭寇はただの仇国であり，赤露は中国の唯一

の敵国である．与国には義をもって接し，仇国には恵を施すが，敵国だけは変えられないため，自らを強くすることに努力して対抗するしかない」[71].

　同年 8 月には，蔣介石は次のように書いている．「九一八〔満洲事変〕以後，国際的なバランスが崩れ，中国では国家と人民が存亡の瀬戸際に立った．屈辱に耐えつつ，慎重に対応しなければならない．これに頼って，はじめて生存を維持できる」．そして，こう指摘したうえで，満洲事変以前のスローガンと政策をそのまま用いては救国にはならず，逆に，「国際的な諸矛盾が種々錯綜している中で適切に国家の生存を確保し，人を用いて人に用いられないようにすれば，復興の機会がまだある．弱国にとって，中正平和の道こそメリットが多くデメリットが少ないのだ」と [72].

　また 9 月には，蔣介石は「日本は中国の軍事建設と政治建設を危惧し，中国を友と信じることができないが，中国の協力を絶対必要としている．日本の弱点はここにある」と指摘している [73]．10 月には，国際情勢を次のような 5 点に要約した．「一，英米は中国が日本と和を結ぶことを恐れている．二，露仏は日独に対応するため提携の趨向にある．三，日本はサハリンの石油を占有し，極東を支配することを目指すため，先にロシアと決戦する．その後，アメリカと戦う．四，日本は必ず中国との和平を確保してからはじめて戦略を決定することができる．五，イギリスは必ず両広〔広東と広西の西南系地方勢力〕を利用してわが中央を制する」と [74].

　そして，上記のような対日・対ソ認識と国際政治観に加え，「国家は弱体化の極みに達しており，強壮剤を飲みすぎると却って死を早める」という自国認識をもったため，蔣介石は宋子文の対日強硬と対英米依存への偏重に反対し，「子文ら欧米派の行動はひたすら直進することを目指し，国家の存亡と革命の成否を顧みず，極めて危ない」と批判する [75]．これと関連して，蔣介石は，対日と対英米の二本立ての外交方針は，「運用にあたって慎重でなければならない．さもないと，相互補完どころか，相互妨害になってしまう．日本が武力で中国を圧迫すれば，欧米の経済援助があっても危機は救われない」と宋子文を戒めた [76].

　また，蔣介石は，汪精衛が主導する外交については全般的には日本との緊張緩和に賛同しながらも，日本だけに限定し，他のチャンネルを放置するという

消極的な傾向には不満であった．それを「主張しないことを主張とする」ものだと批判した[77]．蔣介石の外交戦略は国際的であったといえる．7月6日，黄郛らに送った電報のなかでも，蔣介石は，中国に対する日本の非難，すなわち「遠交近攻，以夷制夷」という批判について，「目的は中国に国際外交の放棄を迫り，日本だけに従う環境をつくりだし，最後に，偽満洲国の承認と東北四省の割譲を認める条約を締結させることにある．その陰謀を実現すると，中国の国際チャンネルが断ち切られる．そのため，中国は譲れない一線と最後の決心を示しつつ，日本の妄想を打ち破らなければならない」と力説している[78]．

　また，蔣介石の具体的な対日・対ソ戦略について見ると，中ソ国交回復後，特に熱河危機や長城抗戦という特殊な時期においては，一時「連ソ制日」を考えていたものの，ソ連による中東鉄道の売却や新疆への侵入などの問題が明らかになった後，蔣介石は再度日ソをともに中国の外患と見なし始めたことが指摘できる．いわば，蔣介石は中ソ国交回復前の原点に立ち返ったのである．そして，この原点から再出発した蔣介石の外交戦略の基本的な構想は，日ソ対立を利用して両者を相互牽制させながら，「制露と攘日，制日と攘露」という二重目標を相互補完的に達成することであったと結論できる（前者は「赤匪」の一掃，後者は「倭寇」の打倒が前提とされた）[79]．

　塘沽停戦協定締結以降，日ソ関係の観察は蔣介石の日課となっていたといえる．「日ソは必ず戦う」という判断の下で，蔣介石は，中国は「機会を活用するために，どのようにして自立を達成し，どのようにして日ソ戦争を中国の準備の時機に合わせるか」という問題に注目していた[80]．しかし，その間，蔣介石を悩ませ続けたのは，「日本が他国と開戦した場合，中国はどのようにして生き残るべきか．中立は不可能であり，日本に与するのは義に反するが，参戦して日本に対抗すれば，国家と人民は危害を受ける」[81] という難問であった．これを解決する方法をめぐって，蔣介石は次のことを重視している．すなわち，「米ソの対日戦争準備をいかにして実現させるか，と同時に，いかにして後顧の憂いがないことを日本に信じさせるか」という戦略である[82]．蔣介石は次のように思案したこともある．つまり，「先其所愛，微與之期」[83] の古訓を順守し，日本に対しては，「共匪〔中共〕の利害を訴え，東北〔満洲地域〕と戦区〔塘沽停戦協定により国民政府が統治権を喪失した地域〕を中国に返還しなければ中

国は安定し得ない. 両国の将来の離合の鍵もまさにここにある」と [84].

こうした背景の下, 米ソ国交正常化問題への対応においても, 蔣介石は, この問題に関心を持たない汪精衛とは異なる姿勢を示した. 例えば, 10 月 29 日, 米ソ国交正常化交渉が始まったことを知った蔣は,「米ソの国交回復により, 日本は脅威を受け, 国際情勢は転換する. 中国が存立を図る道はここにある. 機会を見逃さないよう, 米ソ日三国間の変化に時々刻々注意しなければならない」と日記に記している [85]. また, ソ連との密接な関係の構築に関する前述の顔恵慶の提案を受けた後, 蔣介石は, ソ連が好意を示してくる場合, 中国も好意を表すべきであり, 拒絶する必要はないとし, 中ソ接近に消極的な汪精衛の意見を批判した [86].

1934 年に入り, ヒトラー・ドイツの台頭などによる内外環境の変化に伴って, ソ連は徐々に対中政策を転換し, 現実に中ソ関係の改善を模索し始めた. 蔣介石は 1934 年 1 月下旬に, 駐華ソ連大使との会談から, ソ連が中国と接近する願望を持っていることを察知した [87]. それは, 日ソ対立を利用して相互に牽制させるという外交構想への蔣介石の自信を深めた. この間, 内モンゴル, 新疆など辺境地域では日ソ両国からの影響を受けて分離傾向が深刻化していた. そのため, 蔣介石は中国の辺境問題の研究に力を入れたが, 巨大な領土を持つソ連の経験と外交戦略を参考にすることを特に重視していた. 例えば, 1934 年 2 月 27 日に蔣介石が汪精衛に送った電報の中で次のように論じていることが, 蔣介石のソ連観を知るうえで重要である.「現在, わが国の革命環境は 1920 年以前のソ連と同様に劣悪である. 強い隣国が虎視眈々と環視するなか, 中央政府にはこれに抵抗する実力がなく, 後ろ盾となる友邦もない. 当時の列強はソ連を封鎖することによってソ連革命を死地に追い込もうとした. 今日の列強は中国を封鎖はしないが, 門戸開放政策は封鎖よりもはるかに劣悪である. したがって, 中央政府が, 現在, この革命環境の劣悪さを認識せず, 自らの力と徳の育成を計らず, 依然として昔の野郎自大のままであるならば, 国家としての存立を失うだろう」と. そして, 蔣介石は「今日のわが国は当時のソ連の情勢とは異なっているが, それを鑑にして大いに参考にすべきである」と強調したのである [88].

1934 年 3 月に入ると, 蔣介石は多くの談話を通して, 辺境問題や米ソ国交

樹立後の国際情勢を分析しながら，日中ソ関係に対する自らの観察と思索を側近に披露している．こうした記録からその要旨は以下の5点にまとめられる．

（一）二つの勢力〔と主義〕が中国を侵略するため東アジアで争っている．その一つは「門戸開放，機会均等」をスローガンに利益等分を求める「均衡主義」であり，もう一つは「モンロー主義か世界革命か」をスローガンに利益独占を求める「独占主義」である．前者は英米を代表とし，その優越的な経済力を以て均等な機会の中から経済上の実質的な独占を図るか，もしくは少なくとも今ある優勢を永久に維持しようとしているものである．後者は日ソを代表とし，東アジアにおける優越的な軍事力と侵略の可能性を利用して中国を独占しようとしているものである．この4カ国は互いに激しく衝突し合っている．英米の策略は日ソの軋轢を利用して両者を共に疲弊させるところにある．

（二）個別的に分析すれば，日本は明治維新以来，満蒙を侵略し中国を滅ぼすという政策を進めてきた．しかし，日本の対中侵略は中国が自彊自立しないことに由来するものであるゆえ，中国が統一と安定を実現すれば東北の失地が返還されるのみならず，日本が国際的に孤立していること，中国との人種的な近接性及び歴史文化上の近しさに鑑み，日本は必ず中国との修好を希望する筈である．ゆえに日本は決して中国の最後にして最大の敵ではない．対して，ロシアは本質上侵略性に富み，特にソビエトになってからは「世界革命」の野心を忘れず中国をその企てから放免していない．その侵略の手法は日本の侵略手法より遥かに巧妙であり，事実上外モンゴルを占領したにもかかわらず弱小民族の扶助と宣伝している．よって中国及び全世界にとっての最後にして最大の敵はソ連にほかならない．一方，英米も帝国主義国家であるが，しかし現在それら諸国は東アジアに対しては既存の経済的優勢の維持に満足し，日ソのように領土的野心を有していないため，比較的王道に近いものといえる．

（三）国際情勢の趨勢を展望すれば，日本には「北守南進」と「南守北進」の二つの進出方向があるが，「北守南進」の海洋政策を採る場合は必然的に英米と正面から衝突することになり，「南守北進」の大陸政策が採られる場合は必ずソ連と激しく争うことになろう．現情勢下では日本が満洲を占領し，ソ連とモンゴルに迫っているため，ソ連も極東の軍備に力を注いでいる．ゆえに，日ソ関係は現今の東アジア情勢の焦点であり，世界大戦の火種でもある．両者

の戦争は避けることができない．一方，イギリスは日本が南進しない限り日本とは争いを起こすつもりがない．アメリカにとって日本との衝突は必然的ではあるが，日ソ戦が勃発する前には対日開戦はしないであろう．

（四）日本が対ソ戦を躊躇する最大の理由は中国に対する外交上の準備が未完成である点にある．日本は中国の華北と沿海地域を占拠し中国を自国に従わせソ連と対戦させるように強要できようが，中国問題は英米とは切り離せないものであるから，前記の目的を達成するには中国のみならず英米をも圧迫せねばならず，これは至難である．

（五）国家の問題は完全に実力の問題であり，国際関係は純粋に利害計算によって動く関係である．現在の中国は同盟国を有せず，国際環境が険悪であり，さらには国家が統一と建設の途上にあるため実力での侵略防衛が有効でない．しかし，列強がそれぞれ対立関係にあること，全体的な情勢の変遷，特に日本の対ソ戦の成否が対中関係にかかっていることに鑑みれば，国際情勢の展開における中国の「向背」は大変重要である．そのため，中国にとり外交上の可能性は極めて大きい．つまり，これから中国は内外政策においてソ連の方法を学び，政策と戦略の巧みな運用を以て実力の不足を補うべきであり，また補うことが可能である．その針路は，長期的には英米と提携して日ソの侵略を防ぐところにあるが，当面の急務は日ソの確執を利用し，日本とソ連の相互牽制の中で内部の統一と建設を速め国力を充実させるところにある[89]．

以上の蒋介石の論述を既述した汪精衛と胡適の主張と比べれば，次の共通点と相違点が読みとれる．

まず，「連外制日」の成功の可能性と現在における実行の必要性に関する判断において，蒋介石は中国の「外交上の可能性」に強い自信と大きな期待感を示し，その巧みな運用を強く唱えていた．この点において蒋介石は汪精衛の悲観論と違い，胡適の楽観論に近いと言える．しかし蒋介石は胡適と異なり，いわゆる「国際理想主義」や「国際平和主義」という「正義論」を根拠とせずに，根本的には「列強間の矛盾の利用」を出発点としている．特に注目しなければならないのは，蒋介石がソ連を日本以上に危険視しながら内外政策においてソ連の方法を学び，日ソ両国に相互牽制を行わせることを提唱していたという点である．つまり，蒋介石にとって，対ソ接近は決してソ連を友として信用しま

54 第2章 二重外交の形成と「制露攘日」構想の始動 (1932.10〜1934.12)

たは共産主義に好感を持ったからではなく，対日接近も決して日本に屈服し「満洲国」の既成事実を容認したからではなかった．両者はいずれも「以夷制夷」に過ぎなかったのであった．従って，蔣介石が筋金入りの反ソ反共主義者だからといって蔣による「連ソ制日」があり得ないとは言えず，蔣介石が国権・国益の維持と回復に執着しているからといって蔣による「連日制ソ」があり得ないとも言えないのである．

　次に，日本観及び日中関係の将来の可能性に関する判断において，蔣介石は日本が満蒙を侵略し中国を滅ぼす政策を進めてきたと指摘しながらも，中国が統一と安定を実現すれば日本は必ず中国と修好すると強調した．この点では蔣介石は「日中は食うか食われるか」という論調と違い，汪精衛の「日中共存共栄」論に近いと言えよう．しかし，その理由について蔣は汪と異なり，「日本の平和勢力の台頭」に望みをかけるより，「中国の自彊自立」を前提としていたのである．

　当時，中国指導部は汪精衛が行政院長として外交を中心とする行政実務を統括し，蔣介石は軍事委員長として軍事を始め国政全般の実権を掌握するという「蔣・汪合作体制」をとっていた．だが，上の比較から分かるように，蔣介石の意見は汪精衛の意見と必ずしも一致しておらず，特に「連外」問題において，汪精衛は「当面は無益，将来は絶望」と見ていたのに対して，蔣介石は明らかに「当面は無難，将来は有望」とし，根本においては満洲事変以来の「日中紛争の国際化」と「日中問題の国際的解決」の基本戦略を堅持していたのであった．

　蔣介石と汪精衛との以上のような分岐点は以後の国民政府の外交が「二重化」，即ち表の汪精衛路線と裏の蔣介石路線の並行へ向かうことを示している．

　そして，さらに注目しなければならないのは，既述した蔣介石の論述に表れているように，蔣介石の思考の内実が決して単純なものではなく，相反するものが矛盾し合いながら相互に補完し合うという特徴を有するということである．彼自身に言わせれば，中国が処する内外環境の特殊性により，重大問題への対処にあたっては「狡猾極まりない外敵と複雑を極めた内政を踏まえ，八方睨み的対応を取らざるを得ない」[90]．つまり，一方の可能性の実現に努めると同時に，相反するもう一方の可能性にも十分に備えなければならないのである．言

い換えれば，これからの国民政府の「二重外交」は単に汪精衛と蔣介石の離齬によるものではなく，さらには，党・政府及び軍部において最も重要な力をもつ蔣介石自身の「八方睨み的対応」によるものでもあった．

次に述べる事実はその二重外交の初期段階であった．

6. 日ソ相互牽制戦略の試行

蔣介石の上記の談話とほぼ同時に，まったく相反する二つのメッセージが届けられた．それらは，その後始められる国民政府の「二重外交」および「日ソ相互牽制戦略」において重要な「対ソ接近」の契機を作った点で重要であった．

一つはソ連からのメッセージであった．ソ連の対中接近の意向を察知した後，蔣介石が実地で観察を深めるため，国民政府軍事委員会参謀次長の楊杰をはじめとする軍事視察団をソ連に派遣したが，楊杰らはソ連で「歓待を受けた」[91]．1934年3月9日，次の報告がモスクワの中国大使館から蔣介石に届けられた．

楊将軍は連日の見学においてソ連から極めて行き届いたもてなしを受けている．7日，ソ連副外務人民委員が午餐会で日ソ対立に言及し，次のように語った．すなわち，将来日ソ間に戦争が起こった場合，ソ連軍は，日本軍をソ連の領土から排除するのみならず，中国の東三省〔満洲地域〕からも駆逐することに深い自信を持っている．そのため，今日のソ連の軍事的準備は敵を撃退するためだけでなく，敵を追撃するためでもある．ソ連は必ず東三省をその持ち主に返す．〔中略〕大勢から見て，中ソ両国が協力できれば，間違いなく日本に勝てるのである[92]．

翌日，楊杰からも次の報告が送られた．

ソ連においては歓待を受けた．視察の結果，ソ連の飛行機や戦車工業の発達，軍事教育の整備など，いずれも我々の予想を超えていた．その集中的な国防建設の飛躍的な効率は，私たちの視察で十分に裏付けられた．なお，ソ連側は中ソ間の親交は双方の福利になるという理由から，中ソ間の提携を要請している．国外の大勢と国内の世論から見て，我が国は多くの友邦と提携し，共同で日本と戦う必要がある．日ソ両国はともに我が国の強力な隣国で，目下の環境から連ソ制日は我が国策にとって有益無害であ

る．そのため，国交回復後の中ソ両国は更なる協力を進めなければならないと思われる[93]．

　もう一つは日本からのメッセージであった．すなわち，4月17日に日本外務省はいわゆる「天羽声明」を発表し，「支那ニシテ，若シ他国ヲ利用シテ日本ヲ排斥シ東亜ノ平和ニ反スル如キ措置ニ出テ，或ハ夷ヲ以テ夷ヲ制スルノ排外策ヲ採ルカ如キ事アラハ，日本ハ之ニ反対セサルヲ得ナイ．他方列国側ニ於テモ，満洲事変，上海事変カラ生シタ特殊ノ状態ヲ考慮ニ入レ，支那ニ対シテ共同動作ヲ執ラントスル如キ事アラハ，仮令名目ハ財政的又ハ技術的援助ニアルニセヨ，〔中略〕日本ハ主義トシテ之ニ反対セサルヲ得ナイ」[94]と宣告した．蔣介石らの胸中では，このように「公然と中国を日本の保護国とみなす」のは中国に対する「最大の侮辱」であり，その基調は正に日本の「独占主義」を立証するものであった[95]．

　こうしたソ連と日本のメッセージを比較する中で，対日関係のみを重視する汪精衛の「黙守待援」方針に不満を抱き，他の「三つのチャンネル」（本章第4節参照）に対する外交の積極化を求める動きが再び国民政府指導部において高まった．5月4日，「連ソ論」の旗手である孫科院長が率いる立法院は「日本の東アジア制覇の陰謀を打破し第三国との協力・合作を続行すべき」という決議を採決し，国民党中央政治会議に強く要求した[96]．翌日，蔣介石も「ソ連と感情を通わせる〔関係改善を図る〕」[97]ことを決意した．5月8日，駐英公使である郭泰祺も政府中枢に書簡を送り，次のように論じている．

　　日本を制するには外交上二つの方法しかない．一つは英米と協力することだが，現在，英米両国は戦債などの問題で懸隔があり，互いに信頼していない．それゆえ，協力の機はまだ熟していない．もう一つは中ソ協力を図ることであり，現在最もこれに努力すべきである．理由はというと，ソ連と日本との戦争は避けられず，しかも地理的にはソ連は英米ほど遠く離れていないので，対中援助を提供し易い．また，ソ連は近年，内部の建設と国際間の平和に向けて努力し，国際的信用を回復したのみならず，中国とは利害を共有している．互いに侵害しないという約束の下で，協力する可能性が確実にある．したがって，中ソ関係は中米，中英関係よりも重要である．また，中共問題での障害については，ソ連は今，世界革命という

積極的な主張を一時放棄したようであり，ソ連大使は「中国共産党に対するソ連の希望は，ほぼすべて切迫した時の対日行動にある」と述べている．そのため，中ソ国交の回復後，中国は国内の中共問題の障害により，ソ連との緊密な提携を図っていなかったが，現在では，我々は対日防衛を重視するソ連側の心理と政策を利用して，国交回復を実効あらしめるべきである．したがって，中央の政策に基づいて抗日における中ソ協力を図るため，帰国休暇中の顔恵慶駐ソ大使を早く帰任させるべきである[98]．

その後，蔣介石は顔恵慶の帰任を促した[99] ほか，6月下旬には駐華ソ連大使ボゴモロフを宴会に招待し，「中国はソ連の国際連盟加盟を歓迎し，このことは中ソ間の提携をより推進し易くした」「中国人民はソ連人民を信じており，相互関係のさらなる改善を望んでいる」と表明したうえで，「中ソ両国は隣国であり，中国はソ連に友好国として接する．不測の事態が発生した場合，中国は永遠にソ連を支持し，かつ友情を証すためにできる限りのことをする」と約束した．ボゴモロフ大使は「今回の蔣介石との談話により，彼の立場に何らかの変更があったという我々の情報は基本的に裏付けられた」とモスクワに報告した[100]．

そして7月13日に，「廬山軍官訓練団」の秘密会議において蔣介石は対日抵抗における「連外制日」外交の重大意義について，次のように述べている．

　　日中紛争は単に日中両国だけの問題ではなく，太平洋の問題及び世界の問題でもある．その中でも，日本の対米・対ソ関係が特に重要と言える．日本の対中侵略の継続は必然的に列国の干渉を招き世界大戦に至る．何故なら，第一に，中国は現在「列強の共同植民地」のような地位にあり，列強の共同的侵略と圧迫を受けている．日本の対中侵略は中国の権益を独占することを目標とするものであるので，それは必然的に列国の在華権益を侵犯することにつながる．第二に，日本の最終目標は「東洋の盟主」と「太平洋の覇権」にある．そのため日本の陸軍はソ連を標的とし，海軍は英米を標的としている．こうした意味で日本の敵は真正面の中国一国のみではなく，後ろにはアメリカがあり，左右両側面にはソ連とイギリスがある．地理や資源などの関係上，日本が米ソと戦うためにはまず中国を征服せねばならないが，中国を征服するにはまず英米ソなど中国と密接な関係

にある列国に勝たなければならない．そのため，日本の最大の弱みは国際関係にあり，中国の最大の強みも国際関係にある．今日，実力での対日抵抗の諸条件が整っていない中国は「知力」を以て日本の武力に対抗し，国際情勢の利用から自国の活路を開くべきである[101]．

その後，蔣介石は汪精衛ら外交当局主導下の対日関係改善路線を外交の主軸として認めながら，水面下ではこの路線が失敗した場合の代替手段として，対ソ関係の打開を狙った布石を打っていく．

蔣介石がまず究明しようとしたのは，現時点でソ連が蔣と国民党をどう見ているのか，その中日関係に対する態度はどのようなものか，という問題であった[102]．折しも，1934年夏，清華大学教授の蔣廷黻が欧州への学術調査を計画していた．蔣廷黻は中国政治外交史とロシア史の専門家であり，この時は胡適と同様，外交問題のブレーンとして蔣介石に重視されている．蔣廷黻のような学識経験者及び民間人の身分が対ソ打診には最適であると考え，7月下旬，蔣介石は出発直前の蔣廷黻を廬山に呼び，欧州視察の旅は時間をできるだけソ連に集中し蔣介石の使者としてソ連当局との間で中ソ提携の可能性を探るよう指示した[103]．

蔣廷黻が出発した後，四つの出来事が彼の使命の重みを増すことになる．

第一に，新疆で「盛世才が中共およびソ連と結託してソ連との新しい協定を結んだ」[104] という7月下旬の情報に続いて，8月末に新疆地方政府へのソ連の借款問題をめぐって中ソ間に紛争が起こった．それゆえ「ソ連との友好関係の樹立と信頼の醸成は我が外交に新たな路線を付け加えると同時に，新疆問題の複雑化も免れられる」という，対ソ工作が持つ「制日」と「制ソ」という一石二鳥の役割が強調された[105]．

第二に，9月18日にソ連が国際連盟に加入したうえ常任理事国に選ばれた．いうまでもなくこれは国民政府指導部にとってのソ連の存在感をさらに高めた[106]．

第三に，それと前後して，1933年9月に始まった国民政府の第5次剿共戦が1年間の作戦を経て中共の根拠地を次々と陥落させ成功を収めつつあった．これまで，中共問題の存在が中ソ関係の大きな障害であり続けたが，今度の剿共戦の勝利によってこの障害がある程度縮小した．

6. 日ソ相互牽制戦略の試行　59

　第四に，これと同時に，アメリカ政府が1934年6月に銀買い上げ政策を実施して以来，銀価が暴騰し銀本位制の中国からの銀流出を激増させた．日本外務省の調査によれば，それにより「貿易不振ト物価下落トニ困憊セル支那ハ益々深刻ナル『デフレーション』ニ直面スルニ至リ且ツ未曾有ノ銀海外流出ハ金融梗塞，物価下落，貿易減退，関税収入激減等同国財政経済界ニ多大ノ悪影響」を与えた[107]．9月に国民政府は米政府に抗議したが，一蹴されただけであった．そのため，中国人のアメリカおよび西欧に対する感情は悪化した．駐英公使郭泰祺に言わせれば，アメリカの馬鹿げた銀政策が中国に深刻な財政危機をもたらした．イギリス政府も五十歩百歩で，うまい話で中国に気休めを言うだけである．米英に対する嫌悪感は現在の中国人の間で広く見られるようになったという[108]．このような米英への不満もソ連への接近を促した．

　こうした諸要因の交錯の中，蔣介石は蔣廷黻の対ソ打診の成否に一層の関心を寄せた．10月上旬，蔣介石は汪精衛を避けて，腹心の孔祥熙財政部長を通してソ連側に，「蔣廷黻は蔣介石と親密な関係を持ち厚く信頼される人物である．蔣廷黻と率直に会談して欲しい」との伝言を極秘に行った[109]．

　この伝言の直後，蔣廷黻は10月16日にソ連外交当局との会見を実現した．蔣廷黻はまず次の三つの問題についてソ連側に打診した．

　　　一，蔣介石は，中ソ両国が多くの共通の利益により密接な関係にあり，もしソ連の利益と地位が何らかの打撃と損害を受けた場合，中国にも必ず波及するという認識を持っている．ソ連政府はこれに賛成するか否か．

　　　二，中ソ両国の間には政治体制と経済制度において大きな相違が存在するが，このことはソ連の対中政策に影響するか否か．

　　　三，国民党とソ連との合作が決裂に終わった過去の歴史は中ソ両国の今後の関係に影響するか否か．ソ連にとって蔣介石本人は中ソ間の友好関係の回復の障害になっているか否か．

　これに対してストモニャコフ（Boris Spiridonovich Stomonyakov）副外務人民委員は次のように答えた．

　　　一，ソ連は中国と国境を接しているのみならず中国人民の反帝国主義闘争に深く同情している．我々は中国との真摯かつ友好的な関係を願っている．

60   第2章　二重外交の形成と「制露攘日」構想の始動（1932.10〜1934.12）

　　　二，ソ連の対外政策は，国家利益と世界利益を出発点としており，両国の
　　　　社会経済と政治制度の相違は我々の相互関係の支障にはならない．
　　　三，過去の両国関係の決裂は中国政府に責任があるが，以後追及しないこ
　　　　ととする．中国との政治関係を考える場合，我々はもっぱら共通の利益
　　　　を基準とする．如何なる個人的要素及び偏見も我々の立場に影響を与え
　　　　ることはない．我々は蔣介石を友邦の指導者とみなしており，他の国の
　　　　指導者と同様に彼を尊敬している．

　以上のような返答を受け，蔣廷黻は，「ソ連政府の見方を蔣介石はまだ知ら
ない．私は直ちに彼に報告したい．それは必ず今後の中ソ関係に重大な意義を
もたらすと信じる」と述べ，さらに次のことをソ連側に伝えた．

　　　一，中国の当今の対外政策は中国の民族的感情を代表しえない．しかし，
　　　　これは避けられない段階であり，あまり長く続くはずがない．
　　　二，蔣介石が求める対ソ接近は，形式的な同盟締結あるいは他の何らかの
　　　　公式表明によるものではなく，お互いの理解と信頼によるものである．
　　　　彼は次のことをソ連に保証する．如何なる時においても如何なる状況下
　　　　においても，中国は決して日本側に与してソ連と対立することはなく，
　　　　一定の条件が満たされれば，中国はソ連と手を携えて侵略者に抗戦する．
　　　　そしてそれを実現するため，自分はまず相互間の理解と信頼を培うこと
　　　　から始めたい 110)．

　蔣廷黻の訪ソを通して，蔣介石の対ソ打診の初期目標は一応達成された．帰
国後に蔣廷黻が提出した「対ソ新局面を開拓する」という提案を含む訪ソ報告
に蔣介石は賛意を表した 111)．

　ところで，こうした「以ソ制日」工作を行う一方で，蔣介石は，相互牽制戦
略の「以日制ソ」の面での工作も進めた．1934年4月上旬から，蔣介石は対
日政策において，特に「日本が中国の中立を許さないこと，中国との問題を片
付ける以前に日本は対ソ開戦を敢行しないことという2点に注視」した．「い
かにしてこの難関を打破し中立の立場を確保することができるか」という問題
は，蔣介石の苦慮の焦点である 112)．その答えとして，蔣介石は，「日本の驕
りを助長し，日本の外敵を増やす」ことと，「誠意をもって日本に悟らせる」
ことを日本への対応方法とした 113)．後者について具体的にいうと，中国は日

本に対して，攻守同盟の締結という対中要求を放棄させ，日ソ戦争における中国の中立を認めてもらうことである．そして，これを実現するために，蔣介石は次のような対日説得の理由を考えていた．

　　甲，中国はまず内部を統一し全国を統率できるようになってから，はじめて日本の戦争を支援することができる．そうでないと，仮に戦争を支援しても途中で崩壊してしまい，日本に大きな損害をもたらすことになる．乙，日中両国は各自で戦う．〔中国政府の〕共産党掃滅戦は抗ソのためになり，西部の防衛を担う．丙，東北問題を解決し，臨時にそれを発表することで好意を示す．丁，中国は統一していないので中立以外に道がない[114]．

　8月，蔣介石は「日ソ戦争に関する情報が日々緊迫の度を増し，焦慮万丈」の中，「第二次日露戦争と世界戦争に対する中国のとるべき方針」を思索し，「甲，参戦せず，終始中立の地位に立つ．乙，先に後退し，後で前進する．先に守備をし，後で攻撃をする」という選択肢を考えた[115]．その理由について，蔣介石は，次のように日本に弁明できると考えた．「〔日本が〕中国に参戦を強要すれば，中国人民は反対する．よって，中国による単独での中共討伐は九仞の功を一簣に虧く．のみならず，中国が単独で新疆を奪回して間接的に日本の利益を増加させることもできなくなる．換言すると，中国が単独でソ連に対抗することこそ日本の利益になる．そうでなければ，中国の国民を赤匪〔中共〕に同情させ，ソ連を助けることに等しい」[116]．要するに，蔣介石は，日ソ戦争には参戦しないという方針をとろうとしたのである．なぜなら，「日ソ戦争に参加せず，中立の地位を維持することができれば，民族の復興はこの10年のうちに成功する．たとえこれがかなわず，敵の攻撃を受けたとしても，単独での抗戦方式をとり，どちらにも加わらず，自由に立ち回る余地を残す．これこそ，日ソが戦時に突入した際に対処できる中国の唯一の道である」からである[117]．

　9月16日，楊杰の訪ソ報告を聞いた後，蔣介石は「ソ連は中国の協力を求めることに躍起になっているが，それは禍を中国に転嫁する下劣さを十分に露呈している」と非難した[118]．また，蔣介石は，蔣廷黻を通じて抗日のための中ソ協力を表明する一方，11月には「日ソ対立を促進するため，日本との理解の共有を急ぐべきである」ことを自ら再確認した[119]．そして，その実行策

の一環として，蔣介石は「日本に目を覚まさせる」ことを目指して，1935 年年頭，「敵乎友乎〔敵か友か〕——中日関係の検討」という論文を執筆することを秘書の陳布雷に指示した[120]．

　間もなく徐道隣の名義で『外交評論』に発表されたこの論文は，次のようなメッセージを日本に投げかけている．すなわち，世界の大勢と中日両国の過去，現在と将来に着眼すれば，究極のところ双方は互いに助け合うべきであり，敵対してはならない．日中関係の悪化ないし日中戦争の勃発は，双方の共倒れに終わり，ソ連など第三国に漁夫の利を与え，共産党の焼け太りをもたらすだけである，と．さらに，論文はこの論旨に基づき，日本と中国がともに自分の過ちを正し，現在の行き詰まりを打開するよう呼びかけた[121]．

　こうして，日中ソ関係は新しい段階に入ろうとしていた．

結　び

　中ソ国交回復を決定した以降の中国為政者にとって，国の統一と建設がまだ途上にある状況下で，複合的な矛盾が交錯する対日・対ソ関係をどのように総合的に処理するかは，依然として困難で複雑な選択であった．本章で示したように，全般的に見ると，国民政府は「連ソ制日」策を一時試みたが，対日認識と対ソ認識が深まるにつれて，最終的には「中立」によって日ソ両国の相互牽制を促し，「攘日」と「制ソ」の両方をともに実現するという二重の目標を立てた．

　「攘日」という側面については，今日の人々はみな日中紛争があの時代の主要な矛盾であることを知っているので，疑問は多くない．逆に，「制ソ」という側面については，人間はある矛盾に隠されている別の矛盾を見過ごしがちであるため，不可解に感じる人が多いと思われる．このような疑問を解消するためには，当時の日中ソ三国関係の特殊な構造を改めて深く考えてみる必要がある．また，その中で中ソ対立は内政問題やイデオロギー問題にとどまらず，国家の主権や領土問題にも大きくかかわっていたことには特に留意しなければならない．

　当時のような困難で複雑な環境下にある為政者にとって，国際的対立を利用

して「連外制日」を図るという「国際的解決戦略」の成否への判断は，情勢判断と政策選択における一つの分岐点となる．この分岐点は，1933～34年の蔣介石と汪精衛の外交方針の対立をもたらした．この点について，当時蔣・汪の双方と直接接触した顔恵慶駐ソ大使は，「蔣汪協力」という先入観に惑わされがちな通説的立場の現在の歴史家より，実態を正確に認識している．例えば，1934年2月5日，顔は日記の中で，「汪と話をしていると，我々の政策は消極的，受動的，逃亡主義であるように感じる．要するに，日本人の恐喝に屈し，ソ連との不可侵条約の締結を放棄したのである」と嘆いている[122]．他方で，顔は「蔣委員長と中ソ，中日関係について率直に話した．彼の見方は完全に正しい」と評価した[123]．

　蔣介石の見方を「完全に正しい」としたのは少し言い過ぎかもしれないが，汪精衛が国際路線に対して「消極的，受動的，逃亡主義である」としたのは，まさに急所を突いていると思われる．対日・対ソ政策における蔣介石と汪精衛のこのような相異は，結局，その後の二人の決裂の種になったのである．

注

1)　例えば，1932年11月4–6日，リトヴィノフ（Maxim Maximovich Litvinov，ソ連外務人民委員）とカラハン（Lev Mikhailovich Karahan，ソ連副外務人民委員）は，訪ソ中の松岡洋右に対し「満洲国承認は日ソ不侵略条約と結びつけて考慮し度とするソ側の主張」を繰り返し強調した．同9日，カラハンは天羽英二代理大使に対し，「日本側の希望によりては日ソ間と同時にソ満間の不侵略条約を締結するも差支なし」と述べた．詳細は，外務省「日ソ不可侵条約に関する両国会談抄」，『日本外交文書』昭和期Ⅱ第2部第1巻（外務省，1996年），390–395頁．

2)　「外交部関於中蘇復交問題的報告」（1932年12月），中国第二歴史档案館編『中華民国史档案資料彙編』第5輯第1編外交（2）（南京，江蘇古籍出版社，1994年），1414–1415頁.

3)　同上.

4)　「駐ソ中国大使顔恵慶とソ連副外務人民委員カラハンとの談話」（1933年3月27日）李玉貞訳「〈中蘇外交文件〉選訳」（上），『近代史資料』総79号，1991年7月，200–206頁．Запись беседы Заместителя Народного Комиссара Иностранных Дел СССР с Послом Китая в СССР Янь Хой-цином.（27 марта 1933 г.），Ф.П. Доля и др（Ред.）//Документы внешней политики СССР, Т. 16（Москва: Политиздат, 1970），с. 189–195（以下，ДВП, Т. 16 と略す）．一部の邦訳書は，「副外務人民委員」を

64 第 2 章 二重外交の形成と「制露攘日」構想の始動（1932.10～1934.12）

「外務人民委員部次官」または「外務人民委員代理」と訳しているが，本書は邦訳書の出典以外「副外務人民委員」に統一している．第 4 章注 110，第 5 章注 47 を参照されたい．

5) 外務省編『日本外交年表竝主要文書』下（原書房，1965 年），年表 73 頁．

6) 『東京朝日新聞』1932 年 12 月 14 日（夕刊）．

7) 同上．

8) 『東京朝日新聞』1932 年 12 月 16 日．

9) 同上，1932 年 12 月 24 日．

10) 『蔣介石日記』（手稿），1932 年 12 月 13 日条．

11) 同上，1933 年 1 月 20 日条．

12) 同上，1933 年 7 月 7 日条．

13) 「何鍵発蔣介石宛電報」（1932 年 12 月 15 日），台北，国史館所蔵，蔣中正総統文物，002-090102-00010-194．ちなみに，何鍵は 1932 年 7 月にも下記の理由で対ソ国交回復に反対した．「各地の共匪による災害がソ連の指示に端を発することは一段と明らかになった．中ソ両国の共匪の融合一致とその赤化の企図には恐怖を禁じ得ない．我が国は一心掃共の方針を定めた以上，対ソ国交回復は当然容認しがたいことであろう．」全文は『大公報』1932 年 7 月 5 日．

14) 「蔣介石対何鍵電報的批示」（1932 年 12 月 16 日），台北，国史館所蔵，蔣中正総統文物，002-020200-00032-055．

15) 『蔣介石日記』（手稿），1933 年 1 月 4 日条．

16) 同上，1933 年 1 月 17 日条．

17) 「懸案を解決するための協定要綱」（1924 年 5 月 31 日）と「中華民国東部三自治省政府とソビエト連邦政府との協定」（1924 年 9 月 20 日）を指す．両協定の要旨は，本書第 1 章の注 36 を参照されたい．

18) 「外交部発顔恵慶大使宛電報」（1933 年 3 月 9 日），前掲『中日外交史料叢編』(2)，83 頁．なお，この資料集に収録された電報の発信日時は「民国 23 年（1934 年）3 月 9 日」とされているが，これは誤りであった．郭廷以編著『中華民国史事日誌』第 3 冊（台北，中央研究院近代史研究所，1984 年），239 頁を参照．

19) 『蔣介石日記』（手稿），1933 年 3 月 26 日条．

20) 同上，1933 年 4 月 3 日，4 月 27 日条．

21) 前掲「駐ソ中国大使顔恵慶とソ連副外務人民委員カラハンとの談話」（1933 年 3 月 27 日）．Запись беседы Заместителя Народного Комиссара Иностранных Дел СССР с Послом Китая в СССР Янь Хой-цином. (27 марта 1933 г.), ДВП, Т. 16, с. 189–195.

22) 「行政院公函第 505 号」（1933 年 3 月 28 日），台北，中国国民党党史館所蔵，政治档案，政 001/37.

注　65

23）「中央政治会議致行政院函」（1933 年 4 月 5 日），同上.

24）「大田大使発内田外務大臣宛電報」第 224 号（1933 年 4 月 25 日），「蘇連邦，中
華民国間不侵略条約関係一件」，外務省外交史料館所蔵，B.1.0.0 C/R2.

25）「大田大使発内田外務大臣宛電報」第 225 号（1933 年 4 月 27 日着），同上.

26）「大田大使発内田外務大臣宛電報」第 250 号（1933 年 5 月 8 日），同上.

27）「中国国民党第 5 次全国代表大会外交報告」，秦孝儀主編『中華民国重要史料初
編・対日抗戦時期』緒編（2）（台北，中国国民党中央委員会党史委員会，1981 年），
266-273 頁を参照.

28）詳細は，前掲拙著『中国国民政府の対日政策 1931-1933』第 7 章を参照された
い．ちなみに，中央軍が北上した直後の 3 月 8 日に，羅文幹外交部長は，もはや
「〔中央軍〕数箇師団ノ北上ニ依リ江西省共匪〔中共〕ノ進出等内政上幾多ノ難関ハ
隠シ得サル」という苦衷を，須磨弥吉郎書記官との会談で漏らしていた．詳細は，
「在南京上村総領事代理発内田外務大臣宛電報」第 157 号（1933 年 3 月 9 日），外
務省編『日本外交文書　満洲事変』第 3 巻（外務省，1978 年），698 頁.

29）「蔣委員長告各将領先清内匪再言抗日電」（1933 年 4 月 6 日），秦孝儀主編『中
華民国重要史料初編・対日抗戦時期』緒編（3）（台北，中国国民党中央委員会党史
委員会，1981 年），35-36 頁.

30）『蔣介石日記』（手稿），1933 年 5 月 15 日条.

31）「ソ連政府に対する顔恵慶中国大使の抗議文」（1933 年 5 月 14 日），「中国国民
党第五次全国代表大会外交報告」，前掲『中華民国重要史料初編・対日抗戦時期』
緒編（2），267-268 頁.

32）居正「蘇俄出売中東路事件」（1933 年 5 月 15 日），同上，264-265 頁.

33）「黄郛発蔣介石宛電報」（1933 年 5 月 27 日），沈雲龍編著『黄膺白先生年譜長
編』下冊（台北，聯経出版事業公司，1976 年），564-565 頁.

34）詳細は，前掲拙著『中国国民政府の対日政策 1931-1933』第 7 章を参照された
い.

35）「汪精衛蔣介石時局通電」（1933 年 7 月 28 日），『国聞週報』第 10 巻第 31 期，
1933 年 8 月 6 日.

36）「〔1933 年〕9 月 6 日談話会商定之結果」，スタンフォード大学フーバー研究所所
蔵，Huang Fu papers（黄郛档案），box 5．ちなみに，この会談録の冒頭には，
次のように表記されている．「会議の場所：牯嶺〔廬山〕万松林 51 号，時間：午後
3 時から 8 時まで，出席者：蔣中正　汪兆銘　孫科　宋子文　呉敬恒　李石曽　張静江
呉鉄城　孔祥熙　唐有壬　曽仲鳴　蔣作賓　楊永泰」．また，9 月 16 日には，黄郛がこ
の方針の内容を日本側に漏らしている．詳細は，「有吉公使発広田外務大臣宛電報」
第 530 号（1933 年 9 月 18 日），『日本外交文書』昭和期Ⅱ第 1 部第 2 巻（外務省，
1998 年），58-59 頁.

66　第2章　二重外交の形成と「制露攘日」構想の始動（1932.10〜1934.12）

37)　1933年4月中旬，新疆帰化軍が新疆地方政府首脳の金樹仁を駆逐し，当時東路軍前線指揮官であった盛世才を新疆臨時督辦に任じた.

38)　「汪精衛談話」，『中央日報』1933年7月4日；高素蘭編註『蔣中正総統档案事略稿本』第21巻，1933年7月10日条（台北，国史館，2005年），58-60頁.

39)　詳細は，台北，国史館所蔵，蔣中正総統文物，『特交文電』3，第6冊之3に綴じられている関係電報を参照.

40)　『蔣介石日記』（手稿），1933年7月7日条.

41)　同上，1933年9月26日条；「蔣介石発陳立夫宛電報」（1933年9月29日），台北，国史館所蔵，蔣中正総統文物，002-010200-00094-049.

42)　『蔣介石日記』（手稿），1933年10月4日条.

43)　1933年9月，ソ連は情報要員を通じて，駐「満洲国」日本大使菱刈隆が9月4日と9日に外務大臣に送った3通の極秘電報と，駐ハルビン日本総領事森島守人発菱刈隆宛の報告を入手した．その報告は，中東鉄道の売却交渉を加速させるための関東軍の謀略を内容としていたため，ソ連は9月21日と22日に相次いで声明を発表し日本に警告したうえで，10月8日にはタス通信を通じていわゆる「菱刈文書」を公表した．詳細は，秦郁彦『太平洋国際関係史――日米および日露危機の系譜1900-1935』（福村出版，1972年），273-277頁.

44)　「中山書記官発広田外務大臣宛電報」第435号（極秘扱）（1933年10月14日），前掲『日本外交文書』昭和期Ⅱ第1部第2巻，69頁.「日高総領事発広田外務大臣宛電報（日高総領事に対する国民政府外交部次長唐有壬の内話）」第536号（1933年10月18日）極秘扱，前掲「蘇連邦，中華民国間不侵略条約関係一件」.

45)　詳細は，「ボゴモロフ発ソ連外務人民委員部宛書簡」（1933年11月13日），前掲「〈中　蘇　外　交　文　件〉選　訳」（上），208-210頁. Письмо Полномочного Представителя СССР в Китае в Народный Комиссариат Иностранных Дел СССР（13 ноября 1933 г.），ДВП，Т. 16, с. 630-632.

46)　前掲『中国革命とソ連』，278-279頁.

47)　前掲「ボゴモロフ発ソ連外務人民委員部宛書簡」（1933年11月13日）. Письмо Полномочного Представителя СССР в Китае в Народный Комиссариат Иностранных Дел СССР（13 ноября 1933 г.），ДВП，Т. 16, с. 630-632.

48)　President Roosevelt to the President of the Soviet All-Union Central Executive Committee (Kalinin) (October 10, 1933), Rogers P. Churchill (ed.), *Foreign Relations of the United States*, 1933, Vol. 2, (Washington D.C.: United States Government Printing Office, 1949), p. 794.

49)　『東京日日新聞』1933年10月22日.

50)　同上，1933年11月19日.

51)　前掲「中俄復交問題」（1932年9月）.

注　67

52)　前掲「外交部関於中蘇復交問題的報告」(1932 年 12 月).

53)　「国民政府外交部発宋子文等宛電報」(1933 年 6 月 29 日), 顧維鈞 (中国社会科学院近代史研究所訳)『顧維鈞回憶録』第 2 分冊 (北京, 中華書局, 1985 年), 244 頁.

54)　「美俄復交之面面観」,『東方雑誌』第 30 巻第 24 号, 1933 年 12 月 16 日.

55)　『大公報』1933 年 11 月 23 日.

56)　「唐有壬発胡適宛書簡」(1933 年 11 月 24 日), 中国社会科学院近代史研究所中華民国史室編『胡適来往書信選』中冊 (北京, 中華書局, 1979 年), 222-223 頁.

57)　須磨弥吉郎「支那最近ノ決意振リト露支関係ノ再吟味」(1936 年 4 月 27 日稿),「帝国ノ対支外交政策関係一件　第 8 巻」, 外務省外交史料館所蔵, A.1.1.0.10.「一昨年春陳立夫ト 3 時間ニ亘ル論戦」の回想として言及されたことである.

58)　胡適「世界新形勢里的中国外交方針」,『独立評論』第 78 号, 1933 年 11 月 26 日.

59)　「汪精衛・唐有壬発胡適宛書簡」, 前掲『胡適来往書信選』中冊, 204 頁, 211 頁, 223 頁を参照.

60)　胡適『胡適的日記』(台北, 遠流出版公司, 1990 年), 1934 年 1 月 31 日, 同 2 月 4 日, 5 日条.

61)　前掲「唐有壬発胡適宛書簡」(1933 年 11 月 24 日).

62)　徐永昌『徐永昌日記』(手稿本) 第 3 冊 (台北, 中央研究院近代史研究所, 1990 年), 1933 年 10 月 29 日条, 30 頁.

63)　顔恵慶『顔恵慶日記』第 2 巻 (北京, 中国档案出版社, 1996 年), 1933 年 11 月 15 日条, 779 頁;「汪精衛発蔣介石宛電報」(1933 年 11 月 16 日), 台北, 国史館所蔵, 蔣中正総統文物, 002-020200-00026-003.

64)　「汪精衛発胡適宛書簡」(1933 年 11 月 22 日), 前掲『胡適来往書信選』中冊, 220-221 頁.

65)　汪精衛「報告外交情況」(1933 年 11 月 29 日中国国民党中央政治会議第 386 次会議速記録), 台北, 中国国民党党史館所蔵, 001/136 (中央 0386).

66)　「胡適発汪精衛宛書簡」(1933 年 12 月 20 日), 前掲『胡適来往書信選』中冊, 225-228 頁. 抄訳.

67)　「汪精衛発胡適宛書簡」(1933 年 12 月 25 日), 同上.

68)　王世杰『王世杰日記』(手稿本) 第 1 冊 (台北, 中央研究院近代史研究所, 1990 年), 1933 年 6 月 3 日, 13 日条, 6-7 頁.

69)　同上.

70)　1933 年 6 月 13 日, 胡適に対する汪精衛の談話, 前掲『胡適的日記』, 1933 年 6 月 13 日条.

71)　『蔣介石日記』(手稿), 1933 年 6 月 20 日条.

68   第 2 章　二重外交の形成と「制露攘日」構想の始動（1932.10〜1934.12）

72)　同上，1933 年 8 月 7 日条；前掲『蔣中正総統档案　事略稿本』第 21 巻，1933
　　年 8 月 8 日条，459 頁.

73)　『蔣介石日記』（手稿），1933 年 9 月 15 日条.

74)　同上，1933 年 10 月 10 日条.

75)　同上，1933 年 7 月 28 日条.

76)　前掲『蔣中正総統档案　事略稿本』第 21 巻，1933 年 7 月 29 日条（蔣介石発宋
　　子文宛電報），332 頁.

77)　『蔣介石日記』（手稿），1933 年 7 月 25 日条.

78)　前掲『蔣中正総統档案　事略稿本』第 21 巻，1933 年 7 月 6 日条（蔣介石発黃
　　郛等宛電報），47-48 頁.

79)　『蔣介石日記』（手稿），1933 年 7 月 6 日条. 原文は，「赤匪不除，無以制俄而攘
　　倭. 倭寇不敗，無以聯倭而攘俄也〔中共を消滅させなければ，制露攘日を実行でき
　　ない. 日患を打ち負かさなければ，聯日攘露を実行できない〕」.

80)　同上，1933 年 7 月 21 日条.

81)　同上，1933 年 8 月 4 日条.

82)　同上，1933 年 9 月 6 日条.

83)　『孫子・九地篇』の「先其所愛，微與之期，践墨隨敵，以決戦事」の引用である.
　　中国では，「敵と時期を約束して交戦しないで，まず敵が最も重視している所を奪
　　取する. 敵の変化に応じて，随時我が方の計画を変えて，敵に打ち勝つ」という解
　　釈が一般的である.

84)　『蔣介石日記』（手稿），1933 年 10 月 12 日条.

85)　同上，1933 年 10 月 29 日条.

86)　1933 年 11 月 16 日の汪精衛来電に対する蔣介石の返信，台北，国史館所蔵，蔣
　　中正総統文物，002-020200-00026-003.

87)　『蔣介石日記』（手稿），1934 年 1 月 27，28 日条.

88)　「蔣介石発汪精衛宛電報」（1934 年 2 月 27 日），台北，国史館所蔵，蔣中正総統
　　文物，002-020200-00034-016.

89)　詳細は，蔣介石「東亜大勢与中国復興之道」（1934 年 3 月 5 日），「中国之外交
　　政策」（1934 年 3 月 7 日），「中国之辺境問題」（1934 年 3 月 7 日），秦孝儀主編『総
　　統蔣公思想言論総集』第 12 巻（台北，中国国民党中央委員会党史委員会，1984
　　年），95-99 頁，101-104 頁，105-110 頁.

90)　「蔣介石発黃郛宛電報」（1933 年 5 月 29 日），前掲『黃膺白先生年譜長編』下冊，
　　567 頁.

91)　「外交部総務司発蔣介石宛電報」（1934 年 3 月 10 日の楊杰来電の転送），台北，
　　国史館所蔵，蔣中正総統文物，002-090400-00007-012.

92)　「外交部総務司発蔣介石宛電報」（1934 年 3 月 9 日），台北，国史館所蔵，蔣中

正総統文物, 002-090400-00007-011.

93) 前掲「外交部総務司発蔣介石宛電報」(1934 年 3 月 10 日の楊杰来電の転送),
002-090400-00007-012. ちなみに, 楊杰のソ連訪問に関する上記の情報を日本側は
すばやく入手した. 詳細は, 「有吉公使発広田外務大臣宛電報」第 157 号 (1934 年
3 月 12 日), 前掲「蘇連邦, 中華民国間不侵略条約関係一件」.

94) 前掲『日本外交年表竝主要文書』下, 284 頁.

95) 蔣介石「日本之声明與吾人救国要道」(1934 年 4 月 23 日) を参照, 前掲『総統
蔣公思想言論総集』第 12 巻, 197-201 頁.

96) 「中国国民党中央政治会議第 407 次会議記録」(1934 年 5 月 9 日), 台北, 中国
国民党党史館所蔵, 00.1/138 (中央 0407).

97) 『蔣介石日記』(手稿), 1934 年 5 月 5 日条.

98) 「郭泰祺致汪精衛函」(1934 年 5 月 8 日), 国史館所蔵, 汪兆銘史料, 118-
010100-0001-001. 抄訳.

99) 前掲『顔恵慶日記』第 2 巻, 1934 年 6 月 20 日条, 819 頁.

100) 「ボゴモロフ発ソ連外務人民委員部宛電報」(1934 年 6 月 22 日), 李嘉谷編
『中蘇国家関係史資料彙編 (1933-1945)』(北京, 社会科学文献出版社, 1997 年),
43-44 頁. Телеграмма Полномочного Представителя СССР в Китае Д. В. Богомолова
в Народный Комиссариат Иностранных Дел СССР (22 июня 1934 г.), *Г. К. Деев и др*
(Ред.) //Документы внешней политики СССР, Т. 17 (Москва: Политиздат, 1971),
с. 406-407 (以下, ДВП, Т. 17 と略す).

101) 筆者による抄訳. 詳細は, 蔣介石「抵禦外侮與復興民族」, 前掲『総統蔣公思
想言論総集』第 12 巻, 302-317 頁.

102) 詳細は「ストモニャコフ副外務人民委員と蔣廷黻との談話記録」(1934 年 10
月 16 日), 前掲「〈中蘇外交文件〉選訳」(上), 210-214 頁を参照. Запись беседы
Заместителя Народного Комиссара Иностранных Дел СССР с неофициальным
представителем Чан Кай-ши профессором Цзян Ли-фу (16 октября 1934 г.), ДВП, Т.
17, с. 640-644.

103) 蔣廷黻『蔣廷黻回憶録』(台北, 伝記文学出版社, 1984 年再版), 135-150 頁,
153 頁.

104) 高素蘭編註『蔣中正総統档案 事略稿本』第 27 巻 (台北, 国史館, 2007 年),
1934 年 7 月 21 日条 (李杜報告), 26-27 頁.

105) 「蔣介石発孔祥熙宛電報」(1934 年 10 月 1 日), 南京, 中国第二歴史档案館所
蔵, 全宗号 3.

106) 周美華編註『蔣中正総統档案 事略稿本』第 28 巻 (台北, 国史館, 2007 年),
1934 年 10 月 20 日条 (蔣介石復汪精衛電), 347-348 頁.

107) 外務省調査部『銀問題ニ関スル調査』(1936 年 6 月), 東京大学東洋文化研究

70 第 2 章 二重外交の形成と「制露攘日」構想の始動（1932.10～1934.12）

所図書室所蔵，89 頁.

108） 「ソ連駐英大使に対する駐英郭泰祺中国公使の談話」（1935 年 2 月 8 日），前掲
「〈中 蘇 外 交 文 件〉選 訳」（上），214-216 頁. Запись беседы Полномочного
Представителя СССР в Великобритании с Посланником Китая в Великобритании Го
Тай-ци（8 февраля 1935 г.），Ю. В. Борисов и др（Ред.）//Документы внешней
политики СССР, Т. 18（Москва: Политиздат, 1973），с. 69-72（以下，ДВП, Т. 18 と
略す）なお，蔣介石は 10 月 8 日にアメリカ公使館武官との会見で，アメリカの態
度を厳しく批判した.『蔣介石日記』（手稿），1934 年 10 月 8 日条.

109） 「蔣介石発孔祥熙宛電報」（1934 年 10 月 1 日，8 日），南京，中国第二歴史档案
館所蔵，全宗号 3.

110） 前掲「ストモニャコフ副外務人民委員と蔣廷黻との談話記録」（1934 年 10 月
16 日）. Запись беседы Заместителя Народного Комиссара Иностранных Дел СССР с
неофициальным представителем Чан Кай-ши профессором Цзян Ли-фу（16 октября
1934 г.），ДВП, Т. 17, с. 640-644.

111） 前掲『蔣廷黻回憶録』，156 頁.

112） 『蔣介石日記』（手稿），1934 年 4 月 9 日条.

113） 同上，1934 年 5 月 5 日条.

114） 同上，1934 年 8 月 12 日条.

115） 同上，1934 年 8 月 14 日，16 日条.

116） 同上，1934 年 8 月 17 日条.

117） 同上，1934 年 8 月 20 日条.

118） 同上，1934 年 9 月 16 日条.

119） 同上，1934 年 11 月 27 日，28 日条等.

120） 同上，1935 年 1 月 4 日条.

121） 全文は，秦孝儀主編『総統蔣公思想言論総集』第 4 巻（台北，中国国民党中央
委員会党史委員会，1984 年），138-166 頁. ちなみに，『総統蔣公思想言論総集』は
この論文を再掲載する際，「民国 23 年（1934 年）秋，中日間の情勢はいっそう緊
迫化して，最後の瀬戸際にさしかかっている. なんとかして膠着状態を打開しよう
と思い，病床で各章の内容を口述し，布雷同志にその詳細を記録させ，中日両国の
朝野への最後の忠告とした」という，「蔣介石が 1950 年 9 月に書いた序文」を公表
した. 他方，最初にこの論文を掲載した『外交評論』第 3 巻第 11・12 合併号には
「1934 年 12 月 20 日出版」と明記されている. この 2 点を見ると，「敵乎友乎」の
執筆と発表の時期は，蔣介石の 1935 年 1 月の関連日記の記述と合致しない. しか
し，1949 年 1 月に出版された『陳布雷回顧録』は，「（1935 年）1 月，奉化渓口に
行って 10 日間を過ごし，『敵乎友乎』という長文を作成し，それを上海に持参し，
徐道隣君の名義で『外交評論』誌に発表した」と記している. これは蔣介石の日記

と符合する．論文の執筆と出版の時期をめぐるこうした矛盾について，劉維開教授
は詳細な考察に基づいて，蔣介石が 1950 年 9 月に書いた序文の記述は「史実と相
違がある」と指摘したうえで，「敵乎友乎」は『外交評論』第 3 巻第 11・12 合併号
に掲載されているが，関連資料から見ると，この論文は 1935 年 1 月中旬に完成し
たものであり，『外交評論』第 3 巻第 11・12 合併号の本当の出版日は 1934 年 12 月
20 日ではなく，「敵乎友乎」が完成した後の時であるという「合理的な解釈」を主
張している．筆者もこの主張に賛同する．詳細は，劉維開「〈敵乎？友乎？――中
日関係的検討〉新探」，『抗日戦争研究』2012 年第 1 期．ちなみに，現在でも出版
物に示された出版日と実際の出版日との相違はよく見受けられる．

122) 前掲『顔恵慶日記』第 2 巻，1934 年 2 月 5 日条，794 頁．
123) 同上，1934 年 6 月 23 日条，820 頁．

第3章　華北事変前後における中日ソ関係の転換 (1935.1〜12)

　日中戦争史と日中関係史の研究において，1935年が中国国民政府の対外政策の転換点であるということは，学界において既に定説となっている．しかし，全体的に見れば，政策転換の原因，過程および蔣介石がその中で果たした役割についての論述では，蔣介石自身の戦略構想についての深い探究がなく，密接な相互作用を有する中日ソ三角関係に対する総合的な分析も欠けていた．そのため，今なお多くの疑問が残されている．たとえば，1935年初頭の国民政府の対日親善政策はどのような性格のものであったか，中ソ関係はどのような状況にあったか，日本は蔣介石およびその主導下の対日・対ソ政策をどのように認識していたのか，いわゆる華北事変はこの認識とどのような関係にあったのか，蔣介石は華北事変への対応の中でソ連ファクターをどのように運用したのか，といった点である．

　本章が目指すのは，日中関係，日ソ関係，中ソ関係といった二国間関係に絞った検証を基本とするこれまでの研究スタイルを越えて，当時極めて密接な関係にあった中日ソ3カ国の相互作用を重視しつつ，中国国民党中央政治会議の速記録と日本の外交文書などの一次資料に基づいて，上記の疑問に答えることである．

1. 1935年初頭の対日親善の背景

　1935年の中国の対日政策は，親善をスローガンにスタートしていた．それは，同年後半の緊張関係と著しい対照を示している．このため，国民政府の政策転換を考察するには，まず，下記の2点に分けて，年頭の対日親善の背景と性格の究明から出発しなければならない．

　第一は，蔣介石の日ソ相互牽制戦略の対日の側面に関わるものであった．

1935年1月，蔣介石は「先其所愛，微與之期」[1]という中国の古訓を対日戦略の要にすべきであると強調するとともに，「日本に対しては，以華制華の錯誤と以夷制夷の事実無根，以華制夷が得策であることを説明しなければならない」と日記に書いた[2]．日記の他の記述と結びつけて見ると，ここでいう「以華制華の錯誤」とは，「西南派」などの反蔣勢力による国民政府転覆活動への日本の支持の誤りを指摘し，「以夷制夷の事実無根」とは，中国の対第三国外交への日本の非難を否定することを意味する．また，「以華制夷の得策」とは，日本がソ連という脅威に対処するには，まず中国との関係を改善しなければならないということを日本に説得するという意味である．要するに，1935年初頭の対日親善外交を推進した蔣介石の主な動機は，中国の対日親善を通して，国民政府に対する日本の疑念を打ち消し，国内的には日本と中国の反蔣勢力との結託をやめさせ，対外的には日本の対ソ開戦を促すことにあったのである．

　第二は，日本の対中圧迫を軽減し，中国の「安内」活動の時間を確保する必要であった．これは日本の動向に対する厳しい情勢判断に依拠したものである．なぜなら，年明け以来，日本軍の大連会議に関する一連の情報があったほか[3]，汪精衛が1月16日の国民党中央政治会議第440回会議で指摘したように，3月から日本が国際連盟に対する条約上の義務を解消し，如何なる国際法的な拘束も受けなくなるということに対する中国指導部の危惧もあったからである[4]．これに関連して，汪精衛は2月の内部会議で対日親善外交の推進理由を説明する際，1935年は日本の連盟脱退が発効する年であり，〔ロンドン〕海軍軍縮会議の成否を決する年である，そのため，危機的な時にあたると指摘したうえで，次のように分析した．「日本が懸念しているのは，日本が対米・対ソ開戦した後の中国の態度である．万が一中国が参戦すると，日本は牽制を受けることになる」．中国国民の反日運動を考慮して，日本は，中国参戦がもたらす日本への影響に深刻な不安を感じているというのである．続けて，汪精衛はこれを理由に，中国が日本に対する準備を整えるために，目下「戦略的な後退」を実行する必要があり，さもないと「日本の穏健派を失脚させ，過激派を横行させ，我々の準備計画が破壊されることになる」と述べている[5]．また，2月の別の内部会議で，汪精衛はさらにこう付け加えている．「国際間では利害と闘争しかない．喰らうことが出来るときに喰らわない者はいない．もし中国が準備を

怠って国力の充実に努めなければ，国際社会ではただの肥えた羊となり，いかなる強国もこの羊を侵食したいはずだ．これはいささかの疑いもない．今は列強が争って中国を侵食しようとする時であるだけに，我々はこの時期において狼の力を持つよう全力を尽くして準備しなければならない．国際社会で狼の役割を発揮できたら，両虎が争う時に我々の役割は大きくなる」[6]．同じ時期，蔣介石も，日本の欲望は飽くことを知らず，方針は決して変更しない，我々はただ時間を稼ぎ，少しでも緩和を図るだけだと，日記に繰り返し記している[7]．

以上の 2 点から，1935 年初頭の国民政府の対日親善の根底には，防日，抗日の動機がある一方，日本の後顧の憂いを解消し，日ソ戦争を促進するという思惑もあったことが分かる．しかし，こうした動機と思惑があったからといって，蔣介石と国民政府が日本との関係を改善する誠意をも持っていたことを否定してはならない．

第一に注目しなければならないのは，この時点では，日中間の紛争について，蔣介石と国民政府はまだ自力での軍事的解決を優先しておらず，反ソ防共における日中両国の共通利害によって日本を説得し，平和的解決を実現することに一定の期待を寄せていたことである．このような期待から，日中関係を改善するための措置として，蔣介石は，日本は中国の統一を妨害しないこと，漢奸〔敵側に通ずる裏切者，売国奴〕を作らず，利用もしないこと，麻薬を販売しないこと，中国は排日教育を是正すること，という交換条件を 1935 年 1 月 17 日付の日記に綴った[8]．

第二に，折しも 1 月 22 日，日本では広田弘毅外務大臣が中国に対する不脅威，不侵略を唱えた親善演説を行った．この出来事も蔣介石らの期待感を一層高め，対日親善の促進要因となった．国民政府指導部は広田演説に呼応して迅速に動いた．広田演説の翌日，汪精衛は国民党中央政治会議第 441 回会議において，広田演説は「ここ数年見られなかった比較的に合理的なものである」と賛意を示した[9]．蔣介石も 1 月 31 日と 2 月 1 日，3 日の日記の中で，「日本の態度は徐々に穏やかになっているように見えた．東北の主権を返還してくれる可能性があるかもしれない」と繰り返し述べている[10]．この観察に基づき，蔣介石は日本の駐華公使や武官と立て続けに会見し，中日両国は道義を重んじるべきだと述べて，誠意をもって日本を「感化」することに力を注ぐべきだと

76　第3章　華北事変前後における中日ソ関係の転換（1935.1～12）

の考えを示した[11].

　第三に，広田演説の後，蔣介石と汪精衛の主導の下で，国民政府は対日親善を実行に移した．例えば，1月30日，蔣介石が中央の要人を招待する宴会の席上，汪精衛は中央を代表して「主権を失わないという原則の下で中日間の親善を図り，目下の難関を打開する」という旨の「外交方針に関する提案」を示した[12].　国民党中央宣伝委員会主任委員の邵元冲らは，中国は「最低の限度と最終的な決意を持ち，基本的な面で国力を充実させるべきだ」と述べて汪精衛の提案に疑問を投げかけた．しかし，蔣介石の信任を受け，華北の対日外交を任されていた黄郛は，日本では軍と政府の意見は一致していると釈明し[13]，2月1日，蔣介石も記者会見において，広田演説には誠意があると再度肯定したうえで，「中国は反日感情を解消し，日本は中国に対する優越感を改める．共に過ちを是正することこそ，善隣友好の道である」と日中両国に呼び掛けた[14].　2月6日には国民党中央政治会議第443回会議において，蔣介石談話にしたがって，今後，日本製品の不買や反日団体の活動を停止するとの提案が出された．この提案に対し，一部の参加者は「かなり不満であった」ようだが，議論の結果，会議はこの提案の裁定を国民党中央常務委員会会議に委ねることを決定した[15].　翌日の中央常務委員会会議でも議論が紛糾したものの，提案を採択した．しかもこれに止まらず，同会議は，中央が各級の党本部を数回に分けて招集し，日本製品の検査および各種の抗日組織の活動を停止する方法を指示することも決定した[16].　それに伴い，2月11日から，国民党中央常務委員会は省，市の党本部責任者会議を立て続けに開催し，汪精衛はその都度，会場で対日関係改善の理由を力説していた[17].

　上記のような経緯を経て，2月20日，汪精衛は「日本は広田演説に対する中国の回答を希望している」という蔣作賓駐日公使からの来電を受けて，国民党中央政治会議第445回会議において，対日回答の骨子を次のように提示した.

　　（一）「満洲国」の不承認と東北の不割譲を中国の譲れない一線とする．それ以外は日本側の要求にできるだけ応じる．これは今年の対日方針である．たとえば，中国の教科書に排日的内容や日本を侮辱する内容があるという日本の批判に対して，中国は日本の書籍にある中国を侮辱する内容の修正を要請するとともに，中国側の日本を侮辱する内容を削除する．

（二）中国は近代国家になるために統一と建設を必要とすること，それゆえに内外ともに平和を望み，日本との提携の実現を願うことを日本に説明する．

（三）広田演説は中国のこれまでの主張に合致し，中国は相当に満足している．誠意を以て和平を図るならば，中日間の全ての問題は合理的に解決できる[18]．

翌21日，国民政府はこの骨子を基調とした「汪精衛対日親善談話」を中国の主要新聞に公表した．

同時に，蔣介石は一時帰国中のハーグ国際司法裁判所判事の王寵恵に，日本経由で帰任し，日本当局と折衝することを指示した．その目的は「東京で日本当局と意見を交換し，その真意を探る」[19] ことにあった．王寵恵は，蔣介石，汪精衛，黄郛ら対日責任者と訪日の要領を詳細に検討した上で，2月19日から3月5日まで訪日した．第二歴史档案館所蔵の王寵恵訪日報告書によると，日本滞在中，王寵恵は岡田啓介首相，広田弘毅外相，牧野伸顕内大臣，近衛文麿貴族院議長，鈴木喜三郎立憲政友会総裁，若槻礼次郎立憲民政党前総裁，杉山元参謀次長，大角岑生海軍大臣，荒木貞夫陸軍大将，真崎甚三郎教育総監，加藤寛治海軍大将ら日本側要人と相次いで会談し，精力的に交流を行った[20]．そうしたなか，2月26日に行われた広田外相との会談では，王寵恵は中国当局が1月末に決定した対日新方針に基づいて，日中関係に関する「中国側の三原則」を伝えた．日本側の記録によると次のような内容である．

（一）日支関係ハ平和的方法ニヨリ処理セラルヘキコト．

（二）両国ハ対等ノ交際ヲナスヘキコト．殊ニ支那ヲシテ国際法上平等ノ立場ニ立ツニ至ラシムルコト肝要ニシテ例ヘハ不平等条約ノ撤廃ニ付日本ニ於テ成ルヘク速ニ話合ヲ進メラルルコトヲ得ハ両国ノ関係改善ヲ促進スヘシト思考ス．

（三）両国ハ友情ヲ以テ相交ハルヘキコト，支那ニ於テハ排日等ニ関シ今後共充分取締ヲ励行スヘク一方日本側モ亦之ニ「ミート」セラレ度例ヘハ事実ノ真否ハ承知セサルモ噂ニ聞クカ如キ殊更地方政権ヲ支援スルカコトキコトハ避ケラレ度又北支ニ於テ衛生上種々有害ナル業務ニ従事シ居ル鮮人等ニ対シテハ充分取締ヲ加ヘラレ度[21]．

78　第3章　華北事変前後における中日ソ関係の転換（1935.1〜12）

　また，王寵恵訪日報告書によると，「満洲国」問題の解決という対日要求への代価として，彼は戦時における中日両国の協力案を日本に提示することも指示された．ただ，日本側は王寵恵に対し「日中両国の共同防ソ」を繰り返し要求するだけで，王寵恵による「満洲国」問題解決の要求を「問題外」として頑なに拒否した．そこで，王寵恵はこの案を提示せずに，それを「今後の交渉における交換条件とした」[22]．ちなみに，その後の史実によって裏付けられたように，ここでいう「戦時における中日両国の協力案」とは，ソ連に対する日中協力を指すものである．

　他方，王寵恵訪日に合わせて，中国国内では2月27日，蔣介石と汪精衛が連名で反日運動厳禁を通告し，国民党中央政治会議も各新聞社に排日と日貨不買の宣伝を禁止することを通達した[23]．また，蔣介石は，対日親善政策に反対した邵元冲の辞任を求める電報を何度も国民党中央常務委員会に打電した．邵元冲は2月27日にこの動向を知った後，「今，国賊達はみな媚日を護符としている．私はこのような輩には屈しない」と憤慨して，中央常務委員会に辞表を提出することを決意した[24]．しかし，翌日，彼の辞表がまだ届かないうちに，中央常務委員会は邵元冲の更迭を審議した[25]．さらに，この前後，蔣介石は日本に赴任する蕭叔宣武官に，蔣の写真を「松井〔石根〕など日本の友人達に贈る」ことを指示し[26]，3月2日には，自分の見解が2月20日付の汪精衛談話と一致していることを表明して，対日関係改善への熱意をアピールした[27]．

　このように，1935年初頭には，日中関係をめぐる様々な要素が複雑に絡み合っていた．同時に正負両面の情報が交錯していたため，対日認識と外交戦略をめぐる蔣介石の心理はかなりの矛盾状態にあった．にもかかわらず，蔣介石と汪精衛が共同で主導した対日親善努力の根底には，日本に対する「抗」と「防」の面があった一方，「親」と「和」の面も確かにあったのである．しかも，この二つの面はいずれも真実であったのみならず，広田演説の後には，蔣・汪はともに後者により力を入れていたのであった．

　しかしながら，結局のところ，日本は上記の中国の動向を誤認し，間違った判断を行ってしまうのである．次にその点を見ていきたい．

2. 日本の蔣介石認識とその当否

　中国の対ソ・対日工作が活発化していた頃，日本では，ソ連に対する脅威感の高まりと日ソ関係をめぐる中国の向背の重要性に対する認識の深まりによって，中ソ関係改善への警戒が増幅していた．特に，蔣廷黻訪ソの直後から，日本が入手する中ソ接近の情報は増え始め，日本の強い関心を引いた．

　例えば，1934 年 11 月 24 日，駐華日本公使館付武官は「事実ニ徴シ抗日親蘇政策ニ関スル観察」として次のように軍部中央に報告している．

　　　イ．過般蔣介石北平病院ニ入院スルヤ予テ同地ニ滞在中ノ顔恵慶モ亦急遽同病院ニ入院セルカ右ハ親蘇政策ノ論議セラレタルコトヲ想像シ得ルコト　ロ．何澄カ蔣介石ノ親蘇政策ハ決定的ナリ親米抗日政策ハ一応首肯セラレサルニアラサルモ親蘇政策ヲ採リ支那ヲ思想的ニ破壊セントスルハ言語道断ナリト憤慨シ〔中略〕　ニ．宋子文ハ蘭州ニ於テ蘇国要人ト秘密ニ会合セリトノ情報アルコト　ホ．四川ノ共匪ニ対シ蔣介石ハ積極的ニ工作スルノ意思ナキコトハ何応欽ノ談話ノ中ニモ想像シ得ルトコロナルカ右ハ蘇国ト何等カノ了解アルニアラサルヤヲ疑ハシムルモノナルコト等蘇支関係ノ尋常ナラサルノ諸症候ヲ認ム[28]

　また，反蔣運動を続けている国民党の西南派も「蔣介石が連ソ抗日を図っている」という情報を日本に漏らし，日本と蔣の離間を企てた．例えば，同月，西南派中枢の胡漢民は次のような情報を日本に寄せた．

　　　陳中孚帰来シテノ話ニ依レハ貴国朝野ノ名士達ハ満洲事変三カ年間ニ於ケル支那ノ実情ニ対スル認識十分ナラス今尚蔣介石ノ勢力ヲ観ルニ事変前ノモノト大差ナキモノト為シ之ヲ軽視セラルアルカ如キモ蔣ハ事変後国際聯盟トノ合作，英米伊蘇等トノ握手ニ依リ想像以上ニ基礎ヲ固メアリ西南派ノ苦衷モ此点ニ存シアルナリ貴国朝野ニ於カレテハ東亜ノ和平確立ノ見地ヨリ速ニ支那ノ実情ヲ厳密ニ検討シ明確ナル認識ノ下ニ施策ヲ講セラレンコトヲ希望シテ止マス[29]

　そして，1935 年 1 月，「南京政府の対日親善は偽装だ」という趣旨の胡漢民対日談話が上海の新聞に載せられ，大きな騒ぎを引き起こした．国民政府は胡

80 第3章 華北事変前後における中日ソ関係の転換（1935.1〜12）

漢民に訂正を求めたが，拒否された[30]．

1935年年頭から顕著となった国民政府の一連の対日親善の動きをめぐって，中国のマスコミはこれを国民政府の対日屈服として報道した．国民政府指導層の内部でさえ，例えば，中央宣伝委員会主任委員の邵元冲による反対は前記のとおりだったが，教育部長の王世杰も「汪と蔣はみな対日妥協に傾いた」[31] と日記に不満を綴ったのである．こうした批判は，中央の対日親善政策が誠意に基づくものであったことを示唆する．しかし，前述のように，日本では，自国の諜報活動によってもたらされる情報とともに，中国要人からの密告によってもたらされる中国の動向に対する認識は，中国の抗日派とは正反対の情勢判断を生んだ．例えば，1935年1月8日，花谷正（済南駐在武官）は青島での談話で，蔣介石を激しく呪うとともに，「国民政府には対日親善の意思は絶対にない，いわゆる親日は仮面に過ぎない」と非難した[32]．同月中旬，日本軍部の高官が中国の蕭叔宣武官に対して，「蔣介石は，国内関係から見て日本への親善を図ることなどあり得ない」と断言した[33]．また，1月下旬，中国の主要な新聞・雑誌は政府の意向に沿って，次々と『外交評論』誌の「敵乎友乎」を転載し，これを契機に日中関係をどのように改善するかをめぐって議論が湧き起こったが，有吉明公使は外務省に「敵乎友乎」を送り，「右ハ現今ノ支那外交当局ノ言ヒ分ヲ良ク代弁シ居ルモノト認メラレ」ると指摘したのみで，特に重視しなかった．さらに，「陳布雷の執筆であるという説もある」と，蔣介石の真意を疑わせる情報を付記した[34]．「敵乎友乎」をめぐる日本国内の反応も，有吉のそれと似ていた．2月21日の蔣作賓公使の電報によると，「敵乎友乎」は日本国内において「如何なる注目や批評も引き起こさず，僅かに某新聞に極短い言及があっただけである」という有様であった[35]．

また，坂根準三（駐青島総領事）は3月14日付の広田外相宛電報で，中国の各新聞における日中時局問題の報道振りについて，「従前ニ比シ冷静ナル態度ヲ以テ日支一般問題ヲ取扱ハントスル傾向アリ」と認めながらも，「其ノ論調ハ未タ極メテ浅薄御座成的ノモノニテ即チ日支提携ハ両国平等ノ立場ヨリ行フヲ要シ従ツテ日本ノ非違ニ依リテ喪失セル東三省ヲ返還スルカ先決問題ナリト論セサルハナク根本的ニハ尚何等ノ変化ヲ認メラレス認識マダマダ不十分ナルヲ観取セラル」と断じた[36]．

5月2日，親日分子の白逾桓，胡恩溥が天津の日本租界内で暗殺されたのは，まさにこうした背景の下であった．中国に駐在する現地軍をはじめ日本側の蔣介石不信は，一気に爆発した．日本公使館付武官は4日，参謀本部に次のように報告した．「南京政府最近ノ動向ハ内外ノ諸情勢殊ニ日本ヨリ受クル圧迫ヲ避ケントスルニ基因シ毫モ日本反嗤スルノ非ヲ悟リタルモノニアラス近来一面民衆ニ対シ排日ノ脅迫煽動ノ表面化ヲ戒メ他面親日的要人ノ辞令ヲ以テ鋭鋒ヲ避ケントスル傾向益々大ナルモノヲ感シ本質的ニ其政策ヲ改変セリト認ムヘキ資料ナシ」と．11日，高橋坦武官は暗殺事件を根拠に蔣介石の二重外交を非難し，「表面では日本との親善を謳いながらも，憲兵藍衣社青幇を利用して親日家を抑圧している」と非難した[37]．5月17日，日中両政府は公使館を大使館に昇格させ，関係強化の意思を表明したが，その直後に日本現地軍は暗殺事件などを根拠に二重外交の是正を中国に求めた[38]．6月9日から27日にかけて，日本の現地軍はいわゆる「梅津・何応欽協定」と「土肥原・秦徳純協定」を中国に押しつけ，国民政府の中央軍と国民党の機関を河北省と察哈爾省から撤退させた．

この華北分離工作の動機について，日本大使館付武官は，6月初め，今は蔣介石の対日政策を是正する好機であり，我々は蔣介石の打倒を直接の目的としていないが，蔣介石が日本の要求を受け入れれば，自ずと倒れるとの見解を内部で披露した[39]．6月12日，若杉要（大使館参事官）は広田外相宛の電報で，「各地駐在武官等ノ抱懐スル根本方針ハ主トシテ蔣介石ニ対スル絶対不信用ニ基キ其ノ勢力ヲ排除スル為，表面上北支独立ノ形式ヲ避ケナガラ其ノ実ハ北支五省ノ自治政権樹立ヲ目標トシ」ていると報告した[40]．

上記の事実から分かるように，1935年初頭の中国の対日親善運動は蔣介石と汪精衛がともに主導していたが，日本の当局者の眼には，汪精衛だけが真の親日であり，蔣介石は偽装親日と映っていた．そして，日本軍が華北分離工作を進めた要因の一つは，こうした「蔣介石の二重政策」への疑念と憎悪であり，その矛先も主に蔣介石に向けられていたのである．

もっとも，既述の蔣介石の言動を見れば，蔣介石の戦略を単純なものと見なさないことは誤りではないといえる．しかし，問題は，それを「二重外交」とする日本側の認識があまりに単純すぎたこと，そしてその対応の誤りにあった．

まず，蒋介石の外交は「二重」どころか，多重的ですらあった．たとえばソ連に対する制日を図るための接近と外モンゴルや新疆の主権と反共事業を維持するための抗争，日本に対する平和的解決を目指すための親善と譲れない一線を守るための抵抗などがそれにあたる．これらは蒋介石の心理的葛藤と同様，本来は多方面の課題を解決するための多方面の必要に基づく方策であり，何れの側面も真実であった．しかし，日本軍部の対中政策担当者は，中ソ関係については国民政府の接近の一面のみを真実とし，対抗の一面を無視した．そして，日中関係について，彼らは日本への対抗の一面のみを真実とし，親善をはかる一面を偽装として否定した．これは相反する二つの真実を「一真一偽」と見なした誤った判断であった．

次に，蒋介石ら中国の指導者が推進した対日親善を偽装とみる誤りである．蒋介石らは，「満洲国」の不承認，領土の不割譲を譲れない一線としつつ，他の問題に対してはできるだけ日本の要求に応じること，紛争の平和的解決を目指すこと，公正かつ対等に交渉すること，双方がともに自らの欠点を是正することを対日方針の中心とするものであった．しかし，日本が中国に要求した親善は，「満洲国」問題はもちろん，全ての問題において日本に無条件に服従することであった．この日本側の主旨と異なると，たとえ問題の公正かつ平和的な解決を要請することであっても親善ではないと見なされたのである．日本が蒋介石らを偽装親日とみなしたのは，日本側の要求があまりにも一方的であって，自らの判断を曇らせたからであった．

こうした二つの錯誤があったからこそ，中国の対日政策についても対ソ政策についても，日本は併存する二つの真実のうち一つしか理解できず，その対応も全く一面的になってしまったのである．

日中関係に対する日本の認識と対応の誤りは，第1節で述べた史実に示されているので，以下，1934年10月の蒋廷黻訪ソ以降の中ソ関係の実態を振り返ることによって，中ソ関係に対する日本の認識の誤りをさらに確かめてみたい．

国民党中央政治会議の速記録によれば，蒋廷黻訪ソ以降の中ソ関係は最初からソ連の新疆赤化がもたらした対ソ不信の影に覆われていた[41]．そこで，顔恵慶大使のソ連への帰任が1935年2月になって渋々実現されたが，顔に対する国民政府の指示は，「ソ連側が中ソ貿易問題に言及すれば中国も互恵的な条

件で応じること，新疆問題をめぐって中国はソ連と交渉する意思があるが，ソ連と新疆地方政府との直接交渉は認めないこと」という 2 点だけで，極めて消極的なものであった[42]．

他方，3 月 10 日にソ連が「北満鉄道〔中東鉄道〕譲渡基本協定」等に仮調印を行うと，国民政府は直ちにそれに抗議した[43]．同月 21 日，顔恵慶はソ連外務人民委員リトヴィノフとの会談において，新疆問題についてソ連を再度批判したうえ，リトヴィノフによる中ソ不可侵条約の締結要求も拒否した[44]．4 月末，一時帰国から中国に帰任したばかりのソ連大使ボゴモロフは「わが国は新疆を侵略する野心はない」と釈明した．それに対して，汪精衛は 5 月 1 日の国民党中央政治会議第 455 回会議において，次のように指摘した．「ボゴモロフ大使の話を聞いて，本当に言葉もない．なぜなら，各方面の報告によると，新疆では軍の教官は全てソ連の共産党員である．ソ連の探偵は政府機関に溢れ全ての実権を握り，随時人を逮捕し殺害することができる．また，新疆は通商も経済もソ連に支配されているうえ，毎年 120 人余をソ連に留学させている．要するに，新疆省は形式上まだ中華民国に属するが，実態はそうではない」．これを受けて，同会議では，「中共軍もソ連と連絡している．もし中共軍が新疆に入ったら危害は絶大である．対日戦略のために新疆を奪おうとするソ連は，対ソ戦略のために東北〔満洲〕を奪った日本と全く同類である」と，ソ連を批判した．さらに「劇毒物であるソ連は欧州において毒性が少々軽減したように見えるが，極東においては依然極めて危険である」と発言した委員もいた[45]．

以上をまとめると，1934 年 10 月の蔣廷黻訪ソから 1935 年半ばの日本による華北分離工作開始までの期間，日本はもっぱら中国の対ソ接近傾向を懸念していたが，実際には，中国の指導者は新疆におけるソ連の行動に刺激され，ソ連に対する疑念と反感が高まっていた．加えて，日本への刺激を避けるという対日配慮もあったため，国民政府はソ連による不可侵条約締結の要求を拒否し，通商条約をめぐる交渉も先延ばしにしていた[46]．他方，蔣介石は「以ソ制日」を秘密裏に図りながら，「以日制ソ」も構想していた．5 月 8 日付の蔣介石日記には「日本が東北〔満洲〕を返還するならば，中国は日本と共に防ソを行い，さらに鉄道問題を交渉し，日本人教官を招聘する．日本が長城以内の戦時特殊状態を解消するならば，中国は日本と経済面の協力を行う」と，防ソを取引材

料とした日中利益交換案が記されている[47].

3. 華北問題をめぐるソ連カードの利用

ところで，蔣介石の戦略の多面性と多層性は，矛盾を抱えながらもいずれも蔣介石が解決しようとした問題をめぐって生まれたものに他ならなかったが，同時に，彼の目標には，表と裏，公開と隠密といった区別もあった．具体的な政策の展開にあたって蔣介石は相手によって言うことを変えることも厭わなかった．唐有壬（国民政府外交部次長）の表現を引いて言えば，対日関係をめぐって「蔣介石ハ親日ニアラサルハ勿論排日ニモアラス．其ノ利益ノ如何ヲ考慮シ随時方案ヲ定メ行ク方針ニテ外交ノミナラス内政上ニ於テモ二重政策ニシテ，例ヘハ汪兆銘，黄郛等ニ対スル言説ハ宋子文，孔祥熙等ニ対スルモノトハ全然区別アリ」といった様子であった[48]．特に，当時の国内外の環境を考慮して，多くの場合，蔣介石は日ソ相互牽制戦略に内包されていた対ソ接近と対日抵抗への言及もやめたわけではなかったが，その側面は隠さざるを得なかった．そのため，諜報活動を通じて形成された日本軍部側の中国観とは反対に，指導層を含む中国人の多くは1935年初頭以降の自国の対外政策について，ソ連との対立と日本への親善，妥協，譲歩という側面しか知らなかったか，見ることがなかった．

このような状況下で，彼らは日本の華北分離工作に直面することになった．その時に，抗日論が一気に噴出するのは避けられなかった．その矛先は，勿論，対日親善政策を推進した中央当局にも同時に向けられた．

他方，蔣介石は当時四川省の剿共前線に留まっていたため，南京では汪精衛を中心とする国民党中央政治会議のメンバーが危機対応の難局に立たされた．国民党中央政治会議の速記録によると，最初の国際的な対抗措置は，在外公館を通して関係諸国に日本への干渉を求めることであった．しかし，6月12日の国民党中央政治会議第461回会議において，英米等が華北問題に冷淡であり，「外交においてはこの中国の状況には為すすべがない」と報告された．それでも，出席者の多くは日本に強硬に対応しなければならないと主張した．今回の事件が日本の一貫した侵略政策に起因し，その目的は中国の統一と復興を壊滅

させ，中国を日本の属国にすることにあるという判断，そして，「1931年の東北喪失は張学良に責任を負ってもらったが，今度の華北問題は国民党中央が責任を問われる」という危惧があったからである [49]．だが，翌日の国民党中央政治会議臨時会議では，英米の支援が期待できないことが再確認された．また，自力での軍事抵抗も財政上の事情により不可能という結論も出された [50]．これを受けて，6月19日の国民党中央政治会議第462回会議は対ソ提携の是非を議論したが，1933年以来連ソ制日論を否定してきた汪精衛は，「ソ連は満洲の権益をめぐっては対日譲歩を惜しまず，むしろ新疆の経営に全力を尽くしている」として，連ソには効果がないと断じた．また，汪はこの視点から，中国には「対日絶対抵抗」，「日本の要求の受諾および対日協力」と「忍耐政策による国内建設への専念」という三つの道があるが，政府は当面これまで取ってきた「忍耐政策による国内建設への専念」という方針を維持しなければならないと主張した．しかし，会議の多数意見は対日抵抗論であった．すなわち，「日本は中国に機に乗じられないように第二次世界大戦の勃発前に中国を支配することを狙っている．その方法は中国の統一を破壊すること，中国を統一する実力を有する人物を打倒すること，中国の建設，特に軍事面の建設を阻止すること，国民党を打倒することである」という認識と，「日本は中国を友にするのではなく，奴隷にしようとしている」という認識に基づく立場であった [51]．

　国民党中央政治会議のこうした雰囲気と呼応して，軍事委員長の蔣介石が裏，行政院長兼外交部長の汪精衛が表という構図を取ってきたこれまでの対日外交において，表舞台で対日親善政策を主導してきた汪精衛に対する批判が急速に広がり，監察院では外交当局の弾劾を求める請願まで出されていた．その結果，汪精衛は1935年6月30日，病気を理由に南京を離れた．折しも7月2日，有吉明（5月より駐華大使）はいわゆる「新生事件」[52]を理由に国民政府に責任者の懲罰と謝罪を要求し，その矛先は邵元冲に代わって国民党中央宣伝委員会主任委員になった葉楚傖に向けていた．これは翌3日の国民党中央政治会議第464回会議で取り上げられ，対日感情をさらに悪化させた．発言者は，「日本との親善を保つために国民党の中央委員までも名誉の保障を失うならば，中国は日本の奴隷に甘んじるのも同然だ」と，中国が生死存亡の瀬戸際に立ったと結論した [53]．その後，17日の中央政治会議第466回会議でも「新生事件」を

中心に議論が展開されたが，日本に対する憤慨と反発の感情は一層高まった[54].

　汪精衛の威信の低下とともに，国民党中央政治会議では最高実力者の蔣介石に今後の舵取りを求める声が強くなっていく．では，蔣介石の対応はどうだったか．

　蔣介石は6月1日，剿共戦の前線で華北の事態に関する報告を受けたが，日本には理が通じないと憤慨しつつ，「最後の関頭に至るまでは忍耐しなければならない」と決意した[55]．外交の裏面を知らない人々と違って，表裏両面を統括する蔣介石は，日本側の「偽装」批判が一面の真実を衝いていることを知っていたからこそ，このように決定したのであろう．したがって，蔣は，6月4日，「河北と天津をめぐる問題については日本側の要求をできるだけ受け入れ，速やかに解決すること．暫時緩和を図ること」を指示し[56]，6月10日，排日行為を禁止する「敦睦邦交令」の発出に同意した．また，蔣介石は15日に「外交の運用を重視し，日本の軍人と折衝し，その体面を保たせる」ことなどを汪精衛らに打電した[57]．しかし日本による圧迫が強まってくると，6月26日，蔣介石は情勢の変化を理由として，中国は1月以来の対日原則を維持してもよいが，「最終的な決断を行わなければならない」と述べて，外交面の交渉と軍事面の準備を同時に進めることを主張した[58]．また，国際情勢について，蔣介石は「従来，英米に対して一般の人は楽観し過ぎ，重視し過ぎたが，今や悲観し過ぎ，軽視し過ぎている」[59]と述べ，汪精衛らの悲観論を否定し，外交による難局打開の努力を継続する理由を強調した．

　ところが，1934年以来の日ソ相互牽制戦略に鑑み，実際の外交的努力において，蔣介石が注目したのは英米ではなく，「連日もしない，連露もしない」ことを方針とする[60]，ソ連カードの表裏両面の利用であった．

　表の面のソ連カード利用は，ソ連に対する共同抗日の働きかけである．1935年7月4日，汪精衛の病欠によって行政院長代理に就任したばかりの孔祥熙（行政院副院長）は蔣介石の指示を受けて，予告なしに駐華ソ連大使ボゴモロフを訪ねた．会談において，孔は日本が中国に対ソ軍事同盟を押しつけようとしていると告げたうえで，「日本の次の目標は綏遠への浸透であり，その次は外モンゴルへの侵攻であろう」ということを理由に，「ソ連政府は中国と相互

援助条約を締結する用意があるか」と，中ソ間の抗日協力の可能性を打診した．しかし，ボゴモロフ大使は「ソ連政府は対中関係を改善したい」と応じつつも，不可侵条約と通商条約に対する国民政府のこれまでの拒絶姿勢を批判した．そして，「相互援助条約は不可侵条約と通商条約を締結した後の話だろう」と孔祥熙の打診を拒否した[61]．

　裏の面のソ連カード利用は，日本に対する「共同防ソ」を交渉材料とした折衝である．「先其所愛，微與之期」を対日外交の要とした蔣介石にとって，これは王寵恵訪日のとき試行できなかった案の再試行に当たる．防ソ問題を最も重視しているのは軍部であるとの観察により，蔣介石は磯谷廉介（日本大使館付武官）を相手に具体的な折衝を行った．元々，蔣介石は磯谷との直接会談も考えた[62]が，交渉の余地を残すために，日本人との交流が深い陳儀（福建省政府主席）に任せた．陳儀は7月から上海で磯谷との交渉を始めたが，全過程にわたって詳細を蔣介石に報告し，指示を得ていた．何応欽（軍政部長）も陳儀の交渉に密接に関与した．

　交渉にあたって，磯谷は冒頭から蔣介石と国民党に矛先を向けた．陳儀が7月3日に蔣介石に送った電報によると，磯谷の論点は次の4点に集約されている．

　（1）中国は連露容共を行い，ソ連のような党制度を採用して以降，革命外交を実行し，すべての帝国主義打倒から日本帝国主義打倒に集中してきた．軍隊と学校も共に影響を受けたため，二，三十代の知識階級の偏見が深まった．国民党は党組織による各レベルの強制を実施し，各種の労働組合による誘惑と脅迫を行ってきた．そのため，一般民衆は自由意志を実現できない．

　（2）日本が排日活動の取締を要請して以来，中国政府もそれを官民に通達したが，国民党の強制による〔排日の〕実行はすでに各界に深く浸透してきたので，根本から改善しなければ，効果は極めて小さい．

　（3）国民党の組織と活動を改善する力を持っているのは，蔣委員長だけである．したがって，蔣委員長は日中両民族の前途のために断固とした決心をしなければならない．

　（4）蔣委員長に一時南京あるいは上海に帰るよう求める．日本政府はしかるべき代表を中国に派遣し誠意をもって蔣委員長と面談することができる．

また，日本の外交官は陳儀に対して，次のように指摘した．「日本軍部は国民党についてかなり悲観視している．国民党が存在する限り日中間の親善は不可能であると見ている．そのため，国民党を打倒しなければならないと主張している．しかし，国民党が抜本的な改革を行い，孫文時代の国民党の旧態を回復し，誠意をもって両国の親善を図ることができるならば，問題はなくなる．ただ，蔣委員長だけがこのことを実行する力を持っている」[63]．要するに，日本軍部の対中要求の焦点は，国民党を徹底的に改造すること，蔣介石が前面に出ることという 2 点に要約できる．

これを受けて，蔣介石側は「先其所愛，微與之期」という戦略から，「共同防ソ」と「経済，文化面の協力」によって日本の譲歩を引き出すという方針を決めた．そのため，陳儀は 7 月 25 日の極秘会談において，「私案」の形で下記の「中日友好条約の要綱」（以下，7 月要綱と略称）を磯谷に提示した．

　　中日両国は共存共栄を実現し，東アジアの永遠の平和を守るために左記の諸原則を定める．

　　（一）双方は誠意を以て相互に相手国の独立，主権と行政の完全を尊重する．

　　（二）どちらも相手国に対する破壊，侵害を行わず，また相手に危害を加えた者を庇護しない．

甲．軍事問題

　　（一）「防ソ」を両国の共通目的とする．

　　（二）この目的を達成するため，機材，技術と資源において相互援助を行う．

　　（三）上海停戦協定と塘沽停戦協定を直ちに撤廃する．

乙．経済問題

　　（一）平等互恵と貿易の平衡を原則とする．

　　（二）中国は，必要とする工業製品のうち，日本国製品の価格が他国と同様または比較的安価であるならばできる限り日本国製品を購入する．

　　（三）日本は，必要とする工業原料をできる限り中国から購入し，中国が製造した工業製品に対しても，上記と同様の原則に基づいて中国から購入する．

（四）中国政府が自力で財政，金融，産業を発展させる場合，日本は善意を以てできる限り協力する．

（五）中国は，条件が適切であればできる限り日本の対中投資を受け入れる．

（六）両国間の工業の協調を図る．

（七）両国間の経済の互恵的発展を図る．そのため，日本は率先して不平等条約を撤廃する．

丙．文化問題

（一）東洋文化の発展と儒教思想の高揚について，双方は共同で努力し，東洋精神の特色を守る．

（二）双方の民間における学術文化協力を増進するための団体や事業に対して，両政府は奨励と扶助を与える [64]．

陳儀が示したこの「7月要綱」の注目すべき点は，「満洲国」解消要求を避けたこと，軍事面における共同防ソを明確に打ち出したこと，という2点である．裏を返せば，蔣介石ら最高指導部は2月の王寵恵訪日において日本に求めた「満洲国」の解消問題を回避した上，王寵恵が提示しなかった日中両国の軍事協力を明確に提示することによって，日本の対中政策の改善を実現しようとしたのであった．内容は余りにもデリケートであるため，陳儀はこれを磯谷に閲覧させた後，直ぐ回収した [65]．

4. 磯谷対案の衝撃と「連ソ制日」論の高揚

しかし，この中国側のぎりぎりの妥協案に対して，磯谷の反応は，あまりに冷淡であった．何応欽の蔣介石宛電報によると，中国側の「7月要綱」を閲覧した後，磯谷は，「これらの原則は素晴らしいが，まどろっこしい．第二歩だ．今や第一歩として国民党が自らの内外政策を一変させることがまず求められる」と言下に否定し，国民党の抜本的な改革を日中間の対ソ軍事協力の先決条件とした [66]．こうした磯谷の態度の背景について，何応欽と陳儀は次のように分析した．「中国に対する日本軍部の疑念は，中国が言っていることはすべて空論であり，事実による裏付けがないということ，特に国民党という組織は

ソ連式の党の政策を模倣し，対外的には排日であり，対内的には一党独裁であるということだ．したがって，日中問題の鍵は，なによりも国民党の内外政策の改善にあるのである」[67]．

1935年7月25日の上記の口頭回答に続いて，8月10日，磯谷は中国側の「7月要綱」への対案として，次のような「日中直接交渉要領案」を淞滬警備司令部の甘海瀾を通じて陳儀に提示した．

第一歩〔第一段階〕

（一）中国は満洲事変と上海事変に対し全責任を以て直接交渉を行い，解決を図る意思を表明する．

（二）中国の現状に鑑み，右交渉を成立させるため蔣委員長本人の登場を求める．

（三）両事変の原因は国民政府が広州時期に採用した容共政策にあった．現在，国民政府は共産主義を排除しようとしているが，共産主義的な政策は対内的にも対外的にも現存している．このような政策は日中間の国交を妨害し東アジアの平和を攪乱しているため，徹底的に是正しなければならない．

（四）①右政策の「一国一党」主義を放棄すること．②国民党の組織を全て廃止すること．③黄埔軍官学校出身の軍人を基幹組織とした中央軍を改造すること．④国民党が組織した全ての秘密団体を解散し，日中親善に反する裏の策動を根絶し，日中提携の精神を妨害する全ての行為を禁止すること．

（五）満洲事変勃発以降，日満間で成立した諸条約ならびに協定について，中国は秘密文書を日本に提出することによってこれを一律に承認する．

（六）中国は満洲国を承認する空気を次第に醸成させることに努力する．満洲国を正式に承認したとき，すなわち下記第八項を実現したとき，中国は満洲国との交渉を開始する．なお，上記諸項目の達成を目的とする日中直接交渉を行う期間，中国は日中間の秘密文書によって満洲国の内治と外交を黙認する．

（七）両事変によって成立した停戦協定を改正・補修したうえ，協定の精神に基づいて将来の華北，上海両地方の安定と秩序を維持する．

第二歩〔第二段階〕

（八）右の諸項目が直接交渉によって実現されたことを確認した後，日中
両国は政府の名義により東アジアの平和を確立するために，相互平等の精
神に基づいて軍事，外交，財政，産業，文化等諸条約を締結し，相互援助
と協力を実現させる[68].

こうした対案によって，磯谷が求めた「第一歩」の具体的な中身が明らかに
なった．蔣介石らは日本との「共同防ソ」と「経済，文化面の協力」を代価に
中日関係の改善を勝ち取り，政権を守ろうとしたが，磯谷が求めた共同防ソの
先決条件は「満洲国」の承認と国民党の壊滅（＝国民政府の解体）そのもので
あった．

これまで，日本の対中目標は主として中国から権益を獲得することであり，
国民党の壊滅や国民政府の打倒ではなかった．つまり，中国の主権を侵害して
も中国の政権を否定しなかったのであった．したがって，国民党およびその党
治（国民党による一党支配）下の国民政府にとっても，政権さえ維持できれば主
権の損失を何れ回復できるので，国家の致命傷にはならないと見ていたのであ
った．しかし，磯谷が日中協力の前提として要求した「第一歩」は，日本軍部
の対中目標はすでに中国の主権を侵害することに止まらず，国民党政権を打倒
することまでも目指していることを明確に示した．政権の維持を最重要視して
きた蔣介石ら国民党指導者にとって，その衝撃は極めて大きかった．実際，蔣
介石は陳儀から磯谷の口頭回答についての報告を受けた後，7月30日に，磯
谷に代表される日本軍部のこうした要求は中国に致命傷を与えるものであると
して，「国家が危殆に瀕した」と日記に書き付けたばかりであったが[69]，8月
10日の磯谷書面対案を受けた後，蔣介石は磯谷の「第一歩」を中国を滅亡に
導く条件と評して，一層憤慨した[70]．陳儀らを経由した蔣介石のソ連カード
利用はこれでとりあえず区切りをつけざるを得なかった．

他方，陳儀・磯谷間の秘密交渉が行われていた間に，華北の事態を利用した
ソ連の対中活動は活発化した．支那駐屯軍の諜報によると，ソ連大使ボゴモロ
フは7月19日に天津を訪ね，ソ連領事館において，「今回ノ北支事件ヲ契機ト
シテ北支ハ日本ノ欲スル儘ニ委スルノ已ムナキ情態トナルヘシ而シテ欧米ノ対
日圧力ハ昔日ノ如ク強カラサルヲ以テ支那ノ被圧迫民衆ヲ救フハ一ニ蘇聯ノ力

92　第3章　華北事変前後における中日ソ関係の転換（1935.1～12）

ニ俟タサルヘカラサルコトヲ手段ヲ尽シ支那民衆ニ理解セシムヘシ」と指示したという[71].

　また，反ファシズム統一戦線を新方針として定めるためのコミンテルン第7回大会が7月25日からモスクワで行われた後，中国現地におけるソ連大使館の対中工作が一層積極的になった．同月29日，親日派とされる唐有壬は，次の内話を須磨弥吉郎（南京総領事）に伝えている．

　　帰任以来ノ「ボ」〔ボゴモロフ〕ノ態度ハ極メテ面白カラス政府部内ノ各要人特ニ孫科初メ立法院方面トノ個別的接触ニ努メ居レル〔中略〕要スルニ第一次五箇年計劃ノ成功並ニ其ノ後ノ蘇聯内政ノ発達及一方日本カ遂ニハ侵呑セントスルモノナル点ヲ高唱シ親蘇派ノ形成ヲ策シ居ル模様ナリ〔中略〕

　　当地最近蘇聯大使館ニハ数名ノ増員ヲ見従来ノ刊行物ニ依ル宣伝ヲ避ケ前述ノ如ク個人的ニ親蘇派ノ形成ヲ企ツルコトニ方針ヲ定メタルモノノ如ク要スルニ「コミンテルン」ハ蘇聯政府機関（例ヘハ大使館）ト合体シテ文化的芸術的方面ノ機会ヲモ利用シ支那ニ食込マントスル方策ナルヤ観取セラル

　続いて，唐有壬は親日派らしく，「日支関係機微ナル此ノ際蘇聯ノ離間策ニ乗セラルルコトハ遺憾ナルニ付自分〔唐〕等ニ於テモ充分注意中ニシテ又目下ノ所蘇聯ヨリ纏マリタル申出ハ無之モ乗セラルル機会ヲ作ラハ日本側ニ於テモ離間ノ口実ヲ与ヘラレサル様特ニ留意セラレル様致度シ」と念を押した[72].

　2日後の8月1日，須磨は「河北〔華北〕問題ノ動機ト英米蘇聯ノ態度　蘇聯ト提携某国ヲ制スルハ可能性アリ」と題する「蔣派軍人」の演説も入手した．次のような要旨である．

　　日本ハ外務，軍部ノ二重外交ナリト云フモ其ノ終局ハ大陸政策ナル点ニ於テ一致セリ今回ノ河北〔華北〕問題ノ如キモ其ノ野心遂行ノ第一歩ノミ〔中略〕之ニ関連シ英米ノ態度ヲ検討スルニ英ハ実利主義ナレハ南支ニ於ケル十二億ノ投資ヲ危険ニ曝シテ迄モ北支ニ干渉スルコトナカルヘク米至リテハ易々比島独立方案ヲ通過シタルニ見ルモ其ノ極東ニ対スル熱意ノ程ヲ知リ得ヘシ然ルニ蘇聯ハ日英何レトモ提携シ難キ立場ニ在ルヲ以テ此ノ際支那ハ先ツ之ト不可侵条約ヲ締結シ軍事経済共ニ提携セハ某国ヲ牽制

スル可能性アリト云フ [73)

　以上の日本側の情報は華北分離工作以降の中ソ関係の動向を正確に捕捉していた．事実，7月以降，孔祥熙の対ソ打診とともに，国民政府の内部，日本の「得寸進尺〔一寸を得ればさらに一尺進もうとする貪欲〕」と「今や列国のなかではソ連だけが利用できる」という二つの理由から，主義による中ソ相互援助ができなくとも，利害による中ソ相互援助を図り，ソ連と極秘に軍事同盟を結成しなければならないとする声が高まった [74)．

　また，7月24日に行われた国民党中央政治会議第467回会議では，参加者は日本が国民党の党治の廃止を要求しているという風聞に対し，「政府は党から生まれるものだから，党治の廃止は政府を廃止することと同じである．もしそのようなことがあれば，民心が動揺するだけでなく，党内でも流血事件が発生する」と義憤に燃えた [75)．蔣介石自身も前記の日本軍部の先決条件を知った後，情勢変化下の日ソ両国を比較して，8月3日付の日記で次のように述べた．

　　日本と中国はもはや妥協の余地もなければ，妥協を図る必要もなくなった．1926年の対ソ妥協と忍耐のように今日の日本に対応してもよいではないかと言う者がいるが，これは間違いである．時代も情勢も変わったからである．当時，時間を引き延ばして今後の成功を図ろうと求めたのは，ソ連であった．つまり，ソ連が我々に〔緊張関係の〕緩和を求めたので，我々も緩和を以て対応できたのであった．しかも当時，主導権は我が国にあったので，我々は何時でも決裂を決断することができた．しかし，今，我々は受け身の立場にあり，日本が主導権を握っているため，我々が緩和を図っても，日本は事を急いで，我々の要請を無視してしまう．そのため，今日，我々は自彊自立し，最小限の基礎を築き，最終的な局面での対応に備えるしかない．柔をもって剛を制す日が，いつか来るかもしれない [76)．

　このような認識のもと，蔣介石は陳儀経由の対日交渉を続けるとともに，駐ソ大使館の鄧文儀武官を新疆に派遣し，中ソ関係の主な障害となっている新疆問題の再調査を行わせた [77)．また，8月7日の国民党中央政治会議第469回会議では，多くの委員が病欠中の汪精衛を対日屈服外交の張本人として激しく非難した．そして，外交部長を兼任していた汪精衛の政治力を制限するために，

外交委員会の再設置と，命懸けの外交の励行を主張した[78]．翌日，汪精衛は辞任に追い込まれた．その後，蔣介石の慰留により汪精衛は 18 日に辞任を撤回したが，対日外交における発言権は著しく弱まった．

こうした中，蔣介石に厚く信頼されている在華ドイツ軍事顧問団長のファルケンハウゼン（Alexander von Falkenhausen）も 7 月 31 日に蔣介石と「時局対策」を協議し，8 月 20 日には自身の「日本駐在 5 年間の経験と日本軍部に対する深い認識」を強調しながら，それを時局対策文書として提出した．その中では次のような論点が力説されていた．

> 目下，中国に対する最も重大な脅威は日本である．日本は利害関係をめぐって中国と真っ向から対立したため，中国の団結と強国化を台無しにするために手段を選ばない．日本国内では表面上，軍人派と外務派に分かれているが，対中積極論は如何なる場面においても力を持つ．中国は日本の軍人が政策を主導することを想定して方針を定めなければならない．日本の要求を無抵抗に呑むことは絶対に回避しなければならない．日本が中国の本気の抵抗に遭えば局面は大きく変化するだろう．

> 国際情勢について．列強は現在，中国の問題に対して共同干渉も単独干渉もできない．九カ国条約は紙屑に過ぎない．中国は自衛を行わなければ誰も助けてくれない．反対に，国家の自衛に全力を傾ければ，外交上の援助を得られる可能性がある．そのためには，ソ連の態度は特に検討すべきである．ソ連はフランスとの条約を成立させた後，西方への憂慮を軽減できた．極東の問題をめぐって，ソ連は日本に譲歩しがちであるが，日本との戦争を回避できなくなった場合，ソ連の軍事力は軽視できない．ソ連は中国における日本の勢力拡張を座視することはできないだろう[79]．

後述のように，これらの論点は対日・対ソ政策をめぐる蔣介石の思考を補完するものであり，蔣介石の外交の実践に活かされていく．

5. 蔣介石の新しい対日提案

ところで，蔣介石は 1935 年 8 月の時点では，対日政策についても対ソ政策についても，まだ最終的な方針決定はできていなかった．その主な理由として

次の5点があげられよう.

第一に,ソ連は中国の抗日戦を促していたものの,相互援助に関する中国側の打診に依然として明確な回答を与えていなかったからである.他方,当時の内外環境と通信条件の制約により,ソ連側の状況は,現地で発生してから中国がそれを知るまでかなりの時間差があった[80].これと関連して,コミンテルン第7回大会を契機とするソ連の対中政策の転換についても,この時点で蔣介石はまだ正確な情報を入手していなかった.したがって,ソ連の態度は未知数のままであった.

第二に,中ソ関係の主要障害となった新疆問題について,現地調査を指示された鄧文儀武官はまだ蔣介石に報告を寄せていなかったことが挙げられる[81].そのため,新疆問題への懸念は依然として蔣介石の対ソ提携に踏み切る決断を妨げていた.

第三に,日本は中ソを離間させようとしているとの判断に基づいて,蔣介石はそれを逆手にとって防ソ問題を利用して日ソの離間を図ろうとしていたことである[82].なお,「対日策略は8月にその少壮派の盛衰を見てから決めるべきである」と考えていたが,8月12日に陸軍省軍務局長の永田鉄山が部下に刺殺されるという重大事件が発生した.蔣はこれを日本の「内紛の始まり」とみなし,「これから日本の気焔が少し衰えるかもしれない」と期待し,事態を静観することが大事であり,対日政策を急転換させてはならないと考えた[83].そして,「倭寇の内紛を促成するには,その対中懸念を解消させることが最も効果的である」と判断していた[84].換言すれば,蔣介石は,対日関係の改善が日本の内部摩擦を加速させることになると認識していたのである.こうした考え方は,方針転換を急がないほうが得策だと蔣に悟らせたと思われる.

第四に,武力による対日抵抗について,蔣介石は7月25日に磯谷による口頭回答を受けた直後,対日抗戦のための軍指導部の人選を検討し始め,日本の侵略に対する応戦に向けて,大きく傾斜を始めていたことがある[85].しかし,準備を整えるまでには時間稼ぎが必要であること,中国共産党問題を優先的に解決する必要があることなどの理由から,8月14日になって,蔣介石は「主権と領土を失わない範囲において忍耐に努める」ことを国民党中央政治会議で再確認していた[86].

第五に，蔣介石は磯谷の対案を読んで日本軍部への期待を失ったが，日本政府との外交交渉については依然として一定の期待を持っていた．一時帰国中の蔣作賓（1935 年 5 月より駐日大使）とは，新しい対日案を練っている．したがって，蔣介石は蔣作賓による日本政府との交渉が終わるまで，決断を控えたいと考えていたのである．

この第五点に関連して，蔣作賓大使による交渉の経緯を具体的に見てみたい．蔣作賓は華北事変以後の対日政策に関する指示を仰ぐため 7 月 10 日に帰国した．その後，彼は四川省剿共前線の蔣介石と「行ヲ共ニシ其ノ間種々意見ノ交換ヲ為シ」た [87]．蔣介石の日記によると，日本政府との今後の交渉について蔣介石が定めた指針は，日中双方をともに利する条件をもって説得すること，中国側の現時点の目標を華北における中国軍の駐屯権の確保と広東・広西を統一することに置くこと，「強者が弱者に正しく接することができて，はじめて真の同盟がある．威嚇による同盟は成り立たない」という真理を日本側に強調すること，というものであった [88]．また，蔣介石は前記の陳儀・磯谷秘密会談の経緯をも蔣作賓に通報した [89]．磯谷の書面対案を受けた後の 8 月 15 日，蔣介石は盧山で要人達と 5 時間をかけて日本問題を再検討したが，汪精衛は欠席したままであった [90]．要するに，新しい対日交渉の基本方針は蔣介石主導の下で決定されたのである [91]．そのうち，「満洲国」問題については，蔣介石はそれを「不問に付す」ことを日本に対する新しい譲歩として定めるとともに，しかしながら「満洲国」は承認しないこと，国際連盟を脱退しないことという二項を中国が最後まで守るべき政策基準とし，それ以外は大局を考えて，節を曲げても日本側と折り合っていくということを決定した [92]．

蔣作賓は，上記の基本方針に基づいて 9 月 7 日，東京で広田弘毅外相と会談を行った．日本側の記録によると，蔣作賓はまず次のような「蔣介石ノ信念」を広田に伝えた．

支那トシテモ以前ノ様ニ（右ハ誤解ニテ真実ハ然ラサルモ）御国ヲ軽視又ハ憎悪スル様ナ感情ヲ捨テ御国トシテモ支那ヲ平等ニ待遇スルコト換言スレハ貴大臣ノ日頃愛誦セラルル（孟子ノ）「大ヲ以テ小ニ事フル者ハ天ヲ楽者也．小ヲ以テ大ニ事フル者ハ天ヲ畏ルル者也」ノ精神ヲ以テ支那ヲ遇スヘシト云フニアリ

続いて，蔣作賓は，王寵恵が２月に示した諸原則を踏まえて「蔣介石ノ原則」を次のように提示した．

（一）日支両国ハ相互ニ相手国ノ国際法ニ於ケル完全ナル独立ヲ尊重スルコト．具体的申セハ支那カ外国ヨリ強制セラレテ締結シタル一切ノ条約即チ一切ノ不平等条約ノ撤廃之ナリ不平等条約ノ内容ニ関シテハ詳細申上クルノ要ナシト存スルモ例ヘハ租借地，租界，領事裁判権，駐屯軍，支那政府ノ許可ナクシテ軍隊ノ支那領内通過又ハ軍艦ノ領水内遊行碇泊等．総テ国際法上完全ナル独立国トシテ享有スヘキ権利ヲ尊重セラルルト共ニ独立国ニ対スル国際法上ノ義務ヲ遵守スルコト即チ日支両国カ御互ニ完全ニ平等ノ地位ニ立ツコト．

（二）日支両国ハ真正ノ友誼ヲ維持スルコト．日支両国ハ相互ニ相手国ニ対スル非友誼的ノ行動例ヘハ統一ノ破壊，社会秩序ノ紊乱，誹謗破壊等一切ノ行為ヲナササルコト．

（三）今後日支両国間ニ於ケル一切ノ事件ハ平和的ノ外交手段ニヨリ解決スルコト．茲三四年ノ間稍々モスレハ外交機関ニ非ル任意ノ個人ヨリ自由勝手ナル要求アリ又甚シキハ暴力手段ニ出テラルルコト間々アリ右様ノ事態ニテハ日支親善ハ到底出来サレハ今後ハ外交機関ニ依リ平和的ノ手段ヲ以テ処理セラレ度キコト．

以上三原則ハ王寵恵渡日ノ際閣下ノ御承諾ヲ得タルモノナリ．尚右ノ外右三原則ニ依リ日支両国カ真ノ友達トナルニ於テハ相互ニ相手国ニ対シ疑惑又ハ警戒ノ感情無キニ至ル次第ナレハ日支提携実現ノ為ニハ更ニ上海停戦協定塘沽停戦協定及北支事件ニ関連スル両国間ノ取極ヲ取消スコト之ヲ要スルニ満洲問題ヲ除外スルノ外日支両国間ノ関係ヲ九月十八日以前ノ状態ニ復スルコト必要ナリ．

以上は日本に対する中国側の要求にあたるものである．では，その実現に対し中国側が差し出すべき見返りは何か．蔣作賓は次の諸点を提示した．

支那全国民ノ心底ニハ遠慮ノナイ所排日排貨ノ決心相当根強ク植付ケラレ居ル処蔣氏ハ責任ヲ以テ之カ取締改善ニ当ル決意ヲ有シ居レリ．次ニ満洲問題ハ支那人トシテ到底忘レ得サル事件ニシテ満洲国ノ独立ヲ絶対承認シ得ス但蔣委員長ハ今日ハ之ヲ「不問ニ附ス」トノ意向ナリ．「不問ニ附

ス」トハ貴国ニ対シ貴国ノ満洲国承認ノ取消ヲ要求セスト云フ意ナリ．之
モ実ニ至難ノコトニシテ万一之ヲ公言センカ直チニ暗殺サルヘシ然レ共蔣
委員長ハ此ノ問題ノ為日支親善ノ阻止セラルルハ如何ニモ残念ナルニ付暫
ク之ヲ不問ニ附サントスルナリ．

　若シ日本カ前記三原則ニ加フルニ上海及塘沽停戦協定竝ニ北支事件ニ関
スル取極ノ廃棄ニ同意シ下サルニ於テハ支那トシテモ経済提携ノ相談ヲ為
シ易シ．日支経済提携ニ付日本ニ具体的意見アルヤ否ヤハ承知セス又我々
ノ観測スル所ニテハ日本ハ右ニ関シ具体案ヲ有セサルモノノ如キモ蔣委員
長ハ支那ノ主権ヲ毀損セサル範囲内ニ於テ日支両国ニトリ有益ナコトハ進
ンテ御相談セントノ準備ヲ有ス．

　〔中略〕共産党討伐ノコトニ関シテハ世間ニ色々ノ風評アリ御国ノ一部
ニテハ蔣介石ハ剿共ノ名ヲ藉リ日支提携ノ遷延ヲ計リ居レリ等ノ宣伝ヲナ
ス向アルモ右ハ蔣委員長ノ真意ニ非ス．蔣氏ハ支那ニ於ケル共産党ノ跋扈
ハ支那ノミナラス貴国ニトリテモ一ノ脅威ナリ共産党ハ両国ノ存在ト両立
セサルモノト考ヘ全力ヲツクシテ之カ討伐ニ従事シ居ルモノナリ．尚日支
経済提携ノ具体案ニ付テハ後日詳細討論スルコト致スヘキモ何レニセヨ
日本カ前記根本原則ニ同意サレ漸次提携ヲ促進シ行カルルニ於テハ其ノ進
行振ニ依リテハ蔣委員長ハ経済的提携ヨリ更ニ一歩ヲ進メ両国ハ「或ル共
同ノ目的」ニ対シ軍事上ノ相談ヲ進ムル決心ヲモ有ス[93]．

　この新提案を通して，蔣介石は「満洲国」問題について，「7月要綱」より
さらに後退して，「満洲国」問題を「不問ニ附ス」ことを明示し，日本に向け
て実際に新たな譲歩を行ったのである．そして，防ソ協力問題についても，「7
月要綱」のような明確な表現を曖昧な表現に変えたものの，連ソ論が昂揚する
中でも，防ソ協力を中国のもう一つの大きな見返りとして再度提示した．国民
政府にとって，この2点は最大限の譲歩であったといえる．

　しかし，日本の為政者にとって，「満洲国」問題はずっと前から「問題外」
となっており，それを今更不問に付すことは実際には何の譲歩でもなかった．

　それよりも広田が注目したのは，諜報活動によって浮き彫りにされた中国の
連ソ傾向であったといえる．それゆえ，蔣作賓が伝えた蔣介石の新提案に対す
る広田の質疑は，主に中ソ関係を焦点にして行われた．具体的には，次のよう

な内容である．

　　　支那ノ外交ニハ由来以夷制夷即欧米ノ相当ナル国ト聯絡ヲトリ日本ヲヤ
　　ツツケルト云フ考アリ現ニ本日此ノ御話ヲ聴ク反面ニ南京電報ハ露国ト提
　　携シテ日本ニ当ルトノ報道ヲ伝ヘ日本人ノ間ニハ此ノ種報道ヲ信スルカ如
　　キ心理状態ニアル者ノ存スルモ事実〔中略〕

　　　日本人中ニハ国民党ハ共産党ナリトノ考ヲ有スル者アリ蘇聯ニ対スル貴
　　国ノ関係ハ御国ノ方ニテ余程明確ニシ置ク必要アリ．支那ハ外蒙古ニ対ス
　　ル露国ノ策動ヲ不問ニ附シ満洲国ノ問題ヲノミ云々スト日本人ハ考ヘ居レ
　　リ赤化ニ対シテハ日本モ満洲モ同様ナル関心ヲ有シ居リ赤化防止ノ為ニハ
　　日満支力具体的ニ話合ヲナシ案ヲ立ツヘキニテ之東亜ニ立国スル諸国ノ責
　　任ナリト思考ス〔中略〕

　　　莫斯科ニ於ケル『コミンテルン』ノ報道ニ依ルモ蘇聯ハ支那ニ対シ相当
　　ノ工作ニ出テ居ルカ如シ，万一些少ナリトモ此ノ傾向顕ハレ来ルニ於テハ
　　東洋ニハ相当ノ刺激ヲ与フヘシト思ハル点充分御注意アリ度シ

　広田のこうした質疑に対して，蔣作賓は「在支露大使ノ行動等信スルニ足ラ
ス」と否定した．しかし，会談の最後に，蔣作賓は「本日ノ会談殊ニ『共同ノ
敵』等ノコトカ外部ニ露見スル時ハ国民政府トシテ甚ダ困難ナル立場ニ立ツニ
付御裁量ニヨリ発表ノ場合ニハ充分御注意願ヒ度シ」と広田に要請した[94]．
これは連ソ論が昂揚した中国の国内情勢を配慮した発言であろう．

6. 日本の回答とソ連側新政策の判明

　中国にとって，前節で分析した 1935 年 9 月 7 日に日本側に提示した新提案
は，「中日関係の〔緊張〕緩和と改善をはかる」ための最大の努力であったと
言えよう[95]．それゆえ，日本側の回答は，中国のその後の対日・対ソ政策の
方向性に決定的な影響を及ぼすものであった．その回答を待つ間，蔣作賓は
「日本の各方面は我が誠意をかなり理解した」という楽観的な報告を蔣介石に
寄せていた[96]．蔣介石も，9 月 23 日に何応欽に日本の軍事演習を視察するた
めの訪日を指示し[97]，対日新提案の効果に期待した．

　だが，9 月下旬と 10 月上旬に日本側から寄せられた二つの回答は，蔣介石

100　第3章　華北事変前後における中日ソ関係の転換（1935.1〜12）

の期待を見事に裏切るものであった.

　日本側の一番目の回答は，支那駐屯軍司令官に着任したばかりの多田駿によ
るものであった．9月24日，彼は天津で次のような談話を発表した.

　　　日満支共存の素地をなす北支のいわゆる明朗化は北支民衆の力により
　　　徐々に達成さるべきものであるが，これを阻害する国民党部及び蒋介石政
　　　権の北支よりの除外には威力の行使もまた已むを得ないであらう．この根
　　　本主張に基く我軍の対北支態度は（一）北支より反満抗日分子の徹底的一
　　　掃（二）北支経済圏の独立（北支民衆の救済は北支財政を南京政府の隷属
　　　下より分離せしめるの外ない）（三）北支五省の軍事的協力による赤化防
　　　止の三点にして，これらのためには北支政治機構の改正確立を必要とする
　　　が，さしづめ北支五省連合自治体結成への指導を要する[98].

　さらに，翌25日に記者団に配布された支那駐屯軍司令部のパンフレット
『対支基礎的観念』は，上記の談話を踏まえ，支那駐屯軍の中国観と蒋介石観
を示したが，中国側の報道はその要旨を次のようにまとめた．すなわち，華北
事件の結果，蒋介石と国民政府は親日の立場を表明したが，これは一時のまや
かしにすぎない．中国国民党はソ連共産党と類似した組織形態を有するため，
親日よりも親ソに転換する可能性が高い．蒋介石がソ連と提携し，帝国の政策
を妨害していることを示す証拠もある．しかも，中国共産党は国民党の悪政に
よって生じたものだから，防共を実現するためには先ず国民党の悪政を除去し
なければならない，と[99].

　「多田声明」と呼ばれた以上の対中方針に基づいて，日本の現地軍は，直ち
に「華北五省連合自治政権の樹立」を名目とした第二次の華北分離工作を開始
し，蒋介石と国民政府に新たな衝撃を与えた．永田事件を含め，8月以降の日
本の情勢が日本軍部の対中政策に国民党政権を利するような変化をもたらさず，
軍部は反ソ防共を含む重要問題を考える時，依然として国民党政権打倒を前提
としていることが明確に示されたからである．10月9日に開催された国民党
中央政治会議第478回会議において，「多田声明」は，国民党打倒という方針
を明示したものとして認識された[100]．同時に，蒋介石も，「多田声明」とそ
れに伴う華北の新事態によって「折角ノ剿共事業モ挫折スヘク，極力抑ヘ来レ
ル潜行的反日気分ヲ激成」されたとして，孔祥熙を通じて日本に強く抗議し

た [101]. 要するに，国民政府は「多田声明」を磯谷の「日中直接交渉要領案」を踏襲した日本軍部の本音の再表明として受け止めたのである.

「多田声明」に次ぐ日本側の二番目の回答は，広田外相がもたらしたものであった. 周知のように，日本国内では10月4日に「対支政策に関する外・陸・海三相間諒解」が形成された [102]. 10月7日，広田は蒋作賓との会談で，それを9月7日の中国新提案に対する日本の対案として提示した. すなわち次のような三原則である.

　　（一）日本ハ東亜ノ平和維持ヲ最モ顧念シ居ル処右ハ単ニ日支両国間ノ諒解ノミナラス満洲国ヲ加ヘタル日満支三国間ノ諒解提携ニ依リ始メテ達成セラルル次第ナルカ之カ為ニハ先ツ日支間ニ真ノ親善関係ヲ確立スルコト肝要ナリト思考スル処日本官民ニ於テハ支那側ニテハ常々欧米ノ勢力ヲ利用シテ日本ヲ牽制スル傾向アリト疑ヒ居ルヲ以テ所謂以夷制夷ノ態度ヲ改メラレ度此ノ際支那側ニ於テ尠クトモ排日殊ニ日貨排斥，排日教育等ヲ全然止メルト共ニ更ニ進ンテ積極的ニ日支提携ノ実ヲ挙クル様一層努力スルコト

　　（二）日満支三国の関係調整ノ為ニハ支那側ニ於テ此ノ際満洲国ノ承認ヲ断行スルコト最上ナルモ支那側トシテモ対内其ノ他ノ関係上正式承認ヲ困難トスル事情アルヘキヲ以テ若シ承認困難ナルニ於テハ差当リ満洲国ノ独立テフ既存ノ事実ヲ無視スルコトナク之カ存在ヲ事実上承認スルコトニ依リ少ク共満支接壌地域タル北支ニ於テハ日満支三国間ニ事実上充分ナル経済的文化的提携ノ出来得ル様スルコト

　　（三）赤化勢力ノ侵播ハ単ニ支那ニ取リテノミナラス日満両国延イテハ東亜全般ニ対スル脅威ナルヲ以テ之ニ対抗スル為日満支三国間ニ虚心坦懐，共同ノ方策ヲ相談スルコト [103]

これは後に「広田三原則」と称されたものの具体的な内容であった. 9月7日の中国提案は，中国の三原則の実行を日中関係調整の先決条件としたものであった. これに対して，広田は日本側の「三点ハ国交提携ノ為絶対必要条件ニシテ先日御話ノ支那側三原則ナルモノモ右三条件ニ付日支間ニ話合出来タル後始メテ御相談ニモ応シ得ヘク」として，日本の三原則の実行を日中提携の「絶対必要条件」とした [104].

この広田による日本政府の回答について，蒋介石は 10 月 13 日の汪精衛宛電報において，「以夷制夷外交の放棄，満洲国の尊重，赤化防止の同盟結成という日本の三箇条は形式的には比較的軽くなったように見えるが，その中身は中国の国際連盟脱退，満洲国承認と日中対ソ同盟というこれまでの諸要求の変形であり，またはこれらを実現するための第一歩である．それ故に重大な意義を持つので，慎重に検討しなければならない」と指摘し，中国は自国の主権と統一を守ることを根本として堅持していかなければならないと力説した[105]．

以上，国民党の打倒を再表明した多田声明はもちろんのこと，日本の三原則を中国の三原則より優先すべき絶対必要条件とした広田三原則も，共に蒋介石ら国民政府指導部の容認できないものであった．また，多田声明をめぐって，国民政府は蒋作賓大使を通じて広田らと交渉し，「それは日本政府の見解であるか」と確認したが，広田は「新聞ニテ見タル以外承知セサル」と言葉を濁しただけであった[106]．日本の軍部と政府との間におけるこのような矛盾と混乱は国民政府を失望させるとともに，その対日不信を一層増幅した．10 月 9 日，孔祥熙は須磨に対して，日本の「単一意思無キコト」は日中関係の「最難関」であり，「収拾スヘカラサル結果トモナルヘシト言ヘル」と強く非難したのは当然だったといえよう[107]．

そして，ちょうどこの間に，ソ連側の動きをめぐる新たな情報が次々と蒋介石と国民政府に伝えられた．これは日本側の二つの回答との比較の中で，蒋介石と国民政府を新たな対ソ認識へ導くことになった．

第一は主権問題に関わるものである．前記のように，日本では軍部が，多田声明の通り，第二次の華北分離工作を進め，政府は広田三原則によって，中国が求めた前提と順序を否定した．中国にとって何れも新たな主権侵犯にほかならない．これと対照的に，中ソ間では主権問題の多くは国民政府誕生以前から存在する問題であったが，国民政府誕生以後の唯一の新しい問題であり，蒋介石の日ソ相互牽制戦略の要因ともなっていた新疆問題をめぐっても，この時点までに中国側が入手したソ連関係新情報には国民政府指導部を安心させる「朗報」が含まれた．それは鄧文儀の新疆視察報告であった．既述のように，蒋介石は日ソ関係に対する再選択のため，7 月に鄧文儀を新疆視察に向かわせた．日本による華北分離工作後に連ソ制日論に転向した鄧文儀は，新疆におけるソ

6. 日本の回答とソ連側新政策の判明　　103

連当局の接待攻勢を受けた結果，10月に次のような主旨の調査報告を中央に
送った．「新疆は近年かなり進歩しており，ソ連との関係は外部に喧伝されて
いたようなものではない．各方面で綿密に調査した結果，赤化宣伝の事実もな
かった．以前報じられた新疆とソ連との結託説も完全な誤りである」[108]．これ
は事実に反するが，この時点では真実と見なされた．そして，連ソ政策への転
換を促進する要因となった[109]．

　第二は政権問題に関わるものである．前記のように，「多田声明」は国民党
政権の打倒を図る磯谷対案の縮図であった．実際にも，この頃再度行われた日
本軍の大連会議では次のような「陸軍ノ基本四項」が決定された．「一，支那
ハ統一セラルヘキモノニ非サルコト．二，蔣介石等人ヲ対象トスルコトハ彼等
ヲシテ之ニ乗セシムル虞アリ却テ不利ナル結果トナルコト．三，西南ハ従来通
リ之ヲ援助スルコト．四，武器，弾薬，教官等供給ノ契約出来サル間ハ大イニ
押スコト」[110]．これは何れも前記の蔣介石の政策目標に反するものであった．
なお，広田三原則は軍部が提示した条件より緩和されたように見えたものの，
当時の内外情勢の中で，これを絶対条件として実行すれば国民政府は自ずと崩
壊することになる．他方，この時点までに蔣介石ら指導部が駐ソ大使館などか
ら入手したコミンテルン第7回大会の具体的な情報，とりわけ中共駐ソ代表団
の発言から判明したソ連側の対中新政策は日本のそれとは対照的である．すな
わち，ソ連当局は国共合作による中国の抗日戦を実現するために，従来の国民
党打倒方針を改め，蔣介石をはじめとする国民政府の存在を認め，かつ国民政
府の下で国共合作の統一戦線を結成することを促すことを決定したのであっ
た[111]．これによって，蔣介石らは，日本とソ連は国民政府を打倒するか擁護
するかという国民党政権の死活に関わる問題をめぐって，正反対の選択を行っ
たという確信を得た．具体的に言うと，日本は国民党政権の容認から，実質的
に国民党政権の否定に転換したのに対し，ソ連は国民党政権の打倒から，実質
的に国民党政権の承認と支持へと舵を切った．

　蔣介石と国民政府にとって，日ソ両国のこのような反対方向への変化は，中
国の存亡を決する要であると同時に，中国の為政者が今後の国策を考えるため
の新たな出発点ともなった．言い換えると，1935年1月以来の紆余曲折を経
て，また国民党政権をめぐる日ソ両国の態度の変化を比較して，蔣介石と国民

政府にとっては，日本からの「斥力」が増強すれば増強するほど，ソ連からの「引力」も益々大きくなってきたのである．

　このような相反する二つの力の相互作用は中国の為政者に新たな選択を促した．次にその点を見ていきたい．

7. 対ソ提携と対日抗戦への転換

　日ソ双方をめぐる上記のような比較と政策の再検討を背景に，1935年10月以降，蔣介石と国民政府の対ソ政策と対日政策は反対方向へ向かった．

　先ず対ソ政策を見てみよう．10月初頭，多田声明に直面して，蔣介石は，日本の目的が中国を屈伏させることにあり，現状での日中共同防ソは中国を攻守両難のジレンマに陥れることであると断じて，日本が最も危惧する中ソ提携の視点から対応を考えようとした[112]．なぜなら，中国の三原則を前提とする共同防ソは国民政府にとってメリットもデメリットもあるとすれば，この前提のない共同防ソは，デメリットだけがあることになる．それだけでなく，日本への対抗上の最後の拠り所を日本に明け渡し，自らを窮地に追い込むことになるのは明らかだったのである．同じ頃，国民政府の中枢では高級幹部の極秘会議が繰りかえされ，その結果，蔣介石の一致抗日の主張への合意が形成された．また，極秘会議では，「中国の弾薬と給養は何れも3カ月しか維持できず，日本との持久戦を勝ち抜くためにはまずこの補給問題を解決しなければならない」という現状認識に立って，対応策を検討した．その結論は，次のようなものであった．英米との距離は遠い．遠方の水は間近の火事を救うことができない．どう考えてもソ連のほうが役に立つ．しかも，日本が必ずソ連を攻撃するとの情報もある．中国はソ連と協力関係を結び，武器と給養を援助してもらわなければならない，と[113]．

　このような背景のもと，中国の三原則が日本に拒否され，逆に広田三原則を提示された後，10月15日の国民政府高官会議では，「日本はソ連を仮想敵国とし，ソ連との有事の際に中国の協力を得ようとしているが，中国にとってソ連を標的とする必要はなく，中国の最大の関心事は満洲問題だ．日本がこのことを考慮しないと根本的な問題が解決できない」という意見が大勢を占め

た [114]．そして，10 月 18 日には孔祥熙が駐華ソ連大使を再訪し，「日本が反ソ軍事協定の締結という新しい要求を中国に突きつけている」と告げたうえで，「日本人は，中国戦線を押さえなければ対ソ開戦ができないので信頼できる政権を華北に樹立したいと言っている．彼らは蔣介石を信頼していない．もし蔣介石が軍事同盟の締結に同意すれば日本は華北に対する南京の主権には反対をしないだろうが，同意しなければ南京政府を潰すだろうと彼らは宣告した」と語った [115]．同日夜，蔣介石と孔祥熙はソ連大使と会談した．蔣介石は，「中ソ両国は同じところから脅威を受けている」，本国代表の最近の報告により中国は新疆問題に対する懸念が解消されたと前置きしてから，「中国軍の総司令」として，ソ連政府は中国と極東平和を確固たるものとするための協定を結ぶことに同意できるか否か，もし同意できるならばこの協定に対してソ連側の具体的考えがあるか否か，とソ連大使に尋ねた．ボゴモロフ大使はソ連当局の最近の指示に基づいて，「ソ連政府はソ中関係を根本的に改善することを希望している」と蔣介石らに返答した [116]．10 月 26 日に蔣介石は，内政の面では中共問題の中心はソ連にあり，国際の面では日本が恐れているのはソ連である．そのため，「現在の外交ではソ連に特に注目しなければならない」という点を再確認した [117]．この時点で，蔣介石は，日本の軍部と政府の双方が中国の 9 月提案を拒否し，対中圧迫を強化したことに対抗し，日本が最も恐れていた「連ソ」によって局面を打開しようと決意したのは明らかと言ってよいだろう．

　他方で，対日政策をめぐっては，事態が瀬戸際に立つまでは，ともかく忍耐，慎重，善隣という旨を厳守するべきであるが，遂に瀬戸際に立ったならば日本の侵略に断固抗戦するという方針が決定された．10 月 13 日，蔣介石はこれを「最後の方針と不変の原則」として華北の責任者に直接伝えることを熊斌（参謀本部次長）に命じた [118]．15 日，熊斌は北平で蔣の方針を華北の責任者達に伝えている．会場でこれを筆記した山西省政府主席徐永昌の当日の日記によると，その要旨は次の通りである．

　　蔣作賓大使と蕭武官の報告を総合すると，広田と日本軍部の対中新政策は三原則に示されている．目下，日本は決定した政策を進めており，それを達成できなければ全面的な圧迫を中国に加えるであろう．すなわち，日本は分裂という手段を行使し，中国において，満洲国以外に，蒙古国，華

106　第3章　華北事変前後における中日ソ関係の転換（1935.1〜12）

北国，華中国，華南国などの諸国を作るであろう．

　日本は戦わずして勝利を勝ち取るという手段を用いている．中国は戦っても屈服しないという対策でそれに応じるべきである．

　以前の中国は日本との間で南北対抗の局面に置かれ，持久戦が維持できなかったから，戦争を回避する政策をとった．しかし，今や四川省と貴州省などでの剿共戦が成功したため，中国は日本と東西対抗の趨勢を形作り，長期にわたって日本を困難に陥れることができるようになった．今後一致団結を実現できれば，独立と生存を勝ち取れよう．たとえ壊滅的な敗北を喫したとしても我々は決して屈服しない．

　なお，この指示とともに，熊斌は参謀本部が作成した「国防大綱」も通達している[119]．

　また，蔣介石はこうした抗戦方針を決定するとともに，それを二つの対抗措置に反映させている．

　第一に，10月18日，蔣介石は汪精衛が作成した広田三原則への回答案から軟弱な表現を削除したうえで，中国側の原則をより明確に示した強硬な内容に改めた[120]．10月21日，蔣作賓大使は広田外相との会談で，それを日本側に公式に提示した．この「10月20日付書物」を日本外務省は「非公式ニ借用ノ上写ヲ作成」した．それは次のような内容である．

　　若シ日本帝国カ中華民国ノ提出シタ日華親善基本前提条件タル三大原則ヲ完全ニ実行スレハ中華民国ハ日本帝国ニ対シテ下ニ述ヘル意思ヲ表明スル

　　広田閣下ノ提出セラレタ第一点ニ関シテハ中華民国ハ原来夷ヲ以テ夷ヲ制スル考ハ無イコレマテ日華両国間ノ紛糾ハ凡テ両国ノ親善関係ヲ樹立スルコトカ出来ナイカラ起ツタノテアル今親善関係ヲ実現スル為中華民国カ其他各国トノ関係事件ニ付イテ決シテ日華両国ノ関係ヲシテ不良ノ影響ヲ蒙ラセス殊ニ消極的ニハ日本帝国ヲ排除シ積極的ニハ日本帝国ヲ妨害スル意味カ有ルコトヲ含マセナイ日本帝国ニ於カレテモ其他各国トノ関係事件ニ付イテ中華民国ニ対シテ同様ノ方針ヲ取ラレルコトヲ希望スル

　　広田閣下ノ提出セラレタル第二点ニ関シテハ日本帝国ハ既ニ中華民国ノ満洲国ニ対シテ承認スルコトカ出来ナイコトヲ諒解セラレタカラ今後中華

民国ハ満洲ニ対シテ政府間ノ交渉ハ出来ナイカ其ノ地方ノ現状ニ対シテハ決シテ平和的以外ノ方法ヲ用キテ変端ヲ惹引スルコトヲ為サス且関内外人民ノ経済聯絡ヲ保持スル方法ヲ講ス

　広田閣下ノ提出セラレタ第三点ニ関シテハ中華民国カ赤化防止ニ対シテ数年以来既ニ最大ノ努力ヲ尽シ其ノ剿除ニ従事スル為重大ノ犠牲ヲ惜マナカツタ今ハ赤禍ハ既ニ心配スルニ足ラナイ状況ニ在ル中華民国北辺一帯ノ境界地方ニ於テ如何ニ防備スルカニ至ツテハ若シ日本帝国カ中華民国ノ提出シタ日華親善基本前提条件タル三大原則ヲ完全ニ実行シタナラハ中華民国カ自己ノ主権ト独立ヲ妨害シナイ原則ノ下ニ日本帝国ト有効ノ方法ヲ協議スルタラウ

　上ニ述ヘタコトハ広田閣下ノ提出セラレタ三点ニ対スル答復テアル本年九月七日蔣大使カ中華民国政府ヲ代表シテ広田閣下ニ対シテ提出シタ一切ノ条項ヲ日本帝国カ必ス実行シ満洲問題ヲ除イテ一切九・一八以前ノ状態ニ回復スルヲ要ス上海停戦協定塘沽停戦協定竝ニ本年六月間華北事件ノ日華両国軍人間ノ商議等ハ孰レモ中華民国ヲシテ其ノ領土内テ十分ニ主権ヲ行使スルコトカ出来ス従ツテ時ニ発生スル所ノ紛糾ヲ鎮圧スルコトカ出来ナクナラシメル計リテ徒ニ日華両国間ノヤウヤク好転シ始メタ感情ノ融和ヲ傷ケルノテアルカラ日本帝国ノ即時ニコレラ協定及ヒ商議ヲ撤銷シ以テ中華民国地方秩序ノ安寧ト日華関係ノ根本改善ヲ誤ラレルコトヲ切望スル 121)

　この回答において特に注目すべきことは，中国の三原則を再び先決条件としたのみならず，連ソ政策への傾斜に伴って，共同防ソに関する内容も大幅に後退し，名ばかりのものに改められたことである．10月22日，日本との開きが「余りに大きい」と痛感した須磨総領事は汪精衛に対し，中国の返答を「意外」，「本末転倒」，「無誠意極まり」として強く非難した 122)．

　蔣介石の第二の対抗措置は，上海福岡間航空協定の締結を拒否したことである．この航空協定の締結は日中間の懸案であった．10月22日夜，汪精衛は須磨との会談で，日本との緊張緩和を図るために協定を締結することに同意した．しかし，報告を受けた蔣介石は直ちにそれを否認した．面目を潰された汪精衛はこれは行き過ぎだと蔣に苦言を呈したが，24日，蔣介石は汪に対して，「日

108　第3章　華北事変前後における中日ソ関係の転換（1935.1～12）

本が語った善は善として喜ばない．日本が語った悪や力は恐れる必要がない．まず外交の常軌を回復しなければならない」と応答した[123]．

　こうした中，10月28日の広田・蔣作賓会談では，広田は中国側の三原則をきっぱり拒否したうえで，中国の「10月20日付書物」の内容「夫レ自体カ既ニ日支両国ノ関係ニ非常ナル刺激ヲ与ヘラルル」と批判した．他方，蔣作賓は共同防共について，「将来必要アレハ協議スヘキモ今日ハ其ノ必要ナシ」とし，21日に提示した回答より一層はっきりした形でそれを否定した．広田は「赤化防止ノ必要ニ付日支両国ノ間ニ非常ナル認識ノ相違アルコト明ナリ」と指摘しつつ，「新聞ニヨリ考ヲ変ヘテハ問題ノ解決ハ出来サルヘシ新聞ニ読マレテハ実際ノ考ニ付キ判断ヲ誤ル，人気取外交ハ有害無益ナリ」と非難した．これに対して，蔣作賓は，「同感ナリ．但最近ハ単ニ新聞情報ノミナラス新聞記事ト同様ナル事件カ事実トシテ表面ニ顕レ居ルハ遺憾ナリ」と反撃した[124]．こうして，防共問題をはじめ対日・対ソ政策における中国の変容はより明確になった．

　その後の国民政府の政策は従来の「中立による日ソ相互牽制」から，「ソ連に対しては提携を厭わない」「日本に対しては応戦を恐れない」という方向に向けて展開していく．

　11月1日，汪精衛が抗日派に狙撃され負傷した．ほどなくして彼は行政院院長を辞任して，海外で長期間療養し，再度政治の表舞台から身を引いた．それに伴って「親日派」と批判されてきた勢力が衰退した．

　11月3日，国民政府は日本の反対を押し切って，英米の支援を受けながら幣制改革を実施し，抗日戦を支える財政的基盤を強めていく．

　11月中旬，中国国民党第5回全国代表大会が招集された．蔣介石は大会で平和を維持するための忍耐を呼びかけるとともに，日本の行動が中国の忍耐の限度を越えたら中国は犠牲を惜しまないという「最後の関頭」演説を行った[125]．会議中における中国指導部の雰囲気について，11月17日，須磨は南京から次のように報告している．「支那ノ対露関係ハ最近何等カ新タナル発〔展〕アリシヲ思ハシムルモノアリ特ニ鄧武官新疆視察帰来後，従来ノ南京側対盛世才ノ確執緩和セラレタルヤノ風アリ又五全大会中剿匪ニ関スル記事一切新聞紙面ヲ去リ居ル事実アリ〔中略〕要スルニ航空連絡交渉決裂以来懸案解決

ニ対スル支那側ノ態度ハ目ニ見エテ不熱心トナリ蔣介石以下多数国民党中央委員カ北支問題ニ対スル我方出方ニ依リテハ飽迄抗争セントスル気配濃厚ナルモノアル次第ナリ」[126]. 須磨の予測を裏付けるように, 25日に日本軍の指導により殷汝耕が冀東防共自治委員会を樹立し, 国民政府からの離脱を宣言したが, 国民政府は直ちに殷汝耕を国賊として逮捕令を出した.

こうした対日政策の強硬化と対応して, 対ソ連および対中共政策の面では, 11月以降, 蔣介石は曽養甫および陳立夫らの国民党要人を次々とソ連と中共占拠地域へ送り, 一致抗日を実現するための中ソ提携と国共合作を働きかけた[127]. これを背景に, 11月20日, ボゴモロフ大使は当局の指示に基づいてソ連が中国に軍事物資を供給することに同意する旨を孔祥熙に伝えた[128].

結 び

本章を終えるに当たって, 以下の点を補足しておきたい.

(1) 1935年の国民政府の対日・対ソ政策の転換過程において, 蔣介石は最も重要な役割を果たしていた. なぜなら, 日本についてみれば, その対中政策の矛先がずっと蔣に向けられており, 中国側について見れば, 蔣介石は国民政府の政策決定の中核を担っていたからだ.

(2) 1935年前半の時点に至っても, 蔣介石ら指導部の日ソ両国との関係への指針は中立による相互牽制にあった. その後, 対日・対ソ政策をめぐる再選択にあたって, 蔣介石ら指導部はイデオロギー的な考慮からも一定の影響を受けたが, 国家主権の防衛と国民党政権の維持への考慮は政策決定における最も重要な鍵であった.

(3) 上記の点と関連して, 蔣介石ら指導部は日ソ両国への対応において, 「中立による相互牽制」を図りながら, 「以ソ制日」と「以日制ソ」を交互に行っていた. また, 日本の華北分離工作に対応するため, 国民政府は日本との共同防ソ (または共同防共) を日本の対中緊張緩和を勝ち取るための交換条件とした対日交渉も繰り返し試みた.

(4) 蔣介石ら指導部のこのような試みを中止させ, さらにそれを対ソ提携と対日抗戦の方向へ傾かせた外部の決定的な要因は, 1935年8月頃からの, 中

110　第3章　華北事変前後における中日ソ関係の転換（1935.1〜12）

国の主権問題と政権問題（特に後者）をめぐる日ソ双方の異なる対応であった．

最後に，次のことも強調しておきたい．1935年11月の国民党第5回大会以降，中国の対ソ・対日政策の新傾向が浮き彫りになったが，中ソ間・国共間の相互不信，日中・日ソ間の駆け引き，蔣介石の多重の二面性というこれまでの諸要因がみな残存していたため，まだ多くの紆余曲折をたどらなければならなかった．これについての考証は次の章に譲りたい．

注

1) 「先其所愛，微與之期」の意味については，第2章注83を参照されたい．

2) 『蔣介石日記』（手稿），1935年1月17日条．

3) たとえば，「沈鴻烈来電」（1935年1月9日），台北，国史館所蔵，蔣中正総統文物，002-070100-00039-072．

4) 「中国国民党中央執行委員会政治会議第440次会議速記録」（1935年1月16日），台北，中国国民党党史館所蔵，類00.1/号141．以下，中国国民党中央執行委員会政治会議を中央政治会議と略記．

5) 王子壮『王子壮日記』（手稿本）第2冊（台北，中央研究院近代史研究所，2001年），1935年2月11日条，230-233頁．

6) 同上，1935年2月18日条，237-238頁．

7) 『蔣介石日記』（手稿），1935年2月23日，2月26日条．

8) 同上，1935年1月17日条．

9) 「中央政治会議第441次会議速記録」（1935年1月23日），台北，中国国民党党史館所蔵，類00.1/号142．

10) 『蔣介石日記』（手稿），1935年1月31日，2月1日，3日条．

11) 同上，1935年1月29日条．

12) 邵元冲（王仰清・許映湖標注）『邵元冲日記』（上海，上海人民出版社，1990年），1935年1月30日条，1206-1207頁．

13) 同上，1935年1月30日条，1206-1207頁．なお，1931年12月に開かれた中国国民党四期一中全会では，「中央宣伝部」を「中央宣伝委員会」に改称することが決定された．1935年の国民党第5期全国代表大会後，「宣伝委員会」は「宣伝部」という名称に戻された．詳細は，劉維開編『中国国民党職名録』（台北，中国国民党党史会，1994年），95頁，113頁．

14) 『中央日報』1935年2月2日．

15) 前掲『王子壮日記』（手稿本）第2冊，1935年2月7日条，226-227頁．なお，「中央政治会議第443次会議決議」（1935年2月6日），台北，中国国民党党史館所蔵，政治001/31も参照．

16) 前掲『王子壮日記』（手稿本）第 2 冊，1935 年 2 月 7 日条，226-227 頁.

17) 前掲『邵元冲日記』，1935 年 2 月 11 日条，1211 頁.

18) 「中央政治会議第 445 次会議速記録」（1935 年 2 月 20 日），台北，中国国民党党史館所蔵，類 00.1/号 142.

19) 「蔣介石発汪精衛宛電報」，高明芳編註『蔣中正総統档案　事略稿本』第 29 巻（台北，国史館，2007 年），1935 年 2 月 8 日条，294 頁.

20) 王寵恵「到東後之大概情形」（1935 年 3 月 4 日），南京，中国第二歴史档案館所蔵，3017/53.

21) 「昭和 10 年 2 月 26 日王寵恵ヨリ広田大臣ニ提示セル三原則」，「帝国ノ対支外交政策関係一件　第 4 巻」，外務省外交史料館所蔵，A.1.1.0.10.

22) 前掲「到東後之大概情形」（1935 年 3 月 4 日）.

23) 朱彙森主編『中華民国史事紀要』（1935 年 1 至 6 月）（台北，中華民国史料研究中心，1987 年），214 頁.

24) 前掲『邵元冲日記』，1935 年 2 月 27 日条，1217 頁.

25) 前掲『王子壮日記』（手稿本）第 2 冊，1935 年 2 月 28 日条，247 頁.

26) 「蔣介石発楊杰宛電報」（1935 年 2 月 24 日），台北，国史館所蔵，蔣中正総統文物，002-010200-00128-055.

27) 「蔣介石発汪精衛宛電報」（1935 年 3 月 2 日），前掲『中華民国史事紀要』（1935 年 1 至 6 月），223 頁.

28) 「上海公使館付武官発参謀次長宛電報」支第 775 号（1934 年 11 月 24 日），「支那，蘇連邦外交関係雑纂　第 3 巻」，外務省外交史料館所蔵，A.2.2.0 C/R1.

29) 「和知中佐発参謀次長宛電報」広第 106 号（1934 年 11 月 27 日），「日，支外交関係雑纂」，外務省外交史料館所蔵，A.1.1.0.9（松）.

30) 「中央政治会議第 440 次会議速記録」（1935 年 1 月 16 日），台北，中国国民党党史館所蔵，類 00.1/号 141.

31) 前掲『王世杰日記』（手稿本）第 1 冊，1935 年 1 月 13 日条，11-12 頁.

32) 「沈鴻烈来電」（1935 年 1 月 9 日），台北，国史館所蔵，蔣中正総統文物，002-070100-00039-072.

33) 「楊杰発蔣介石宛電報」（1935 年 1 月 12 日），台北，国史館所蔵，蔣中正総統文物，002-070100-00040-050.

34) 「有吉公使発広田外務大臣宛電報」機密公第 79 号（1935 年 1 月 31 日），「日，支外交関係雑纂　輿論並ニ新聞論調　第 2 巻」，外務省外交史料館所蔵，A.1.1.0.9-8.

35) 「外交部総務司発蔣介石宛電報」（1935 年 2 月 23 日），台北，国史館所蔵，蔣中正総統文物，002-080200-00210-008.

36) 「坂根準三発広田弘毅宛」普通第 170 号（1935 年 3 月 14 日），前掲「日，支外

112　第3章　華北事変前後における中日ソ関係の転換（1935.1～12）

交関係雑纂　輿論並ニ新聞論調　第2巻」.

37)「上海公使館附武官発参謀次長宛電報」（1935年5月4日）（欄外記入　磯谷少
　　将着任後此ノ趣旨ノ電報シキリニ来ル），島崎貞彦「在中国日本公使館の大使館昇
　　格問題」,『国際政治』第28号（1965年4月），115頁；「何応欽発蔣介石宛電報」
　　（1935年5月11日），台北，国史館所蔵，蔣中正総統文物，002-090200-00016-390.
38)「中央政治会議第460次会議速記録」（1935年6月5日），台北，中国国民党党
　　史館所蔵，類00.1/号143.
39)「若杉参事官より広田外務大臣宛電報」（1935年6月7日），島田俊彦・稲葉正
　　夫編『現代史資料』第8巻（みすず書房，1964年），90頁.
40)「若杉参事官発広田外務大臣宛電報」（1935年6月12日），木戸日記研究会編
　　『木戸幸一関係文書』（東京大学出版会，1966年），251頁.
41)「中央政治会議第441次会議速記録」（1935年1月23日），台北，中国国民党党
　　史館所蔵，類00.1/号142.
42)「中央政治会議第445次会議速記録」（1935年2月20日），台北，中国国民党党
　　史館所蔵，類00.1/号142.
43)「中央政治会議第449次会議速記録」（1935年3月20日），台北，中国国民党党
　　史館所蔵，類00.1/号142.
44)　前掲『中国革命とソ連』，315-317頁.
45)「中央政治会議第455次会議速記録」（1935年5月1日），台北，中国国民党党
　　史館所蔵，類00.1/号143.
46)「ボゴモロフ大使発外務人民委員部宛電報」（1935年7月4日），前掲「〈中蘇外
　　交文件〉選訳」（上），218-219頁. Телеграмма Полномочного Представителя СССР
　　в Китае Д. В. Богомолова в Народный Комиссариат Иностранных Дел СССР（4 июля
　　1935 г.）, ДВП, Т. 18, с. 437-438.
47)『蔣介石日記』（手稿），1935年5月8日条.
48)「須磨総領事発広田外務大臣宛電報」第1227号（1935年11月7日），「帝国ノ
　　対支外交政策関係一件　第5巻」，外務省外交史料館所蔵，A.1.1.0.10.
49)「中央政治会議第461次会議速記録」（1935年6月12日），台北，中国国民党党
　　史館所蔵，類00.1/号144.
50)「中央政治会議第37次臨時会議速記録」（1935年6月13日），台北，中国国民
　　党党史館所蔵，類00.1/号144.
51)「中央政治会議第462次会議速記録」（1935年6月19日），台北，中国国民党党
　　史館所蔵，類00.1/号144.
52)　1935年5月の『新生』週刊（杜重遠主宰）に載せられた「閑話皇室」という記
　　事は，日本側から日本の皇室を冒瀆したものとされ，謝罪と処罰を要求された. 日
　　本の圧力により，7月，国民党中央宣伝委員会主任委員葉楚傖は責任者として日本

注　113

側に陳謝し，杜重遠も禁錮刑に処された．

53）「中央政治会議第 464 次会議速記録」（1935 年 7 月 3 日），台北，中国国民党党史館所蔵，類 00.1/号 144.

54）「中央政治会議第 466 次会議速記録」（1935 年 7 月 17 日），台北，中国国民党党史館所蔵，類 00.1/号 144.

55）『蔣介石日記』（手稿），1935 年 6 月 1 日条.

56）「蔣介石発孔祥熙宛電報」（1935 年 6 月 4 日），台北，国史館所蔵，蔣中正総統文物，002-080200-00452-020.

57）高素蘭編註『蔣中正総統档案　事略稿本』第 31 巻（台北，国史館，2008 年），1935 年 6 月 15 日条（蔣介石発汪精衛宛電報），369 頁.

58）『蔣介石日記』（手稿），1935 年 6 月 21 日条；「蔣介石発何応欽宛電報」（1935 年 6 月 26 日），前掲『蔣中正総統档案　事略稿本』第 31 巻，493-495 頁.

59）『蔣介石日記』（手稿），1935 年 6 月 16 日条.

60）同上，1935 年 7 月 6 日（本週反省録）条．原文は，"中華立国外交之方針決不能聯日或聯俄，当以自立為基点．否則，無論聯日或聯俄必致亡国滅種也"．日本語では，「中国の外交は，連日もしない，連露もしない，自立を基本としなければならない．さもないと，連日も連露も必ず国家を滅ぼす結果となる」．

61）「ボゴモロフ大使発外務人民委員部宛電報」（1935 年 7 月 4 日），前掲「〈中蘇外交文件〉選訳」（上）．218-219 頁．Телеграмма Полномочного Представителя СССР в Китае Д. В. Богомолова в Народный Комиссариат Иностранных Дел СССР（4 июля 1935 г.），ДВП, Т. 18, с. 437-438.

62）「蔣介石発何応欽宛電報」（1935 年 6 月 9 日），台北，国史館所蔵，蔣中正総統文物，002-020200-00025-024.

63）「張群，陳儀発蔣介石宛電報」（1935 年 7 月 3 日），台北，国史館所蔵，蔣中正総統文物，002-080200-00235-082.

64）「何応欽発蔣介石宛電報」（1935 年 8 月 6 日），台北，国史館所蔵，蔣中正総統文物，002-080200-00244-001.

65）「何応欽発蔣介石宛電報」（1935 年 7 月 25 日），台北，国史館所蔵，蔣中正総統文物，002-080200-00240-054.

66）同上.

67）「何応欽，陳儀発蔣介石宛電報」（1935 年 7 月 25 日），台北，国史館所蔵，蔣中正総統文物，002-080200-00240-056.

68）「陳儀発蔣介石宛電報」（1935 年 8 月 14 日），台北，国史館所蔵，蔣中正総統文物，002-090200-00016-142.

69）『蔣介石日記』（手稿），1935 年 7 月 30 日条.

70）同上，1935 年 8 月 31 日（本月反省録）条.

114　第 3 章　華北事変前後における中日ソ関係の転換（1935.1〜12）

71）「天津軍参謀長発参謀次長宛電報」（1935 年 7 月 24 日），前掲「支那，蘇連邦外交関係雑纂　第 3 巻」（A.2.2.0 C/R1-003）.

72）「須磨総領事発広田外務大臣宛電報」第 755 号の 1, 2（1935 年 7 月 29 日），同上.

73）「須磨総領事発広田外務大臣宛電報」第 766 号（1935 年 8 月 1 日），「蘇連邦，中華民国間不侵略条約関係一件」，外務省外交史料館所蔵，B.1.0.0 C/R2.

74）「王柏齢発蔣介石宛電報」（1935 年 7 月 5 日着），台北，国史館所蔵，蔣中正総統文物，002-080200-00455-088.

75）「中央政治会議第 467 次会議速記録」（1935 年 7 月 24 日），台北，中国国民党党史館所蔵，類 00.1/号 144.

76）『蔣介石日記』（手稿），1935 年 8 月 3 日条.

77）鄧文儀『冒険犯難記』下冊（台北，学生書局，1973 年），24 頁，33-49 頁.

78）「中央政治会議第 469 次会議速記録」（1935 年 8 月 7 日），台北，中国国民党党史館所蔵，類 00.1/号 144. なお，前掲『王世杰日記』（手稿本）第 1 冊，1935 年 8 月 9 日条，16-17 頁も参照.

79）抄訳. 詳細は「総顧問法肯豪森関於応付時局対策之建議」（1935 年 8 月 20 日），『民国档案』1991 年第 2 期，24-28 頁.

80）例えば，コミンテルン中共代表団による「八一宣言」が，実際に公刊されたのは 1935 年 10 月 1 日である.

81）「中央政治会議第 480 次会議速記録」（1935 年 10 月 23 日）から，鄧文儀の新疆調査報告が 1935 年 10 月以降に中央に提出されたことが推察される. 台北，中国国民党党史館所蔵，類 00.1/号 145（中央 0480）.

82）『蔣介石日記』（手稿），1935 年 7 月 29 日条.

83）同上，1935 年 8 月 16 日，31 日（本月反省録）条.

84）同上，1935 年 8 月 29 日条.

85）蔣介石（黄自進・潘光哲編）『困勉記』上冊（台北，国史館，2011 年），1935 年 8 月 5 日条，461 頁.

86）「中央政治会議第 470 次会議速記録」（1935 年 8 月 14 日），台北，中国国民党党史館所蔵，類 00.1/号 144. なお，1935 年 8 月の『蔣介石日記』（手稿）にも関係記述がある.

87）「広田大臣蔣大使会談録（第 2 回）」（1935 年 9 月 7 日），前掲「帝国ノ対支外交政策関係一件　第 4 巻」.

88）前掲『困勉記』上冊，1935 年 7 月 23 日，28 日条，460 頁. なお，蔣介石が強調した「強者事弱〔強者が弱者に正しく接すること〕」は，孟子が述べた「惟仁者為能以大事小」の転用と思われる. 中国では「仁者だけが，大国であっても，小国に正しく接することができる」との解釈が一般的である.

注　115

89)　「蔣介石発楊永泰宛電報」(1935 年 7 月 28 日), 台北, 国史館所蔵, 蔣中正総統文物, 002-010200-00142-061.

90)　『蔣介石日記』(手稿), 1935 年 8 月 15 日条.

91)　同上, 1935 年 7 月 28 日条. なお, 前掲『黄膺白先生年譜長編』下冊, 890-891 頁を参照. 陳公博『中国国民党秘史——苦笑録』(日本語版) (講談社, 1980 年) にも関係する叙述がある.

92)　『蔣介石日記』(手稿), 1935 年 8 月 28 日条.

93)　前掲「広田大臣蔣大使会談録 (第 2 回)」(1935 年 9 月 7 日).

94)　同上.

95)　「中央政治会議第 475 次会議速記録」(1935 年 9 月 18 日), 台北, 中国国民党党史館所蔵, 類 00.1/号 145.

96)　「蔣作賓発蔣介石宛報告」(1935 年 9 月 22 日), 台北, 国史館所蔵, 蔣中正総統文物, 002-080103-00002-002.

97)　周美華編註『蔣中正総統档案　事略稿本』第 33 巻 (台北, 国史館, 2008 年), 1935 年 9 月 23 日条 (蔣介石発何応欽宛電報), 460 頁.

98)　『東京朝日新聞』1935 年 9 月 25 日 (朝刊).

99)　中国第二歴史档案館編『中華民国史档案資料彙編』第 5 輯第 1 編 (1) (南京, 江蘇古籍出版社, 1994 年), 230-243 頁.

100)　「中央政治会議第 478 次会議速記録」(1935 年 10 月 9 日), 台北, 中国国民党党史館所蔵, 類 00.1/号 145.

101)　「須磨総領事発広田外務大臣宛電報」第 1096 号 (1935 年 10 月 10 日着), 前掲「帝国ノ対支外交政策関係一件　第 4 巻」.

102)　外務省編『日本外交年表竝主要文書』下 (原書房, 1965 年), 303-304 頁.

103)　「広田外相蔣大使会談要録 (第 3 回)」(1935 年 10 月 7 日), 同上, 304-305 頁.

104)　同上.

105)　「蔣介石発汪精衛宛電報」(1935 年 10 月 13 日), 前掲『中華民国重要史料初編・対日抗戦時期』緒編 (3), 642-643 頁.

106)　前掲「中央政治会議第 478 次会議速記録」(1935 年 10 月 9 日) および前掲「広田外相蔣大使会談要録 (第 3 回)」(1935 年 10 月 7 日) を参照.

107)　「須磨発広田大臣宛電報」第 1096 号 (1935 年 10 月 10 日着), 前掲「帝国ノ対支外交政策関係一件　第 4 巻」.

108)　「中央政治会議第 480 次会議速記録」(1935 年 10 月 23 日), 台北, 中国国民党党史館所蔵, 類 00.1/号 145 (中央 0480).

109)　1935 年 11 月から 1936 年 1 月に至る間, 日本側は諜報によって, 鄧文儀の新疆視察旅行の概要を把握した. 詳細は第 4 章を参照されたい.

110)　「岡村少将来談要領」(1935 年 10 月 18 日), 前掲「帝国ノ対支外交政策関係一

116 第 3 章 華北事変前後における中日ソ関係の転換（1935.1〜12）

件 第 4 巻』.

111) 詳細は，「王明同志与鄧（文儀）談話的主要内容」（1936 年 1 月 17 日），前掲
『共産国際，聯共（布）与中国革命档案資料叢書』第 13 巻，89-102 頁. Запись
беседы Ван Мина с Дэн Вэньи（17 января 1936 г.），М.Л. Титаренко и др（Ред.）//
ВКП（б），Коминтерн и Китай. Т. 4, Ч. 2（Москва: Российская политическая
энциклопедия, 2003），с. 941-952.（以下，ВКК, Т. 4, Ч. 2 と略す）.

112) 『蔣介石日記』（手稿），1935 年 10 月 2 日，3 日条.

113) 前掲「王明同志与鄧（文儀）談話的主要内容」（1936 年 1 月 17 日）. Запись
беседы Ван Мина с Дэн Вэньи（17 января 1936 г.），ВКК, Т. 4, Ч. 2, с. 941-952.

114) 「須磨総領事発広田大臣宛電報」第 1146 号，極秘（1935 年 10 月 16 日），前掲
「帝国ノ対支外交政策関係一件 第 4 巻」.

115) 「ボゴモロフ大使発外務人民委員部宛電報」（1935 年 10 月 19 日），前掲「〈中
蘇外交文件〉選訳」（上），219-221 頁. Телеграмма Полномочного Представителя
СССР в Китае Д. В. Богомолова в Народный Комиссариат Иностранных Дел СССР
（19 октября 1935 г.），ДВП, Т. 18, с. 537-539.

116) 同上.

117) 『蔣介石日記』（手稿），1935 年 10 月 26 日条.

118) 「蔣介石発熊斌宛電報」（1935 年 10 月 13 日），秦孝儀主編『中華民国重要史料
初編・対日抗戦時期』緒編（1）（台北，中国国民党中央委員会党史委員会，1981
年），701 頁.

119) 前掲『徐永昌日記』（手稿本）第 3 冊，1935 年 10 月 15 日条，318-319 頁.

120) 具体的な修正内容は，「楊永泰発蔣作賓宛電報」（1935 年 10 月 18 日），台北，
国史館所蔵，蔣中正総統文物，002-020200-00026-033.

121) 「中華民国 24 年 10 月 20 日付書物写」（丁参事官ヨリ非公式ニ借用ノ上写ヲ作
成セルモノ），前掲『日本外交年表並主要文書』下，306-308 頁.

122) 「須磨総領事発広田外務大臣宛電報」第 1186 号（1935 年 10 月 23 日着），前掲
「帝国ノ対支外交政策関係一件 第 4 巻」.

123) 『蔣介石日記』（手稿），1935 年 10 月 24 日条；「蔣介石発汪精衛宛電報」（1935
年 10 月 24 日），台北，国史館所蔵，蔣中正総統文物，002-080200-00257-065.

124) 「広田大臣蔣大使会談録」（第 5 回）（1935 年 10 月 28 日），前掲「帝国ノ対支
外交政策関係一件 第 4 巻」.

125) 詳細は「接受蔣委員中正関於外交之建議案」（1935 年 11 月 19 日五全大会通
過），秦孝儀主編『革命文献』第 76 輯（台北，中国国民党中央委員会党史料編纂
委員会，1978 年），248-251 頁.

126) 「須磨総領事発広田外務大臣宛電報」第 1277 号（1935 年 11 月 17 日），前掲
「帝国ノ対支外交政策関係一件 第 5 巻」.

注　117

127)　詳細については，楊奎松『失去的機会？　戦時国共談判実録』（桂林，広西師範大学出版社，1992 年）；楊奎松『国民党的聯共和反共』（北京，社会科学文献出版社，2008 年）.
128)　前掲『中国革命とソ連』，321 頁.

第 4 章　何鍵密告，ソ蒙協定と 1936 年の激動 （1935.12～1936.12）

　前章の末尾で言及した陳立夫は，1930 年代初頭から中国国民党中央組織部長に選ばれ，CC 系を率いて国民政府の重鎮となり，1935 年 12 月 7 日に行われた国民党五期一中全会では中央常務委員にも選出された．陳は晩年の回顧録で，自分が中央常務委員に着任したばかりの頃，蔣介石の指示により「連ソ抗日」をはかるために極秘にソ連訪問への旅に出たが，秘密が漏洩したため，途中で訪ソを断念し，帰国せざるを得なかったというエピソードを披露した[1]．このことは，その時代の日中ソ三国関係史に二つの謎を残している．すなわち，第一に，極秘の訪ソ計画がなぜ途中で露見したのか，第二に，それに関連して，露見したにもかかわらず，日本はなぜ国民政府が懸念したような強硬策を取らなかったのか，である．本章は，上記の二つの謎を解くとともに，1936 年における国民政府の対日・対ソ政策の再調整とその背景を究明したい．

1.　陳立夫の回想に見る極秘の旅

　中国の連ソ抗日の動きが日本に知られたら日本が中国と開戦する時期が早まるという危惧から，陳立夫は，ソ連を訪問するにあたって，秘密保持に最大限の注意を払った．その様子は彼の回想録に詳細に記録されている．以下，引用したい．

　　　蔣委員長は，私に行動指針を授けると共に，ソ連に行くことは絶対秘密にするようにと言いつけた．それで，私も張沖〔国民党中央委員，対ソ交渉の担当者〕も，それぞれ李輔臣，江融清という偽名のパスポートを携え，クリスマスイブにドイツの旅客船（ポツダム号）に乗って旅立った．同船にはドイツに赴任する程天放大使とその随員が乗っており，二等客室には私の講義を聞いたことのある雷電学校の学生で研修のためドイツに向かう

120 第4章 何鍵密告，ソ蒙協定と1936年の激動（1935.12～1936.12）

途中の20人余りがいた．上海からマルセイユまでの航程は十何日かあり，その間ずっと自分の任務を秘密にしておくことはほとんど不可能に思えたが，私は周到詳細な計画のもとについにその秘密保持を達成した．私達二人が乗船していることを知っていたのは程天放大使だけだったが，やはり不都合なので私達との行き来は控えた．船は香港，バンコク，ピナン，シンガポール，セイロン，スエズ運河，エジプト，イタリアを経てフランスのマルセイユに着くまで8カ所の検問所を通過し，そのたびに乗客はみな甲板に並んで点呼を受けなければならなかった．私は変装用にサングラスをかけてはいたけれども，白髪はごまかしようがなかった．それで私は病気を装って船室に閉じこもり，食事は部屋まで運んでもらった．船が港に着くたびに乗客は甲板に出て検査を受ける必要があり，それには半時間を要した．これでは容易に身分を知られてしまう．絶体絶命の窮地だった．一つの方法を考え出した．私は張冲に言って，まず最前列の一番目に並んでもらい，点呼がすんだら私のパスポートを持って最後列のしんがりに並んでもらった．こうして毎回ごまかしていたが，それは，検査が最後の一人に及ぶころには検査官は往々にして心身ともに疲れ，検査がなおざりになるからだった．寄港地では，私達二人はほかの乗客がみな上陸して見物に出かけるのを待って上陸したが，町の見物もそこそこにできるだけ早めに船に戻った[2]．

以上が陳立夫本人の回想であるが，その中で言及があった元駐独大使の程天放も，自身の回想録のなかで，陳の訪ソの旅について陳とほぼ同様の経緯を述べている．また，ここまで秘密保持を徹底した理由についても，程は「陳立夫氏は大変な有名人であるため，一挙一動がみんなに注目されている．もしも日本の軍閥にソ連訪問の旅を知られたら，日本は必ず侵略を加速させる」と，陳と同様の理由を強調している．ただ，陳立夫は自分の偽名を「李輔臣」としたが，程天放は，本当の偽名は「李融清」であるとしている[3]．

しかし，秘密の保持に手を尽くしたにもかかわらず，実際は，最後までそれを保持できなかった．ベルリンに辿り着いた後の状況について，陳立夫は次のように述べている．

私と張冲は中国大使館から程近いところにある市の中心部の貸し家に居

を構えた．程天放先生は大使館で大使に就任した．当時はヒットラーが政
権を握っており，スパイがうようよしていて安全確保を考慮する必要があ
った．蔣公〔蔣介石〕は電報を寄こして，私たちにベルリンで指示を待つ
ようにと言ってきた．電報はすべて程大使から転送されてきた．いつロシ
アに入国するかは状況の変化を待って決定しなければならなかった．ある
ときの電報には，「時期尚早．まずフランス，スイス，イタリアに行くべ
し」とあった．どの国でも人目を避けるため一番高いホテルに泊まった．
中国人はそういった豪華なホテルに宿泊しないからである．〔中略〕その
あと私たちはハンガリーやユーゴスラビア，さらにはオーストリアなどヨ
ーロッパの小国を回り，最後にまたハンガリーに戻って命令を待った．あ
る日のこと，駐トルコ公使の賀耀組先生がハンガリーに来て言った．「現
在の情勢は芳しくないね．うわさによると，日本はすでに，陳立夫が蔣委
員長の命を受けてソビエト・ロシアに派遣されたと推測しているらしい．
ソビエト・ロシアは，その情報が枢軸国の対ソ戦争の引き金になることを
たいそう懸念しているという．それで，もうソビエト・ロシアに行く必要
はなくなったと君に伝えるよう蔣委員長から言われたよ」．かくして私た
ちのロシア派遣は取り消しとなったのだった [4]．

　自分の偽名を間違った陳立夫だが，最後に引用した段落の記述は事実を伝え
ている．1936 年 3 月 19 日，上海の日系紙『毎日新聞』と『日日新聞』の夕刊
は，国民政府要人のソ連への極秘訪問と中ソ密約締結をスクープし，日本同盟
社もこれについての電信を発したのである [5]．

2. 中ソ関係に関する日本の観測

　では，日本はどのようにしてこの極秘情報を入手し，スクープしたのだろう
か．まず，陳立夫の説明は下記の通りである．

　　私が出国していたあいだ，国内では中国の各種の会議が開かれていたが，
　新聞紙上に私が出席したというニュースが載らなかったため，世間の疑惑
　を招いていた．幸い私は前もって自分は杭州で療養しているという内容の
　手紙を十数通用意しておき，それを家内が数日おきに杭州から南京の親戚

や友人に郵送するようにしたので，なんとか秘密を守ることができた．し
かし日本は探りを入れるための噂を流し，私がソビエト・ロシアに派遣さ
れたと言った．〔中略〕それで蔣委員長はやむをえず計画を変更し，帰国
してソビエト・ロシア大使のボゴモロフと南京で交渉するよう私に命令し
た[6]．

では，上記のような日系新聞の報道は，陳立夫の指摘のとおり，本当にただ
の「探り」を入れるためのものだったのか．真相を究明するには当時の日本の
中国情報を振り返る必要がある．結論を言えば，日本の関係機関が残した極秘
史料をひもとくと，日本側は，華北分離工作の推進に伴い中国の対日・対ソ政
策の変化を敏感に感じ取っていたことがわかるのである．以下，時系列で事例
を挙げてみたい．

1935年10月15日，駐華大使館の若杉要参事官は広田弘毅外務大臣に打電
し，蔣介石が，日本の力を借りて新疆問題を解決することを拒否したことを証
拠として，「支那側ノ惧ルル所ハ日本カ赤化防止合作ノ名ノ下ニ北支及内蒙地
方ニ領土的又ハ軍事的野心ヲ有スルニアラスヤトノ疑念ニ基ク模様ナリ」と指
摘していた[7]．すなわち，日本への猜疑心が高まっていたことを正確に伝える
情報が届けられていたのである．

また，10月17日に関東軍参謀部は「蘇連邦ノ新疆赤化ノ状況ニ就テ」と題
する報告を中央に送っている．それは新疆が事実上ソ連の勢力圏になったこと
を詳述し，「第三インターカ最近第七次大会ニ於テ各種反帝国主義団体ノ合同
団結ヲ策シ其ノ赤化重点ヲ支那ニ指向スヘク決議セルニカカハラス紅軍討伐ニ
手ヲ焼キ又我対北支工作ニ脅威ヲ感セル蔣介石ハ敢テ之レニ抗議セサルノミナ
ラス反テ再ビ親蘇容共政策ニ転シ一面日本及列強ヲ牽制スルト共ニ他面之レヲ
以テ紅軍ヲ政治的ニ解決シ四川省方面ニ今後ノ対日根拠地ヲ求メントシツツア
ルモノノ如ク」と，中国全土におけるソ連及びコミンテルンの勢力浸透につい
て指摘していた．続けて，同報告は，このような状況下で起こり得る中ソ協力
の条件として，国民政府が西北地域の数省を中国共産党が占拠することを黙認
し，そのための西北協定も締結されたという情報もあること，そして，新疆の
独立やソビエト化のニュースが数多く発信される今日，中国駐ソ大使館武官の
新疆訪問は新疆における中ソ間の接近を裏付けていると強調していた[8]．これ

は注目すべき点である.

　更に，ソ連の状況報告も届けられていた．例えば，11月4日，ソ連駐在の小柳雪生領事は，外務省宛に「鄧少将〔鄧文儀駐ソ武官〕一派ノ親ソ反日工作」の状況を報告し，「1926，7年鄧武官カ莫斯科共産大学ニ留学中同校ニハ約300ノ支那留学生在学セシカ今ヤ彼等ハ南京ニ於テ主要ノ地位ヲ占メ同武官ハ彼等ヲ牛耳リ且欧米派ト通牒シテ蔣介石ヲ動カシ親『ソ』反日ノ政策ニ大童トナリツツアリ，ソ国ニ於ケル公館ハ今ヤ殆ト鄧一派ヲ以テ埋メ各特別暗号ヲ携行シ周密ナル聯絡ヲ採リソ側ト共同工作ニ腐心シテアリ」と述べている[9].

　11月7日，須磨弥吉郎南京総領事は，唐有壬らの「内話」として，次のような唐の判断を外務省に報告した．「親日派ノ凋落近キアリ而モ其ノ責任ハ日本側ノ強カリ一方ノ態度ニ帰スヘシ〔中略〕所謂多田声明以来日本ノ対支意見ハ支那側ノ期待ト全ク相反スルモノナリトノ危惧漲リ今回袁良ノ如キ又先ノ陶尚銘ノ如ク排日派ヨリ見レハ漢奸タル程ノ親日派サヘ日本側ニ追出サルルニ至ツテハ親日派ノ勢威全ク行ハレス殊ニ北支ニ対スル日本ノ意図ハ執拗ナルモノアルヲ観テ蔣介石ハ奮然之ニ対抗ノ決心ヲ為シ」たと[10].

　11月12日，外務省は，有吉明駐華大使に宛てた電報で，「10月20日付蔣大使書物ニアルカ如キ支那側態度ハ満洲事変ノ原因ヲナセル王正廷ノ所謂『革命外交』ト其ノ軌ヲ一ニスルモノニシテ此ノ点支那側ニ根本的錯誤アルモノト認メラルル」と嘆き，今後の日中関係に懸念を示した[11].

　また，小柳雪生領事が打電した11月には，鄧文儀はすでに新疆での調査を終え，帰国してその結果を中央に報告していた．中国国民党第5回大会の開催時期という事情もあり，日本は南京における鄧文儀の監視に力を注いでいた．例えば，11月16日，有吉明大使は広田外相に打電し，鄧文儀の周辺から入手した情報を下記のように報告している．すなわち，ソ連当局は鄧文儀および南京政府に対して，「只唯々諾々日本ノ要求ニ聴従スルコトナク対日政策ヲ変スルノ要アリト説キ其ノ際ニハ蘇聯邦ハ伊国ヨリ更ニ安価ニテ飛行機ヲ供給スヘシト提議シ又提議シツツアリ（蘇ハ南京ヲシテ反日政策ニ転セシメ日本ノ注意ヲ支那ニ向ケ之ニ依リ蘇満国境ノ緊張ヲ緩和セント欲スルモノナリ）英米両国亦対支財政援助ノ為ニハ先ツ支那ノ統一ト南京政府ノ強化，日本ノ対支侵略阻止必要ナリト説キ暗ニ対日政策ノ変更ヲ慫慂シ居レル」[12].

124　第 4 章　何鍵密告，ソ蒙協定と 1936 年の激動（1935.12〜1936.12）

続けて，須磨弥吉郎南京総領事が 11 月 17 日の電報の中で，前記（108-109 頁）の指摘とともに，「露ノ対支野望ニ至リテハ累次報告ノ通ニモアリ日本ノ執ルコトアルヘキ北支ニ於ケル行動ニ対スル国際情勢ハ油断ナラスト云フヘク列国ノ中ニ大ナル不安ヲ有シ且ツ我方ノ機敏ナル行動ニ目ヲ廻シタル満洲事変当時ノ形勢ト大差アルハ見逃スヘカラス」という点を強調した[13]．

1936 年に入ると，日本は中国駐ソ機関に対するスパイ活動によって，鄧文儀武官の新疆訪問の詳細を把握し，その報告としての「新疆省事情竝蘇支関係」を伝えた．次のような内容である（引用文中の○は判読できない文字を示す）．

本年〔1935 年〕7 月南京政府カ鄧武官ヲ新疆ニ派遣セル当時ハ蔣介石ノ紅軍討伐思ハシカラス殊ニ新疆カ「ソヴィエト」化シ背後ヨリ右紅軍ヲ支援スルニ於イテハ中国ノ将来ハ寒心スヘキモノアリ依テ同武官ヲシテ新シク同省ニ於ケル一般事情殊ニ「ソ」側ト盛世才トノ関係及「ソ」側ノ同省ニ対スル政治及軍事方面ノ策動ニ付内査，同省ノ実情ヲ深ク視察研究セシメ果シテ同省カ「ソヴィエト」化シ盛カ「ソ」側ニ操縦セラレ居ル様ナラハ鄧武官ヲ辺防督辦ニ新任シ盛ニ代ラシムルト共ニ対新疆政策ヲ講スルニアリシカ「ソ」側及盛世才ハ同省ノ内情暴露ヲ恐レ鄧武官迪化着後総ユル御馳走政策ト甘言好餌ヲ以テ彼ヲ迎ヘ省政府及「ソ」側要人随伴伊犁，○城，哈密「カンガル」各方面ノ視察ヲ遂ケ同武官ハ盛及「ソ」側要人トノ数次ノ会見ニ於テ全ク彼等薬缶中ノモノト化シ時偶々日本カ北支方面ニ対シ積極的ノ行動ヲ開始シ欧米派及藍衣社党員等ノ中央ニ於ケル暗躍台頭セルヲ看破セル鄧ハ愈々「ソ」側ト親善関係ヲ結フヲ有利ト観テ新疆独立建設ノ善後策ニ付討議シ他方「ソ」側トシテハ右共和国建設ノ為ニ第二次借兵ニ応スル用意アリトサエ伝ヘラレタ〔中略〕

鄧武官ハ新疆滞在中新疆省ノ保全ヲ計ル途ハ此ノ際「ソ」聯ト握手シ親露政策ニ出ツルヲ得策トスルノ見解ニ到達シタルモノ如ク〔中略〕中央ニ於ケル欧米派及藍衣社要人一派ト連絡親「ソ」政策ニ働キカケアルハ見逃ス可カラス鄧文儀ハ藍衣社ノ首領係ニシテ排日家トシテ知ラレ蔣介石ノ股肱トシテ活躍シアルハ最モ注意ヲ要ス〔中略〕

南京政府カ一方ニ於テ赤化防止経済提携ノ為日支協同工作ヲ表明シ乍ラ他面莫斯科政府ト提携日本ノ進出ヲ防止セントスル相不変対日二重政策ニ

出ントスル魂○ハ黙過スヘキニ非ス帝国政府トシテハ支那ノ欧米依存, 以夷制夷ノ根絶ヲ以テスル根本態度ヲ決スルノ要アリト信ス [14]

上記の諸史料から分かるように, 華北分離工作を推進していた日本は, 連ソ抗日への国民政府の傾斜を間違いなく感じ取っていた. しかし, 日本の情報は主に鄧文儀の活動に集中していたため, 第3章で述べた鄧文儀の虚偽報告の背景を明らかにしたとは言えるものの, 陳立夫の訪ソについてはまったく言及していない. のみならず, 陳が訪ソの旅に出た直後の1936年1月から, 中国の連ソ活動に関する日本の情報は極端に少なくなり, 3月17日付の有田八郎駐華大使の外務省宛電報では, 下記のとおり, 却って中ソ関係の悪化を指摘している. 「ボゴモーロフカ蔣介石ニ対シ従来余リニ執拗ニ不侵略条約, 通商条約等ノ締結ヲ迫リタルヲ以テ蔣モ嫌気カ差シタルモノノ如ク蔣『ボ』ノ関係ハ兎角面白カラス最近両者ノ交渉ハ全ク中絶ノ体ニシテ又当地地方協会ノ情報ニ依レハ顔大使ハ蔣ノ対ソ態度斯ル以上ソ支関係ノ改善モ望マレス斯テハ長ク駐ソ大使ノ地位ニ留マルモ無意味ナリト引退ノ意ヲ洩ラシ居ル由ナリ」 [15].

総じて見ると, 少なくともこの有田電報が発信された1936年3月17日までは, 日本の軍部も外務省も, 陳立夫の訪ソについては何の情報も摑んでいなかったと結論付けられる.

3. 湖南省政府主席何鍵の密告

しかし, 有田打電の翌日, すなわち1936年3月18日, 状況は大きく変わった. 当日, 漢口の三浦義秋総領事は長沙からの極秘電報として, 下記のような重大な報告を広田外務大臣宛に送ったからである.

何鍵ハ本17日ニ顧問唐炳初ヲ本官ノ許ニ遣ハシ左ノ如ノ通リ取次カシメタリ

陳果夫ハ最近極秘裏ニ莫斯科ニ到着現在蘇支連携ニ暗躍ヲ続ケ居ル事実アル処自分(何)ノ得タル各方面ヨリノ情報ヲ総合スルニ陳ノ使命ハ左ノ如キ重大性ヲ有シ形勢次第ニ依リテハ中日両国ノ将来ノ為面白カラサルコトトナルニ付キ私人トシテ御知ラセス即チ

一. 蘇聯当局ハ従来極東問題ニ付蘇聯大使館付武官鄧文儀ヲ介シテ中央

当局ニ対シ種々申入ヲ為シ来レルモ鄧ハ飛行機問題ノ為 [16] 一時蔣介石ノ
信用ヲ失ヒシ関係上，蔣ハ蘇聯側ノ申入ヲ余リ相手ニセサリシカ客年秋特
ニ華北問題発生後ハ蘇聯当局ハ対支政策ヲ根本的ニ改変セルコト判明セル
為今回陳ノ露都入トナレリ

　二．第三国際及蘇聯当局ハ是迄蔣介石ノアル限リ支那ヲ援助スルモ甲斐
ナシトノ見解ヲ持シ来リ中国共産党ニ対シテモ従来抗日討蔣ヲ第一ノ「ス
ローガン」トセシメ来リシカ近年極東ニ於ケル情勢ノ変化ニ鑑ミ昨年秋鄧
文儀ヲ通シ（イ）孫文「ヨツフエ」協定ヲ復活センコトヲ提議シ其ノ交換
条件トシテ（ロ）今後蔣介石政権ニ物質的援助ヲ與ヘ（ハ）遠東共産党竝
ニ中国共産党ヲシテ抗日一点張ニ邁進セシメ（ニ）支那本土ニ於ケル赤化
宣伝ヲ中止センコトヲ申入レ来レル為陳果夫ハ現在莫斯科ニ於テ蘇当局ヨ
リノ申入レニ係ル蘇支提携ノ具体案ヲ確メ蔣介石ニ取次シツツアリ

　其ノ中ニハ（A）国民党党是中ニ共産党政綱ノ一部ヲ取入ルルカ或ハ国
民党党綱中共産党党綱ト共通ノ部分ヲ拡張実施シテ或ル緩和セラレタル容
共政策ヲ採用セシムルコト（B）綏遠西套蒙古甘粛ニ於ケル治安ノ確保上
必要ナル互助協定ヲ結フ必要ニ応シ蘇軍ノ出動ヲ容認スルコト（C）蘇聯
ハ右地域以北ノ開発及領土主権ヲ確約スルト共ニ中国内政問題ニ波及スル
カ如キ行動ハ一切採ラサルヘキコト等ノ条項アリテ此ノ際南京側トシテ容
易ニ受入レ難キ点ハ多々アリ陳ノ交渉カ果シテ纏マルヘキヤ否ヤハ予断ハ
許ササルモ最近蘇支関係ノ接近セルコトハ看過シ難キ事実ニシテ蔣介石ノ
対日外交ニ斯ル半面ノアルコト丈ケナリトモ貴国政府カ心ニ留メ置カルル
コトハ東洋平和ノ為必要ト信ス

　尚本情報ハ確実ナル筋ヨリ得居ルモノニシテ信ヲ置クニ足ルト言ヒ此ノ
情報カ何鍵カ自分（何）ヨリ出テタルモノナルコトハ日本側ニテ厳秘ニ附
セラレ度シ云々 [17]

　この三浦電報により，陳立夫訪ソの秘密漏洩の原因は，日本人スパイの諜報
活動ではなく，湖南省政府主席という要職にある何鍵の密告，つまり国民政府
要人の内部告発にあったことが明らかになった．

　これは，前日に中ソ関係の悪化を報告したばかりの有田大使にとってはまさ
に寝耳に水である．そこで，長沙駐在の日本外交官は，有田大使の指示により

直ぐ唐炳初に真相を確かめた．唐は密告の内容が事実であると断言したうえで，何鍵の動機については，「何ハ平素儒学者トシテ共産党ヲ非常ニ嫌ヒ居リ，其ノ政見ヲ共産思想ノ撲滅ヲ第一義トシ居ル関係上，蘇聯側最近ノ策動ヲ非常ニ重大視」したためと説明した[18]．

3月22日夜に同外交官が何鍵を訪問し，密告に至る経緯を本人に直接質した際，何鍵は次のように答えている．

（イ）陳果夫入露ノ事実ハ自分ハ南京出張ノ折蔣介石側近者ヨリ極秘ノ含トシテ聞キタル所ニシテ間違ナク陳ハ入露ニ当リ其ヲ秘スヘク病気ト称シ引籠リ何人ニモ面会セサルコトシ現在モ尚同様ノ手ヲ用ヒ居ル為同人カ現在果シテ露国ニアルヤ帰途ニアルヤ将又既ニ帰任シ居ルヤハ何人モ確メ得サル所ナリ

（ロ）従テ陳入露ノ時期ハ自分モ知ラサルモ右ハ昨年末以後ノコトト思ハル

（ハ）此ノ間ノ情報ニ依リ蘇聯当局カ如何ニ積極的ニ支那ニ働キ掛ケツツアルヤヲ知ルニ足ルヘク蔣介石ノ腹心タル陳ノ入露ハ蔣カ種々ノ好餌ニ釣ラレテ多少トモ心ヲ動カシ始メタル証拠ナリ自分ハ責任ノ地位ニアル蔣カ蘇連当局ノ申出ヲ容ルル様ノコトハ萬ナカルヘシト信スルモ最近露支関係カ余程接近シ来レルコトハ看過シ得スト思考ス〔後略〕[19]

何鍵の回答から，彼の密告はゆえなきことではないことが読み取れる．本書第2章で述べたように，何鍵は，1932年7月国民政府が対ソ国交回復問題を討議したとき断固たる反対を表明し，同年12月に中ソ国交回復が実現した際にも直ちに蔣介石に異議を打電したのである．このような過去とこの時吐露された心境とを重ね合わせて見ても，彼の密告は一時的な衝動ではなく，彼の一貫した反ソ反共の強い信念に基づく行動であると考えられる．

4. 日中間の平穏の裏の中ソ関係の悪化

ここまでの論述で陳立夫訪ソの秘密漏洩の謎は解けたが，関連するもう一つの疑問が浮上してくる．前述のように，国民政府が陳立夫訪ソの秘密保持に手を尽くした背景には，この秘密が露見したら日本が対中侵略を加速し，日中戦

128 第4章 何鍵密告，ソ蒙協定と1936年の激動（1935.12～1936.12）

争が早まるのではないかという懸念があった．しかし，実際には，何鍵という省主席レベルの要人の密告を受けたにもかかわらず，日本はその後過激な反応をせず，日中間の平穏がおおむね保たれたのである．それはなぜだったのか．次に，この第二の謎を究明しなければならない．

結論を先取りすれば，その答えは下記の三つの要因にある．

(1) 何鍵の密告にあった誤り

何鍵の密告を詳しく読むと，その内容は概ね正確だったが，致命的な誤りがあったことが分かる．一つは，訪ソの旅に出かけたのは陳立夫であるのに，陳果夫とされていたことである．陳果夫は陳立夫の兄であり，当時，江蘇省政府主席として国内にいた．もう一つは，陳立夫はソ連の国境の外で待機していたのに，何鍵はソ連に入国したと語っていることである．日本は密告を受けてから，直ちに在外機関を動員して真偽を確かめたが，モスクワでは中国要人の訪ソの気配が窺われず，江蘇省政府の所在地の鎮江では陳果夫が執務していることが確認された．そのため，有田八郎大使は「何鍵ノ内報ハ何等カ他ノ目的ニ出テタルモノナルヤニモ思考セラルル」[20]と疑った．また，日本大使館の陸軍武官室は，何鍵の話を「信ヲ置キ居ル次第ニアラス」として，軍中央にそれを報告さえしなかった．結局，陸軍武官室は，何鍵の密告を部分的に発表させることによって，国民政府に警告を送るという処置にとどまった．前記の上海日系新聞の報道は，実はこうした警告を目的としていたのである[21]．

そして，この日系新聞の報道に対して，国民政府は速やかに南京の日本総領事館に抗議し，「19日上海毎日及上海日々等ニ掲載ノ蘇支密約成立ノ記事ハ事実無根ニシテ日支国交阻害ノ惧モアルニ付至急取消サシメラレ度シト申出タ」[22]．さらに，同月25日には，国民政府は日本と往来のある斉世英を通して，「上海日本新聞ニハ陳果夫又ハ陳立夫カ蘇支密約締結ノ使命ヲ負ヒテ蘇聯邦ニ赴ケリトノ記事ヲ掲ケ居タルカ〔中略〕両陳ハ元来共産党ヲ最憎ミ今日迄陳ノ配下ノ特務隊（日本側ノ所謂CC団）ノ手ニテ逮捕殺戮セラレタル共産党員多数アリ謂ハハ仇敵ノ仲ナリ陳カ蘇聯邦ニ使スルカ如キコト絶対ニアル筈ナク蒋介石トシテモ共産党ニハ辛イ目ニ合ワセラレ居ル筈ニテ今更蘇聯邦ト提携ヲ策スルカ如キコト考ヘラレス」と言って，報道の内容を再度否定した[23]．陳立

夫兄弟と中共の激闘を熟知している日本には，斉の否定は説得的であったろう．

(2) 密告前における中ソ間の軋轢

ところで，陳立夫が訪ソに出かけた直後の 1936 年 1 月から，中国の対ソ接近に関する日本の情報が少なくなり，3 月 17 日の有田電報が中ソ関係の悪化を報告したことには既に触れたが，これは日本の情報収集能力の低下に起因するものではない．当時の中ソ関係が冷却していたというのは，実は正しい観測であった．以下，中ソ双方の一次資料に基づいて検討してみたい．

前章で見た日本の華北分離工作が進行していた頃，ヨーロッパでは，ドイツとソ連の関係が緊迫を増していた．二正面作戦を強いられたソ連は，中国同様，広田三原則に深い危機感を抱いた．1935 年 12 月 9 日，ボゴモロフ大使は外務人民委員部宛の電報で，①広田三原則には反ソ的内容が含まれる，②日中交渉中，日本は反ソ戦争のため華北自治政府樹立を強要した，③蔣介石は国内政策の配慮から日本との公式の協定には同意できないが，華北新政権が樹立されたならば日本の希望は叶えられる，という 3 点を強調した [24]．こうした危機感から，12 月 14 日，ソ連外務人民委員部は 10 月 18 日の蔣介石の提案に対し，「ソ連政府は協議に反対せず，かつ中国側とこれに関し具体的に検討したい」と返答するようボゴモロフ大使に指示した [25]．12 月 19 日，ボゴモロフはこのメッセージを蔣介石に伝えた．蔣はこれに感謝するとともに，過去の中ソ関係改善の障害を取り除くための中国政府の基本的な考えを示した．すなわち，①中ソ間の関係は 1923 年の孫文・ヨッフェ共同宣言を基礎とする，②中国共産党が国民政府転覆の方針を改めれば，国民政府はその存在を認める，というものである [26]．

だが，ソ連は蔣介石の積極的姿勢を歓迎こそすれ，その本心はまだ疑っていた．同月 28 日，ソ連外務人民委員部はボゴモロフ大使に宛てた極秘書簡で，「その度合いは低くなったが，蔣介石は日本帝国主義の要求に対し，依然譲歩し続けている．この譲歩は時間稼ぎのための策略かもしれないが〔中略〕彼が再び日本と交渉を行う可能性は存在するし，そのために中ソ交渉を利用する可能性も排除し得ないだろう」と，蔣介石に対する疑念を表明した．そのうえで，蔣介石と再度会い，以下の問題に対する蔣の態度を確かめることをボゴモロフ

に指示した．すなわち，①ソ連と中国はそれぞれ如何なる義務を負うか，②南京政府は他の大国と日本との戦争に期待をかけているが，中国自身の具体的な抗日計画およびソ連の反日闘争への支援計画はどのようなものか，③特に重要な点として，蔣介石の軍隊と中共軍との軍事統一戦線が実現しなければ真の抗日戦争はできないとソ連は信じているが，蔣の考えはどうか，という三つの問題であった[27]．

　この指示にしたがって，1936年1月22日，ボゴモロフは蔣介石と会談を行った．蔣介石は，ソ連側が提起した問題の中で「最も重要なものは最後の問題即ち中共軍問題であり，この問題を解決できれば全ての問題が解決できる」としたうえで，「中共軍が中央政府と総司令の権威を承認し，同時にその現有勢力を保持し，抗日に参加すること」を国共合作の原則として提示しつつ，中共に圧力をかけてそれを受け入れるよう説得することをソ連側に要請した．さらに，蔣介石は，中国はソ連からの軍事装備と軍需品を欲するが，ソ連の対中援助の規模はソ連側が決めること，日本がモンゴル・綏遠・山西に侵略してくる場合には中ソ両国は相互に援助することを中国側の基本案として提示した[28]．

　しかし，この会談を契機に，中ソ両国は二つの問題をめぐって対立していくこととなった．

　まず，中国がソ連に求めたのはあくまでも相互援助条約であったが，ソ連は，日本の対ソ脅威を抑制するために中国の抗日戦争に援助を与える意思は有するものの，自らの対日参戦を回避したいというのが本心であった．そのため，蔣介石の提案通りに中国と法的な拘束力のある相互援助条約を締結するのは「時期尚早」として最初から拒否するつもりであった[29]．それゆえ，2月以降，ソ連は中国の抗日を強く望んで私的談話では極力，中国人を抗日へ鼓舞していたが，国民政府からの政治的・軍事的相互援助条約締結の要請に対しては，ソ連は責任ある回答を与えず，中ソ不可侵条約の締結を先行させるべきと主張した[30]．

　中共の問題についても，ソ連は，蔣介石が率いる国民政府を中心とする中国の統一に支持を表明する一方で，「中国共産党に対する説得」という蔣介石の要請を「内政不干渉」を理由に拒否し，蔣が提示した「孫文・ヨッフェ共同宣言」を中ソ関係の基礎とするという提案も受け入れなかった[31]．なぜなら，

「孫文・ヨッフェ共同宣言」は，共産主義とソビエト制度を実行する条件が中国にないこと，中国の当面の課題は国家の統一と独立であること，中東鉄道の管理運営は基本的に現状を維持することに加え，中国から外モンゴルの分離・独立を図らないことを中ソ双方が確認したものだからである．つまり，これを基礎とするならば，ソ連の外モンゴルに対する支配は法的に否定され，中共と中共軍は，背後から撃たれることとなる [32]．

　他方，上記の二つの問題をめぐって中ソ交渉が暗礁に乗り上げる中，陝西省に敗退していた中共軍は，国民政府が提示した国共合作のための諸条件を拒否し [33]，2月に突然山西省に進撃した．また，日本では二・二六事件が起こった．事態は3日後に収拾されたが，蔣介石は，関東軍は必ずこの政変に乗じてソ連を挑発し，よって3カ月以内に日ソ戦争が勃発すると判断するに至る [34]．

　このような判断は，中ソ間の対立と中共軍の山西進撃と相まって，日ソ開戦を中国のチャンスとして待ち望んできた蔣介石の態度を改めさせた．まず，対日政策では，3月3日，中立を原則に日ソ間の紛争に対応し，日本の対ソ戦を妨害しない範囲のなかで日本と交渉を行うべきであるとの方針を定めた [35]．また，対ソ政策では，蔣介石は，従来の負の評価に戻り，3月8日付の日記に，山西省の中共軍が打撃を受けるまで，ソ連や中共との協議を一切行わないという方針を記した [36]．3月17日になると，蔣介石はソ連に対する利害を検討する際，次の問題を重視すべきだと主張した．「甲，共匪〔中共〕の消長，乙，日本の態度，丙，内憂の大小，丁，民心の向背，戊，国際的利害，己，主義の異同，庚，最後の禍福」[37]．3月18日には，新疆，外モンゴルと東北〔満洲〕の関係に注目し，ソ連が信義を守らない場合，中国はどうすべきかと自問している [38]．3月20日付の日記では，蔣は日本とソ連を比較する中で，結局，「ロシアの狡猾さと悪辣さは日本よりも甚だしい」と結論づけるに至った [39]．

　こうした検討の結果を踏まえて，3月21日，蔣介石は孔祥熙とともにボゴモロフ大使と会見した．蔣が「中国政府は広田三原則に同意しない」と表明した後，孔はソ連政府が中ソ相互援助条約締結に関する中国の提案についてなかなか回答しないことに失望感を示した．しかし，ボゴモロフは「中国は提案者として条約に対する具体的な考えをまず説明しなければならない」と反論した [40]．ソ連の態度に蔣介石はさらに不満を増大させた．この日の日記で蔣は，

132 第 4 章 何鍵密告，ソ蒙協定と 1936 年の激動（1935.12〜1936.12）

「対露外交は望みが極めて薄く，ロシアの狡猾さと悪辣さは日本を上回った」
と綴り，「一般の書生や文人はロシアと提携しなければ生きられないと思って
おり，若い無知者の多くはそれに同調している．懲罰を与えなければ目覚めさ
せられない」との認識を示した．他方，二・二六事件以後の日本については，
「内紛により，中国に対して徐々に〔緊張〕緩和を図らざるを得ない」という
のが蔣介石の見通しであった [41]．

　24 日，蔣は，「民衆と赤匪〔中共〕に対する宣言」として，下記の要項を示
した．「甲，抗日の目的は決して第三インターナショナルのために犠牲となり，
その傀儡となるものではない．乙，愛国者は国を害さず，また民を殺戮しない．
丙，民族を裏切り，それを永遠に第三インターナショナルに隷属させるものの
禍は無理強いされた漢奸よりも酷い」と [42]．そして同日，蔣介石は，下記の
ことを磯谷廉介（駐華大使館付武官から陸軍省軍務局長に昇進したばかり）に
表明することを外交部長の張群に命じた．すなわち，「日本が我が冀察の主権
を尊重し国民感情を改善してくれれば，いかなることでも協議の余地がある．
しかも中国はこれに努力している．また，東北〔満洲〕問題を同時に解決し，
両国の障害を一掃してくれれば，一層我々の切望に符合する」[43]．翌 25 日，蔣
は日本の元老派が必ず急進派たる軍部の意に従い，対露侵攻で一致すると判断
したうえ，対ソ問題を交換条件とする対日構想を考えた．すなわち，「日本が
満洲の主権を返還してくれるなら，まず日本と対露協定を協議する．これが最
大の希望である．次に，日本が塘沽停戦協定と冀東察北戦区を撤廃してくれれ
ば，資源の援助を日本に許容する．そうでなければ懸案事項とする」[44]．

　上記の諸事例から明らかになったように，この時点の蔣介石は，対ソ・対中
共関係における軋轢と対日関係における転機のような兆候により，対ソ提携に
対する熱意を弱め，中立によって日ソ両国の相互牽制を図り，日ソ開戦を待っ
てからそれを利用するという従来の方針に戻ったのである．換言すると，陳立
夫がドイツに到着した後もソ連に入らず，周辺の諸国を周遊していたのは，中
ソ間の対立，中共の山西省攻撃，日本の二・二六事件などの新情勢に伴う蔣介
石の対ソ・対日政策の再調整の必要性などを反映していたと推測できるのであ
る．

（3）ソ蒙相互援助議定書のショック

　ところで，折しも 3 月 29 日，ソ連と外モンゴルが 3 月 12 日に「ソ蒙相互援助議定書」を締結したという衝撃的なニュースが届けられた．蔣介石がこの予期せぬ事態についてソ連大使館に抗議したとき，ボゴモロフ大使は 3 月 21 日の会談ですでにこの協定を通報したと嘘を言ったうえ，「内話を公表してもいいか」と恫喝した[45]．前章でも触れたように，満洲事変以降，中国からの抗議に対して，日本はよく外モンゴルに対するソ連の支配を挙げて自己弁護をしてきた．例えば，1935 年 9 月 7 日，広田弘毅外務大臣は駐日中国大使の蔣作賓に対して，「支那ハ外蒙古ニ対スル露国ノ策動ヲ不問ニ附シ満洲国ノ問題ヲノミ云々スト日本人ハ考ヘ居レリ」と非難した[46]．このような背景があったからこそ，蔣介石は，外モンゴルを独立国としたソ蒙相互援助議定書に激怒したのである．これにより，ソ連に対するイメージは一層悪化した．

　これ以降，日ソ相互牽制戦略は，「以日制ソ」の方に傾斜することとなる．蔣介石は，1936 年 4 月 2 日付の日記に，「ソ連の態度が益々明らかになり，中国は曖昧な対応をとる余地がなくなった．これから我々は，機を見て猾いことをするというような考えを捨て，事実とわが革命の主義を重視しなければならない」と指摘し，「外モンゴルの領土と主権が中国に属することをソ連に承認させなければならない」，「中国共産党問題を解決しなければならない」という 2 点の方針を強調した[47]．また，翌日，蔣介石は，「ソ連の外交は卑怯であり，田舎のごろつきと変わらない」[48]と非難した．7 日，蔣介石はソ連に抗議することを国民政府外交部に指示するとともに，「宋〔哲元〕に河北と察哈爾の交渉権を与え，日本をソ連に専念できるようにさせる」という構想を日記に綴った[49]．同日，張群は須磨弥吉郎南京総領事と会談し，中国は独力でソ連に抵抗できないため，日本と軍事同盟を結ぶことを望むと表明した[50]．そして，4 月 8 日，蔣介石は李融清すなわち陳立夫に，「我が国は，法的立場に立ってソ蒙相互援助議定書に抗議した」と伝え，「即時帰国」を命じた[51]．また，同日，蔣は戴季陶と対ソ方針を協議し，日記に次のように記した．「日本は心が狭く，ロシアは猜疑心が強い．二つの侵略主義国の横暴は同様である．日満協定は原因であり，露蒙協定は結果である．合理的に考えて，日露の戦争は目前に迫っている」[52]．4 月 10 日，蔣介石は「対外的には日本の利用を重視し，対中共で

134 第4章 何鍵密告，ソ蒙協定と1936年の激動（1935.12～1936.12）

は山西と陝西の粛清を重視する」ことに決めた[53]．4月13日付の須磨弥吉郎電報によれば，蔣の日本利用策の一環として，呉震修が，蔣介石の命を受けて東京に赴き，日満軍事協定を模倣して，河北，察哈爾，綏遠を範囲とする日中防共軍事協定を締結し，これによって外モンゴルに対する中国の地位を維持することが計画された[54]．これと前後して，鉄道部長の張嘉璈が秘書の張水淇を須磨のところに派遣し，4月8日から18日までの間に須磨と5回にわたり，日中防共軍事協定締結の件を協議している[55]．

ところで，駐ソ日本大使館付武官の言うように，ソ蒙相互援助議定書は既成事実の追認に過ぎず，新しい意味は全くなかった．しかし，「本協定ノ発表ハ対外的殊ニ支那ニ対シ理論的ニ幾多ノ弱点有スルコト政府新聞ノ社説ニ観ルモ明ニシテ今ヤソ連邦従来ノ言動カ悉ク虚偽ナリシコトヲ指摘シテ大イニ其不信ヲ中外ニ宣伝スルノ好機ナリト認ム」と判断された[56]．ソ蒙相互援助議定書が招来した中ソ関係のさらなる悪化およびそれに伴う国民政府の日本への接近の動きは，日本にとっては願ってもないことであったのは明らかであった．日本は情勢の推移を静観し，対中政策に利用しようと画策していたのである．換言すると，日本は，真実性に疑いがある何鍵の密告のために，中国に強硬に対応する必要がいっそうなくなったのである．

5. 日本の対蔣不信とソ連の観察

ここまでの論述から，まずは，以下の2点の結論が得られることを改めて確認しておきたい．

第一に，陳立夫の訪ソ中止の原因について，当事者である陳立夫は晩年の回顧録で秘密漏洩を唯一の理由としているが，実際には，秘密漏洩は訪ソ中止の一因に過ぎず，それよりも1936年1月以降の中ソ間の対立，日本の二・二六事件による蔣介石の対日判断の誤り，3月のソ蒙相互援助議定書の衝撃などが，より大きな要因となったことである．要するに，陳立夫の訪ソ中止，何鍵の密告およびそれに対する日本の冷静な対応は，当時の日中ソ関係の複雑さと多面性を反映しているのである．

第二に，このような複雑さと多面性を背景に，ソ蒙相互援助議定書の衝撃に

よる国民政府の対日再接近に示されるように，華北事変によって「対ソ提携を厭わず，対日応戦を恐れない」姿勢へと転換した後も，国民政府の対日・対ソ政策の方向性が決定づけられたわけではなかったことである．言い換えれば，日中ソ関係においてはこの時点でも別の可能性が残されていたため，その今後の行方は，国民政府からの接近に日本がどう反応するかにかかっていた．

結論を先取りすれば，何鍵の密告問題に対する日本の冷静な対応は，実は一過性の現象にすぎず，その後，日本は全般的には国民政府に対して歩み寄りをしなかったのである．その理由は，何鍵の密告については，その不確かな要素によって重視しなかった一方で，鄧文儀の連ソ活動に関する情報については固く信じていたからであった．それ故，日本は中国の「二重外交」に対する一方的な認識を克服するどころか，「共に真実」と言ってよい性格を持つ「二重外交」を「一真一偽」，または「偽の親日で真の反日を匿うもの」と見なした．例えば，蔣介石が1935年末に自ら行政院長に就任し，日本留学経験を有する張群らを外交部長などの要職に任命した際，須磨弥吉郎は，蔣介石が本気で親日政策を推進する可能性は極めて低いと断じ，「中国は今後，日本に対して革命外交を再開する可能性が極めて高い」と判断したのである[57]．また，1936年1月22日，国民政府が，日本において囁かれていた「蔣介石が広田三原則に同意した」という風説を否定すると，日本の反蔣感情はさらに強まった．2月からは日本の庇護下にある「冀東防共政府」がいわゆる特別関税を実施し，日本人は中国での様々な物品の密輸に狂奔した．3月下旬，何鍵の密告を軽視したはずの日本では，関東軍が，「南京政権ノ思想的根拠ハ排日ヲ生命トスル国民党ニシテ財政的根拠ハ欧米就中英国勢力ヲ背景トシ日本ノ経済的勢力ト両立シ得サル浙江財閥ナリ若シ日本ト親善関係ニ入ラハ其時既ニ南京政権ハ存立ノ意義ヲ失フヘシ」と断じ，中国に対処する根本的政策は，「支那大陸ヲ人文及地文上ノ見地ニ基キ相分立セシメ其分立セル個々ノ地域ト帝国ト直接相結ヒ帝国ノ国力ニ依リ相分立セル勢力ノ相剋ヲ阻止シ各地域内ニ於ケル平和ノ維持ト民衆ノ経済的繁栄ヲ図リ以テ支那ニ於ケル排日ノ根絶ト日満支提携ノ実ヲ挙ケントスルニ在リ」と主張した[58]．そして，前記のように，ソ蒙相互援助議定書が露見した後，蔣介石が局地的な共同防共を日本に提案したが，交渉の窓口となった須磨弥吉郎は，蔣介石の真の狙いはただ日本に打診するだけで協定

136　第4章　何鍵密告，ソ蒙協定と1936年の激動（1935.12〜1936.12）

を本気で結ぶつもりはないがゆえに，日本は蔣介石の代表と軍事協定の具体案を議論する必要はなく，まず中国に華北問題の全般的解決を要求すべきであると主張した．なぜなら，華北問題が解決されれば，軍事協定も自然に成立するからである[59]．また，4月下旬，須磨は，蔣介石が日和見主義的な態度をとっており，蔣のいわゆる「中共掃滅」は抗日を援護する側面があり，実際，中国内部では連ソ論が極めて有力であると主張した[60]．結局，日本は蔣介石の提案を無視しただけでなく，二・二六事件を契機に軍部大臣現役武官制が復活した後の日本では，軍部の勢力がさらに増大した．5月15日から日本は「赤禍対応」と称して，華北駐屯軍を1771名から5774名に増員した．また，華北における日本の密輸に関しては，5月20日の国民党中央政治会議における孔祥熙の報告によると，状況は極めて深刻であり，「国庫収入に影響を及ぼすだけでなく，国民の生計にもかかわる」，「現在，密輸の範囲はすでに華北から徐々に長江一帯にまで広がっており，早急に厳重に対処しなければ，国内の商工業は総崩れの恐れがある」[61]．

　こうして，過去の試みと同様，共同防共を提起して日本の対中政策の改善を勝ち取ろうとした国民政府の努力は再び日本の拒否によって水泡に帰し，蔣介石が望んでいた日ソ開戦ももちろん起こらなかった．4月末，蔣介石は二・二六事件以来の対日判断を是正し，「日ソ間の情勢は，最初は緊張が高まったが，結局緩和した」と日記に記した．5月，「日本が華北で兵を増やし北平包囲の態勢をとっている」という厳しい状況の中，蔣介石は危機を打開するため，ソ連の扉を再度叩き，中ソ交渉の再開を要請せざるを得なかった[62]．

　興味深いのは，中国側の変化とその背景について，ソ連当局がよく観察していたことである．5月19日，ソ連の副外務人民委員はボゴモロフ大使に宛てた書簡で，東京の二・二六事件でクーデターが鎮圧されたにもかかわらず，日本政府に対する軍国主義者の影響はここ3カ月日増しに強まっていると指摘した．続いて，「この傾向は，日本の軍閥が主張してきた中国解体の方針を優勢にし，日本の軍閥はすでに華北の占領を準備し，且つ部分的に占領している」としたうえで，次のように分析している．

　　日本の軍事力を後ろ盾とした大規模な密輸活動は，中国を蚕食する政策を推進する上で重大な役割を果たしている．日本の軍閥はこのような密輸

活動を利用して「一石数鳥」の利益を得ている．（1）中国の統一と安定の
要となった財政改革を台無しにしている．税関収入は南京政府の予算の根
幹であるが，このような比類なき大規模な密輸活動は中国の中央政府の国
力の根幹と生存基盤を破壊している．（2）中国の工業を破壊している．
（3）日本とイギリスやその他の国との輸出の割合を変えて，日本に有利に
なるようにし，それによって日本の各界を益々中国で行っている冒険政策
に引きつけている．〔中略〕

　日本の破壊行為は，客観的に蔣介石と国民政府を抗日の道に追いやって
いる．このため，中国の言論界だけでなく，中国の為政者の間でもソ連へ
の憧れがさらに強まることが予想される．蔣介石が武装抗日まで準備して
いることを裏付ける情報が，さまざまなルートから得られている．

　最後に，副外務人民委員は「蔣介石の主な方針は依然として時間稼ぎであり，
未来の日ソ戦争を利用することが蔣介石の最大の希望である」と指摘した上で，
「目下，ソ蒙条約締結によりもたらされたソ中両国の対立はもはやなくなった
と考えられる」と結論づけた[63]．

　ソ連の観察は正鵠を射ていた．5月27日，孔祥熙は再びボゴモロフを訪問
し，中ソ相互援助条約の締結を求め，「この条約は日本の侵略を阻止すること
ができる．日本には中ソ両国と同時に開戦する能力がないからだ」と主張し
た[64]．5月30日，蔣介石もイギリス政府の財政顧問であるリースロス（Fred-
erick William Leith-Ross）と華北での日本の密輸について会談した際，「武
装抵抗の時が来ている」と告げた．その理由として蔣介石は，「東北地方と異
なり，長城以内の各省の占領は宣戦布告に等しい．かつて自分の政策は忍耐と
全国の抗日感情の抑制だったが，もはや限界に達したことを確認した．華北の
税関は肝要な問題であり，税関に対するいかなる侵害も宣戦布告とみなされる．
華北は地方の問題ではなく国家の問題である．宣戦布告となれば，それは民族
間の戦争であり，国中の資源が動員されることになる」と説明し，最後に，中
国の開戦決意を日本政府に伝えるようリースロスに求めた[65]．また，6月19
日，蔣介石はリースロスに対して，中共問題を解決した後，中ソが同盟を締結
しても不思議ではなく，日本が政策を変えなければ日中の衝突は避けられない
という見解をより明確に示した[66]．7月，国民党五期二中全会は国防会議を組

織することを決めるとともに，外交政策に関する譲れない一線を定めた．すなわち，「対外的には領土主権を侵害するいかなる事実も認めず，領土主権を侵害するいかなる協定も締結しない．領土主権が侵害されるという事実が発生した場合，政治的方法を尽くしても無効になり，国家と民族の根本的生存が脅かされた場合には，必ず最後の犠牲を決心し，いささかの躊躇もしない」と[67]．

6. 「共同防共」をめぐる日中の相克

　国民政府の対日接近が日本に退けられ，挫折した後，対中政策における日本とソ連の相反する姿勢は一層顕著になっていった．

　まずソ連を見てみる．中ソ関係をこじれさせてきた主権問題では，ソ蒙相互援助議定書の締結後，新たな重大対立は見られなかった．また，古い問題では，中東鉄道が 1935 年 3 月に「満洲国」に売却されたほか，新疆と外モンゴルに関しては，ソ連は少なくとも表面上は中国の主権を否定していなかった．そして，蔣介石が率いる国民党政権に対する態度の面では，ソ連は 1936 年 2 月に国民政府に「中国の連露と連共は本来別々のことである」と言い，中国の共産党排除は政治体制の相違によるものであり，連露には害をなすものではないと言明した[68]ほか，8 月には，ソ連が回復したばかりの対中共中央電信連絡を通じて，コミンテルンの名義で次のように中共中央に指示した．「蔣介石と日本侵略者を同列に考えるのは誤りだ．このような方針は政治上間違っている．なぜなら，中国人民の主な敵は日本帝国主義であり，現段階ではすべてのものが抗日に従属するべきであるからである」「紅軍と蔣介石軍との軍事行動を停止し，蔣介石軍と共同抗日の方針を協議せよ」[69]．その後，共同抗日をめぐる国共両党の交渉が進展し，中共が示した「連蔣抗日」の新姿勢は，蔣介石に中共がすでに「帰順」を望んでいるかのような錯覚を抱かせるほど衝撃的なものだった[70]．

　他方で，日本はソ連と対照的に，蔣介石への疑念と中ソ接近への反発を背景に，中国侵略の道を突き進んでいった．1936 年 6 月 10 日，陸軍軍務局長の磯谷廉介はリースロスと会談した際，「蔣介石は中国最強の指導者だが，南京政府は信頼できず，一時的な安定しか反映していない．日本が必要とするのは長

期的な安定だ」と述べたうえで，「日本と協力し，反日宣伝をやめ，各地での弾圧によって共産主義を消滅させる」ことを，「中国政府が真に中国国民を代表する基準」として示した．これに対してリースロスは，日本は将来のより悪化した状況に対処するよりも，むしろ今の混乱に向き合ったほうがよいのではないかと主張した[71]．だが，その3日後，「日本は中国の共産主義を消滅させたいのに，中国の共産主義抑止の砦である南京政府になぜ反対するのか」というイギリス側の問いかけに対し，磯谷はリースロスに宛てた覚書で，次のように回答している．

　　我々は国民党の対共産党方針の歴史を熟知しているので，共産党に対する国民党と南京政府の真の態度を疑うのは当然だ．また，南京政府の一部の有力者の行動を見ると，ソ連と中国との間で秘密協定が成立したという最近の報告は，単なるデマではないと考えている〔中略〕．反共問題においては，国民政府に絶対的な信頼を与えてはならない[72]．

その後，8月7日に日本の五相会議が決定した「国策の基準」は，北ではソ連の脅威を排除し，南では南方海洋に向けて進出するという南北並進の拡張路線を定めた[73]．また，これに付随する「帝国外交方針」は，日ソ関係の現状に鑑み，今後の対中政策の重点は「先ツ速ニ北支ヲシテ防共親日満ノ特殊地域タラシメ且国防資源ヲ獲得シ交通施設ヲ拡充スルト共ニ支那全般ヲシテ反蘇依日タラシムルコト」と規定した[74]．そして，この重点を貫徹するための対中措置として，「帝国外交方針」は，日本との防共軍事協定および対ソ軍事同盟の締結を国民政府に迫り，懸案の解決を促すという点を強調した．後者には，中国が日本の政治顧問，軍事顧問，軍事教官を招聘することなどが含まれている[75]．

このように，日本が対中圧迫と対ソ威嚇を強めれば強めるほど，中ソ接近を促すことになる，そして，中ソが接近すればするほど，逆に日本が対中圧迫と対ソ威嚇をさらに強め，それによって中ソ接近をさらに促すことになる．日中ソ関係はこのように特殊なサイクルに陥った．それに伴って生まれたのが，中国の「親露憎日」のムード[76]と，「親日は死道，連ソは活路」という認識の広がりだった[77]．

こうした内外環境の制約の下で，蒋介石が柔軟な選択を行う余地は少なくな

140　第 4 章　何鍵密告，ソ蒙協定と 1936 年の激動（1935.12〜1936.12）

っていく．しかし，他の指導者とは異なり，蔣介石は，もっぱら中国の抗日戦
を鼓舞し中ソ相互援助条約の締結を拒否するという姿勢をとったソ連に対し，
その本当の動機を強く疑っていた．これと関連して，連ソ抗日は必然的に中共
に発展の機会をもたらすため，長期的な結果を考える時，蔣介石は憂慮に満ち
ていた[78]．そのため，1936 年 6 月以降，蔣介石は日本の侵略に抵抗する面で
は日増しにその意思を固め，11 月に綏遠抗戦を起こし勝利を得るまでに至っ
たが，「連ソ」問題をめぐっては，蔣介石は依然として深い葛藤を有し，逡巡
し続けていた．その結果，蔣介石は抗日を目指して様々なルートでソ連および
中共との交渉を進める一方，ソ連および中共への警戒心を抱きつつ，日本が最
も重視する防共問題をカードにして日本との緊張緩和を図り続けた．

　以下，時系列的にいくつかの関連史実を挙げてみる．

　6 月 19 日，ソ連大使館の武官は，楊杰を通じて次のような主張を中国に提
示した．ソ蒙相互援助議定書は中国の体面を傷つけたところがあるが，ソ連の
主な狙いは実は日本に対するものであり，つまり，極東問題のためにソ連は一
戦を辞さないという対日暗示であった．日本陸軍はソ連を仮想敵とする以上，
ソ連と開戦しないうちに大軍を出動させて中国を挑発すれば，自分の身を滅ぼ
すことになる．だから，日本のすべての行動は煙幕を張るようなものであると
いってもよい．煙幕に迷わされてはならない，と[79]．ソ連武官のこの発言か
らは，中国の対日抗戦を鼓舞する意図が見える．しかし，7 月 11 日に蔣介石
は張群に次のような談話を発表させた．すなわち，華北は日本の大規模な密輸
と増兵によってかなり不安定な状態にあるが，外交にはまだ運用の余地がある．
日本は東アジアの平和のために正常なルートで中国と共に相互関係を改善する
ような調整を行うべきだ，という呼びかけであった[80]．

　7 月 29 日には，蔣介石は，対ソ政策でも対日政策でも「まず独立を達して
から何らかの運用を行うべきだ」と自戒の念を日記に記した．続いて，8 月 6
日，蔣は，中国は，外交方針において，独立と自由を重んじ，他人の道具にな
らないことを基点としなければならないと力説した[81]．この頃，両広事変[82]
はすでに解決に近づいていた．蔣介石は張季鸞を通して，わざわざ「中国政府
が両広問題を解決した後に強硬に転じるというような懸念は誤りである．実際
のところ，中国政府は両広問題を解決した後，外交の推進に努力していく」と

日本側に伝えさせた. 張季鸞は上記の伝言を伝えるとともに,「日本の対ソ戦
準備について中国は妨害したくない. したがって, 日本は内モンゴルのことに
ついても我が中央に相談できる」と述べた[83].

　9月以降, 日中双方は成都事件などを契機に, 張群外交部長と川越茂日本大
使らが日中関係の調整に向けた交渉を始めた. 開始早々, 喜多誠一武官は, 張
水淇を通じて, 次のような警告を国民政府に発した. すなわち, 成都の事件は
重要ではなく, 重要なのは両国の関係全般を調整することである. その中で,
最も肝要なのは, 中国が連ソか連日かを表明することである. もし中国が連日
を表明できなければ, 日本は中国を連ソと見なし, しかるべき処置を行うこと
になる, と[84]. 恐喝の意図が透けて見える. これに対して, 蔣介石は9月16
日,「日本に中国外交の譲れない一線を伝え, それを超えたら中国は決戦を辞
さない」と伝えよと張嘉璈に指示した[85]. また, 9月23日, 中国側の交渉責
任者である張群は, 内モンゴル一帯の防共問題を協議した際, 下記の5項目の
要求を交換条件として日本に提示した. つまり, (1) 塘沽停戦協定と上海停戦
協定の廃止, (2) 冀東組織の廃止, (3) 違法飛行の停止, (4) 日本は密輸を停
止し, 中国による密輸取締の自由を認める, (5) 冀東綏北の傀儡軍と匪賊を一
掃する, という五つである[86]. しかし同時に蔣介石は,「日本に対しては犠牲
を覚悟するが, 平和と時機を待つ方針を忘れるべきではない」とも決心し
た[87].

　その後, 日中交渉の主要議題の一つである「共同防共」問題をめぐって, 国
民政府には方針の変化が生まれた. すなわち, 日本の「全面防共」要求を断固
拒否しながらも,「局部防共」問題に対しては柔軟に対応するという方向への
変化である. その戦略は, 対ソ問題と対日問題を一体化しつつ, ソ連赤化反対
と日本侵略反対を相互に関連させ, 相互牽制によって, 相反しながらも互いに
成立させ合うというやり方であった. 蔣介石は日記の中で前者を次のように要
約している.「甲, 東北〔満洲〕問題の解決を交渉することによって, 防共問
題に対する日本の強圧を緩和させる. そこで, 次のことを日本に明言する. 第
一歩は, 満洲問題を解決し, 塘沽, 上海両協定を取り消し, 両国の好意的感情
を回復する. その後, 第二歩として共同防露の攻守同盟問題を話し合う. 乙,
まず成都事件と北海事件を解決する. 丙, 五条件に関する交渉は後回しにする.

丁，防共問題は相当の代価が必要であり，かつ華北問題と併せて議論しなければならない」と．また，蔣介石は，「目下，中日間の問題に対して，イギリスもソ連も非常に冷淡であるが，中日両国が開戦し，かつ中国が持ちこたえることができれば，英ソ等は結局参戦せざるを得なくなる」という展望も持っていた[88]．

また，同時進行中の中ソ交渉での経験を踏まえて，蔣介石は9月28日付の日記に次のような心境を綴った．「ソ連は冷たい態度を取りながら，専ら中国の社会に対する工作と宣伝を行っており，その目的は中国をして将来連露の道を歩まざるを得ないようにさせることにある．ソ連の陰険さは日本を上回る」と[89]．また，10月8日に蔣介石は，川越茂大使との会談において，日本は中国人の親ソ反日の原因を重視し，自らの行動を通して中国の反日的空気を転換させなければならない．さもなければ日中共同防共の前提条件は成り立たない，と日本に注意を促した[90]．

この時，ソ連は，中国駐ソ大使館およびジュネーブで会議に出席していた中国の顧維鈞代表を通じて，南京に「中国はまず自助に努め，日本に対して少しでも抵抗してからはじめて他国に援助を申し出ることができる」と再三勧告した．また，ソ連外務人民委員リトヴィノフは，相互援助条約の締結を拒否する一方，「中国が某国と衝突した場合，ソ連は必ず物資の面で協力をする」と約束した[91]．これに対して，国民政府外交部は，中国に抵抗を促すソ連の目的は，「侵略の目標を転移させたり，日本のパワーを減退させたりすることにある」と指摘した[92]．また，蔣介石は，対ソ交渉は「中共問題との関連を絶対に排除し，援助ではなく互助である」ことを原則にしなければならないと強調しつつ，「日本に対して一切を拒否する時はまだ来ていない．とりわけ防共問題が重要である．そうでなければソ連との交渉は不可能となる」と観測した．そして，中共に対する戦略については，蔣介石は，「甲，東への逃亡を制限し，中日戦争を引き起こして国家を害することがないようにすること，乙，北への逃亡を制限し，外モンゴルと連絡して援助の道を打開しないようにすること，丙，〔その行動を〕寧甘阿拉番辺境に限定し，解決するようにすること」などを重視した[93]．

11月4日，張群は蔣介石に打電し，次のような「中国の最終見解」を翌日

に日本に提出することを具申した.

　（1）一般的な防共問題については，日本がそれを撤回して交渉しないことを切望する.（2）北部国境の防共問題については，日本が具体的な内容を提示した後に検討することにする. 但し，冀東と察綏の匪賊軍や傀儡軍の問題は必ず前者と同時に解決しなければならない. もし日本が冀東などの問題を紳士協定にするしかないと主張する場合，中国は北部国境の防共問題について，日本が紳士協定を履行した時しか検討できないと主張する. そして，これは中国政府の最終見解であり，次に川越大使が張部長に会う際，防共問題を棚上げにし，他の問題について引き続き協議することができれば，張部長はいつでも会見できる. もし日本がこれまでの会談のように防共を中心とするならば，この問題について中国は最終見解をすでに示した以上，交渉を継続しても無益であるとする[94].

　上記の張群の具申に対し，蔣介石は 11 月 5 日に一旦同意したものの考え直し，7 日，「日本との交渉では防共問題を拒否してはならない. 但し，それは華北の主権回復と引き換えにしなければならない」と訓示した[95]. 翌日の張群との談話では，蔣介石は対日問題において「交渉の決裂を覚悟しつつ，交渉を決裂させない. 対ソの面で一定の役割があるからである」という本音を張群に吐露した[96]. その後，蔣介石は「張群が川越に防共問題の撤回を要求しようとしている. これは私の意図に全く反している. 彼は，昔は危惧し過ぎたため柔弱で，今日は片意地を張り過ぎていて駄目だ. いずれも情勢と利害を認識できない反応だ. 人材は得難いが，外交人材は特に得難いものだ. 嘆かわしい. 私は，張群に対して，日本が暫く防共事案を棚上げにすればそれで済むと急いで訓示した」と記し，張群を非難した[97].

　蔣介石の指示の下，11 月 10 日以降，張群らは日本と防共問題について交渉し続けた. そのなかで，中国側は「一般防共（全面防共）」について，まず満洲問題を解決することが先決であり，そうでなければ交渉できないと主張し，理由として次の 4 点をあげた.

　（1）情報交換が国外の共産党の活動に限定されるならば協定締結の必要はない.

　（2）情報交換（啓発，弾圧に関する意見を含む）に国内の共産党の活動

を含めるならば，名目上は相互であっても内政干渉の疑いが残る．

（3）日本はソ連ではなくコミンテルンを対象とすると言っているが，一般防共の具体的な方法をとると，ソ連と〔中国の〕一般の人々は必ず日中が共同してソ連に対抗していると認定する．

（4）内政干渉は当然，中国政府と人民が許すものではない．また，中国の主権が日中間の調整によって回復されるまでは，日中両国の共同抗露は必ず人民の反対を受け，且つ人民の反日感情を助長し，反政府派に口実を与えることになる[98]．

なお，華北地域などでの「辺境防共」については，中国は日本が9月23日の張群5項目要求を受け入れることと引き換えでなければならないと主張した．

中国側の上記の主張に対して，有田八郎外相は「一般防共が交渉できず，辺境防共も実現できないのであれば，残るのは，中国が日本との提携を拒否し，ソ連と提携しているという印象だけだ．重大な問題で，全面的に考えを改めなければならない」と述べて不快感を示した．これに対して，許世英駐日大使は次のように返答した．

ソ連との提携は決して中国が望むものではない．国民政府は10年にわたって総力を挙げて共産党を討伐し，大きな犠牲を払い，強い苦痛を受けた．だから，それを絶対に繰り返したくない．私見を述べたいが，貴国が本当に防共の目的を達成しようとするならば，国民政府に共同防共を迫り，その対内的困難を増大させ，さらに内紛を起こさせるべきではない．極論を言うと，国民政府が〔日本の強要によって〕動揺すると，代わって政権をとる者が必ず猛威をふるい，その時には中国が混乱に陥るが，貴国も危険にさらされる恐れがある．まさに手段と目的の相反だ．逆に，もし貴国が共同防共を語らず，国民政府の困難を減らしその基礎をより強固なものにすれば，過去自力で全国に蔓延った紅軍を撃破できた国民政府にとって，その一握りの残党は一層殲滅しやすくなる．つまり，「異路同帰〔道は違っても着くところは同じ〕」という諺のとおりだ．これについて，国民の多くも同様の心理状態にある[99]．

また，国民政府外交部も，「中国政府が反日親露勢力に支配されているという有田の指摘は完全な誤りだ」として，次のような反論を展開した．

日本が満洲問題を適切に解決することができれば，防共問題のみならず，軍事同盟を含む日中間のいかなる問題も協議することができる．この点については有田氏も同様の記憶があるはずである．わが方は，日本が満洲問題に困難を抱えていると認識したので，それを今後の協議事項とし，今は国交を最も妨害し，早急に解決する必要のある冀東察綏の事案だけを交換条件とし，華北の防共問題と同時に解決することを希望している．だが，日本はこの最も合理的な要求を受け入れず，却って外モンゴル問題を口実にして，中国が日本と提携せずソ連との提携を欲しているという，事実に反することを言っている．このことは，誠意があるのは中国であり，日本には誠意がないということを裏付けるものだ [100]．

7. 日独防共協定の影響

第6節の論述から分かるように，1936年6月から11月まで，防共問題に対する蔣介石と国民政府の態度は，交渉に弾力性を持たせると同時に，譲れない一線も死守するという二重の特徴をもっていた．前者は「以日制ソ」政策と「以ソ制日」政策を交叉させることによって生まれたものであり，後者は対日交渉における譲れない一線として，「満洲国」の不承認と全面防共の拒否を厳守するという指針に示されていた．

折しも，1936年11月13日，日独両国は秘密裏に防共協定に仮署名した．「ソ連大使と中共の狡猾な策謀は変わっておらず，我々は国力増強に努力するしかない」[101] ことを再確認したばかりの蔣介石は，情報に接してショックを受けた．19日付の日記には，「日独共同宣言〔日独防共協定締結〕のニュースにより，ソ連が中国に譲歩するのではないか」と考え，ドイツ人のクライン（Hans Klein）〔武器商人〕にこの件の詳細を確認してもらいつつ，「イタリアの態度に十分に注意すべきだ」と記した [102]．20日，蔣介石は日独同盟への「大きな疑念」を感じながら，ドイツによる日中関係調停の可能性を考え，「日独同盟が回避できないならば，中国はそれに反対しない方が得策だ．その同盟はソ連に対するものであり，中国に対するものではないからである」と指摘した [103]．21日，蔣介石は日独関係への対処に悩み続け，「本週反省録」に，「日

独同盟は予測できるはずのものだが，普段注意していなかったため，予測できなかった．これは自分の経験不足と慢心による過失だ．一生にこれほど何度も過ちを犯すことがあるものだろうか」と自責している[104]．25日，「日独防共協定」が正式に成立した[105]．同日，行政院秘書長の翁文灝はクラインから「日独伊は思想面と文化面での協議をし，共産主義に対抗するが，政治と軍事には関与しない」という内容の報告を受けた．翁文灝は直ちに蔣介石に打電し，「欧米諸国に対して〔交渉〕努力をすべきだ」と進言した．翁文灝はまた電話で，「朱騮先の訪独，張彭春の訪英，胡適の対英米接触を促した」[106]．26日，駐仏大使の顧維鈞は，日独協定に関する張群外交部長の問い合わせに対し，「以前の我が国と独伊との接近は，その場しのぎの策であるはずだった．現在，日独伊が結託し，ともに侵略を政策としているが，これは我が国の前途に有害である．英仏露米は中国と利害が一致するので，中国は速やかにこの4カ国に接近し，独伊の軍事顧問をいずれ解任しなければならない」と回答した[107]．

しかし，蔣介石は27日付の日記に，対独方針について「甲，徐々に疎遠，乙，操る」と書き，28日付の日記には，「日独協定は東アジアに影響を及ぼさない」との感想とともに，「日独協定と日伊の妥協はわが外交の成否に大きくかかわっているが，これはメリットとデメリットが相半ばしているから，運用がうまくいけば，勝機に転じることが可能だろう」との分析を綴った[108]．これらの文章には，日独協定に対する蔣介石の複雑な心理と，顧維鈞と異なる考えが反映されている．30日，蔣介石は「日伊協定が間もなく現実のものとなるだろう」との報道に接して，眠れなくなり，「一，日伊協定が実現すれば，事態は日独協定よりも深刻だが，結局のところ，イタリアは日独を助けることができず，日独は共に敗北するだけだ．二，イタリアは偽国〔満洲国〕を承認する気はないだろう．しかし承認しても，問題はあまりない．イタリア自身が損失を受け，中英両国の国交をより親密にさせるだけだ」と日記に書きつけながら，最後に，「日独と日伊の協定は皆意外なものだった」と述懐している[109]．

このように，蔣介石は日独防共協定を懸念しつつ，その対応策にもある程度の期待を持っていた．「日独共同宣言のニュースにより，ソ連が中国に譲歩するのではないか」「ドイツを調停に利用できないか」「メリットとデメリットが相半ばしている」などの日記の記述は，蔣介石が日独防共協定を全面的に否定

していなかったことを示している．ただ，日独同盟は「ソ連に対するものであり，中国に対するものではない」という蔣介石の判断は，この問題に関する彼の認識が一面的であったことを露呈している．なぜなら，少なくとも日本の立場からすれば，対ソ政策には必ず対中政策が先行しているからだ．蔣介石自身はこの見方を再三強調していたのだが，この時点では，その点について，あまりにも楽観的過ぎたように思える．

ところで，蔣介石と比べると，日独による挟み撃ちを避けるため対日関係の調整に努めてきたソ連当局は，日独防共協定に対して完全に否定的な見方を取っていた．なぜなら，防共協定締結後の日本には反ソの立場を取る義務が生じるだけでなく，どの内閣もこの協定により対外政策においてドイツの意向を気にするようになり，よってソ連を最も敵視している日本の軍部をさらに勢いづかせると，ソ連が判断したからである．それゆえ，ソ連当局は「日独防共協定はソ連の対日調整を極めて困難にさせた」と結論づけた．日本に警告するため，ソ連は直ちに日ソ漁業協定の締結を拒否したり，「満洲国」とソ連の国境を通る鉄道網を遮断したり，ウラジオストクで日本船を検問したりするような一連の制裁措置を発動した 110)．それに伴って，日ソ間の緊張が一層高まった．

ソ連の上層部は，国民政府が日本の圧力に屈して日独防共協定に加入し，ソ連が二正面作戦を強いられるのを防ぐため，11 月から 12 月にかけて，就任間もない中国の駐ソ大使蔣廷黻と立て続けに会い，「中国に対するソ連の好感は如何なる国と比べても低くない」111) と強調したうえで，中国は日本の共同防共の要求をどのように処理するかと質問した．そうした中，11 月 19 日，ソ連外務人民委員のリトヴィノフは，まだ正式に署名されていない日独協定の公開内容と秘密内容を共に蔣廷黻に開示し，進行中の日中交渉に対するソ連の懸念を伝えた．これに対し，蔣廷黻は，日中交渉は華北問題と共同防共問題に集中しており，後者が中心になっていると説明した．また，蔣廷黻は，日本のいわゆる防共は，一方では共産主義の宣伝を防ぎ，他方では日中両国が山海関から新疆の北西まで共同で防衛を行うということを要求するものであるが，中国政府はどちらも必要ないと考えていると述べた．さらに，蔣廷黻はこの機会を利用して，「中国政府はソ連政府と両国の友好と協力の方法を協議することを望んでおり，これは私の今日の訪問の主な目的である」と付け加えた 112)．他方

148 第 4 章 何鍵密告，ソ蒙協定と 1936 年の激動（1935.12〜1936.12）

で，蒋廷黻の報告を受けた国民政府外交部は，11 月 23 日の返電で防共問題に
関する日中交渉の概要を紹介したうえで，次のように蒋廷黻に指示した．

　　　リトヴィノフ外相に回答する際，本部は防共問題について合意しておら
　　ず，日本側も具体的な方法を提示していないこと，本部は華北における我
　　が行政権が回復しない限り，中日間の協力は実行できないと日本に告げた
　　こと，という 2 点しか伝えられない．要するに，今回の交渉は元々防共問
　　題をめぐる意見の対立が大きいため妥結できていないが，現在，綏遠事件
　　も起きたので，話し合いがより困難になる恐れがある [113]．

　この電報に従って，蒋廷黻は 12 月 3 日にソ連のストモニャコフ副外務人民
委員と会談した際，11 月 19 日のリトヴィノフの質問を取り上げ，中国は自国
のいくつかの省で日本と共同防共を行うことを絶対に容認せず，南京は自力で
共産党を討伐する政策を貫徹していき，現在の綏遠での軍事行動がその証拠だ
ときっぱり答えた．続いて，蒋廷黻は，日本の川越茂大使は「日本の外交官が
手に入れることができないものは，日本の軍人が武力で取る」と述べたが，そ
れは日本が日中の共同防共交渉に希望を持てなくなったことを反映していると
付け加えた [114]．

　蒋廷黻のソ連赴任に際して，蒋介石はわざわざソ連側に「私は蒋大使を信頼
している．彼は完全に私を代表できる」と伝えた [115]．このことは国民政府の
対ソ外交における蒋廷黻の地位を示しているが，蒋廷黻が上記のような態度を
表明したにもかかわらず，ソ連を安心させることはできなかった．12 月 9 日，
ストモニャコフは再び蒋廷黻と会見し，日独防共協定は侵略国がすでに初歩的
な同盟を結んだことを意味すると指摘したうえで，今後「日本はいつでもドイ
ツに対し，日本または満洲国が侵攻される脅威を受けているため，日本は中国
に派兵し，攻撃する必要に迫られていると声明することができる」と主張し
た [116]．

結　び

　日本の極秘文書に記録されている湖南省政府主席何鍵の事例は，1936 年に
なっても国民政府内に防共反ソを優先するために日本に密告も辞さない高官が

いたことを立証している．言い換えると，「敵の敵は味方」という考え方は，日本にもソ連にも適用できる．これは国民政府内部の対立を招いた重大な原因であると同時に，国民政府上層部におけるソ連観をも反映している．そのため，国民政府は日本による華北分離工作の開始後，一時的に「対ソ提携を厭わず，対日応戦を恐れない」という方針に転じたものの，1936 年年頭の中ソ交渉における対立の顕在化とその後の二・二六事件やソ蒙相互援助議定書などの重大問題の影響を受けて，蒋介石は速やかに国民政府を日ソ相互牽制戦略に復帰させた．つまり，以前と同様，「連ソ抗日」にも偏らず，「反ソ和日」にも偏らず，両者を臨機応変に使い分けるということである．蒋介石ら政策決定者の最大の望みは，やはり中立の立場で日ソ対立を利用し，「抗日」と「防共」という二重目標をともに実現することであった．したがって，この二つの目標は，各段階の矛盾の変化およびこの矛盾に対する蒋介石らの認識の変化に応じて相違があるものの，いつも併存しているのである．

　「敵の敵は味方」および「日ソ衝突は中国のチャンス」といった常識的な見方に囚われ，中ソ関係に内包されている敵対的要素を無視するならば，二つの目標の併存を理解できない．しかしながら，中ソ関係の実態をよく知っているソ連にとっては，国民政府の対ソ政策における多面性は不思議な話ではない．例えば，日本の特務機関の情報によると，1936 年 10 月下旬，ハルビンに駐在するソ連総領事は，日本の新聞は中ソ提携のうわさを流しているが，実際のところ南京の真意は反ソである，だから，彼らは抗日のためにソ連を利用しようとしながら，ソ連への接近によって他国との関係を悪化させたくない，と主張した．そして，ソ連総領事は，次のように指摘している．すなわち，ソ連も中国問題に直接関与するつもりはなく，〔対日の〕第一線を英米に任せたいと考えている．ただし，ソ連は多くの国内的な困難を抱えているものの，国際関係の面ではかなり有利である．なぜなら，日本が中国に譲歩すれば，満洲などの地域では反日運動が必ず激化することになり，他方で，日本が戦争に訴えれば，中国全土でさらなる反発を呼び起こすことになるからだ[117]．

　その後の西安事件の発生に伴って，ソ連総領事が総括した国際関係の特徴は中日双方に新たな試練をもたらした．

注

1) 陳立夫「参加抗戦準備工作之回憶」,『伝記文学』第31巻第1期 (1977年7月);陳立夫『成敗之鑑』(台北, 正中書局, 1994年). 同書の日本語版は松田州二訳『成敗之鑑 (陳立夫回想録)』(原書房, 1997年). 引用にあたって, 本書では基本的に日本語版に依拠するが, 中国語版との照合も行う.

2) 前掲『成敗之鑑』日本語版, 上巻, 230-231頁.

3) 詳細は程天放『程天放早年回憶録』(台北, 伝記文学出版社, 1968年), 116-118頁. 筆者が台湾の国史館に所蔵されている蔣介石機密文書と照合した結果,「李融清」が正しいと判明した.

4) 前掲『成敗之鑑』日本語版, 232-233頁.

5) 「有田大使発広田外務大臣宛電報」第205号, 極秘 (1936年3月20日),「支那, 蘇連邦外交関係雑纂 蘇, 支蒙疆関係 (含蘇, 阿富汗, 土耳古, 伊蘭)」, 外務省外交史料館所蔵, A.2.2.0 C/R1-3.

6) 前掲『成敗之鑑』日本語版, 233頁.

7) 「若杉参事官発広田外務大臣宛電報」第342号之2, 極秘 (1935年10月15日), 前掲「帝国ノ対支外交政策関係一件 第4巻」.

8) 関東軍参謀部「蘇連邦ノ新疆赤化ノ状況ニ就テ」(1935年10月17日), 前掲「支那, 蘇連邦外交関係雑纂 蘇, 支蒙疆関係 (含蘇, 阿富汗, 土耳古, 伊蘭)」.

9) 在ノヴォシビルスク領事小柳雪生発外務省欧亜局第一課長宛「鄧少将一派ノ親蘇反日工作」(1935年11月4日), 同上.

10) 前掲「須磨総領事発広田外務大臣宛電報」第1227号 (1935年11月7日).

11) 「広田外務大臣発有吉大使宛電報」亜一機密第152号 (1935年11月12日), 同上.

12) 「有吉大使発広田外務大臣宛電報」第958号 (1935年11月16日),「支那, 蘇連邦外交関係雑纂 第3巻」, 外務省外交史料館所蔵, A.2.2.0 C/R1.

13) 前掲「須磨総領事発広田外務大臣宛電報」第1277号 (1935年11月17日).

14) 詳細は, 小柳領事「新疆省事情竝蘇支関係」(1936年1月), 前掲「支那, 蘇連邦外交関係雑纂 蘇, 支蒙疆関係 (含蘇, 阿富汗, 土耳古, 伊蘭)」.

15) 「有田大使発広田外務大臣宛電報」第193号 (1936年3月17日), 同上.

16) 鄧文儀の回想録によると, 1934年夏, 彼がある飛行機事故を調査した際, 賄賂をもらって真相を隠蔽したと告発され, 罷免されたという. 詳細は, 鄧文儀『冒険犯難記』上冊 (台北, 学生書局, 1973年), 203-207頁.

17) 「三浦総領事発広田外務大臣宛電報」第59号 (1936年3月18日), 前掲「支那, 蘇連邦外交関係雑纂 蘇, 支蒙疆関係 (含蘇, 阿富汗, 土耳古, 伊蘭)」.

18) 「有田大使発広田外務大臣宛電報」第215号 (1936年3月23日), 同上.

19) 同上.

注　151

20)「有田大使発広田外務大臣宛電報」第 210 号（1936 年 3 月 21 日），同上．

21)「有田大使発広田外務大臣宛電報」第 205 号（1936 年 3 月 20 日），同上．

22)「須磨総領事発広田外務大臣宛電報」第 254 号（1936 年 3 月 20 日），同上．

23)「石射総領事発広田外務大臣宛電報」第 89 号（1936 年 3 月 27 日），同上．

24)「ボゴモロフ大使発外務人民委員部宛電報」（1935 年 12 月 9 日），前掲「〈中蘇
外交文件〉選訳」（上），223 頁．Телеграмма Полномочного Представителя СССР в
Китае Д. В. Богомолова в Народный Комиссариат Иностранных Дел СССР（9
декабря 1935 г.），ДВП, Т. 18, с. 587–588.

25)「副外務人民委員発ボゴモロフ大使宛電報」（1935 年 12 月 14 日），同上，224 頁．
Телеграмма Заместителя Народного Комиссара Иностранных Дел СССР
Полномочному Представителю СССР в Китае Д. В. Богомолову（14 декабря 1935
г.），ДВП, Т. 18, с. 590.

26)「ボゴモロフ大使発外務人民委員部宛電報」（1935 年 12 月 19 日），同上，224–
225 頁．Телеграмма Полномочного Представителя СССР в Китае Д. В. Богомолова в
Народный Комиссариат Иностранных Дел СССР（19 декабря 1935 г.），ДВП, Т. 18,
с. 599–600.

27)「副外務人民委員発ボゴモロフ大使宛書簡」（1935 年 12 月 28 日），同上，225–
226 頁．Письмо Заместителя Народного Комиссара Иностранных Дел СССР
Полномочному Представителю СССР в Китае Д. В. Богомолову（28 декабря 1935
г.），ДВП, Т. 18, с. 601–603.

28)「ボゴモロフ大使発副外務人民委員宛電報」（1936 年 1 月 22 日），同上，227–
229 頁．Телеграмма Полномочного Представителя СССР в Китае Д.В. Богомолова
Заместителю Народного Комиссара Иностранных Дел СССР Б.С. Стомонякову（22
января 1936 г.），*Г. К. Деев и др*（Ред.）//Документы внешней политики СССР, Т. 19
（Москва: Политиздат, 1974），с. 35–38（以下，ДВП, Т. 19 と略す）．

29)　前掲 1935 年 12 月 28 日のボゴモロフ宛書簡で，ソ連外務人民委員部は中ソ相互
援助条約の締結を拒否する方針をボゴモロフ大使に示した．ただ，蔣介石に対する
口頭の返答に関しては，同書簡では交渉に同意する意思を示唆することを指示して
いる．Письмо Заместителя Народного Комиссара Иностранных Дел СССР
Полномочному Представителю СССР в Китае Д. В. Богомолову（28 декабря 1935
г.），ДВП, Т. 18, с. 601–603.

30)　大使としてモスクワに着任した後の蔣延黻もこのことを批判した．詳細は，「駐
蘇大使蔣延黻発国民政府外交部宛報告」（1937 年 4 月），『民国档案』1989 年第 1 期，
25–31 頁．

31)「ボゴモロフ大使発副外務人民委員ストモニャコフ宛電報」（1936 年 1 月 22 日），
前掲「〈中蘇外交文件〉選訳」（上），227–229 頁．Телеграмма Полномочного

152 第 4 章 何鍵密告，ソ蒙協定と 1936 年の激動（1935.12〜1936.12）

Представителя СССР в Китае Д.В. Богомолова Заместителю Народного Комиссара Иностранных Дел СССР Б.С. Стомонякову（22 января 1936 г.），ДВП, Т. 19, с. 35-38.

32）「副外務人民委員発ボゴモロフ大使宛書簡」（1936 年 5 月 19 日），同上，231-233 頁．Письмо Заместителя Народного Комиссара Иностранных Дел СССР Полномочному Представителю СССР в Китае Д.В. Богомолову（19 мая 1936 г.），ДВП, Т. 19, с. 269-271.

33）モスクワにおける鄧文儀と中共代表との会談の記録によると，中共問題を解決するための蔣介石の基本方針には次のような四つの条件が含まれている．（1）中国共産党はソビエト政府を廃止し，国民政府に参加すること．（2）中共軍は国民政府の軍に編入されること．（3）中国共産党は，1924〜1926 年における国共合作の形式を回復するか，または単独で存続すること．（4）編入された後，中共軍は全員内モンゴル戦線に駐屯し抗日に当たること．詳細は，前掲「王明同志与鄧（文儀）談話的主要内容」（1936 年 1 月 17 日），89-102 頁．Запись беседы Ван Мина с Дэн Вэньи（17 января 1936 г.），ВКК, Т. 4, Ч. 2, с. 941-952.

34）『蔣介石日記』（手稿），1936 年 2 月 29 日（本月反省録），3 月 1 日条．

35）同上，1936 年 3 月 3 日条．

36）同上，1936 年 3 月 8 日条．

37）同上，1936 年 3 月 17 日条．

38）同上，1936 年 3 月 18 日条．

39）同上，1936 年 3 月 20 日条．

40）前掲『日ソ戦争への道』，57-58 頁．

41）『蔣介石日記』（手稿），1936 年 3 月 21 日条．

42）同上，1936 年 3 月 24 日条．

43）「蔣介石発張群宛電報」（1936 年 3 月 24 日），周琇環編註『蔣中正総統档案　事略稿本』第 36 巻（台北，国史館，2008 年），181-182 頁．

44）『蔣介石日記』（手稿），1936 年 3 月 25 日（3 月の「本月反省録」に記入されている）．

45）同上，1936 年 4 月 3 日，6 日条．

46）前掲「広田大臣蔣大使会談録（第 2 回）」（1935 年 9 月 7 日）．

47）『蔣介石日記』（手稿），1936 年 4 月 2 日条．

48）同上，1936 年 4 月 3 日条．

49）同上，1936 年 4 月 7 日条．

50）須磨弥吉郎「支那最近ノ決意振リト露支関係ノ再吟味」（1936 年 4 月 27 日），前掲「帝国ノ対支外交政策関係一件　第 8 巻」．

51）「蔣介石発程天放，李融清宛電報」（1936 年 4 月 8 日），台北，国史館所蔵，蔣

注　153

中正総統文物，002-020200-00032-058.

52）『蔣介石日記』（手稿），1936 年 4 月 8 日条.

53）　同上，1936 年 4 月 10 日条.

54）「在南京須磨総領事発有田外務大臣宛電報」第 315 号（1936 年 4 月 13 日発），外務省編纂『日本外交文書』昭和期 II 第 1 部第 5 巻上（外務省，2008 年），55 頁.なお，この問題に関する詳細な論考として，呉啟睿「蘇蒙互助議定書与中日蘇外交博弈」（『抗日戦争研究』2022 年第 1 期）がある.

55）　前掲「支那最近ノ決意振リト露支関係ノ再吟味」（1936 年 4 月 27 日）.

56）「駐ソ大使館武官発参謀次長宛電報」（1936 年 4 月 10 日），前掲「支那，蘇連邦外交関係雑纂　蘇，支蒙疆関係（含蘇，阿富汗，土耳古，伊蘭）」.

57）　須磨弥吉郎「蔣介石新政府ト之ニ対スル帝国ノ政策考察要綱」（1935 年 12 月），前掲「帝国ノ対支外交政策関係一件　第 5 巻」.

58）「関東軍ノ任務ニ基ク対外諸問題ニ関スル軍ノ意見」（1936 年 3 月 28 日），前掲『日本外交年表竝主要文書』下，330-334 頁.

59）「在南京須磨総領事発有田外務大臣宛電報」第 315 号（1936 年 4 月 13 日発），前掲『日本外交文書』昭和期 II 第 1 部第 5 巻上，55-56 頁.

60）　前掲「支那最近ノ決意振リト露支関係ノ再吟味」（1936 年 4 月 27 日）.

61）「中央政治会議第 14 次会議速記録」（1936 年 5 月 20 日），台北，中国国民党党史館所蔵，中央政治会議速記録，類 00.1/号 236.

62）『蔣介石日記』（手稿），1936 年 4 月 30 日，5 月 22 日条；「ソ連副外務人民委員発ボゴモロフ宛電報」（1936 年 5 月 22 日），前掲「〈中蘇外交文件〉選訳」（上），229-230 頁. Телеграмма Заместителя Народного Комиссара Иностранных Дел СССР Полномочному Представителю СССР в Китае Д.В. Богомолову（22 мая 1936 г.），ДВП, Т. 19, с. 276.

63）「ストモニャコフ発ボゴモロフ宛書簡」（1936 年 5 月 19 日），同上，231-233 頁. Письмо Заместителя Народного Комиссара Иностранных Дел СССР Полномочному Представителю СССР в Китае Д.В. Богомолову（19 мая 1936 г.），ДВП, Т. 19, с. 269 -271.

64）「ボゴモロフ発ストモニャコフ宛電報」（1936 年 5 月 27 日），前掲『中蘇国家関係史資料彙編（1933-1945）』，55-56 頁. Телеграмма Полномочного Представителя СССР в Китае Д.В. Богомолова Заместителю Народного Комиссара Иностранных Дел СССР Б.С. Стомонякову, из Шанхая（27 мая 1936 г.），ДВП, Т. 19, с. 282-283.

65）　Mr. Howe to Mr. Eden（May 31, 1936），Ann Trotter（ed.），*British Documents on Foreign Affairs*, Part 2, Series E, Vol. 44（Lanham: University Publications of America, 1996），pp. 178-179（以下，BDFA, Part 2, Series E, Vol. 44 と略す）.

154　第 4 章　何鍵密告，ソ蒙協定と 1936 年の激動（1935.12〜1936.12）

66）　Mr. Howe to Mr. Eden（June 21, 1936），BDFA, Part 2, Series E, Vol. 44, pp. 194-195.

67）「中国国民党 5 届 2 中全会宣言」（1936 年 7 月 14 日），肖継宗主編『革命文献』第 69 輯（台北，中国国民党中央委員会党史委員会党史史料編纂委員会，1976 年），300 頁.

68）「馮玉祥呈蔣中正（告蘇使答覆）」（1936 年 2 月 8 日銭大鈞呈），台北，国史館所蔵，蔣中正総統文物，002-080200-00468-038.

69）「共産国際執委会書記処発中共中央書記処宛電報」（1936 年 8 月 15 日），『中共党史研究』1988 年第 2 期（特輯 "蘇聯新発表的共産国際有関中国革命的档案文件（之 二）"），87 頁.　Телеграмма Секретариата ИККИ в Секретариат ЦК КПК（15 августа 1936 г.），ВКК, Т. 4, Ч. 2, с. 1067-1071.

70）　1937 年前半期の蔣介石日記に多くの関係記録が残されている.

71）　Sir R. Clive to Mr. Eden（June 11, 1936），BDFA, Part 2, Series E, Vol. 44, p. 187.

72）　General Isogai's Reply（June 13, 1936），BDFA, Part 2, Series E, Vol. 44, pp. 234-236.

73）　五相会議「国策の基準」（1936 年 8 月 7 日），前掲『日本外交年表竝主要文書』下，344-345 頁.

74）　四相会議「帝国外交方針」（1936 年 8 月 7 日），同上，345-346 頁.

75）「対支実行策」（1936 年 8 月 11 日関係諸省間決定），前掲『現代史資料』第 8 巻，366-367 頁.

76）『蔣介石日記』（手稿），1936 年 10 月 6 日条.

77）「須磨総領事発有田外務大臣宛電報」第 890 号（1936 年 11 月 3 日），「日，支外交関係雑纂　昭和十一年南京ニ於ケル日支交渉関係」（松本記録），外務省外交史料館所蔵，A.1.1.0.9-10 松.

78）　これと関連して，日ソ戦争に対しても，蔣介石は期待する傍ら，懸念も抱いていた．例えば，1936 年 5 月の秘密講話で，蔣介石は，「日ソ戦争は中国にとって幸福ではなく，ソ連が勝てば中国は必ず赤化される」と指摘している．蔣介石のこのような葛藤について，日本も把握していた．詳細は，外務省編『外務省執務報告』昭和 11 年（1-2）（クレス出版，1993 年），7 頁.

79）「楊杰呈蔣中正摘要録陳与俄駐華武官雷平談話」（1936 年 6 月 24 日），台北，国史館所蔵，蔣中正総統文物，002-080200-00472-137.

80）　葉健青編註『蔣中正総統档案　事略稿本』第 37 巻（台北，国史館，2009 年），407-408 頁.

81）『蔣介石日記』（手稿），1936 年 7 月 29 日，8 月 6 日条.

82）　両広事変とは，1936 年 6 月，陳済棠や李宗仁らをはじめとする広東，広西地域

の西南系地方勢力が「抗日救国」を旗印に発動した反国民政府の内戦である.

83) 「張熾章発蔣介石宛報告」(1936 年 8 月 9 日),台北,国史館所蔵,蔣中正総統文物,002-080103-00002-014.

84) 「張嘉璈呈蔣介石」(1936 年 9 月 14 日),台北,国史館所蔵,蔣中正総統文物,002-020200-00026-059.

85) 『蔣介石日記』(手稿),1936 年 9 月 16 日条.

86) 「部長会晤川越大使談話記録」(1936 年 9 月 23 日),台北,中央研究院近代史研究所档案館所蔵,国民政府外交部档案,11-01-02-10-01-079,11-01-02-10-01-080.

87) 『蔣介石日記』(手稿),1936 年 9 月 16 日,9 月 26 日条.

88) 同上,1936 年 9 月 26 日,9 月 30 日(本月反省録)条.なお,この時期の日中交渉に関する中国側の記録は「調整中日国交」と題するファイルに残されている.詳細は,台北,中央研究院近代史研究所档案館所蔵,国民政府外交部档案,11-01-02-10-01-079,11-01-02-10-01-080.

89) 『蔣介石日記』(手稿),1936 年 9 月 28 日条.

90) 「須磨総領事発有田外務大臣宛電報」第 810 号(1936 年 10 月 8 日),前掲『現代史資料』第 8 巻,317-319 頁.

91) 「張群発蔣中正宛電報」(1936 年 10 月 2 日),「張群発蔣中正宛電報」(1936 年 10 月 14 日),台北,国史館所蔵,蔣中正総統文物,002-090400-00007-045,002-090400-00007-047.

92) 「外交部発駐蘇大使館宛電報」(1936 年 10 月 2 日),中央研究院近代史研究所档案館所蔵,国民政府外交部档案,11-01-02-10-01-079,11-01-02-10-01-080.

93) 『蔣介石日記』(手稿),1936 年 10 月 15 日,18 日,31 日条.

94) 「張群支電」(1936 年 11 月),台北,国史館所蔵,蔣中正総統文物,002-020200-00026-079.

95) 「蔣介石対張群支電的複電」,台北,国史館所蔵,蔣中正総統文物,002-020200-00026-079.『蔣介石日記』(手稿),1936 年 11 月 7 日条.

96) 『蔣介石日記』(手稿),1936 年 11 月 8 日条.

97) 同上,1936 年 11 月 12 日条.

98) 詳細は,「外交部発駐日大使許世英宛電報」(1936 年 11 月 16 日),台北,中央研究院近代史研究所档案館所蔵,国民政府外交部档案,11-01-02-10-01-079,11-01-02-10-01-080.

99) 「駐日大使館発外交部宛電報」(1936 年 11 月 12 日),台北,中央研究院近代史研究所档案館所蔵,国民政府外交部档案,11-01-02-10-01-079,11-01-02-10-01-080.

100) 「外交部発許世英宛電報」(1936 年 11 月 13 日),台北,中央研究院近代史研究所档案館所蔵,国民政府外交部档案,11-01-02-10-01-079,11-01-02-10-01-080.

156　第 4 章　何鍵密告，ソ蒙協定と 1936 年の激動（1935.12〜1936.12）

101）『蔣介石日記』（手稿），1936 年 11 月 15 日条.

102）同上，1936 年 11 月 19 日条.

103）同上，1936 年 11 月 20 日条.

104）同上，1936 年 11 月 21 日条.

105）「共産インターナショナルに対する日独協定」（1936 年 11 月 25 日），前掲『日本外交年表竝主要文書』下，352-354 頁.

106）翁文灝（李学通・劉萍・翁心鈞整理）『翁文灝日記』上冊（北京，中華書局，2014 年），1936 年 11 月 25 日条，96 頁.

107）顧維鈞『顧維鈞回憶録』第 2 分冊（北京，中華書局，1985 年），361-362 頁.

108）『蔣介石日記』（手稿），1936 年 11 月 27，28 日条.

109）同上，1936 年 11 月 30 日条.

110）「ソ連外務人民委員部次官 B. S. スモトニャコフの 1937 年 1 月 21 日付駐日ソ連全権代表 K. K. ユレーネフ宛書簡」，河原地英武・平野達志訳著，家近亮子・川島真・岩谷將監修『日中戦争と中ソ関係──1937 年ソ連外交文書邦訳・解題・解説』（東京大学出版会，2018 年），25 頁.

111）「張群電蔣中正報告蔣廷黻与李維諾夫等談話」（1936 年 11 月 13 日），台北，国史館所蔵，蔣中正総統文物，002-090400-00007-046.

112）「蔣廷黻与李維諾夫談話記録」（1936 年 11 月 19 日），任駿編選「駐蘇大使蔣廷黻与蘇聯外交官員会談記録（1936 年 11 月─1937 年 10 月）」，『民国档案』1989 年第 4 期，21-23 頁；「蔣廷黻発外交部宛電報」（1936 年 11 月 21 日），中央研究院近代史研究所档案館所蔵，国民政府外交部档案，11-01-02-10-01-079，11-01-02-10-01-080.

113）「外交部発蔣廷黻宛電報」（1936 年 11 月 23 日），中央研究院近代史研究所档案館所蔵，国民政府外交部档案，「調整中日国交」，11-01-02-10-01-079，11-01-02-10-01-080.

114）「蔣廷黻与斯多蒙涅可夫談話記録」（1936 年 12 月 3 日），前掲「駐蘇大使蔣廷黻与蘇聯外交官員会談記録（1936 年 11 月─1937 年 10 月）」，23-25 頁.

115）「蔣中正発陳立夫宛電報」（1936 年 11 月 8 日），台北，国史館所蔵，蔣中正総統文物，002-010200-00167-030.

116）「蔣廷黻与斯多蒙涅可夫談話記録」（1936 年 12 月 9 日），前掲「駐蘇大使蔣廷黻与蘇聯外交官員会談記録」，25-27 頁.

117）「在満植田大使発有田外務大臣宛」第 1988 号（1936 年 11 月 19 日），前掲「支那，蘇連邦外交関係雑纂　第 3 巻」.

第5章　中ソ「絶対密件」に至る駆け引き (1936.12〜1937.8)

　1936年12月の西安事件から，1937年8月の「中ソ不可侵条約」とその締結時の密約である「絶対密件」の成立までの9カ月間は，日本が中国に突きつけた「共同防共」問題が本格化から条約面での決着へと向かう時期であった．その間，日中ソ三国は「抗日」か「防共（反ソ）」かをめぐり，激しい衝突を繰り広げていた．国民政府は，「連日」か「連ソ」かの選択に直面し，葛藤の中にあった．これらの対立と葛藤は，日中全面戦争勃発の原因とも密接に関連している．序論で述べたように，近年，日本では一部の人は当時の日本政府の「コミンテルン陰謀論」を再び取り上げ，日中開戦の主因はソ連とコミンテルンの策動であったと結論づけている．中国のインターネット上でも一時期，「国民政府がソ連の空論にたぶらかされた」といった類の意見が飛び交った．このような状況がもたらされた背景には，当時，「共同防共」問題をめぐって日中ソ三国及び国民政府内部の各派による多方面の駆け引きがあり，それに対する学術的研究がまだ不十分であるという事情がある [1]．

　このため，本章では，多様なファクター間のせめぎ合いとそれがもたらす帰結の相互作用という視点に基づいて，「共同防共」問題の本格化からそれがもたらした結果までを総合的に考察し，この過程における因果関係を明らかにしたい．そして，これによって，日中全面戦争の原因などの問題に対する再検討をも試みる．

1. 西安事件による「共同防共」問題の本格化

　1936年12月12日，日独防共協定が与えた衝撃が収まらない中，中国で西安事件が勃発した．首謀者の張学良は蔣介石を拘束し，連ソ，連共，抗日を迫った．中国に関する情報収集に長けた日本にとっても，この事態は想定外だっ

158 第5章 中ソ「絶対密件」に至る駆け引き（1936.12～1937.8）

た．そのため，外務省は12月16日になっても「西安事件ニ関シテハ真相ハ未
タ判明セス」と認め，「差当リ在支居留民ノ保護竝ニ権益ノ擁護ニ専念スルト
共ニ適確ナル情勢ノ把握ニ努メ真相ノ判明スルヲ待ツテ慎重方策ヲ決定セル」
との方針を示したのみであった[2]．

　日独防共協定がもたらした日ソ間の緊張に日本が危機感を募らせていた時，
折しも，ソ連も国民政府が共同防共に同意し，日本と共に反ソに傾くことを懸
念していた．だが，こうしたソ連と対照的に，日本が恐れたのは，西安事件の
張本人である張学良が主張した「連ソ抗日」を蔣介石が受け入れ，日本が中ソ
の挟撃に晒されることだった．そこで外務省は情勢を静観するとともに，「東
亜ニ於ケル赤化勢力ノ侵出防止ハ我国策ノ根幹ナルヲ以テ中央ハ勿論地方政権
ニシテ容共聯蘇ヲ標榜スルガ如キハ帝国トシテ黙過シ得サル所ナリ従テ之カ監
視乃至指導ニ就テハ各地共萬遺算ナキヲ期セラレ度」という方針を改めて強調
した[3]．日本の軍部も，国民政府および各地方政権が容共反日の風潮をさらに
高揚させ，日本人居留民の安全と権益に危害を加えるなら，日本は必ず自衛権
を発動すると主張した[4]．それ以降，日本の政軍双方は西安事件に対して，情
勢の静観と不干渉を唱えながらも，国民政府の連ソ抗日への対抗策を強化して
いく．これは，結局，日中の共同反ソを防ごうとしているソ連との正面衝突に
繋がる可能性をもっていた．

　これを国民政府の側から見れば，日独防共協定と西安事件の衝撃の中，中国
は日ソ両国の争奪の対象となり，蔣介石らは，「ソ連との共同抗日か」それと
も「日本との共同防共（反ソ）か」の選択を迫られたのであった．もっとも，
西安事件に慌てた国民政府にとっては，ソ連がいち早く張学良批判の姿勢を示
したことが重要であった．というのは，ソ連が張の行動を支持しないのならば，
より警戒しなければならないのは日本であったからである．

　12月17日，駐日大使許世英は，有田八郎外務大臣を訪ね，中国の世論は西
安の事態を静観し，公正を保つ日本の姿勢を称賛していると説明した．これに
対し，有田は，西安事件は日本に大きな衝撃を与え，日本は事態の展開を厳重
に注視しているが，張学良が蔣介石に容共連ソ，即時対日開戦を要求している
という報道が事実であれば，今回の事件は国民政府にとって大きな教訓となる
はずである．というのは，日本は国民政府の内部に容共連ソを主張する者が極

めて多いことを繰り返し指摘してきたが，今度の事件は日本の観点を再度裏付けるものであったからである．日本は中国の赤化を決して容認できず，「容共聯蘇ヲ主張スルモノニ対シテハ中央政権タル場合ハ勿論其ノ地方政権タル場合ト雖モ日本トシテハ之カ速ニ壊滅セムコトヲ希望スル次第ナリ」と述べた[5]．

　国民政府の連ソ容共に対するこうした日本の懸念を解消するため，12月18日，外交部長の張群は，駐南京日本総領事の須磨弥吉郎と会見し，有田に対する伝言を次のように申し伝えた．国民政府は一貫して共産主義に反対し，今後も共産党組織が存在する限り，国民政府は引き続き反共の方針を貫徹する．張学良が今回の事件で「容共」を主張している件であるが，それだけなら，日本は心配する必要はない．ただ，張学良は民衆の支持を得るため「抗日」をも掲げている．それへの対応に我々は十分に注意しなければならない．なぜなら，現在の中国では，容共に対する反対はすぐ抗日に対する反対と宣伝されるからだ．このような懸念から，当面，我々はまず抗日の困難を説明し，総力を結集して容共思潮を撲滅したいと考えている，と．こう前置きした後，張群は中国の主張を鋭く説く．すなわち，「容共論」を壊滅させるためには，日中関係への希望を中国の国民に持たせるようにしなければならない．しかし，西安事件以降の情報によると，関東軍はこれを機に百霊廟を奪還し，綏東6県の支配を回復しようとしており，さらには平津地区で華北5省の自治運動を再開しようとしている．関東軍のこのようなやり方は，日中関係の改善に向けた我々の努力を台無しにし，反政府勢力に政権を移譲せざるを得ない状況を醸成しているため，国民政府は非常に心配している，と[6]．張群のこうした発言は，日本の中国侵略こそ中国に連ソ容共の風潮をもたらした根本的な原因である，という国民政府の従来の観点を婉曲に再確認したものであるといえよう．

　しかし，中国側の説明は，日本を安心させることができなかった．12月19日，有田八郎外相は，日本政府は西安事件後の情勢，特に蔣介石と張学良が妥協したかどうかを依然として懸念し，張群ら要人に速やかに接触し，その態度をはっきり確かめるべきであること，また，国民政府が張学良の容共抗日要求を受け入れる場合，日本は「黙視スルヲ得ザルベキ事」を中国側に警告すべきである，との訓令を川越茂駐華大使に打電した[7]．これにしたがい，川越は21日午後，張群と2時間にわたり会談し，有田の警告を中国側に伝えた．張

160 第5章 中ソ「絶対密件」に至る駆け引き（1936.12〜1937.8）

群は18日に須磨に伝えた懸念を改めて表明したうえで，関東軍に関する情報が事実となれば，西安事件を静観してきた日本に対する中国人の好感を損なうことになると応酬した[8]．

12月25日，蔣介石は張学良に付き添われて窮地を脱出し，西安事件は平和的に解決された．中国駐在の日本外交官は蔣介石が張学良に妥協したかを探り回ったが，得られた情報は大体否定的なものであった．たとえば，1937年1月6日，駐天津日本総領事は汪精衛の親友から，蔣介石は西安で宋子文の説得を受けて張学良の連ソ要求を受け入れたが，西安を脱出した後，部下に反対されて立場が変わったという情報を得た[9]．19日，南京総領事の須磨は翁文灝から，国民政府の内外政策，特に中共に対する態度に変化がないことを聞き出した[10]．翌日，須磨は再び張群を訪ね，抗日容共問題に対する国民政府の態度を説明するよう求めた．これに対し，張群は，次のように答えた．西安事件後の中国では抗日ムードが確かに濃厚であったが，政府要人の意見は大別して三つに分けられる．第一は楊虎城らの人民戦線派勢力である．第二は内戦反対を旗印に，掃共戦の停止と，一致抗日のため容共もいとわない勢力である．第三は，日中衝突の回避を主張しながら，対等な日中関係の回復を目指す勢力である．続けて張群は，自分は蔣介石と同じ第三の勢力に属すと強調したうえで，今，日本は蔣介石を支持すべきであり，そのためには，過去の不法行為によって作り上げられた既成事実を取り消すことを約束するだけでなく，今後もこのような活動を厳禁するよう求めた．また，張群は，日本が上述の諸点を保証しなければ，中国は日本といかなる対話もできない，なぜなら，最近，国民政府と国民党中央は，日本は少なくとも対中平等を保証しなければならないとの認識で一致しているからだと警告した．最後に張群は，日本側が再検討すべき主要問題のリストを提示した．すなわち，日本が如何に華北での行動を規制するか，華北の日中経済協力は高圧的な態度で実現できるか，中国はどのように行政の統一を成し遂げるか，日本はどのように外交を一本化し，外交官が関東軍に振り回されないようにするか，日本の軍部は関東軍との関係をどのように処置するか，である[11]．

1月下旬，駐華陸軍武官の喜多誠一と「軍部顧問の山本」も，連ソの有無について国民政府行政院副院長の孔祥熙と会談し，探りを入れた．孔祥熙は，蔣

介石は西安事件の時，暴力に囲まれていたため，たとえ相手を適当にあしらうことがあったとしても，それは身の安全を守るためのものであり，本意ではない，蔣介石が長年努力を続けてきた中共掃滅の歴史がそれを裏付けている，と述べた．山本らは，孔祥熙の発言により，「一方では日本を欺き，他方では連ソ抗日を行う」という日本の蔣介石に対する疑念が払拭できたと肯定したうえで，広田弘毅に代わって林銑十郎が首相に就任すれば，日中関係は新たな局面を切り開くことができると述べた[12]．

　山本らが言ったとおり，2月2日，日本では首相が交代した．林銑十郎内閣は中国の反日感情を和らげるため，発足直後から日中関係の改善を重点目標にすると宣言した[13]．だが，実際のところ，林内閣は対中穏健姿勢を示しながらも，中国の連ソ抗日を阻止することに力を注いだ点では，それまでの内閣と何ら変わりはなかった．たとえば，駐華日本大使館員は林内閣発足の直後に孔祥熙を訪問し，西安事件が引き起こした問題を早急に解決しなければならない，議論を国民党の五期三中全会まで引き延ばせば，中国の抗日容共の気運が益々高まるだろうと急き立てた[14]．また，2月15日に国民党五期三中全会が開幕したが，当日，川越茂は，国民党中央政治委員会主席の汪精衛を訪問し，容共抗日思潮を一掃することの緊急性を強調した．汪精衛は，共産党の統一戦線スローガンは中国の有識者の間では受けが悪いが，一般民衆は彼らと違って，国難が深刻な時，往々にして急場しのぎで，国を危険にさらすことをいとわない，国民政府は現在，中共の危害を認識するよう民衆への啓発に努力しているが，効果が上がるかどうかは日本が両国の外交関係を引き続き悪化させるかどうかにかかっている，と答えた[15]．汪精衛の主張は前述の張群の論理と似ている．つまり，「容共」論は中国で受けが悪いが，「抗日」論は別である．なぜなら，それはあくまでも日本がもたらしたものだからである．したがって，鈴を取り外すにはその鈴を付けた人が自らする必要があるというのである．

　2月21日，国民党の五期三中全会が閉幕したが，日本が各方面の中国要人から得た情報はいずれも容共抗日を否定するものだった．しかし23日，在漢口日本総領事は次のような情報を入手した．すなわち，武漢行営が国民党中央政治委員会から，最近民衆の抗日意識が高まっており，将来的に日中が手を握ることは不可能である，中国が犠牲を覚悟して抗日準備する限り，日本は中

162　第5章　中ソ「絶対密件」に至る駆け引き（1936.12〜1937.8）

国を軽視できない，との訓令を受けたという[16]．このため，もともと五期三中全会の「赤禍根絶」決議に概ね満足していた日本外務省は，国民政府が容共抗日問題について秘密決定を有しているのではないかと疑うようになる．日本は国民党の内部動向の調査を強化すると同時に，中国共産党の動向にも注目した．2月25日，川越は東京に次のような報告を打電した．最近，中国共産党はしきりに国民党に妥協する信号を発しているが，これに対する中国要人の見方は多様である．楽観的な見方を取る陳立夫（当時，国民党中央常務委員兼国民軍事訓練計劃委員会主任委員）らは，中国共産党は共産主義が中国に向いていないことを悟り，特に西安事件時に中国共産党が多くの人々に非難され，軍隊も苦境に立たされたため，中国共産党は転向し始めたと見ている．悲観的な態度を持つ人は，中共の現在のやり方は完全にその一貫した欺瞞的策略から出たものであり，国民政府がその影響を受けて反共を緩めた場合，将来対外的にも対内的にも重大な結果に遭遇することになると指摘している．また，『大公報』の主筆である張季鸞は，上記の楽観論と悲観論はいずれも極端な見方であり，中共は大勢が不利であるのを見て，新たな活路を見いだそうと焦っているのは確かな事実であるが，他方では，それは共産党の隠蔽術にすぎず，国民政府は騙されない，と述べた，と[17]．

　3月2日，一時帰国を予定している許世英大使は，挨拶のため日本外務省を訪問した．外務省は許世英に対し，日本は国民党五期三中全会が防共問題と対日問題について表明した方針をおおむね理解しているが，宣言は表面的なものにすぎず，背後の状況がよく分からないため，日本は依然として中国の態度に疑念を抱いていると指摘し，日本の最大の関心事は防共であるから，日本は中国が三中全会宣言の趣旨を守ることを切望しており，また，中国が技術，経済，学術などの非政治的な分野から，日本人顧問の招聘を加速させることを期待している，と述べた[18]．

　3月3日，林銑十郎内閣は，首相が兼任していた外相に，元駐仏大使の佐藤尚武を任命した．佐藤は8日の演説で，日本は対中優越感を捨て日中関係の行き詰まりを打開しなければならない，今後，対中関係を処理する際に中国側の要求を十分に聞き，日本の利益を確保しながら，対中協力の精神を維持していくと訴えた[19]．これを契機に，林銑十郎内閣はいわゆる「佐藤外交」を開始

し，対中穏健という新たな姿勢を際立たせた．これに呼応して，日本軍部もその政策を対中静観に切り替えていく．日本軍部のこうした変化について，駐日中国大使館の丁紹伋代理大使は外交部への報告で，次のように分析している．

日本軍人の一時静観は対中認識の変化に由来していた．彼らは，綏遠戦から中国がかなり充実した軍備を持っていることを認識した．加えて，日本は連ソ論が全中国に広がっていること，西安事件後，中国の各方面が団結していることを確認した．これにより，日本は中国人の愛国観念の強さ，日本を恨む意識の深さを知り，以前の対中認識が完全に間違っていたことを深く悔やんだ．また，この誤りを是正しなければ，中国は対日憎悪を益々深めるから，必ずソ連と手を携える．また，国民党と共産党との妥協が成立したら，情勢は完全に一変し，山海関内外にいる日本軍は腹背に敵を受ける恐れがあるので，日本は慎重にならざるを得ない．

現在の状況から推測すると，日本軍部の対中政策が強硬化するか穏健化するかは，中国が全力を尽くして戦争に備えるかどうか，ソ連と提携するかどうかという要因によって決まってくる．中国は内部の団結が堅固で，欧米との接触に成功し，かつ戦争準備を急ぎ，連ソの声が高まれば高まるほど，日本軍人の対中政策は必ずや軟化するだろう．しかし，もし中国が連ソを実行したなら，日本は機先を制しようとするため，対中開戦に踏み切るかも知れない[20]．

丁紹伋の分析の中で，特に注目すべき点が二つある．一つは，日本の対中態度の緩和は中国の連ソへの懸念と密接な関係にあるため，中国が連ソの声を高めるなら，日本をさらに軟化させることができるという点，もう一つは，中国が本当に連ソを実行した場合，日本が対中戦争を始める可能性があるという点であった[21]．この2点は，日中関係におけるソ連要因の微妙な性格を理解する上で示唆に富む．

もっとも，こうした複雑な状況を踏まえて日本の視点を考察してみれば，中国に対する穏健な姿勢への変化が起きても，防共問題で中国への内政干渉を緩和することはないといえる．3月6日に川越茂大使が南京で復職したばかりの蔣介石と会ったときのことである．三中全会後，王寵恵が張群に代わって外交部長に就任したことを取りあげ，中国の外交政策に変更はないかと尋ねた．蔣

介石は西安事件時の日本の静観態度に感謝を表明したうえで，公表しないことを条件に，国民政府の外交方針は一貫しており，外交部長の交代によって変わることはなく，張群は外交部長を辞任した後も，中央政治委員会秘書長の要職に就いたという経緯を説明した．川越は日本が国共の妥協に重大な関心を持っていると再度言明し，それに対し，蔣介石は，三中全会は国民政府の対中共態度に変化がなく，共産党の存在を決して容認しないことをはっきり表明したと返答したのであった[22]．

2. 国民政府における「連ソ容共」の実相

では，連ソ容共問題について，国民政府上層部が表明した上記の意向は彼らの真の態度を反映していたのだろうか．プライベートな記録である日記などの中国側の資料を見ると，答えはイエスだ．次にこの点を見ていきたい．

まず，国民党中央政治委員会主席の汪精衛の見解を見てみよう．西安事件後に帰国した汪精衛は，連ソという主張は日本の圧迫による「一時的な必然」だが，容共は認められないものだと考えていた[23]．「連ソの必然」というのは，「日本の圧迫」という根本的な原因のほかに，汪精衛の当時のソ連観と密接な関係がある．ソ連が新経済政策を打ち出して以後，汪精衛は「ソ連の5カ年計画はイコール三民主義の国家資本主義的政策」であると考えた．当時，国民党中央監察委員会秘書長兼国民政府銓叙部（官吏の経歴や仕事ぶりを審査して職位を定める省庁）政務次長だった王子壮は，汪精衛が国民党常務委員会議の席上，「国民は皆先入観に囚われている．ソ連に対しては危惧か賛美かという態度をとるだけで，ソ連の政策がすでに軍事的共産主義から新経済政策，さらに国家資本主義に転換していることを冷静に見ていない」と発言したことを日記に記している[24]．また，「容共は認められない」というのは，汪精衛は1924年の国民党の敗北が「容共の中で連ソを行ったこと」に起因すると考えていたことによるものである[25]．そこで，西安事件が平和的に解決された後，汪精衛は，一国に二つの政府または二つの勢力が共に存在してはならないため，中国共産党に対しては必ず彼らに政府への帰順を受け入れさせるまで討伐しなければならないと主張した．他方，ソ連との連携に対しては，汪精衛は日本に非難の口

実を与えないため，連英連仏と同様，国際連盟を通して行うべきと主張した [26]．これと関連して，汪精衛はまた「今日，連ソの方式はわが国が直接乗り出すべきものではない．我々の最近の方針は英仏などと協力することであるから，英仏を通してソ連に接近するべきである．ファシストに対しては，英ソなどの国も我々と共通の利害関係にあるからである」と主張した [27]．注意しなければならないのは，汪精衛の連ソ賛同は，主に日本の侵略に抵抗するための策略から来るものであることである．すなわち，根本的には汪精衛は過去と同様，ソ連を信頼せず，ソ連の対中政策を強く警戒していたのである [28]．それ故，汪精衛は「今日，中国共産党に対するソ連の不信感はその力量の欠如に由来している．もし共産党が基盤を固めたなら，ソ連は必ずまた中共を支えることになる．ソ連の対英仏提携はドイツに対抗するためであり，国民党に接近し，中共と疎隔するというソ連の政策は，国民党が力を有し，ソ連とともに日本に対抗できることに理由がある」とも判断していた．彼は，ソ連への批判を隠さなかったのである [29]．この観点から，汪精衛は，徐永昌との談話の中でも，「共産党に対しては，国民党の主義に服従する意思がある匪賊軍を収容・編入するだけであり，いわゆる容共ではない」という点を強調し，特に「武漢時代の中共の無信義」を事例にして，「中共は国民党を消滅させ，中国をソ連の犠牲にしようとしている」という見解を繰り返し説いたのである [30]．

　山西地方勢力の要人である徐永昌（元山西省政府主席，1937年3月から国民政府軍事委員会弁公庁主任）も，国民政府中枢に入った後，汪精衛と似たような見解を繰り返し表明した．例えば，1937年2月6日付の日記において，徐は「張季鸞は，蔣先生の西安脱出はコミンテルンが中共に命令したためであり，その理由は抗日戦線の混乱を避けることであったと言っている」と記した後，「中国の福祉を図る党は，コミンテルンの命令に従って行動しなければならないという．中国の福祉が想像できるというものだ」と嘆いた [31]．同月23日，汪精衛は徐永昌に対して，「ソ連は余裕がなくなったため，国際主義を説く．その目的は国際社会を内部で互いに争わせ，ソ連から目を逸らすことにある（ソ連は共産制の不適切を知りながら，他人にそれを実行するよう誘惑する．本音では他人を犠牲にしてソ連を守ることしか頭にない）」と指摘した．徐永昌も汪の見方に賛同している．そして，「コミンテルンが内戦停止，共同抗日を提唱

することを中共中央に命じた」ことを取り上げ、「昔の中共の方法は国民党を中共との格闘に向かわせるだけだったが、今日の中共は国民党に内部で同士討ちをさせることを方法としている。このことから、ソ連の共産主義はソ連に適合し、ソ連を守るためのものであるという理由が分かる」と分析した[32]。

特筆すべきは、国民政府において、汪精衛と徐永昌のような見方は少数派ではなかったということである。国民党中央政治委員会の会議録を見ると、西安事件以後、国民党中央の主流派の意見は、抗日を是認する一方で、容共には断固反対するというものであった。しかも、西南勢力を代表する李宗仁、白崇禧も、華北地方勢力を代表する宋哲元も、この意見に賛同していた。会議の参加者はまた、陝西省と甘粛省の〔中共根拠地〕問題を早急に解決しなければならないとも主張した。理由は、「そうしなければ、共同防共を主張する国が文句を言ってくる恐れがある」からであった[33]。

国民政府の最高権力者である蔣介石も、ソ連と中共の問題については戦略的な見方を変えていなかった。すなわち、一方ではソ連が西安事件の平和的解決に果たした役割に感謝しつつ[34]、事件について回顧した際、「中共が国民党軍への編入による改編を要求した時、自分は拒否しなかったものの、承認された編入人数は極めて少なかった。あの時もう少し寛容にしておけば、国家が大きな損失を被った西安事件は起こらなかったかもしれない」という後悔も汪精衛に吐露していた[35]。また、これと関連して、1937年1月初頭、蔣介石は今後の対日・対ソ外交方針について、「国際連盟を基礎としてソ連と協力する」ことを考えた[36]。そして、2月8日、「民国26年〔1937年〕大事表」の「本年政策」欄に、蔣介石は「和露制共」とも書いていた[37]。

しかし、他方では、蔣介石は西安事件後、武力による「勦共」を停止したものの、中共に対する政策では汪精衛らと同様、「抗日と防共を共に図る」こと[38]、その根本的な方針は「招撫〔帰順させること〕」あるいは「収容・改編」によって中共軍を廃止することを特色としたのである。これは一般的な意味での「容共」とは重大かつ決定的な違いがあったといえる。

なお、中共に対する「招撫」と「収容・改編」のやり方について、蔣介石は多くの思惑を日記に記している。この点は蔣の本音を反映しているだけでなく、本音と中共に対する蔣の公的な表明との距離をも明らかにするものである。重

要な論点であるから，以下，若干の要点を抜粋して，紹介しておきたい．

1937 年 1 月 27 日付の日記で，蔣介石は，中共が経常経費の配分と蔣の直筆の誓約書による証明を要求したことを「妄動」として厳しく批判し，中共との「交渉を打ち切る」とまで記している [39]．

2 月 16 日付の日記では，蔣は，中共に対する原則は「編共〔中共を改編すること〕をするが容共はしない」ものであると再確認している [40]．

また，2 月 18 日付の日記で，蔣は，「中共の非人倫的で不道徳な生活と国家を無視した反民族的な主義は根絶しなければならない」と強調している [41]．

3 月上旬の日記の中では，蔣は，中共に対して「その軍隊を改編することだけを行い，軍部や統率部の設立を決して許容しない」とした一方，中共に対する「招撫の条件」として，「甲，本部を設置してはならない．乙，特区を設置してはならない．丙，武力暴動のもととなる地方武装勢力を編入してはならない．丁，中共の高級幹部に対してその自由権を保護し，海外渡航を希望する場合は政府の資金で送り出すことができる．戊，政党組織の設立は国民大会の後でなければならない」と列挙している [42]．

さらに 3 月 15 日付の日記に，蔣は，中国は常にソ連と日本の挟み撃ちの中で活路を求めなければならず，今年の中国は日本の偽装親善と中共の偽装降伏の情勢の下で国の陣容を固め，国力の充実強化を図らなければならないと自戒している [43]．

以上，「連ソ」と「容共」の問題に対する国民政府上層部の基本的な思惑を見てきた．では，実際の対ソ政策において彼らはどのように対処していたのか．この問いに答えるには，まず西安事件後のソ連の動向を概観する必要がある．

3. 中ソ関係の再度の冷え込み

西安事件後，日本は国民政府の連ソ容共を阻止することに力を注いだが，これと反対に，ソ連が国民政府の連日反ソを防止することに力を尽くしたのは当然であった．その目的を達成するため，ソ連の対中工作は，対中共と対国民政府の両面で同時に推進された．

まず，中共に対して，ソ連は 1937 年 1 月，コミンテルンを通じて，国民党

168　第5章　中ソ「絶対密件」に至る駆け引き（1936.12～1937.8）

と国民政府による内戦停止を目指す一切の措置を支持し，中国人民の総力を結集して日本の侵略に反対することを指示した[44]．また，その実現を目指して，ソ連は，ソビエト制度の放棄と土地没収の放棄などの措置を中共中央に要求した[45]．この方針にしたがって，中共中央は2月10日に国民党五期三中全会に打電し，共産党の5項目の要求（内戦を停止し，一致して外からの脅威に挑むこと，言論・集会・結社の自由を保障し，すべての政治犯を釈放すること，各党・各派・各界・各軍の代表会議を招集し，全国の人材を集めて共同で救国に立ち上がること，対日抗戦のすべての準備を速やかに完了すること，人民の生活を改善すること）を国策に定めれば，中国共産党は次の4項目の実行を保証すると宣言した．すなわち，「（1）全国範囲で国民政府の打倒を目指す武装暴動の方針を撤回すること，（2）ソビエト政府を中華民国特別区政府に改称し，紅軍を国民革命軍に改名し，南京中央政府と軍事委員会の指導を受けること，（3）特別区政府の区域内で普通選挙を含む徹底した民主主義制度を実行すること，（4）地主の土地を没収する政策を停止し，抗日統一戦線の共同綱領を断固実行すること」であった[46]．

　他方，国民政府に対してはどうであったろうか．ソ連は，西安事件による非常事態が続いていることに鑑みて，国民党の五期三中全会が閉会し，中国の内政状況が明らかになってから具体的な方針を定めることを決定した．この決定にしたがって，1月21日，ソ連外務人民委員部は，モスクワに一時帰国していたボゴモロフ駐華大使が駐華ソ連大使館代理大使とすべての問題について検討すること，南京のソ連大使館と上海のソ連総領事館が積極的に情報収集を行うとともに，ソ連が中国の内政に積極的に介入していると思われないようにすることを指示した[47]．

　中国情勢が落ち着くのを待ちながら情報収集と対策の検討を行っている最中の2月11日，ボゴモロフはリトヴィノフ外務人民委員に以下のような自身の提案を示している．すなわち，中国の反日派は，日本への抵抗を成功させる望みをソ連の援助と中ソ相互援助条約の締結に託している．相互援助条約の交渉停止は中国の親日派を利するので，ソ連は国民政府と相互援助条約の交渉を継続するべきである．そして，この交渉の目的は，中国に日本が求める共同防共について譲歩させないようにすることに置くべきである．逆に，中国が日本の

要求を受け入れれば，中国が日独防共協定に参加するのと同じ意味を持つことになる．いずれにせよ，中ソ相互援助条約の締結は日ソ戦争の可能性を早めるものではなく，遠ざけるものであると思われる，と[48]．

　なお，国民党五期三中全会が開幕した翌日の2月16日，ボゴモロフ駐華大使は駐ソ中国大使の蔣廷黻と会談し，中国は対日強硬路線をとるべきだと主張した．その理由は，これまでの事実に示されたとおり，中国が譲歩すればするほど日本は侵略を加速するが，最近，中国は日本の最後通牒的な要求に応じなかったにもかかわらず，何も起きていない，という．続いて，ボゴモロフは，ソ連は日本に対して消極的な姿勢を維持しているが，他方で，ソ連の軍事的，政治的強力さは，中国において積極的な役割を果たしており，よって日本は自らの欲望を抑制せざるを得なくなっている，と述べた．蔣廷黻はこの説に同意したが，同時に次のように反論した．すなわち，ソ連の政策のなかには，中国を不安にさせる要素がかなりある．なぜなら，満洲事変以来，ソ連と日本の紛争はすべてソ連の譲歩により平和的に解決されてきたからである，と．それに対し，ボゴモロフは，ドイツの駐華軍事顧問がソ連にとって懸念材料になっていると述べて，国民政府の対独友好政策に不満を示しつつ，日本が主張する共同防共は，中国への駐屯権を日本軍に与え，中国を実質的に日本の保護下に置くことを意味する，と主張した[49]．

　2月21日に国民党五期三中全会が閉幕し，前述のような国民政府の政策が明らかになった後の26日，中国駐在のソ連外交官は，国民党中央執行委員である張冲との談話を通じて，張が蔣介石の委任を受けて中共指導者の周恩来と交渉しており，周が中共に対する蔣介石の提案を受け入れたという情報を入手した．また，「五期三中全会の秘密決議」も張冲から聞き出していた．すなわち，「外交部長張群の報告に関しては次の通り──1. 中国と米英ソの外交関係を活発化させる，2. 国際連盟の活動を積極的に支持し，これに参加する，3. 集団安全保障の思想を支持する」．「何応欽の〔軍事〕報告は，1. 冀察政務委員会を廃止する，2. 殷汝耕の『自治』を廃止する」という内容である[50]．

　こうした中国の動きはすべてソ連の期待に合致するものに他ならなかった．それゆえ，3月8日，ソ連共産党政局は中国問題に関する6点から成る決議を採択するに至った．(1) 不可侵条約の交渉再開をボゴモロフに委任する．

(2) 太平洋地域条約[51]締結問題で南京政府がイニシアティブを示すなら，彼らに我々の支援を約束する．(3) 2年以内に6年の期間，5000万メキシコドルのクレジットを国民政府に与え，飛行機，戦車などの軍需品を売却することに同意する．(4) ソ連で中国人のパイロットと戦車兵を養成することに同意する．(5) 蒋介石の息子が同意するなら，彼の中国訪問に反対しない．(6) 中ソ文化交流に関するボゴモロフの提案を受け入れる[52]．

　前述のボゴモロフ提案と比較すると，ソ連共産党政治局は，中ソ相互援助条約の交渉開始を否定し，中ソ不可侵条約の締結を優先する姿勢を崩していないことが分かるが，かつてとは異なり，中国に多額の資金と物資を提供することを正式に決定し，蒋介石の長男である蒋経国の帰国[53]にも同意したのである．これらは，日独防共協定が，ソ連の対中譲歩を引き出すかもしれないという前記の蒋介石の予測を裏付けるものであった．総じて，モスクワは自国が渦中に巻き込まれることを避けつつ，資金的および物的な援助を通じて，中国の抗日戦を促すことを目指していたのである．

　この決議を貫徹するための一環として，コミンテルンのディミトロフ（Georgy Mikhailovich Dimitrov）議長の談話を経て，蒋経国を3月26日に帰国の途につかせた．28日，彼は途中でディミトロフに「あなたの指示はすべてやり遂げる」と打電した[54]．

　西安事件後の新しい情勢に対応したソ連の対中政策は，蒋経国の帰国を契機に実施段階に入ったが，結論を言えば，二つの大問題の存在により，国民政府の賛同を得るのが困難であった．

　一つには，締結すべき中ソ条約の性格をめぐる重大な対立があった．中ソ両国が1935年の日本の華北分離工作を契機に抗日への協力について交渉を開始して以来，国民政府が目指してきた目標は，中ソ不可侵条約ではなく相互援助条約の締結であった．軍事同盟の性格を有する相互援助条約だけが真に日本の侵略を阻止し得るものであり，反対に，中ソ不可侵条約は実際的な意義に欠けるだけでなく，日本を刺激して中国侵略を早めるマイナスの作用があると判断したからである．したがって，国民政府が対ソ交渉で一貫して堅持してきたのは，相互援助条約の締結に努めるが，それができないなら，不可侵条約すら締結しないという大原則であった[55]．しかし前述のソ連の対中決議は，ソ連の

対中政策と中国の対ソ原則とは相容れないことを物語っている.

　もう一つは，国民政府の対ソ判断である．前記の国民政府上層部の対ソ観に示されているように，1935 年以降十数カ月にわたる度重なる交渉を経て，国民政府は中国の抗日を鼓舞してきたソ連の真の目的を正確に認識していた．この点については，既に検討した私的な日記を補足するものとして，以下の二つの政府文書を紹介したい.

　まず，国民党五期三中全会における張群の秘密外交報告である．その中で，張は次のように指摘している.

　　　ソ連の国策の根本はやはり戦争を回避し，建設をやり遂げることである.
　　そのため，近年，日ソ対立の情勢が日増しに先鋭化し，特に日ソ間と満ソ間の国境紛争は多発しており，いつでも戦争を引き起こす可能性があったが，ソ連の対日交渉を子細に見ると，中東鉄道の売却やサハリン油田，北洋漁業権などの問題が次々と解決された．これらのことが裏付けるのは，解決はどれもソ連の譲歩によるものであったことである．また，日独防共協定が発表された後，ソ連は漁業協定締結を拒否すると表明したが，結局，旧協定の 1 年延長を認めた．このような事実はすべてソ連が戦争の回避に躍起になっていることを立証した．だから，ソ連は戦争を避け自国の建設を完成させようとするため，極東で中国のために責任を負うことは絶対にありえないことなのである.

　最後に張群は上記の分析を踏まえて，「ソ連の国策が転換されるまで，我々の対ソ期待は実現をみないだろう」と断言した[56].

　次に，諜報記録を見てみる．ソ連とコミンテルンは，中共への指示の秘密保持を徹底していたが，国民政府はソ連の意図について多くの情報を諜報活動により入手していた．たとえば，張群の外交報告と呼応するように，調査統計局の 1937 年 2 月 24 日の諜報は次のように述べている．西安事件以来，華北に対するソ連の赤化工作が次第に活発化しており，ソ連の密使が毛沢東とともに検討した「今後の指導方針」には，南京政府の抗日スローガンに合わせること，人民戦線の趣旨を宣伝すること，赤化活動と共産主義とのつながりを連想させないこと，陝西と甘粛が新疆と同様に外モンゴル化すること，などが含まれている．また，コミンテルンが最近，抗日を基礎とする以外に中国の活路は見出

172　第5章　中ソ「絶対密件」に至る駆け引き（1936.12～1937.8）

せず，今後は人民戦線方式をとって国民党と妥協し，黄河の西に人民戦線国家を建設すべきだという指令を中共に出した，と[57]．このような情報は，張群の報告の趣旨を補完するもので，ソ連に対する国民政府の警戒心をさらに高めるのに十分だった．

　上記の二つの要因の影響は，その後のボゴモロフ大使と国民政府の交渉過程によく表れている．

　ソ連共産党政治局の指令を携えたボゴモロフ大使は1937年3月末に中国に戻った．4月1日と2日，彼は孔祥熙，陳立夫との会談で，中ソ交渉に関するソ連の新構想を披露した[58]．孔，陳がそれを蔣介石に報告した後，4月3日，ボゴモロフは蔣介石と会談した．終了後，ボゴモロフは，次のようにモスクワに打電した．相互援助条約に対するソ連の拒否は中国側に意外とは思われなかったようだ．したがって，ソ連が太平洋条約を支持し，将来の中ソ二国間条約の締結を希望するとの表明は，次の交渉に有利な雰囲気を作り出した．また，技術協力に関するソ連の提案も蔣介石の興味を引いた，と[59]．

　この報告から，ボゴモロフが国民政府との初歩的な接触の結果に満足していることを読み取れる．だが，ボゴモロフは知る由もないが，会談の前日に蔣介石は日記に「ソ連が明白な態度を取ろうとしない」ことへの不満を書きつつ，中ソ関係におけるモンゴル問題と新疆問題に注意を払うべきだと強調していた[60]．また，蔣介石は4月11日付の日記では，「日本に冷淡になりすぎず，ソ連に奇貨を与えないこと」と自戒している[61]．そのため，ボゴモロフが4月12日に王寵恵外交部長と会談した際，彼は，中国側の実情を把握できなかった．会談の中でボゴモロフは，中国政府が中心になって太平洋地域相互援助条約に関する交渉への参加を太平洋諸国に呼びかけ，同時に，中ソ両国が直ちに不可侵条約の交渉を開始するという案を王寵恵に建議した．そして，中国を動かすため，ボゴモロフは，太平洋条約の交渉で成果が得られなければ，ソ連は中ソ相互援助条約の締結を再考する用意があると付け加えた[62]．しかし，王寵恵はソ連の提案を政府に伝えることを約束したものの，その後，面会を何度も延期した[63]．

　ボゴモロフが会談再開を待っている間，少なくとも二つのことが，会談が結局彼の望み通りにはいかないことを暗示していた．まず，蔣介石は4月23日，

中ソ関係に影響を及ぼす重大な懸案である外モンゴル問題の解決案について，下記の三つの原則を考えた．「一，ソ連に対しては，外モンゴルと中国の間での独立問題の直接協議を先に達成し，そして，10年後の独立を承認する．二，外モンゴルにおける中国の宗主権を確立しなければならない．三，中ソ両国は〔外モンゴルが〕永久独立国となることを協議し宣言する」[64]．この3カ条は国民政府の公式的立場と比べると後退したが，外モンゴル問題に対するソ連の要求とはまだ大きな隔たりがあった．

次に，在モスクワの蔣廷黻は半年近くの現地観察に基づき，4月に国民政府外交部を落胆させる報告書を南京に送付した．報告書は次のように言う．

　　ソ連の外交政策は徹底した戦争回避政策だ．中国人は，この点について，いささかの誤解もあってはならない．つまり，日独両国に対して，ソ連は戦いを挑む気が全くない．のみならず，ソ連は平和維持のために相当な犠牲を払うことをも惜しまない．〔中略〕

　　日独問題に対するソ連の宣伝の積極さと事実におけるその消極さは，ヨーロッパの人々に次のような推測をもたらした．つまり，ソ連の実際の外交政策はソ連が漁夫の利を得られるよう，資本主義国家同士の戦争を期待するものだ，と．

続いて，蔣廷黻は中ソ関係を具体的に分析し，報告を次のように結んだ．「ソ連当局は中国の抗日を強く望んでおり，その代表者は中国人との私的な談話で抗日を極力扇動している．しかし，ソ連政府は中国政府に対し，責任を負う実際的な話を一切しなかった．しかもソ連自身は日本に対して戦争の回避に力を尽くしている．これがソ連に対する私の最大の不満である」[65]．

上記のような経緯があっただけに，ボゴモロフが何度も催促した末ようやく5月17日に国民政府との再交渉が実現したものの，国民政府の対応は彼にとっては意外なものだった．国民政府側の参加者は王寵恵外交部長，馮玉祥（国民政府軍事委員会副委員長），孫科立法院長の3人である．馮玉祥は中ソ協力の主唱者の一人だが，会談冒頭，最も重要なのは中ソがいかに同盟国として共に日本帝国主義を打ち負かすかだ，そのためには中ソ相互援助条約の交渉を加速させなければならない，と主張した．ボゴモロフがまず太平洋条約を話し合おうと提案すると，馮玉祥は，それは我々には役に立たないと反論した．中国

174　第5章　中ソ「絶対密件」に至る駆け引き（1936.12〜1937.8）

は重病人のようで，不首尾な歩みを一歩一歩進めることは破滅的な結末をもたらしかねない．それに，お客さんをたくさん食事に招待したのに誰も出席しなかったら，主催者としては面子が潰される，と語った．ボゴモロフは，ただの知り合いは来ないかもしれないが，よき友人達は必ず来るものだ，と反論すると，馮玉祥は，日本は必ずこの条約に反対するだろうし，たとえ彼らが交渉には同意したとしても，必ず「満洲国」の参加を求めるだろう．そのとき中国はどうしたらいいのか，と反論した．ボゴモロフは，次のように反駁した．日本が拒否したとしても，太平洋条約締結の提案は日本国内で一部の世論の支持を得られる．いずれにしても，太平洋条約の提案は中国にとって何ら損になるとは思われず，日本軍部の対中要求もそれによって緩和するだけで，さらに高まることはない．中国は以前よりも強くなっているが，日本は弱くなっており，現時点では日本は中国に対して大規模な軍事的冒険をすることはできなくなっている，と．

　続けて，この応酬を受けた孫科は，「日本は弱くなっている」というボゴモロフの見解に同意したものの，太平洋条約に対する各国の取り得る態度を検討する段になると，日本は条約に必ず反対し，不干渉政策を強調してきたアメリカも参加を拒否するだろう，との見方を示した．これに対し，ボゴモロフは，アメリカはヨーロッパ問題よりも太平洋問題に関心を持っており，太平洋条約はアメリカの世論にとっても大きな意味を持つとして異議を唱えた．最後に，王寵恵はアメリカの中立法を根拠に，アメリカは太平洋条約に間違いなく消極的な態度を取るだろうとボゴモロフに反論した．王寵恵はまた，条約からは何も生まれないので，ソ連が提案した行動に利益はないと主張した[66]．

　長い沈黙が続いた後，馮玉祥は再び冒頭の主張に話題を移した．中国が必要としているのは攻守同盟の性質を持つ秘密条約であり，必要であればそれをテーブルに載せてもよい，と述べた．ボゴモロフは，ソ連の対外政策の原則は秘密条約に反対し，いかなる条約もソ連の世論の支持が必要であるというものだが，中国がソ連に接近しようとしていることをソ連の世論に信じさせるのは難しい，なぜなら，中国の新聞はこれに対して完全に沈黙しているからだと否定した．続いて，ボゴモロフは，まず中ソ不可侵条約を締結することを改めて提案しつつ，ソ連は中国に技術的な援助を行う準備があると付け加えた．これに

対して，王寵恵は，「太平洋条約締結交渉を直ちに開始すると同時に，相互援助条約に関する二国間交渉を行う．太平洋条約交渉が失敗に終わったときには，時間を無駄にしないために，相互援助条約に調印」するという中国の対案を提示した．ボゴモロフは直ちに王寵恵の提案を拒否し，且つ二つの理由を挙げた．一つは，王が提案したやり方では太平洋条約交渉は茶番となってしまうということ．もう一つは，ソ連は相互援助条約の交渉の経験が豊富であるため，相互援助条約の交渉は比較的容易だということである．また，第二の理由の裏付けとして，ボゴモロフはソ仏条約とソ連・チェコスロヴァキア間の条約を挙げた．王寵恵は，極東の事情は特殊であるから，中ソ間の条約が上記の二つの条約と同様であるはずがない，したがって，長たらしい手続きを避けるためにも，中ソ相互援助条約の交渉を直ちに始めるべきであると反論した．ボゴモロフは世界の世論が戦前期の軍事同盟条約への復帰を歓迎しないことを理由に，太平洋条約と中ソ不可侵条約の交渉を同時に進め，ソ連が中国に技術的支援を提供すること，太平洋条約が不首尾に終わった場合には，すぐに両国の世論が納得できる形で中ソ相互援助条約の交渉を始めることを提案した．これに対し，王寵恵は，中国は本日のすべての話を十分に検討した上で，数日内に正式に回答すると述べた[67]．

　しかし，その後，7月7日に盧溝橋事件が勃発するまで，国民政府は，ソ連の提案が「中国の存亡に深くかかわる重大なものであるため，中国は軽々に拒否できず，性急に賛成するのもだめだ」と判断したので，ソ連に対して「慎重に考慮する」と述べるにとどまり，確答を避けた[68]．また，蒋介石はこの間，対ソ政策についてずっと考えていたが，6月末になっても，対ソ外交の面で思考の深まりが見られなかった[69]．

　ちなみに，5月17日の中ソ会談後，ソ連の粛清運動が最高潮に達し，ソ連赤軍はさらに大きな打撃を受けた．この点も国民政府の対ソ姿勢に明らかにマイナスの影響を与えたと思われる．たとえば，6月24日，駐ソ大使館副武官は蒋介石に次のように報告した．「ソ連は今回，最も有能で最も人望がある9名の将官を処刑した．これは，赤軍の戦闘力を弱めただけでなく，英仏諸国の好感も弱めた」「ソ連人の実生活は中国の雑誌や新聞が宣伝したものと大きな距離がある．これもソ連政治の不安と戦争忌避の原因であった．対外戦争が一

度挫折したならば，国内の反乱は免れないであろう」[70].

4. 心理的葛藤と全面戦争の勃発

　以上の経緯から分かるように，日本が最も懸念していた中ソ関係の面において，国民政府は「連ソ」を対日戦略の一環としながらも，ソ連が新たな協力構想を提示した後，依然として従来の原則を堅持し，全面的な提携は断固拒否していた．要するに，ソ連が相互援助条約の締結を拒否し続けたことを背景に，国民政府はソ連が望んだ太平洋条約会議の主催にも同意せず，中ソ不可侵条約の交渉開始にも賛成しなかったのである．その結果，盧溝橋事件が勃発するまで，中ソ関係は事実上冷え込んだままであった．

　こうした対ソ姿勢と関連して，国民政府は中共問題への対処においても，これまで日本に表明してきた態度を維持していた．この点については，蔣介石が1937年5〜6月の日記に多くの記録を残しているので，いくつか挙げて紹介したい．

　5月13日，蔣介石は中共について「その名称を廃止し，その組織を改編すべきである．そうであれば積極的に指導する．さもなければ，公然活動と落着を認めない」と書いている[71].

　5月25日，蔣介石は対中共方針として，「甲，経済の面では寛大に対応する．乙，軍の人数を厳しく制限する．丙，政治の面では寛大に対応する．丁，〔活動〕地域を厳しく限定し，独立させない．戊，各省の軍閥が『中央の容共』を口実に反逆を起こした場合，共産党は自党の武力を使って中央と共に反逆を討伐するかを問い質す．己，各党各派という言い方を許さない．庚，領袖の権限と責任」と綴った[72].

　5月31日，蔣は「対中共方針」について，「甲，経済は寛大に対応する．乙，政治はそれに次ぐ．丙，軍事は厳格に制限する．丁，断固主張し，絶対に譲歩しない．戊，行動を一致させなければならない．己，地域と将校に対しては監察するだけでよい．庚，各党各派と共同して主張を行うことを許さない．辛，宣伝を許さない．壬，党名を改め，三民主義の実行を誓わせる．癸，領袖の権限と責任」と項目を並べた[73].

4. 心理的葛藤と全面戦争の勃発　177

　6月1日，蔣は，「中共はコミンテルンとの関係を断絶するか，間接的に連絡をとるべきである．最も重要なのは，中国の抗日は中国本位にするべきであり，他国のための抗日をしないということを中共に認めさせることである」と書いた[74]．

　6月5日，蔣は「中共に対する警告」として，「甲，必要のないことを言わない．できないことをやらない．乙，絶対的な服従と一致．勝手な宣伝をしてはならない．丙，勝手な活動や組織をしてはならない．丁，コミンテルンの活動に対する制限」と並べ立てた[75]．

　6月8日，蔣は「一，中共は被編入部隊に統率機関の設置を要求しているが，これは絶対に容認しない．二，目標を引き下げること，実際を重視すること，社会的信用を回復すること，思想を改めること，領袖を困らせないことを中共に勧告する」と書いた[76]．

　6月17日，蔣は「共産党に対する要点」として，「甲，優遇と厳格な監督．乙，民衆の奪取の禁止．丙，陝北政治の中央への統一．丁，毛沢東の出国．戊，民主スローガンと各党各派連合スローガンの取消．己，外国のための抗日をしないこと」を挙げた[77]．

　ところで，ボゴモロフ大使は中国に何度も会議再開を引き延ばされたあと，5月7日にモスクワに打電し，その原因をこの間の国民政府の対日政策に絡めて，次のように分析している．すなわち，中国の指導者は依然として自国の力と国民を信じていない．だから彼らは日本の一時的な弱体化を利用して，日本との交渉で好条件を得ようとしている．中国が我々との交渉を遅らせているのは，日本と交渉したいからだ，と[78]．

　ボゴモロフのこの見方は国民政府の対日政策の一側面を正しくとらえていた．なぜなら，林内閣が佐藤外交を打ち出した後，国民政府は確かにそれに期待を抱いていたからである．例えば，3月15日，蔣介石は中国の連ソ容共に対する日本の疑念を解消するために，喜多誠一武官らと会談し，共産党が赤化根絶決議に完全に服従し，とりわけコミンテルンとの連絡を断たない限り，国民政府は決して彼らと妥協しないことを再確認した．蔣介石は，中日両国は「道徳」と「道理」に沿って付き合うべきであり，まず感情，特に双方の軍人の感情を融和することに力を注ぐべきだと主張した[79]．また，蔣介石に呼応して，

178　第5章　中ソ「絶対密件」に至る駆け引き（1936.12〜1937.8）

王寵恵外交部長ら政府要人も，佐藤外相登場以降の日本の新たな対中姿勢を高く評価した [80]．

　このような背景の下，具体的には三つの方面から佐藤外交の新姿勢に国民政府は積極的に対応している．

　まず経済の面では，3月に日華貿易協会会長児玉謙次の率いる日本経済視察団が来訪した際，「経済提携優先」という日本側の主張に対し，国民政府は「政経不可分」を理由に，日本が作り出した政治的障害の除去を経済提携の前提として主張した [81]．日本経済視察団が帰国した後，王寵恵は日本要人との会談の中でも，日本が実際の行動で中日関係改善の理念を貫くよう何度も要請した [82]．

　次に政治の面では，国民政府は「満洲国」問題を含むすべての重大問題を包括的に解決することを中日関係改善の第一目標とする意思はないが，「華北は中国の死活問題である」という認識に基づいて，1936年9月の対日要求を再提出し，華北問題を確実に解決することを日本に求めた．その中には，殷汝耕体制の廃止，上海停戦協定・塘沽停戦協定・何梅協定（梅津・何応欽協定）の廃止，華北の密輸問題と冀東や察北問題の解決などが含まれていた [83]．

　最後に外交の面では，国民政府は，前述の1937年1月の張群会談を踏まえて，日本政府に対中政策の一本化を再三求めていた．すなわち，日本においては，外交に対する軍部の干渉を避け，外務省が外交問題に一元的に責任を負うべきである．また，中国においては，南京の中央政府が外交問題を処理し，日本は現地政権といわゆる地方交渉をしてはならない，と [84]．

　以上の対ソ連，対中共，対日本という三つの方面での国民政府の措置から分かるように，この時期，国民政府は，中日関係については改善を目指してかなりの程度真剣に努力を重ねていた．しかもこの努力は「連ソ」に対する慎重さと「容共」に対する排斥と相互補完の関係にあった．このころ，日本では，「中国再認識」が唱えられはじめていた．日本が，もし本当に中国を正しく認識し，中国に対する「防共」の看板の下での侵略政策を捨て，「協力の精神」で中国に接するようにしたならば，日中関係と中ソ関係，国共関係の展開には，まだ多様な可能性が残されていたのである．

　しかし，日本の実際の行動は，多くの可能性を最終的に日中全面戦争という

一つの可能性に帰結させてしまったというほかない．なぜこのような結果になったのか．この問題について，筆者はすでに別の論文で考察したが[85]，本章では，日本の指導者が穏健姿勢を打ち出した際の心理状態とその影響を分析することに重点を置いて再検討したい．なぜなら，重要なポストにある為政者の判断や決定は，その時々の心理状態によって大きく制約されており，心理状態の研究に対するこれまでの軽視は，戦争原因の研究に空白を残してきたと筆者は考えているからである．

　具体的には，三つの面に分けて，日本の指導者が対中穏健姿勢を打ち出した際の心理的な葛藤を見ていきたい．

　第一に，日本が穏健姿勢を打ち出した背景には，満洲事変で功を奏した強硬手段が華北分離工作以後徐々に機能しなくなり，ひいては裏目に出たことへの反省があった[86]．したがって，佐藤外交に示された対中穏健姿勢は，主に中国に対する手段の修正であり，それはせいぜい，政治的，軍事的な面における一時的な「進行停止」であって，「後退」ではなかった．しかし，日本はこの性質を誇大に強調し，中国に「譲歩」と誤解されることを恐れながら，日本の「進行停止」を中国に対する恩恵と主観的に捉えた．多くの日本人指導者は，中国がこれに満足し，さらには感謝しなければならないと考えたのである[87]．しかし，中国にとって，日本のそれまでの方法や手段を日本が自ら修正することは，日本のためになる当たり前の措置であった．しかもより重要なのは理念と目的の変更であった．そのためには，日本は，政策や行動の面において，まず華北で作り出した特殊化を解消し，続いてこれまで中国から奪った他の権益をすべて中国に返還しなければならないと考えた．こうした認識に基づいて，国民政府は経済提携優先という日本の提案を拒否し，政治問題との同時解決を唱え，また華北の正常化を求めた．他方で，古い理念を見直すことなく，長年培ってきた対中優越感を捨てきれず，上から目線で中国を扱うことに慣れている日本は，中国の上記のような対応を「恩知らず」と受け止めた．それは，日本の指導者の心理的葛藤を深刻化させたと考えられる．こうした葛藤から，日本は，中国の主権を守るための国民政府の正当な主張をすべて日本の穏健姿勢の「逆用」と見なした．そして，華北問題に関する国民政府の要求——これは1936年9月に提出したものの再提出に過ぎない——を，日本の対中強硬派は

180 　第 5 章　中ソ「絶対密件」に至る駆け引き（1936.12〜1937.8）

佐藤外交の弱みにつけこんだ中国の「得隴望蜀」と決め付け，佐藤外交と中国を攻撃した[88]．

　第二に，日本の対中穏健姿勢が所期の効果を得られなかった根本的な原因は，満洲事変以降の既得権益にしがみついていたという点に尽きる．にもかかわらず，日本は，自らの失敗の原因を対中穏健姿勢が生んだ副作用に帰した．すなわち，日本の穏健姿勢によって，中国は感謝するどころか，却って傲慢になり，「日本への過小評価と中国への過大評価」に陥ったというのである[89]．これを受けて，「柔軟な態度ではかえって軽蔑される」という感情が高まり，「穏健化の副作用」を解消しようとするあまり，対中強硬路線を再び肯定していく素地が生まれたのである．

　第三に，日清戦争以降，日本ではいわゆる「中国非国」論が流行し始めた．その基調は，中国が反省を知らずに混乱し，分裂し，日本にも被害を及ぼしており，したがって，中国は国際条約を適用できる正常な国ではなく，条約違反に見える日本の対中行動はやむを得ないものである，というものである[90]．しかし，日本の指導者は本当に中国の統一と進歩を望んでいたのだろうか．答えは複雑だ．というのも，当時の資料を読むと，日本の指導者は中国の分裂と混乱を嫌う一方，中国の統一と進歩をも恐れており，矛盾した傾向を示している．同時に，日本はこれまでの中国侵略に対する自信のなさから，中国が強大になれば必ず華北問題の解決から「満洲国」を含めたすべての領土の回復を要求するに違いないことを懸念していた[91]．だから，「穏健化」が副作用をもたらしたと断じた後，多くの指導者は侵略による既得権益を死守しながら，中国の将来的な日本侵略の清算を先制的な予防措置で阻止しようとする衝動を抑えきれなくなっていたのである．

　上記の諸要因がもたらした心理的歪みに制約された結果，日本経済視察団が掲げた「経済提携優先」が頓挫すると，林内閣は 1937 年 3 月末に日中国交調整を実質的に中止し，穏健姿勢の副作用を取り除くことに力を注ぎ始めた．その特徴は，国民政府の「傲慢」を「懲罰」する機会を見つけて，日本に対する国民政府の軽蔑を一掃し，中国に対する日本の「威圧力」を回復することであった．他方で，日本は，華北の主権回復に対する国民政府の要望を「傲慢」と「得隴望蜀」と決め付けるとともに，共同防共の拒否，自力防共の堅持といっ

た国民政府の態度を単純に「赤化」や「容共」と同一視していた．そのため，共同防共を国民政府に受け入れさせることを優先目標とした．

こうした心理と論理は，4月16日に外務，大蔵，陸軍，海軍の四大臣が決定した「対支実行策」と「華北指導方策」にはっきりと表れている．それは，「北支ノ分治ヲ図リ若クハ支那ノ内政ヲ紊ス虞アルカ如キ政治工作ハ之ヲ行ハス」としながら，国民政府に対する日本の方針は，容共と欧米依存政策の放棄，日本への接近を促し，特に華北では日満華相互援助を実現するための諸措置に国民政府を自発的に協力させようとするものであった．また，華北に対する日本の目標は，この地域を実質的に防共，親日満の地域にすると同時に，国防資源の獲得と交通施設の拡充に資し，赤化勢力の脅威を抑制することであった．日本は，国民政府に華北のいわゆる「特殊性」を実質的に認めさせると同時に，排日的言動の取締，日本人顧問の招聘，上海福岡間の航空路線の開通，「不逞朝鮮人」の逮捕と引き渡し，上海などでの日本関連事件の解決を国民政府に要求するのである[92]．

このような四大臣決定は，華北の正常化に関する国民政府のすべての要求を拒否するだけでなく，政治以外の手段で共同防共と華北特殊化を加速させることを意味した．その目的は，中国の連ソ抗日を阻止するとともに，華北を日本の対ソ戦争の戦略基地として確保することにあったと解釈するほかない．

このような方針に導かれて，4月中旬以降，日本の穏健姿勢に一定の期待を抱いていた国民政府が，日中関係の改善に尽力し，対ソ関係で日本を刺激することを回避していた間に，日本は中ソ関係への干渉を露骨に強化するに至った．例えば，4月19日，王寵恵は中日関係の緊張緩和を図るため，川越茂大使との会談で「政治優先」という従来の主張を「政経並行」，つまり「華北問題と経済提携問題は同時に全般的な研究を行えばよく，両者を区別する必要はない」としたが，川越は話題を中ソ関係に転じて，中ソ通商条約交渉の現状を問い質しながら，日本にとってその成否は重大問題だと強調した[93]．また，翌日，王寵恵は喜多誠一と会談し，日中双方が民衆の感情の視点から関係を改善する必要があると改めて主張したが，喜多は王に反日言論の取締を求め，中ソ関係に対する日本の関心を強調した[94]．

また，中ソ関係に対する認識の面では，4月下旬の以下の二つの文書が，日

182　第5章　中ソ「絶対密件」に至る駆け引き（1936.12〜1937.8）

本の指導者の危機感をさらに高めたと思われる．一つは，4月27日に日本外務省に届いた重光葵駐ソ大使の機密書簡である．それは，ソ連が同国各地の共産主義大学で中国共産党員を大量に養成するとともに，モスクワ駐在の中共代表王明を通して中国内部に指令を出していること，現在，中共に対するモスクワの指導は，もはや赤軍による国民政府の転覆ではなく，民族主義を基礎とし，国民党との協力を通じて抗日を促進することになっていること，これは日独防共協定締結後の日本に対抗するソ連の重要な手段であることなどを報告していた[95]．

　もう一つは，同じタイミングで作成された「対支ソ聯邦活躍の実相」と題する外務省の調書である．その要旨は以下のとおりである．

　ソ連は対日軍備を完成し将来の戦争に勝つために，目下，日本を国際的に孤立させ，中国をソ連のカードとして利用することに外交の重点を置いている．軍備面ではソ連はすでに日満両国を圧倒し，且つ中国で強力な情報機関と宣伝機関を構築した．

　また，ソ連の指導下，西安事件後に中共は政策を転換し，正面からの蔣介石反対をやめ，人民戦線活動を通じて大衆を獲得することを重視している．現在，赤軍の幹部は公然と南京に出入りしている．ソ連の対中スローガンは「満洲失地回復」と「抗日救国」であるから，いかなる中国人もそれに反対できず，中国の民衆には大きな誘惑力を与えている．もし蔣介石が日中の衝突を恐れて躊躇をするなら，「売国奴」と断罪されてしまう．

　華北の問題をめぐっては，日本には冀東の現状維持を主張する人がいる．日本が冀東を放棄したら，得隴望蜀の中国は最終的に満洲の返還を要求するに違いないという理由からである．しかし，我々は日中両国の正面衝突を誘発しようとするソ連の存在を忘れてはならない．華北問題を処理する際には満洲国を念頭に置くべきだが，対中問題を処理する際にはソ連を考慮しなければならない．これこそ覚悟しなければならない[96]．

　特筆すべきは，ここで述べられている「覚悟」という言葉の意味である．ここには，日本が，中国の「得隴望蜀」を防ぐために華北特殊化などの既定政策を推し進めれば，ソ連の対中目標の実現を助けることになるという警告が込められていると考えられる．

４．心理的葛藤と全面戦争の勃発　　183

　上記の二つの文書からは，日本には，ソ連の対中政策の転換とその目的を明確に認識する情報があり，また，華北特殊化を是正しなければ国民政府の連ソ抗日を阻止できないことを正確に理解する分析もあったことがわかる．また，5月の別の情報では，中国がソ連を中ソ交渉で冷遇していることも把握していたことがわかる[97]．

　しかし，「どうすればいいか」を知ることと，実際に「何をするか」とは別問題である．その後の行動を見ると，日本は釜の下から薪を抜き取るべきことを知りながらも，薪を抱えて火消しをするようなことを続けていたと言えよう．さらに，心理的な葛藤が深刻化する中で過去の対中強硬路線に逆戻りする一方，日本は，中国の態度には強い不満を感じていたようにも見える．

　例えば，5月9日の中国駐日大使館の電報によると，日本の軍部は，軍の立場は終始対ソ外交を中心にしているが，対ソと対中は密接に関係しているため，日本にとって中国の赤化が最大の憂慮であり，中国の抗日がさらに強まれば，日本軍は中国の政権を直接奪取するかもしれないと恫喝した[98]．5月13日，日本大使館の日高信六郎臨時代理大使は，汪精衛に対して，「日支ノ関係ニ付率直ニ言ヘハ以前ハ支那側ニ於テ日本カ何処迄押寄セ来ルヤヲ懸念シ居リタルカ最近ハ反対ニ日本側ニ於テ支那カ何処迄反撃シ来ルヤモ測リ難シトノ疑念ヲ抱クニ至リ其ノ調整ハ依然トシテ相当困難ナル様感セラル」と語った[99]．5月20日，海軍軍令部は，中国でなぜ国共合作抗日の声が上がっているかを論じる中で，国民政府が共産党の一致抗日の宣伝に反対しにくいことが問題だとしたうえで，国共妥協はたとえ一時的であっても中国の統一を強化し，今後の対日政策を強硬化させると主張した[100]．5月29日，日高信六郎は外務省に，「最近支那側ノ対日態度ニ付各方面ノ情勢ヲ総合観察スルニ本邦人ノ関係ノ問題ニシテ支那側ヨリ見テ非合法ト見做スモノニ対シテハ其ノ既成事実タルト否トヲ問ハス遠慮ナク之ヲ摘発是正シ本邦人ニ付テハ益々監視ヲ厳重ニシ苟モ其ノ非違ヲ看過セサル方針ヲ執ルニ至レル模様ニテ右ハ必然的ニ中央地方各官僚殊ニ警察，憲兵，軍隊等ノ態度ニ反映シ動モスレハ条約ノ規定及永年ノ慣行ヲ無視シテ迄モ日本人ノ権益ヲ圧迫スルコトヲ主権回復ト思込ミ甚タシキニ至リテハ故意ニ日本人ニ対スル取扱ヲ苛酷ニシテ得々タル者出テ来ラントスルノ形勢ニアリ」と報告した[101]．

184　第5章　中ソ「絶対密件」に至る駆け引き（1936.12～1937.8）

　こうした中, 5月31日に日本では国内政争のため林銑十郎首相が辞任し, 6月1日, 近衛文麿に陸海軍の一致した支持が得られて, 組閣の大命が下った. 近衛文麿は「中国再認識」を提唱した一人だったので, 蒋介石は,「日本の政治は最悪の局面に至っておらず, まだ転回の余地がある」と一度は考え,「ソ連からの武器購入は慎重を保ち, 急ぐべきでない」[102]と判断したのであった. しかし, 首相交代後の日本の動きは蒋介石の希望とは正反対だった. 6月2日, 近衛文麿は軍部の主張を全面的に受け入れると表明した[103]. 6月4日, 近衛内閣が発足し, 外相は「日中共同防共」を提唱した広田弘毅となった. 翌日, 関東軍は関係方面に以下のような「対中政策に関する意見」を内示した. すなわち,「現下支那ノ状勢ハ対ソ作戦完成ノ見地ヨリ観察セハ我武力之ヲ許サハ先ツ之ニ一撃ヲ加ヘテ再ヒ立ツ能ハサラシメ我背後ノ此ノ脅威ヲ除去スルヲ以テ最モ有利ナル対策ナリト言ハサルヘカラス而シテ若シ我武力ニシテ之ヲ許サストセハ既成事実ヲ厳守シテ支那ヲシテ一指ヲモ染メシメサル厳然タル決意ノ下ニ我国防充実完了ノ時期迄静観的態度ヲ持スルヲ可トセン而シテ帝国ノ庶希スル国交調整ニ対シ毫モ之ニ応スル意思ナキ南京政権ニ対シ我ヨリ進ンテ親善ヲ求ムルカ如キハ其ノ民族性ニ鑑ミ却テ彼ノ排日侮日ノ態度ヲ増長セシメ毛ヲ吹イテ傷ヲ求ムルノ結果ヲ招来スルノ惧ナシトセス」という主張であった[104]. 結局, 6月29日, 堀内謙介外務次官は丁紹伋代理大使を呼び, 華北問題に関する中国のすべての要求を再度拒否したうえで, 国民政府の「容共」を改めて問い質した[105].

　7月7日の盧溝橋事件はこうした背景の下で勃発したのであった. 事件自体にはある種の偶然性があった. しかし, この時の日本側の心理状態からすれば, これに乗じて武力で中国を制圧しようとしたのは必然的でさえあった. 最初の現場責任者である一木清直（華北駐屯軍第一連隊第三大隊大隊長）によれば, 彼は「中国人が実弾を撃てば日本兵は逃げる」という観念を中国に持たせず, 且つ「日本軍の威信」を守るために, 失踪兵が無事に帰還し, 攻撃の理由がなくなったことを知りながら, 中国軍への攻撃を続けたという[106]. また, 周知のように, 日本の中枢では盧溝橋事件の処理方針をめぐって, 当初は拡大派と不拡大派が対立していたが, 早々に強大な武力で中国を一撃して屈服させる方針で一致した. その原因の一つは, 満洲事変期の「日本が強硬に対処すれば相

手は軟化する」という経験の再肯定である[107]．これと相まって，華北問題の処理において，日本は国民政府との外交交渉を拒否し，華北地方政権との「現地解決」を堅持する一方で，外交の一本化を求めた国民政府の主張を日本に対する「挑戦的態度」と見なした[108]．そして，国民政府への対応については，7月19日，関東軍は華北政権を国民政府から分離し，それを自主独立の地方政権として，日満との「軍事的，政治的ニ鞏固的結合」を実現させることを日本の第一段階の目標にするべきと主張した．また，関東軍は，もし国民政府が日本の目標の達成を妨害するならば，日本軍は速やかに南京と上海を占領し，武力による威嚇で「満洲国の承認」と「北支の明朗化」を国民政府に認めさせ，日本との「対赤化共同防備」を実現させなければならないと付け加えた[109]．7月23日，外務省と陸軍省，海軍省の合同局長会議は「飽迄現地解決事態不拡大ノ方針」で意見の一致を見たが，外務省試案としての「国交調整交渉の内容」は，「満洲国ノ承認若ハ満洲問題ニハ触レストノ約束」，「日支軍事同盟ノ締結」を日本側の対中要求とした[110]．こうして，日本は，中国侵略をエスカレートさせるとともに，日中共同防共の実現という方針を改めて確定したのである．

　また，対ソ関係をはじめとする情勢判断においては，7月24日，関東軍司令部は次のような認識を提示した．

　1．ソ連はスペイン情勢，特に国内の事情により，当分の間は日本に対し攻勢に出ることはない．しかし，もし日本が今の好機を逃せば，将来，ソ連の発展が日本より遅くなることはなく，専制力が回復された後，ソ連は国内統制と開戦準備を強化し，中ソ両国の策応を日増しに強化するだろう．

　2．中国も現状のままで推移すると，国民政府は今度の日中紛争を利用して統一を強化し，抗日の気勢を高め，軍備を急速に増強するだろう．

　3．英米をはじめ欧米諸国が単独または連合して今次事変の拡大に実力干渉に出るのは不可能である．しかも，「英米武力ノ大拡張未タ着手セラレス特ニ日独提携ニ依ル欧州牽制力亦相当ニ之ヲ期待シ得ル今日以上ニ有利ナル一般情勢ハ今後必スシモ近ク予期シ得サルヘシ」．

　上記の認識に基づいて，関東軍は，内外の事態特に西欧の情勢やソ連の動向，国内の世論から見て目下は対中積極戦略を推進する天祐の好機であり，したが

って，「満洲国」の基礎を固め，対ソ解決の根基を築くためには，現在の対中特に対華北処理は断固として根本的解決を図らなければならないと結論付けた[111]．

また，8月上旬，日本外務省は中ソの分断と国共協力の破綻を図るため，「日支国交全般的調整案要綱」を制定するにあたって，「日支防共協定」の締結を対中国交調整の政治的条件とすることを再度確定した[112]．

こうして，日本は，盧溝橋事件をきっかけに，中国との全面戦争に突入したのである．

5. 中ソ「絶対密件」と「共同防共」問題の決着

盧溝橋事件が勃発した時，蔣介石は廬山で談話会を主宰していた．徐永昌の観察によれば，南京の留守を預かる国民政府要人は，多くが平和を望んでおり，「とりわけ6カ月後まで平和を保つことを祈っている（これは最小限のことで，その時には各要塞の新砲の大部分が設置できるからだ）」[113]．徐永昌自身も7月14日に行われた軍事機関長官会報会で，中国は準備ができていないことを理由に対日忍耐を主張した[114]．また17日，徐永昌は日記でソ連と中共に言及し，「ソ連や中国共産党，中国の青年学者など，殷汝耕のような人の道を外れた者以外，抗日しない者はいないと思われる．ただ，抗日はもちろん必要だが，国民にとって最も不幸なのは，ソ連が，日本の対ソ開戦と中国の中共掃滅戦を恐れているため，謀略を用いて，日中を相互に敵対させつつ，日本をして中国と戦わざるを得なくなるように仕向けていることだ」と嘆いた[115]．19日，喜多誠一が何応欽軍政部長を訪問し，中国が河北省に進入した軍を先に撤退させ，かつ空軍の動員を停止しなければ，戦争は回避できないと主張したが，何応欽は，日中戦争の結果，中国と日本は必ず共倒れになり，「結局，ソ連と中国共産党が漁夫の利を得ることになる」と喜多に忠告した．その後，何応欽は，蔣介石に対し，「和平を図るべき」とする電報を発することを徐永昌に依頼した[116]．

以上の事例から，盧溝橋事件が発生した当初，南京の軍政要人の中に平和的解決を主張するものが少なからずいたこと，そしてその主な理由は，ソ連や中

共に対する懐疑と警戒にあったことが読み取れる．しかし，西安事件が勃発した時，多くの人が当然のようにその原因を「ソ連の陰謀」に帰した過去と同様，徐永昌の見方も，実は本末転倒と言える．なぜなら，それは，日中戦争の勃発が，客観的にみてソ連を利する結果となることを理由に，戦争の原因をソ連の謀略と見なして，日本の中国侵略という根本的な原因を無視していたからである．徐永昌ら和平派の発言の多くは，このような特徴を持っていることに注意しなければならない．

南京にいる要人の態度と違って，盧山の蔣介石は盧溝橋事件の報告を聞いて，すぐに応戦を決意し，「六個師団を動員し北上増援」することを考えた[117]．17 日，蔣介石は盧山で日本に警告する演説を行い，19 日には反対を押し切ってその内容を公表した[118]．20 日には，蔣介石は盧山から南京に戻り，同日，ヨーロッパ訪問中の孔祥熙からの電報で次のような建言に接した．「中日事件は成功の見込がなければ，長期的に考慮しなければならないと思う．国際情勢を見ると，どの国も確実に中国を助けてくれない．私はアメリカにおいて王正廷〔駐米大使〕とともに懸命に説得したにもかかわらず，アメリカから口だけの同情を得ただけだ．イギリスはいまだに不可能でありながら調停人になりたいという態度をとっている．ソ連は単独で冒険をしたくないようだ．したがって，日本への対応はやはり自分自身の能力を基本にしなければならない」，と．しかし，蔣介石は直ちに「情勢は日増しに緊迫し，全面戦争は回避できない」と返電し，孔の建言を退けた[119]．

だが，注意すべきは，蔣介石のこうした反応はソ連の動向とは殆ど無関係だったことである．前述したように，ソ連は確かに中国の抗日を鼓舞してきたものの，中ソ相互援助条約の締結には同意せず，即時参戦も約束しなかった．蔣介石と国民政府は，ソ連の本音を十分に認識しており，中共との交渉でも「コミンテルンとの関係を絶つ」こと，「外国のための抗日をしないこと」を再三強調していた．同時に，盧溝橋事件の前夜まで，国民政府はソ連の提案を，回答を先延ばしにしながら実質的に拒否しつつ，日中関係の改善に尽力していたのであった．

では，盧溝橋事件直後から蔣介石が示した対日強硬姿勢は，いったい何と関連しているのだろうか．日記における蔣介石の独白を見ると，日本の武力侵略

への抵抗という原則論的且つ根本的な原因のほかに，理由は2点に集約されているようだ．一つはいわゆる「精神的勝利」策，すなわち，一戦を辞さない強硬な姿勢で日本に困難だと悟らせ，戦争を停止させることである（このため，徐永昌らは当時，蔣の対日行動が投機的であると批判した[120]）．もう一つは，蔣介石は日中関係の教訓から，日本に対する妥協は日本をつけあがらせるだけであり，ひたすら日ソ開戦を待つのも非現実的であると判断し，中国が先に対日抗戦をすることで，はじめて「国際的注目と各国の干渉」を獲得し，多くの国の力を借りて日本との問題を国際的に解決することに成功できると認識したことである[121]．

　こうした考えから，盧溝橋事件により日本に対する幻想が打ち砕かれた直後の7月8日，蔣介石は中ソ交渉の再開を指示したが，ソ連側の反応は極めて冷淡であり，蔣介石自身も交渉妥結の自信を欠いていた．例えば，7月12日に孔祥熙が蔣介石に電報で「ソ連は我が国と協力できるか」と尋ねたのに対し，蔣は「対ソ関係は確定していない」と答えるのが精一杯だった[122]．13日，連ソ派の大物である孫科はボゴモロフ大使と会談し，日中戦争がソ満国境の情勢にどのような影響を及ぼすかを尋ねた．ボゴモロフは孫科の目的はソ連が中国を助けるかを探ることにあると判断したので，確答を与えるどころか，「王寵恵は，できるだけ早くソ連の質問に答えると約束したのに，未だに私と話をしていない．中国は目下の中ソ間の冷たい関係の責任を負わなければならない」と不満を述べた[123]．15日には，駐ソ大使蔣廷黻がソ連は中日間の紛争を調停できるかとソ連外務人民委員リトヴィノフに尋ねたところ，リトヴィノフは「ソ連による単独調停は不可能だ．他国との共同調停が考えられるが，確答はまだできない」と否定したうえで，「現在の情勢はソ連の4月提案に対する中国の冷淡さがもたらしたものだ．当時中ソ両国がより団結できていたならば，日本は慎重に行動していただろう」として，中国を非難した[124]．

　ソ連のこのような態度に鑑みて，蔣廷黻は15日，いまソ連に援助を求めても無理であり，我々は決してソ連からの物的援助を期待してはならないと孔祥熙に打電した[125]．一方で同日，孫科は蔣介石に「各国を見回すと，日本の野望を制圧できるのはソ連しかない．したがって，中国はソ連としっかりと手を携えなければ，日本を制圧し極東の平和を保つことができない．直ちに大急ぎ

5. 中ソ「絶対密件」と「共同防共」問題の決着　　189

で努力すべきである」と訴えた[126]．しかし翌 16 日，孫科がボゴモロフに中ソ相互援助条約の締結を強く要請したところ，即座に拒否された[127]．同じ日，蔣廷黻がリトヴィノフを再訪し，英米仏に名を連ねて対日抗議を表明するよう要請した．リトヴィノフは，英米仏は抗議の事実すら知らせてくれず，ソ連は共同声明の内容も知らなかったので，何かを示したとしても集団行動にはならず，しかも他国の模倣と見なされるはずだと拒んだ[128]．蔣廷黻はやむを得ず再度南京に打電し，「我々はソ連が軍事力で中国の抗戦を助けるということを期待してはならない．当面の外交活動は英米の協力を重視すべきだ」と注意を促した[129]．19 日，陳立夫は蔣介石の指示にしたがってボゴモロフを再訪し，中ソ両国は日本の侵略に抵抗することにおいて利害は一致している，日本の第一の目標は中国であり，第二の目標はソ連であるため，中ソ両国は直ちに相互援助条約の交渉を開始すべきだと主張した．しかし，ボゴモロフは「日本が単独で対ソ開戦を敢行するはずはない」と反論した．陳立夫が一歩後退して，中国への軍事物資の提供を要請したが，ボゴモロフは，その前提は先に中ソ不可侵条約を締結することだと答えた[130]．

　このようなソ連の態度に直面して，7 月 20 日に行われた国民政府の軍政機関長官談話会で，ある発言者は，ソ連の出兵は以下の三つの場合に限って可能であると指摘した．「(1) 中国が日本に勝つこと，(2) 中国が長く持久戦を堅持し，日本が精も根も尽き果てること，(3) 中ソ間の政治的関係が同盟結成やコミンテルン加入などのように変化すること」[131]．また，一部のメディアもソ連の対応に不満を示した．例えば，7 月 21 日付の『大公報』は，「中央社ロンドン電」として，ソ連は中国の対日抵抗に極めて同情しているが，ソ連の消息筋は，中国はソ連から精神的な支援を得る以上の高望みをしてはならない，なぜなら，ソ連は未だに粛清活動に追われており，共産党員の 4 分の 1 にあたる約 70 万人が除名されたり，逮捕されたり，銃殺されたりしているからであると報じた[132]．

　それでも，戦火が迫る中，7 月 23 日に王寵恵は再びボゴモロフに相互援助条約の締結を求め，陳立夫と類似の理由を挙げた．日本の目的は華北を占領し，それを反ソ戦争の基地にすることである，ゆえに中ソ両国は共に日本の脅威にさらされている，と．王はまた，中国はこれまで英米に期待しすぎていたが，

190 第5章 中ソ「絶対密件」に至る駆け引き（1936.12〜1937.8）

今後は中ソ関係の改善に力を入れていくと付け加えた．それでもボゴモロフは態度を変えなかった[133]．

　ソ連が中ソ相互援助条約の締結を拒否し，中国が中ソ不可侵条約を締結しようとしないという状況の中で，国民政府はまずソ連から軍事物資の提供を受けることに重点を移すしかなかった．26日，張冲は「いかなる政治問題の解決にも時間がかかるため，軍事物資の供給問題をすべての政治問題と切り離して単独で解決するべき」という蔣介石の意見をボゴモロフに伝えた．さらに，張は，「蔣介石は，日中の戦いが避けられない今，中国は日本の同盟国であるドイツからの供給を期待できなくなったと言った．中国自身の備蓄は6,7カ月分しかない．中国にとって唯一の供給源はソ連だ．蔣介石はこの問題を純ビジネス的なものと見なすよう求めた．ソ連は政治的義務を一切負わない」と述べた．しかし，ボゴモロフは「自国政府に報告する」とだけ答えた[134]．

　なお，蔣介石もこの頃，日本が中国に「共同防共」すなわち「反ソ」を要求していることをソ連に援助を要請する理由として強調した[135]．しかし，この主張は，ソ連には響かなかった．27日，蔣介石は駐華フランス大使との談話で，ソ連の態度は非常に冷たく，中国は失望している，ソ連との提携を一貫して主張してきた中国人も皆憤慨している，という対ソ批判を展開した程であった[136]．

　要するに，盧溝橋事件が勃発した後，国民政府は直ちに対ソ工作を強化し，特に日中戦争とソ連との利害の連鎖を強調することに力を尽くしたが，ソ連は相互援助条約の締結を拒否し続けただけでなく，対中軍事物資供給の前提などについても中国側と対立していた．他方で，蔣介石ら国民政府指導部もソ連に大きな不満を抱いていたのである．

　しかし，別の見方をすれば，中ソ相互援助条約の締結を拒否し日中戦争に巻き込まれることを回避することはソ連の既定方針であったが，軍事援助の提供によって中国の抗日戦争を支え，日本を中国に釘付けにすることもまた，ソ連の既定の目標であったと言える．そうであれば，7月29日，ソ連共産党政治局が，対中援助について，次のように決定したのは当然であった．

　1．中国に供給する武器をクレジットで1億中国元に拡大すると同時に，不可侵条約の締結を必要条件に，以前に通知した条件に従って1年以内に武装し

た航空機 200 機，戦車 200 両を国民政府に供給する.

2. 中国軍が必要としているものを調査するため，少人数からなるソ連の指揮官の一団を南京に派遣することについて同意するように国民政府に提案する.

3. 中国の飛行士と戦車兵の一団を，学習のためソ連に受け入れることに同意する.

4. 中国軍人がウラジオストク経由で満洲へと通行することに同意する[137].

この4項目の決議に従って，7月31日，リトヴィノフはボゴモロフに次のように打電した. 今のところ中ソ相互援助条約を締結することは不都合だ. それは我々が直ちに対日宣戦布告することを意味するからだ. 中国への軍需物資の供給については，中ソ不可侵条約の締結を前提としなければならない，と[138]. ボゴモロフの指摘を借りて言えば，ソ連側は中国が一度不利な形勢に追い込まれると対日姿勢を軟化させ，日本による共同防共の要求に屈し，結果，ソ連の武器でソ連を撃つという局面が出現することを懸念したからである[139].

これまでのソ連の消極的な反応に鑑み，7月30日の日記に蔣介石はソ連が先に日本との妥協を図るのではないかとの懸念を記した[140]. 翌日，日本軍による北京，天津の攻落に「大変予想外」の衝撃を感じた蔣介石は，「対日外交が終始強硬であった」ことを反省し，「自分の外交政策決定は世論に従うだけで長期的な考慮に欠け，大戦略を混乱させた. 政治と外交は世論を指導するべきであり，世論に誤らせられるべきものではない」と自戒した. そして，「防共」と「連ソ」によるそれぞれの得失を比較した後，蔣介石は下記の結論に到達した.

日本は中国に共同防ソと偽満洲国の承認と華北の特殊化を要求している. 中国は先にソ連と不可侵条約を締結すれば，日本の第一の夢を打ち砕き，共同防ソの要求を断念させることができる. 他方で，日本との共同防ソを容認したら，華北が日本に支配されるのみならず，中国全体も第二の満洲国にさせられる. そのため，連ソは日本を怒らせるかもしれないが，最悪でも華北が日本に占拠されるだけで，国家の体面は損なわれず，まして華北全域は占領されないかもしれない. 二つの害を比べ，軽微なほうを選ぶべきである[141].

こうして，蔣介石は本音ではソ連と不可侵条約を結ぶことには消極的であっ

たが，日本の砲火が迫りくる中，日本とソ連のそれぞれの要求を比較したうえ
で，ソ連と不可侵条約を締結することの害が日本と共同防ソを行うことの害よ
り軽微と判断したのである．これは，それ以前からの蔣介石の対日・対ソ政策
の決定理由を考える場合の重要な視点の一つである．

　しかし，比較的軽微な害でも害であることには変わりない．8月1日，蔣介
石は，ソ連が不可侵条約の締結を対中軍需物資供給の先決条件とすることに固
執しているとの報告を受けて，「ソ連の外交は極めて狡猾である」との強い批
判を日記に記した．蔣はソ連が中ソ不可侵条約を結んだ後，それを利用して日
本に脅しをかけ，日ソ不可侵条約の締結を日本から勝ち取り，ソ連自身が依然
として中立を守るのではないかと懸念したのである[142]．

　翌日，蔣介石がボゴモロフ大使との会見において，冒頭から対中軍事援助と
中ソ不可侵条約をリンクすることに反対したのは，こうした判断からであった．
蔣介石は，日本の対中侵略と中国の対ソ態度との関連性を取り上げ，日本の対
中要求は反ソ同盟の結成であり，中国がそれに応じるなら，日本は中国に譲歩
することも惜しまない，しかし，中国はそれを拒否したため，日本に侵略され
たという論理を展開した．つまり，蔣介石は再度，日本の対中戦争と日本によ
る共同防共（＝反ソ同盟の結成）の要求との関連性をソ連との駆け引きの道具
として使用したのであった．しかし，こうした中国の論理はソ連の方針を変え
ることはできなかった．会見の最後に，ソ連との不可侵条約を拒否すれば，ソ
連から物資援助が得られないことを確認した蔣介石は，中ソ不可侵条約の交渉
開始に同意せざるを得なかったのである[143]．

　他方で，ボゴモロフ大使は，中ソ不可侵条約に対する蔣介石の反対は，日本
に妥協する意図を放棄していないことの表れであると判断したが，それには一
理あると言えよう．なぜなら，7月末まで，蔣介石は対ソ関係と対日関係を天
秤にかけて葛藤していたからである．例えば，7月31日に北京大学教授の胡
適らとの会見において，蔣は抗戦を決心したこと，かつそれを半年間維持でき
ることを伝えたが，胡適は外交交渉を中止してはならないと答えたうえで，和
平回復に努めている高宗武（国民政府外交部亜洲司長）と外交面の対策を相談
するよう蔣介石に提案した．蔣介石はその日の内に高と会見した[144]．8月5
日，蔣介石は軍の動揺を防ぐために抗戦の決意を翻してはならないとする一方，

王寵惠外交部長に日本と折衝することを改めて命じた[145]．そして，翌日，蔣介石は中ソ不可侵条約の交渉に当たって，「外モンゴル問題と共産主義宣伝禁止問題を特に重視しなければならない」と自戒した[146]．7日，蔣介石は国民党と政府の合同会議を主宰し，対日抗戦を正式に決定したが，同時に，蔣はソ連には対日開戦の余裕がないと指摘し，外交による折衝を放棄せず，機を見て交渉を行うことを外交部に指示した[147]．また，9日に蔣介石は「中国との共同防ソ条約という日本の夢を断念させる」ために中ソ不可侵条約を結ぶことを決意したが，12日にはその方針に対する汪精衛の疑念を知って，蔣はまた日本との関係を再検討しようとした[148]．

　上記の諸点に示されているように，盧溝橋事件から1カ月余りが経ち，対日抗戦も決定したが，蔣介石は対ソ関係と対日関係の処理をめぐる心理的葛藤を解消できず，またソ連が中ソ不可侵条約を利用して日本と妥協を図ることを懸念し続けたのである．

　他方，ソ連も前記のように中国が結局日本に屈し，共同防共を受け入れるのではないかと危惧していた．こうした相互に相手を利用しようとしながら相互に警戒心を緩めないという矛盾の中，中ソ双方は最後に一つの妥協に到達した．それは，8月21日に中ソ不可侵条約に調印する際，下記の「公式にも非公式にも永遠に公開しない絶対密件」を口頭で交換することであった．

　　　ソ連全権代表は，本日不可侵条約に調印する際，本国政府を代表して，中華民国と日本との正常な関係が正式に回復するまで，ソ連は日本と相互不可侵条約を締結しないことを声明する．

　　　中華民国全権代表は本国政府を代表して，本日調印した不可侵条約が有効である期間，中華民国は如何なる第三国とも事実上ソ連を対象とするいわゆる共同防共条約を締結しないことを声明する[149]．

　中ソ不可侵条約の締結時の密約であるこの「絶対密件〔絶対的な秘密事項〕」は，後に中国および日中関係に重大な影響を与えた．なぜなら，中ソ不可侵条約の有効期間中，ソ連の義務は日本と不可侵条約を結ばないことだけであるが，中国は如何なる第三国とも共同防共条約を締結しない義務を負わされたからである．換言すると，この義務によって，満洲事変以降日ソ両国の狭間を行き来してきた中国は，過去のように時には防共重視の姿勢を示し，時には抗日重視

の姿勢を示し，曖昧でどっちつかずの態度を以て臨機応変に交渉することができなくなったのである．それに伴い，「共同防共」問題をめぐる中日ソ三国間の駆け引きも，条約のレベルでは最終的に決着した．

結 び

中ソ間の「絶対密件」は当時はもちろん，1990年代まで50年以上にわたって機密解除されていなかった．しかし，1937年8月29日に両国が同時に中ソ不可侵条約の公開文書を発表すると，国際社会はすぐに中ソ条約の意義について合理的な判断を下した．たとえば，アメリカのヘンダーソン（Loy Wesley Henderson）駐ソ大使館代理大使は，中ソ不可侵条約の文面から言えば，この種の条約の通常の内容にすぎないが，同条約は中国が日本と実際に戦争をしている時に調印されたこと，且つ日ソ関係は決して満足のいくものではなかったことに鑑みれば，条約の文言よりも，この実際の国際情勢のほうが重要であると指摘した．また，同代理大使は上記の観点から，日中ソの外交官及び評論家との談話から得られた意見を踏まえて，中ソ不可侵条約の意義について次のように総括した．

日本にとって，中ソ条約の締結は以下のようなことを意味している．（1）日本政府は，かつてのように国民政府を日本の追随者として反コミンテルン陣営に参加させることを期待できなくなった．（2）日本政府は現在の国民政府を倒さなければ自らの要求を実現できなくなった．（3）日本は中共とソ連に同情する左翼の人々が国民政府を支持することを想定しなければならない．

ソ連にとって，中ソ条約の締結は以下のようなことを意味している．（1）ソ連政府は自らの機動力を損なうことなく，国民政府をして極東の抗日陣営としての旗幟を鮮明にすることを保証させることに成功した．（2）共産党および中国のその他の親ソ派の人々はこの条約によって，中国で比較的有利な地位を回復した．（3）中国国民党はもはや日本とソ連の対立を促せなくなったので，今やモスクワに一層依存するしかない．（4）国民政府は抗日を堅持する可能性が高くなったので，紛争の結果がどうであれ，日本は今後，本来反ソに使える力を中国で消耗せざるを得なくなる[150]．

上記のまとめは，中国争奪戦における日ソの勝敗を極めて端的に説明している．日本は「日中共同防共」の提唱者として，誰よりも早く自らの失敗に気づいたのは言うまでもない．それゆえ軍部は中ソ不可侵条約は日本が後方からソ連の攻撃を受けることを意味すると主張した[151]．この主張は，日本の指導者が中ソ「絶対密件」の文言を目にすることはなかったものの，「共同防共」をめぐる争いにおけるソ連の勝利と日本の敗北に疑問を持たなかったことを物語っている．

しかし，日中全面戦争の原因問題と同様，その後も，日本は「共同防共」での勝敗を決めた要因についても中国と正反対の見方をし，「防共」概念をめぐって中国と激しい攻防を繰り広げた．次に，第6，7章でこの攻防の様相を描き出し，続いて終章で日中戦争の原因問題と結びつけて，上記の結末の背景を論証したい．

注

1) 中国では，本章が扱う課題に関連する主たる研究は，序論で挙げた著書以外に，次の論文がある．孫艶玲「抗戦前期中国争取同蘇聯訂立互助条約始末——兼析〈中蘇互不侵犯条約〉的簽訂」，『抗日戦争研究』2006 年第 1 期；臧運祜「西安事変与日本的対華政策」，『近代史研究』2008 年第 2 期；羅敏「抗戦前期蔣介石対中共態度的演変」，『抗日戦争研究』2013 年第 3 期；張毅「中蘇互不侵犯条約談判与 1932–1937 年的中蘇関係」，『近代史研究』2016 年第 2 期．総じて言うと，1937 年前半の「共同防共」問題をめぐる中日ソ関係について，本書のような視点による具体的な考察は未だに不十分であると思われる．

2) 「有田外務大臣発川越大使宛電報」合第 999 号（1936 年 12 月 16 日），外務省編纂『日本外交文書』昭和期Ⅱ第 1 部第 5 巻下（外務省，2008 年），1142 頁．

3) 同上．

4) 「西安事件ニ伴フ対支時局対策陸軍案ニ関スル件」（1936 年 12 月 15 日），同上，1145 頁．

5) 「有田外務大臣発川越大使宛電報」第 308 号（1936 年 12 月 17 日），同上，1147–1148 頁．

6) 「須磨総領事発有田外務大臣宛電報」第 1064 号（1936 年 12 月 18 日），同上，1149–1150 頁．

7) 「12 月 19 日外務大臣発川越大使宛訓電要旨」（1936 年 12 月 21 日電話聴取），同上，1155 頁．

196 　第 5 章　中ソ「絶対密件」に至る駆け引き（1936.12〜1937.8）

8）「須磨総領事発有田外務大臣宛電報」第 1089 号（1936 年 12 月 21 日），同上，
　1153-1155 頁.

9）「堀内総領事発有田外務大臣宛電報」第 1 号（1937 年 1 月 7 日），同上，1167 頁.

10）「川越大使発有田外務大臣宛電報」第 44 号（1937 年 1 月 19 日），同上，1181-
　1182 頁.

11）「川越大使発有田外務大臣宛電報」第 52 号（1937 年 1 月 21 日），外務省編纂
　『日本外交文書』昭和期Ⅱ第 1 部第 5 巻上（外務省，2008 年），215-216 頁.

12）「日本駐華武官喜多少将偕軍部顧問山本謁晤孔部長談話要点及附件」（1937 年 1
　月 29 日），南京，中国第二歴史档案館所蔵，孔祥熙档案，3009（2）/79.　なお，
　孔祥熙が残した資料で「山本」は孔の「日本人の親友」と「日本軍部の顧問」と称
　されている．ただし，山本の名は不明である.

13）　詳細は，「三相施政方針を披瀝」「支那の誤解一掃　外務省愈々乗出す」,『東京
　朝日新聞』1937 年 2 月 16 日（夕刊）.

14）「川越大使発林外務大臣宛電報」第 87 号（1937 年 2 月 4 日），前掲『日本外交
　文書』昭和期Ⅱ第 1 部第 5 巻下，1186-1187 頁.

15）「川越大使発林外務大臣宛電報」第 111 号（1937 年 2 月 15 日），前掲『日本外
　交文書』昭和期Ⅱ第 1 部第 5 巻上，233-234 頁.

16）「三浦総領事発林外務大臣宛電報」第 67 号（1937 年 2 月 23 日），前掲『日本外
　交文書』昭和期Ⅱ第 1 部第 5 巻下，1202 頁.

17）「川越大使発林外務大臣宛電報」第 99 号（1937 年 2 月 25 日），同上，1202-
　1203 頁.

18）「佐藤外務大臣発川越大使宛電報」第 23 号（1937 年 3 月 4 日），前掲『日本外
　交文書』昭和期Ⅱ第 1 部第 5 巻上，238-239 頁.

19）「外相の答弁速記（要旨）」,『東京朝日新聞』1937 年 3 月 9 日（夕刊）.

20）　丁紹伋「現時日本各派之対華意見」（1937 年 3 月 8 日収），台北，中央研究院近
　代史研究所档案館所蔵，国民政府外交部档案，11-01-02-10-01-087（旧档案番号は
　012/0055．以下同様）.

21）　駐横浜中国総領事館の外交部宛報告によると，広田弘毅内閣の末期，広田は，
　中国が連ソ容共の方針を取れば，日本はそれを排撃し，中国が親日方針を強化すれ
　ば，日本は中国との関係を増進すると言明していたとされる．丁紹伋の判断はこの
　経緯と関連していたと思われる．詳細は，「横浜総領事館発外交部宛電報」（1937
　年 1 月 11 日発），台北，中央研究院近代史研究所档案館所蔵，国民政府外交部档案，
　11-01-02-10-01-087.

22）「川越大使発佐藤外務大臣宛電報」第 168 号（1937 年 3 月 6 日），前掲『日本外
　交文書』昭和期Ⅱ第 1 部第 5 巻上，242-243 頁.

23）　王子壮『王子壮日記』（手稿本）第 4 冊（台北，中央研究院近代史研究所，2001

年), 1937 年 1 月 28 日条, 28 頁.

24) 同上, 1937 年 5 月 3 日条, 124 頁.

25) 同上, 1937 年 1 月 28 日条, 28 頁.

26) 徐永昌『徐永昌日記』第 4 冊 (台北, 中央研究院近代史研究所, 1991 年),
1937 年 1 月 24 日条, 15 頁.

27) 前掲『王子壮日記』第 4 冊, 1937 年 1 月 28 日条, 28 頁.

28) ちなみに, 当時国民党中央執行委員および民衆訓練部部長だった周仏海も, こ
の点で汪精衛と同様の認識を持っていた. すなわち, 彼は「もし連露容共が実現で
きれば, 日本は軽挙を慎むかもしれない. というのも, 我が政府は, 第一に共産党
軍を討伐している数十万の軍を対外抗戦に振り向けることができる, 第二に共産党
の軍事力を利用して対外抗戦の力を増強することができる, 第三に容共によってロ
シアの援助を得ることができる」として, 連ソ容共が「一つの方法である」と判断
するとともに, 連ソ容共を実行に移した場合,「日本が素早く中国の要地を占拠し
ても, ソ連は実力で中国を援助しないかもしれない. そうであるならば, 連露は有
名無実である」と懸念していた. 詳細は, 周仏海 (蔡徳金編注)『周仏海日記全編』
上冊 (北京, 中国文聯出版社, 2003 年), 1937 年 1 月 2 日条, 2-3 頁.

29) 前掲『徐永昌日記』(手稿本) 第 4 冊, 1937 年 1 月 24 日条, 15-16 頁.

30) 同上, 1937 年 1 月 26 日条, 17 頁.

31) 同上, 1937 年 2 月 6 日条, 21 頁.

32) 同上, 1937 年 2 月 23 日条, 29 頁.

33)「中国国民党中央執行委員会政治委員会第 34 次会議速記録」(1937 年 1 月 20
日), 台北, 中国国民党党史館所蔵, 中国国民党第五届中央執行委員会政治会議第
31-40 次会議速記録, 類 00.1, 号 236.

34)「駐華ソ連全権代表 D. V. ボゴモロフの日記」, 1937 年 4 月 3 日条, 前掲『日中
戦争と中ソ関係』, 34 頁.

35) 前掲『王子壮日記』(手稿本) 第 4 冊, 1937 年 1 月 28 日条, 28 頁.

36)『蔣介石日記』(手稿), 1937 年 1 月 5 日条.

37) 同上,「民国 26 年大事表」.『蔣介石日記』によると, この表は 1937 年 2 月 8 日
に作成されたものである.

38)「蔣介石発閻錫山宛電報」(1937 年 1 月 17 日), 台北, 国史館所蔵, 閻錫山史料,
116-010101-0115-068.

39)『蔣介石日記』(手稿), 1937 年 1 月 27 日条.

40) 同上, 1937 年 2 月 16 日条.

41) 同上, 1937 年 2 月 18 日条.

42) 同上, 1937 年 3 月 6 日, 10 日条.

43) 同上, 1937 年 3 月 15 日条.

198　第 5 章　中ソ「絶対密件」に至る駆け引き（1936.12〜1937.8）

44)　『季米特洛夫日記』1937 年 1 月 19 日，中共中央党史研究室第一研究部編『共産国際，聯共（布）与中国革命档案資料叢書』第 17 巻（北京，中共党史出版社，2007 年），526-527 頁.

45)　「共産国際執行委員会書記処致中国共産党中央委員会的電報」（1937 年 1 月 20 日），同上，483 頁. Телеграмма Секретариата ИККИ в ЦК КПК（20 января 1937 г.），ВКК, Т. 4, Ч. 2, с. 1091-1092.

46)　「中共中央給中国国民党三中全会電」（1937 年 2 月 10 日），中央档案館編『中共中央文件選集』第 11 冊（北京，中共中央党校出版社，1991 年），157-158 頁.

47)　「ソ連外務人民委員代理 B. S. ストモニャコフ発駐華代理大使宛書簡」（1937 年 1 月 21 日），前掲『日ソ戦争と中ソ関係』，3 頁.

48)　詳細は，「駐華ソ連全権代表 D. V. ボゴモロフ発ソ連外務人民委員 M. M. リトヴィノフ宛報告メモ」（1937 年 2 月 11 日），同上，4-5 頁.

49)　「駐華ソ連全権代表 D.V. ボゴモロフと蔣廷黻大使の会談記録」（1937 年 2 月 16 日），同上，8-13 頁. なお，中国側の記録は，「蔣廷黻与鮑格莫洛夫大使談話記録」（1937 年 2 月 16 日），任駿編選「駐蘇大使蔣廷黻与蘇聯外交官員会談記録（1936 年 11 月─1937 年 10 月）」，『民国档案』1989 年第 4 期，27-29 頁.

50)　「駐華ソ連全権代表部一等書記官 G. M. メラメードと中国の友好人士たちの会談記録」（1937 年 2 月 26-27 日），前掲『日中戦争と中ソ関係』，17-20 頁.

51)　後のソ連側文書では「太平洋条約」と略称されることが多いが，最終的にはうやむやになったため，正式な統一名称はないようである. しかし，後述するボゴモロフの中国側に対する説明を見ると，「太平洋地域集団安全保障条約」という意味であると思われる.

52)　「全連邦共産党（ボ）政治局の中国問題に関する決議（抜粋）」（1937 年 3 月 8 日），前掲『日中戦争と中ソ関係』，20-21 頁.

53)　その時点で，1925 年 11 月から留学を始めた蔣経国のソ連滞在はすでに 12 年目に入っている. 蔣経国の回想によれば，彼はその間に何度も帰国を希望したが，国共関係の破綻と中ソ関係の悪化，そしてソ連の戦略的な思惑などの理由でソ連当局に阻止された. 詳細は，蔣経国「我在蘇聯的生活」，張良任等編『蔣経国先生全集』第 1 冊（台北，行政院新聞局，1991 年）.

54)　『季米特洛夫日記』1937 年 3 月 10, 15, 26, 28 日条，前掲『共産国際，聯共（布）与中国革命档案資料叢書』第 17 巻，529-531 頁.

55)　本書第 3, 4 章を参照されたい.

56)　張群「最近之国際動向与我国対日外交」（1937 年 2 月 17 日），台北，中国国民党党史館所蔵，資料番号不詳. 1936 年 12 月 2 日，張群が日独防共協定への対応に関する蔣介石の質問に答えた際，たとえ日本とドイツが防共協定への参加を中国に要請したとしても，我が国が自力防共を言明し，且つロシア，フランス，イギリス

の感情に配慮しなければならない以上，防共協定への参加を断固拒否すべきだと提言した．上記の報告と照らし合わせると，張群にとって，「共同防共」の拒否は「連ソ容共」への賛同を意味していなかったことが分かる．換言すると，「共同防共」を拒否することと，ソ連を警戒することとは両立している．このような見方は当時の国民政府の上層部では一般的であった．詳細は，「張群発蔣介石宛電報」（1936 年 12 月 2 日），台北，国史館所蔵，蔣中正総統文物，002-090103-00014-089 を参照．

57) 「調査統計局呈蔣中正西安事変後蘇聯対華赤化工作指導方針」（1937 年 2 月 24 日），台北，国史館所蔵，蔣中正総統文物，002-080200-00276-081.

58) 「駐華ソ連全権代表 D. V. ボゴモロフの日記」，1937 年 4 月 1-2 日条，前掲『日中戦争と中ソ関係』，34 頁.

59) 「ソ連駐華大使発ソ連外務人民委員部宛電報」（1937 年 4 月 3 日），李玉貞訳「〈中蘇外交文件〉選訳」（下），『近代史資料』総 80 号，1992 年 1 月，188-190 頁. Телеграмма Полномочного Представителя СССР в Китае в Народный Комиссариат Иностранных Дел СССР, из Шанхая（3 апреля 1937 г.），*Ф.П. Доля и др*（Ред.）// Документы внешней политики СССР, Т. 20（Москва: Политиздат, 1976), с. 155-157（以下，ДВП, Т. 20 と略す).

60) 『蔣介石日記』（手稿），1937 年 4 月 2 日条.

61) 同上，1937 年 4 月 11 日条.

62) 「駐華ソ連全権代表 D. V. ボゴモロフの日記」，1937 年 4 月 12 日条，前掲『日中戦争と中ソ関係』，37-38 頁.

63) 「駐華ソ連全権代表 D. V. ボゴモロフの日記」，1937 年 5 月 4 日条，同上，44 頁.

64) 『蔣介石日記』（手稿），1937 年 4 月 23 日条.

65) 任駿・孫必有編選「蔣廷黻関於蘇聯概況，外交政策及中蘇関係問題致外交部報告」（1937 年 4 月），『民国档案』1989 年第 1 期，25-31 頁.

66) 後にソ連自身の情報でも，アメリカの態度に対する王寵恵の判断に先見の明があったことが確認できる．1937 年 6 月 28 日，駐米ソ連大使がルーズヴェルト大統領に対して，オーストラリアの首相が提案した太平洋集団安全保障条約または不可侵条約についての考えを質問したが，ルーズヴェルト大統領は次のように答えた．すなわち，条約は何の保証にもならないし，信を置けない．日本抜きの条約は意味がない．アメリカは同盟または同盟に類似するものには参加しない．主な保証となるものは米英ソの強力な艦隊である，と．詳細は，「駐米ソ連全権代表 A. A トロヤノフスキー発ソ連外務人民委員部宛電報」（1937 年 6 月 29 日），前掲『日中戦争と中ソ関係』，53 頁.

67) 「駐華ソ連全権代表と馮玉祥，孫科，王寵恵との会談記録」（1937 年 5 月 18 日），同上，46-50 頁. なお，馮玉祥は，1937 年 5 月 18 日付の日記に「10 時，ロシア大

200　第5章　中ソ「絶対密件」に至る駆け引き（1936.12〜1937.8）

使館でお茶を飲んだ」とだけ記している．しかし，5月17日付の日記には，午後6時半にボゴモロフ，孫科，王寵恵らに食事を振る舞ったこと，「席上，中ソ関係について長時間詳しく会談した」こと，「王寵恵は秘密を守ろうと言った」ことなどを記録している．これにより，ソ連大使との会談は17日に行われ，18日はソ連大使が記録をまとめた日だったと判断できる．詳細は，馮玉祥（中国第二歴史档案館編）『馮玉祥日記』第5冊（南京，江蘇古籍出版社，1992年），173-175頁.

68）「王寵恵致蔣介石意見書」（1937年7月8日），秦孝儀主編『中華民国重要史料初編・対日抗戦時期』第3編（2）（台北，中国国民党中央委員会党史委員会，1981年），325-326頁.

69）『蔣介石日記』（手稿），1937年6月30日（本月反省録）条.

70）「駐蘇聯副武官干卓発蔣介石宛電報」（1937年6月24日），台北，国史館所蔵，蔣中正総統文物，002-080200-00546-009.

71）『蔣介石日記』（手稿），1937年5月13日条．なお，蔣介石の日本留学の経験を背景に，彼の日記には日本語の単語も時々使われている．ここでの「落着」もその一例であるが，日本語の意味で理解すればよいと思われる.

72）『蔣介石日記』（手稿），1937年5月25日条.

73）同上，1937年5月31日（本月反省録）条.

74）同上，1937年6月1日条.

75）同上，1937年6月5日条.

76）同上，1937年6月8日条.

77）同上，1937年6月17日条.

78）「駐華ソ連全権代表 D. V. ボゴモロフのソ連外務人民委員部宛電報」（1937年5月7日），前掲『日中戦争と中ソ関係』，44-46頁.

79）「在南京大城戸駐在武官発陸軍参謀次長ほか宛電報」第69号（1937年3月16日），前掲『日本外交文書』昭和期II第1部第5巻上，247-248頁.

80）「川越大使発佐藤外務大臣宛電報」第180号（1937年3月11日），同上，246-247頁.

81）「孔副院長会晤藤山愛一郎談話記録」（1937年3月16日），台北，中央研究院近代史研究所档案館所蔵，国民政府外交部档案，11-01-02-10-01-087.

82）「川越大使発佐藤外務大臣宛電報」第280号（1937年4月19日），前掲『日本外交文書』昭和期II第1部第5巻上，253頁.

83）詳細は，「児玉（謙次）訪支使節談」（1937年4月17日），前掲『現代史資料』第8巻，421-422頁；児玉謙次『中国回想録』（日本週報社，1952年），161-166頁.

84）「岡本総領事発広田外務大臣宛電報」第440号〔徐謨外交部政務次長が日高参事官に意見開陳について〕（1937年6月30日），前掲『日本外交文書』昭和期II第1部第5巻上，278-280頁.

注　201

85）　拙稿「日本全面侵華前夕対華態度新探」,『歴史研究』2020 年第 6 期を参照され
たい．紙幅の制約により，同論文で詳論したものは注も含めて，本書ではできる限
り簡略化した．

86）　詳細は,「楠本大佐の対支政策意見」(1937 年 2 月 18 日),前掲『現代史資料』
第 8 巻,389-390 頁.

87）「日支国交調整問題」,『東京朝日新聞』1937 年 3 月 22 日.

88）「駐日大使館報告」(1937 年 3 月 16 日),台北,中央研究院近代史研究所档案館
所蔵,国民政府外交部档案,11-01-02-10-01-087.

89）　陸軍省「支那 に 於 け る 軍 備 の 強 化」(1937 年 6 月 5 日),JACAR Ref.
A06031096800,「時局宣伝資料」(国立公文書館所蔵).

90）　詳細は,外務省情報部編『支那事変と帝国外交（河相情報部長講述集）』(外務
省情報部,1938 年),21-52 頁．なお,溝口雄三「中国観の問題点は何か」,小森陽
一ほか編『歴史教科書　何が問題か』(岩波書店,2001 年),34-40 頁をも参照され
たい．

91）　日本外交協会第六特別委員会「『対支外交』問題議事要旨」(1937 年 3 月 25 日),
外務省外交史料館所蔵,A.3.3.0.2-1-2-001.

92）「『対支実行策』並『北支指導方策』」(1937 年 4 月 16 日),前掲『日本外交年表
竝主要文書』下,360-362 頁.

93）「部長会晤川越大使談話記録」(1937 年 4 月 19 日),台北,中央研究院近代史研
究所档案館所蔵,国民政府外交部档案,11-01-02-10-01-087.

94）「部長会晤喜多武官談話記録」(1937 年 4 月 20 日),台北,中央研究院近代史研
究所档案館所蔵,国民政府外交部档案,11-01-02-10-01-087.

95）「重光大使発佐藤外務大臣宛郵第 2 号（極秘）」(1937 年 4 月 2 日発,4 月 27 日
本省着),外務省外交史料館所蔵,A.2.2.0 C/R1-3.

96）「対支ソ聯邦活躍の実相」(1937 年 4 月 27 日),前掲「支那,蘇連邦外交関係雑
纂　第 3 巻」.

97）　詳細は,「在上海吉岡総領事代理発佐藤外務大臣宛電報」第 203 号（1937 年 5
月 4 日),前掲『日本外交文書』昭和期 II 第 1 部第 5 巻下,1432 頁;「岡本総領事
発佐藤外務大臣宛書簡」機密第 834 号「最近ノ『ソ』支関係ニ関スル件」(1937 年
5 月 22 日),外務省外交史料館所蔵,A.2.2.0 C/R1-3.

98）「駐日大使館発南京外交部宛電報」(1937 年 5 月 9 日),台北,中央研究院近代
史研究所档案館所蔵,国民政府外交部档案,11-01-02-10-01-087.

99）「日高臨時代理大使発佐藤外務大臣宛電報」第 322 号（1937 年 5 月 14 日),前
掲『日本外交文書』昭和期 II 第 1 部第 5 巻上,262-263 頁.

100）　軍令部「支那共産党と国民党との妥協」(1937 年 5 月 20 日),小林龍夫・稲葉
正夫・島田俊彦・臼井勝美編『現代史資料』第 12 巻（みすず書房,1965 年),320-

321 頁.

101）「日高臨時代理大使発佐藤外務大臣宛電報」第 365 号（1937 年 5 月 29 日），前掲『日本外交文書』昭和期 II 第 1 部第 5 巻上，265-266 頁.

102）『蔣介石日記』（手稿），1937 年 6 月 2 日条.

103）「近衛公本部で語る」，『東京朝日新聞』（号外）1937 年 6 月 2 日.

104）「在満洲国沢田参事官発堀内外務次官宛電報」公機密 1037 号（1937 年 6 月 11 日），前掲『日本外交文書』昭和期 II 第 1 部第 5 巻上，268-270 頁.

105）「丁紹伋発南京外交部宛電報」（1937 年 6 月 29 日），台北，中央研究院近代史研究所档案館所蔵，国民政府外交部档案，11-01-02-10-01-087.

106）「盧溝橋事件一周年回顧座談会」(3) (4)，『東京朝日新聞』1938 年 6 月 30 日，7 月 1 日.

107）詳細は，参謀本部「石原莞爾中将回想応答録」（1939 年秋），「橋本群中将回想応答録」（1939 年秋），臼井勝美・稲葉正夫編『現代史資料』第 9 巻（みすず書房，1964 年），302-317 頁，318-367 頁. なお，防衛庁防衛研修所戦史室編『戦史叢書・大本営陸軍部 (1)』（朝雲新聞社，1967 年），447-463 頁も参照.

108）「中国政府に対してあらゆる挑戦的の言動を即時停止し現地解決を妨害しないよう求めたわが日口上書（覚書）」（1937 年 7 月 17 日），外務省編纂『日本外交文書 日中戦争』第 1 冊（外務省，2011 年），20 頁.

109）関東軍「対時局処理要綱」，「北支処理要綱」（1937 年 7 月 19 日），同上，32-33 頁.

110）「外務・陸軍・海軍三省の担当局長において意見の一致を見た時局収拾方針」（1937 年 7 月 23 日），同上，29 頁.

111）「関東軍司令部作成の情勢判断」（1937 年 7 月 24 日），同上，30-31 頁.

112）「広田外務大臣発在支川越大使宛電報」（別電三）第 172 号「日支国交全般的調整案要綱」（1937 年 8 月 8 日），同上，57 頁.

113）前掲『徐永昌日記』（手稿本）第 4 冊，1937 年 7 月 12 日，75 頁.

114）「盧溝橋事件第四次会報」（1937 年 7 月 14 日），丁思沢編選「盧溝橋事変後国民党政府軍事機関長官会報第一至十五次会議記録」，『民国档案』1987 年第 2 期，7 頁.

115）前掲『徐永昌日記』（手稿本）第 4 冊，1937 年 7 月 17 日条，78 頁.

116）「何応欽与日本駐華陸軍武官喜多誠一談話」（1937 年 7 月 19 日），何応欽将軍九五記事長編編輯委員会編『何応欽将軍九五記事長編』上冊（台北，黎明文化事業股份有限公司，1984 年），571 頁.

117）『蔣介石日記』（手稿），1937 年 7 月 10 日（本週反省録）条.

118）同上，1937 年 7 月 19 日条.

119）「孔祥熙致蔣介石電及蔣介石的批復」（1937 年 7 月 20 日），台北，国史館所蔵，

蔣中正総統文物, 002-070100-00045-022.

120) 前掲『徐永昌日記』(手稿本)第 4 冊, 1937 年 7 月 18 日条, 79 頁.

121) 『蔣介石日記』(手稿), 1937 年 7 月 1 日, 21 日, 10 月 31 日 (本月反省録)条.

122) 「蔣中正発孔祥煕宛電報」(1937 年 7 月 13 日), 台北, 国史館所蔵, 蔣中正総統文物, 002-090105-00002-189.

123) 「ソ連駐華大使と孫科立法院長との談話」(1937 年 7 月 13 日), 前掲「〈中蘇外交文件〉選訳」(下), 191-193 頁. Запись беседы Полномочного Представителя СССР в Китае с Председателем Законодательного юаня Китая Сунь Фо. Шанхай (13 июля 1937 г.), ДВП, Т. 20, с. 375-376.

124) 「蔣廷黻発王寵恵宛電報」(1937 年 7 月 15 日), 孫修福訳「蔣廷黻致王寵恵孔祥煕電」, 『民国档案』1990 年第 4 期, 5 頁.

125) 「蔣廷黻発孔祥煕宛電報」(1937 年 7 月 15 日), 同上, 6 頁.

126) 「孫科発蔣介石宛電報」(1937 年 7 月 15 日到), 台北, 国史館所蔵, 国民政府档案, 001-070550-00009-016.

127) 「ソ連駐華大使発ソ連外務人民委員部宛電報」(1937 年 7 月 16 日), 前掲「〈中蘇外交文件〉選訳」(下), 193-195 頁. Телеграмма Полномочного Представителя СССР в Китае в Народный Комиссариат Иностранных Дел СССР, из Шанхая (16 июля 1937 г.), ДВП, Т. 20, с. 384-386.

128) 「М. М. リトヴィノフ発駐英仏米ソ連全権代表宛電報」(1937 年 7 月 16 日), 前掲『日中戦争と中ソ関係』, 61 頁.

129) 「何廉電呈蔣中正報告蔣廷黻来電内容」(1937 年 7 月 17 日), 台北, 国史館所蔵, 国民政府档案, 001-070550-00009-019.

130) 「ソ連駐華大使発ソ連外務人民委員部宛電報」(1937 年 7 月 19 日), 前掲「〈中蘇外交文件〉選訳」(下), 197-199 頁. Телеграмма Полномочного Представителя СССР в Китае в Народный Комиссариат Иностранных Дел СССР, из Шанхая (19 июля 1937 г.), ДВП, Т. 20, с. 392-394.

131) 「七月二十日上午十一時於会」(1937 年 7 月 20 日), 戚厚杰編選「国民政府軍政機関長官談話会記録」, 『民国档案』1995 年第 2 期, 14-15 頁.

132) 「蘇俄之態度」, 上海『大公報』1937 年 7 月 21 日, 3 頁.

133) 「ソ連駐華大使発ソ連外務人民委員部宛電報」(1937 年 7 月 23 日), 前掲「〈中蘇外交文件〉選訳」(下), 200-201 頁. Телеграмма Полномочного Представителя СССР в Китае в Народный Комиссариат Иностранных Дел СССР (23 июля 1937 г.), ДВП, Т. 20, с. 400-401.

134) 「ソ連駐華大使発ソ連外務人民委員部宛電報」(1937 年 7 月 26 日), 同上, 201-202 頁. Телеграмма Полномочного Представителя СССР в Китае в Народный Комиссариат Иностранных Дел СССР, из Шанхая (26 июля 1937 г.), ДВП, Т. 20, с.

204　第 5 章　中ソ「絶対密件」に至る駆け引き（1936.12〜1937.8）

　　　405.

135)　　例えば，蔣介石は 7 月 24 日，訪英中の孔祥熙に，「ロシアの駐英使節を通じて，日本が中国に対露防衛を要請していることを知らせるようにするのが最もよい」と指示した．詳細は，「蔣院長発孔特使宛電報」（1937 年 7 月 24 日），南京，中国第二歴史档案館所蔵，孔祥熙档案，3009（2）/217.

136)　「蔣院長接見法大使那斉雅」（1937 年 7 月 27 日），中華民国外交問題研究会編『中日外交史料叢編』（4）（台北，中国国民党党史委員会，1995 年），486 頁.

137)　「全連邦共産党（ボ）中央委員会政治局決議」（1937 年 7 月 29 日），前掲『日中戦争と中ソ関係』，84 頁.

138)　「M. M. リトヴィノフ発 D. V. ボゴモロフ宛電報」（1937 年 7 月 31 日），同上，86-87 頁.

139)　詳細は，1937 年 8 月 2 日の「ボゴモロフ大使発外務人民委員部宛電報」を参照．前掲「〈中蘇外交文件〉選訳」（下），206-209 頁．Телеграмма Полномочного Представителя СССР в Китае в Народный Комиссариат Иностранных Дел СССР（2 августа 1937 г.），ДВП，Т. 20，с. 437-440.

140)　『蔣介石日記』（手稿），1937 年 7 月 30 日条.

141)　同上，1937 年 7 月 31 日「本月反省録」条.

142)　同上，1937 年 8 月 1 日，2 日条.

143)　前掲「ボゴモロフ大使発外務人民委員部宛電報」（1937 年 8 月 2 日），206-209 頁．Телеграмма Полномочного Представителя СССР в Китае в Народный Комиссариат Иностранных Дел СССР（2 августа 1937 г.），ДВП，Т. 20，с. 437-440.

144)　胡適『胡適日記全編』第 6 冊（合肥，安徽教育出版社，2001 年），1937 年 7 月 31 日条，700-701 頁.

145)　前掲『王世杰日記』（手稿本）第 1 冊，1937 年 8 月 5 日条，84 頁.

146)　『蔣介石日記』（手稿），1937 年 8 月 6 日条.

147)　『張嘉璈日記』（手稿），1937 年 8 月 7 日条，スタンフォード大学フーバー研究所所蔵，前掲『王世杰日記』（手稿本）第 1 冊，1937 年 8 月 7 日条，84-85 頁.

148)　『蔣介石日記』（手稿），1937 年 8 月 9 日，12 日条.

149)　「中蘇互不侵犯条約附件　口頭声明」（絶対密件永久不得正式或非正式公佈）（1937 年 8 月 21 日），台北，国史館所蔵，002-020300-00042-002.

150)　The Chargé in the Soviet Union（Henderson）to the Secretary of State，(September 20, 1937)，Matilda F. Axton（ed.），*Foreign Relations of the United States*, 1937, The Far East, Vol. 3（Washington D.C.: U.S. Government Printing Office, 1954），pp. 537-541.

151)　「M. M. スラヴツキー発 I. V. スターリン宛電報」（1937 年 9 月 1 日），前掲『日中戦争と中ソ関係』，139 頁.

第6章 「防共」概念をめぐる日中間の攻防 (1937.8〜9)

　第5章で論じたように，国民政府は，日本と戦火を交えたことにより，対ソ・対中共関係の既定方針をひとまず棚上げし，連ソ抗日の道を歩むことを余儀なくされた．その後，「中ソ不可侵条約」の締結により，「共同防共」問題は国際条約の面では決着した．しかし，日本は，中国との共同防共政策をあきらめておらず，また，中国側でも，対ソ・対中共問題で蒋介石ら政策決定者が長年堅持してきた基本原則は，依然として彼らの思考と政策決定に影響を与えていた．この段階においても，国民政府の「連ソ」と「容共」は，いずれも特殊な性質を持っており，一般的な定義とは異なっていることには，特に注意が必要である．

　しかし，中ソ不可侵条約の公表をきっかけとして，1937年8月から9月の間，日中両国は「防共」の概念をめぐって激しい攻防を繰り広げた．それは，中ソ関係と防共問題に対する双方の解釈を通じて，この問題に対する各自の態度を反映したものであった．この過程の考察は，日中全面戦争開戦初期の国民政府と日本当局の戦略を理解する上で重要な意味がある．他方，この問題については，先行研究ではこれまで若干の言及があったものの，「防共」概念をめぐる日本側の政策の虚実を深く解明しておらず，また，「防共」概念に対する国民政府の肯定と否定の同時運用には，ほとんど触れられてこなかった[1]．以上の現状に鑑み，本章では，この攻防の実態に焦点を当てて検討していく．

1. 中ソ不可侵条約に対する日本の非難

　日本側は，盧溝橋事件以前に，ソ連が国民政府に不可侵条約の締結を提案したことを探知し，1937年7月10日にはソ連が対中軍事同盟を締結する意向があるという情報も，大使館・駐在武官を中心とした諜報活動から入手していた．

206　第 6 章　「防共」概念をめぐる日中間の攻防（1937.8〜9）

そのため，7 月 18 日，広田弘毅外務大臣はソ連が日中の衝突を利用して「軽挙妄動」すれば，同国に「甚夕不利益」を招くことをモスクワ当局に警告すべきと重光葵駐ソ大使に訓電した[2]．8 月 2 日，駐華大使川越茂は，広田弘毅大臣宛の電報で，ソ連と南京政府および中国共産党との三者協力による中ソ軍事協定が結ばれたことは事実であるが，表では南京政府が関与せず，ソ連と中共だけの名義を使っていること，具体的な中身は定かでないが，ソ連が中共に軍用機 200 機を供与することを決定したようであると報告した（しかし，川越茂は同時に，上記の情報は不正確かもしれないとして，沈鈞儒らが釈放されたこと，毛沢東らが出国すること，周恩来と蔣介石が会談したことなどの動向も報告している）[3]．8 月 5 日，在広東日本総領事は，8 月 2 日の「Ｓ・Ｓ情報」に基づいて，ソ連は蔣経国が関与したある協定で，非常時の相互不可侵と失われた領土を回復するための相互連絡を南京に約束したと広田弘毅大臣に打電した[4]．7 日，広田はこれを「中ソ密約」として重光葵大使に転送している[5]．

　こうして，外務省本省・駐ソ大使館・駐華大使館の三者の情報共有を背景に，第二次上海事変が勃発した後，日本政府は 8 月 15 日，南京政府は「赤化勢力ト苟合シテ反日侮日愈々甚シク以テ帝国ニ敵対セントスルノ気運ヲ醸成セリ」と声明し，中国を非難した[6]．さらに，広田弘毅は 8 月 20 日に重光葵に打電し，15 日に「在南京某国側」から入手したもう一つの「中ソ密約」の要旨を伝えた．すなわち，「南京政府ハ中央軍ヲ以テ対日攻勢ニ転シ且ツ如何ナル国家トモ防共ヲ名トスル協定ヲ締結セサルコトヲ約シ，ソ連邦ハ右実行ヲ確認シタル上西安ヲ経テ戦闘機百五十機ヲ供給シ操縦者第一回四,五十名，第二回四百名ヲ派遣ス」という内容である[7]．この電報の注目点は，中国が「如何ナル国家トモ防共ヲ名トスル協定ヲ締結セサルコト」を前提に，ソ連が中国に軍事援助を提供することを正確にとらえていたことである．

　国民政府はソ連との不可侵条約交渉の際，「秘密を厳守し，国防最高会議と行政院でさえ議論していなかった」はずだが[8]，上記の日本側の情報を見ると，中ソ交渉に関する記述には，虚偽や誇張が見られるものの，本書第 5 章で論じた中ソ「絶対密件」の核心部分については，条約調印の前にすでに把握していたことが分かる．また，8 月 28 日，日本は国民政府外交部が駐日中国大使館に送った電報を傍受した．それは，中ソ不可侵条約の条文と，王寵恵外交部長

が許世英駐日大使に出した指示, すなわち「日本が速やかに国策を改めるならば, 我々は日本が中国と同様の条約を締結することを歓迎する」という内容であった[9]. 外務省は直ちにそれを在外公館に転電している[10].

8月29日, 中ソ両国は21日に調印した中ソ不可侵条約を同時に公表した. 国民政府外交部の報道官は同条約の意義を説明した際, 「今日, 武力でわが国を侵攻しているものが心を翻して, 国策を変更することができれば, わが方も先方と同条約を締結し, 東アジアの安全と人類の幸福を共に図りたいと切望している」と力説した[11]. これらの内容は, 日本が28日に傍受していた中国の電報と一致していた. 同日夜11時, 日本外務省は中ソ不可侵条約に関する「見解」の中で, 中国は日本に挑戦を繰り返しながら, ソ連と相互不可侵条約を締結し, 国際紛争から戦争手段を排除すると主張している, 実にでたらめで笑止千万であると非難した. 続けて, コミンテルンは一昨年7月の大会の宣言で日本を当面の敵とすることを明記したことに始まり, 東アジアの平和を破壊してきたが, 中国はそれに操られている. 日本は中国に反省を促してきたが, 中国は逆に容共抗日を国策とし, 特に西安事件以降, 完全に赤魔〔ソ連とコミンテルン〕の手に落ち, 対ソ条約締結に至った. これは国益を自ら損なったことにほかならない, と主張した[12]. さらに, 翌日, 外務省報道官は中ソ条約について, 日本はかねてからコミンテルンが中国を傀儡として東アジアのボルシェビキ化を推進していると指摘しており, 各国もこれに同調しているが, 南京政府は日本の度重なる勧告を無視し, コミンテルンの傀儡に甘んじている. 中国と東アジアの将来を思うと心が痛むと, 中国側の態度を攻撃し続けた[13].

上記の政府側の論調に合わせて, 8月30日から, 日本のマスコミも次々と中ソ不可侵条約の締結に対する議論を展開し始めた. 駐日中国大使館は日本側の論調を, 次のように要約した. すなわち, 中ソ両国は日独防共協定に対抗するために条約を結んだが, 双方の狙いは違う. 中国は積極的にソ連に抗日への援助を求めるが, ソ連は日中提携を阻止することを目指している. この条約の背後には必ず軍事協定のような密約があるはずだ. 国際的な合従連衡の下で, 日ソ関係はますます緊張が高まっており, 国共合作の打破が日中間の戦争と平和の分水嶺となっている, というものである[14]. 特に, 『読売新聞』は, 「中ソ不可侵条約」には, 内モンゴルと外モンゴルが第三国の侵略を受けた場合,

208　第6章 「防共」概念をめぐる日中間の攻防（1937.8〜9）

中ソ両国が協力して援助すべきこと，ソ連は中国に武器，食糧およびその他の軍需品を供給し，軍事顧問を派遣すること，南京政府は中共の政権参加を認め，第三国と防共協定を結ばないことという三つの密約が付されている，と報道した[15]．続けて，中ソ条約はソ連の主導によるものであり，日中交戦が長引けば長引くほど，ソ連は一石二鳥になるという見方も示した[16]．『東京朝日新聞』は外国の通信社の分析を交えて，次のように指摘した．すなわち，中国の内部情勢から，南京とモスクワの握手は以前から動きがあったのを読み取ることができる．今回の不可侵条約の背後には，中ソ両国の軍事密約のほか，外モンゴル，新疆などをめぐる中ソ間の懸案に関する交換条件もある．その枠組みは，（1）ソ連政府が中国に武器と軍需品を提供する，（2）外モンゴルの首都ウランバートルに南京政府の外交機関を設置するという2点である．ソ連が条約を結んだ動機は日中防共協定を阻止することにあるが，中ソ条約には，満洲国が外モンゴルを攻撃した場合，中ソ両国が共同で対処するという規定もある，と[17]．

　また，『東京朝日新聞』は下記のような論説を発表した．「中ソ不可侵条約」の禍根は中ソ密約に胚胎するものである．1926，27年の教訓があったにもかかわらず，中国は旧い「連ソ容共」の亡国政策を再び試みている．中国と東亜の大局のために悲しまざるを得ない．過去数十年来の中露関係において，歴史の悲劇はいつも中国の主観的な錯覚に乗じて遂げられてきた．1860年，中国が英仏連合軍と戦っていた時，ロシア公使の和解斡旋を引き出すために，ロシアにウスリー江以東の沿海州を奪われた．日清戦争以後，ロシアは遼東半島の返還を恩に着せ，中国から旅順大連の租借権と東清鉄道敷設権を獲得し，満洲併呑の企図をめぐらした．今日，中国の短見者は三度目の過ちを繰り返してソ連に接近し，国運を挙げて深淵に投じようとしている．今回の中ソ不可侵条約には二つの危険性がある．一つはソ連が中国の対日抗戦を援助することにより中国のスペイン化に拍車をかける危険性であり，もう一つは中国がソビエト領土化された外蒙古に対する要求権を結局放棄する危険性である．中ソ条約において紛争調停手続きの規定がないのは，ソ連が故意に外蒙古を葬り去るための巧妙な仕掛けだ[18]．

　以上から分かるように，日本では，政府もメディアも中ソ不可侵条約には密

約が含まれていると断言していたが，密約の中身については殆んど軍事協定または外モンゴルなどの懸案の処理と見ていたのである．他方で，ソ連の目的は，日中「共同防共」の阻止にあり，国民政府がこれを承諾したということに対しては，日本の各方面は特に秘密だとはせず，しかも，中ソ連合と国共協力の打破という対中問題の鍵がそこにあるとしたのである．さらに，日本は，中ソ関係を見る際，政府もメディアもソ連の対中援助は出兵・参戦をしないことを前提としていると判断していた．最後に，中ソ条約をめぐる日本外務省の論評の特色は，日中紛争の原因を「コミンテルンによる東アジアの平和の破壊」と「中国が完全に赤魔の手に落ちた」ことに帰していたことである．そのため，日本は異質な概念を混同し，「共同防共」に対する国民政府の拒否を「容共」と同義とみなし，且つそれに基づいて国民政府を「コミンテルンの傀儡」と決めつけ，コミンテルンの主導による中国の「赤化」を誇張していた．こうした日本外務省の見解は，日中紛争の因果関係を逆転させていると同時に，中ソ関係および国民政府の対ソ政策を歪曲して理解していたことを意味すると結論付けてよいだろう．

2. 日本に対する国民政府の反論

　こうした日本側の攻撃に対して，国民政府外交部は 1937 年 8 月 31 日に駐日大使館に打電し，「日本側の猜疑と中傷は予想内だが，我が国としてはできるだけ真実を伝えないわけにはいかない」と指摘し，次のように論じた．

　　　中ソ条約は欧州の類似条約を手本とし，条文はシンプルで，一般的な不可侵条約と変わらない．その目的はあくまでも消極的な方法で中ソ両国の紛争を防止することにあり，双方の内部での主義とは無関係である．この条約の締結により中国の政治制度が共産主義の色彩を帯びたという説は，完全に間違っている．また，〔赤化〕宣伝を禁止すること，外モンゴルが中国の領土であることという 2 点は，すでに民国 13 年〔1924 年〕の中ソ協定に明記されており，今回の不可侵条約第 3 条でも同協定に影響しないことを明言している．以上のように，中国は不可侵条約の締結にあたって，各方面に十分に配慮しているのである．

210 第6章 「防共」概念をめぐる日中間の攻防（1937.8～9）

　また，電報は「中国は平和を旨としており，ソ連と不可侵条約を締結した以上，もちろん日本とも同様の条約を締結できる（もし一歩進んで，日中ソ三国が共同で平和を保障することができれば，とりわけ中国の希望と合致するところである）．現在，日中両国は戦火を交えており，敗者はもちろん不幸だが，勝者も重大な犠牲を被るであろう．もし双方が徹底的に自覚し，速やかに平和をはかることができれば，誠に東アジアの幸福である」と力説した．電報は，許世英大使に「上記の旨を誠意をもって広田に説明し，その態度と口調を丁寧に観察すること」と指示した[19]．

　中ソ不可侵条約の目的を「あくまでも消極的な方法で中ソ両国の紛争を防止すること」とした外交部の説明は，日本の侵略に抵抗するための中ソ協力という条約の本来の目的とは明らかに異なっている点が重要である．しかし，条約に付属する「絶対密件」による中ソ双方への規制は，確かに対日関係におけるお互いの警戒心を示していたと言えよう．また，この電報が伝えたそれ以外の内容は，事実と中国の対日要望について，それまで国民政府内で論じられてきた内容をなぞっていることは確かであろう．

　同電報の指示に従い，9月1日午後，許世英大使は広田弘毅外相を訪問し，中ソ不可侵条約の中身および締結の経緯を詳しく説明したうえで，「日本外務省報道官および読売新聞記事の誤解と憶測」を解消するよう要請した[20]．日本側の記録によると，許の発言要旨は下記の3点にまとめられる．(1)「中ソ不可侵条約」は平和を目指すものであり，背後に軍事密約は存在しない．(2)条約第3条に依拠して，1924年の中ソ条約の有効性が再確認されている．すなわち，外モンゴルが中国の領土であること，中国における共産主義の宣伝を禁止することという規定は変わらない．(3)中国は引き続き防共に努力するが，日本と「共同防共」を行う必要はないと考えている[21]．また，中国側の記録によると，許世英は上記の他，下記の2点も強調した．第一に，「日本が国策を変更し，中国と同様の条約を締結したいなら，中国はこれを歓迎する」．第二に，「中日の交戦は双方にとって共に不利な結果となる．中国は日本がこの点を徹底的に自覚し，一日も早く戦争をやめ，共に東アジアの平和を維持することを希望する」．これに対し，広田は，現在ソ連人が外モンゴルの軍隊を直接指揮しているが，中国はそれでもよいと考えているのかと反問し，「貴国に

容共の意思がないのなら，なぜ日本と防共協定を締結しないのか．これは中ソ間の現行条約を妨害しないと思われる」と述べた．許世英は下記のように答えた．「共同防共については，昨年，有田大臣と何度も話した．共同でやる必要はないから，心配しないでほしい．中国は大きな犠牲を払ったが，過去の防共活動は中国が一番努力してきたことであり，〔それを継続しているので〕いま日本がそれを懸念するには及ばない」「中ソ両国において主義は決して同じではない．長年の経験により中国人民は主義をはっきりと見分けるようになっている．中ソ不可侵条約締結以後，共産主義の宣伝は一層効力を失うに違いない．世界の事柄を見ると秘密にしているものは防ぎにくいが，公開された時はむしろ防止し易くなるものだ」[22]．

　上記の問答から分かるように，広田弘毅は外モンゴル問題を持ち出して許世英に難癖をつけたほか，「容共しない」からといって「共同防共が可能である」わけではないことを無視しているだけでなく，中ソ間の「絶対密件」の核心部分を把握していながら，日中防共協定の締結は中ソ不可侵条約に違反しないと主張しているといえる．それに対して，許大使は，中国は独自に防共政策を貫くが，日本との「共同防共」は行わないという国民政府の一貫した方針を再確認している．これは「独自防共」と「共同防共」をはっきり区別すると同時に，「共同防共否定」と「容共」との質的違いを明らかにするものである．しかし，許大使が詳しく説明したにもかかわらず，広田は「態度が極めて冷たく，既定方針に固執し，多くを語ろうとしないようで，前回とは全く異なった対応を見せた」という[23]．

　こうした日本の態度に鑑み，国民政府は中ソ不可侵条約に対する日本の非難を反駁するために，9月3日「某公法家」の名義で「中ソ不可侵条約の内容に関する研究」と題する論文を発表した．同論文はまず，中ソ条約に対する外部からの疑問は，侵略の定義に言及していないこと，全文に領土という文言がなく，外モンゴルに対してソ連が何らかの侵略行為をした場合，それを条約違反と見なすか否かを明示していないこと，本国の主義に反する宣伝を禁止していないこと，という3点に要約できるとした．そのうえで，上記の疑問は，すべて中ソ不可侵条約第3条の意味に対する無理解に起因しているとする．続けて，次のように主張した．中ソ不可侵条約締結以前の中ソ間の条約は1924年の

212 第 6 章 「防共」概念をめぐる日中間の攻防（1937.8〜9）

「懸案を解決するための協定要綱」しかないが，この協定に依ると，外モンゴルはもちろん依然として中国の領土であり，不可侵の事項に含まれる．内政干渉に当たる宣伝の禁止もこの第 3 条によって，改めて言明されているのと同様である．要するに，中ソ両国は不可侵条約を締結する際，不戦条約と国際連盟規約に明示的に言及したほか，既存の唯一の両国間の条約にすでに規定されているすべての権利と義務を再確認している．このように考えなければ，中ソ不可侵条約第 3 条は意味を失うのである，と[24].

また，国民政府外交部の措置に合わせて，訪欧中の孔祥熙行政院副院長は，9 月 9 日に記者団に対して談話を発表し，中ソ不可侵条約を理由とした日本の中国赤化説を批判した．孔祥熙は言う．「日本の論拠が成立するなら，ソ連と不可侵条約を締結したすべての国は，ボルシェビキ主義国家であるか赤化のおそれがあると見なされることになる．つまり，ポーランド以外，フィンランドもトルコなどもみな赤化の疑いがあることになる」と[25].

中国の内外環境の複雑さと中日ソ関係の複雑さにより，国民政府には当時，対日・対ソ問題で多くの公言できない苦衷があった．しかし，ここまで引用した日本側の非難に対する国民政府の反論をよく見ると，つぎのような二つの面から，中ソ不可侵条約締結後の対日・対ソ関係（特に防共問題）に関する国民政府の真の態度を読み取れると思われる．

第一に，日本が日中紛争の原因をコミンテルンの反日政策と国民政府の「赤化」や「傀儡化」に帰しているという背景の下で，国民政府は中ソ不可侵条約，特にそれに含まれる「絶対密件」が日本に口実を与え，その「防共」を理由とした対中侵略の正当化を助長することを懸念した．また，国内で反共方針が長年貫かれてきたため，国民政府は「絶対密件」の露見による内部の混乱も懸念していた．したがって，中ソ「絶対密件」が規定した「共同防共」条約の不締結は，1935 年以来の国民政府の方針を再確認しただけであって，内容に特段の新味はないにもかかわらず，国民政府はその露見による国内外への悪影響を恐れていた．このため，国民政府は「絶対密件」を厳重に秘匿していた[26].しかし，国民政府は，密約の存在を否定しながら，中国が日本と防共条約を締結しないという「絶対密件」の核心部分については，一貫した方針として日本に繰り返し表明した[27].

第二に，本書第5章で論じたように，国民政府とソ連との条約締結は日本の対中戦争によって追い詰められた末の窮余の一策であり，やむを得ない決定であった．したがって，中ソ不可侵条約締結を機に国民政府は客観的には確かに抗日のための「連ソ」と「容共」を余儀なくされたが，実質的な内容の面では，日本が非難した「赤化」とは根本的に異なるものであった．それゆえにこそ，国民政府は，中ソ条約の締結は「双方の内部での主義とは無関係である」と強調し，中国が引き続き「外モンゴルは中国の領土」，「共産主義の宣伝を禁止」，「自力防共」という原則を堅持することを繰り返し再確認したのである．このような主張は，いずれも国民政府の実際の政策に合致している．換言すると，国民政府の「連ソ」は，日ソ対立を利用して，ソ連の力を借りて日本に抵抗するものであり，ソ連に対する外モンゴルなどの主権主張を放棄しなかったし，ソ連の「主義」（ソ連の制度と思想）をも決して受け入れない．なお，国民政府の「容共」とは，中共の力を利用して外敵に立ち向かうことであり，「独自防共」によって中共の発展を抑制することとは国策の両輪である．こうした対ソ・対中共政策と相まって，日本に対しては，国民政府は，中ソ不可侵条約締結以後も外交に基づく平和の回復に努力し続け，日中不可侵条約の締結を歓迎する旨も繰り返し表明していた[28]．

上記の諸点は，中ソ不可侵条約締結後の国民政府の対日対ソ政策を理解する上でいずれも大変重要であることは，論を待たない．

3. 「防共」をめぐる日本の政策の虚実

しかしながら，以上見てきたように，国民政府がいくら釈明・反論しても，日本は聞く耳を持たなかった．許世英の広田訪問と同日，日本外務省は広田外相の名義で駐外使節に「ソ支不可侵条約ノ政治的影響ニ関スル件」と題する電報を送った．電報は，まず「ソ支密約（出所極秘）其他類似ノ情報」を挙げて，中ソ条約に中ソ間のより緊密な協力を促す約束が含まれているので，特に重視しなければならないと強調した．続いて，電報は，中ソ不可侵条約を締結すべきか否かは，国民政府の長年の懸案であり，国民党執政初期における容共政策放棄の歴史，紅軍の跋扈，外モンゴルや新疆問題の存在などに鑑み，国民政府

はずっと苦悩してきた．しかし，今日の対ソ関係の急速な進展は，中国が「支那事変」の影響を受けて，1935年のコミンテルン第7回大会の方針を受け入れ，容共，連ソ，抗日の政策を明確に採用したことを明らかにしていると述べた．最後に，電報は「ソ連ノ立場ヨリスレハ支那ニ於ケルコミンテルン及紅軍ノ台頭以来帝国ノ対支政策上重視セラレ来レル日支間ノ防共協定乃至提携ヲ不可能ナラシムルコト」が目的であると指摘しつつ，次のように論じている．本条約第3条は中ソが既に締結した二国間又は多国間条約に規定された権利及び義務については影響を与えないことを確認したのであるから，国民政府はソ蒙相互援助議定書を既成事実として認めたことを意味する．この点も中国の事実上の対ソ譲歩である．したがって，ソ連側は条約の締結に伴って，中国の長期抗日に対して少なからぬ実質的な援助を約束したことは容易に想像できる，と[29]．

　以上の電報から読み取れるように，国民政府の釈明と反論は，ここに至っても，中ソ不可侵条約に対する日本外務省の認識を是正できず，またその「赤化」という視点による国民政府の「連ソ容共」説を変えることもできなかった．それどころか，国民政府が日本の非難を反駁する論拠としている中ソ不可侵条約第3条は，国民政府がソ蒙相互援助議定書を既成事実として認めた論拠として日本に利用されていたのである．

　また，この電報と同じ日付で，日本外務省は「対欧米外交方針」も打ち出した．これは「防共」問題に対する日本の真の態度を理解するためのもう一つの証拠を提供してくれると思われる．

　「対欧米外交方針」が打ち出したのは次のような方針である．（1）外国の疑念を取り除き，「支那事変」に対する外国の干渉を避けるために，今回の事変の根本的原因が中国の長年にわたる抗日政策にあることを徹底的に説明し，中国の背後にコミンテルンの策謀があることを強調しなければならない．（2）ソ連の積極的な行動を予防するため，次の措置をとらなければならない．①日満ソ国境で事件が起こることを極力避け，言動でソ連を刺激せず，日本と満洲国の対ソ問題を適切に解決し，ソ連に積極的な行動をとる機会を与えない．②もしソ連が積極的に行動するならば，日本は「日独防共協定」の趣旨に基づいてソ連に反省を促すようドイツに働きかけなければならず，そのためにはいまか

ら対独工作を展開すべきである．③フランスに対し，ソ連が極東で事件を起こ
せば欧州でフランスの利益に影響を及ぼすため，フランスにとって不利である
ことを巧みに説明すべきである[30]．

こうした「対欧米外交方針」と「防共」問題をめぐる日本の前記の国民政府
非難とを照合して読むと，両者の内在的矛盾を見出すことは容易である．なぜ
なら，日本が本当に防共を目的とするのであれば，コミンテルンとその指導者
のソ連にいかに効果的に打撃を与えるかを出発点とすべきだが，「対欧米外交
方針」で対ソ関係について強調しているのは，「刺激しない」ことと，ドイツ
を利用してソ連の反省を促すことである．また，「対欧米外交方針」は，日本
による防共概念の適用が，二つの効果を発揮させることに重きを置いていること
とを示している．すなわち，第一に，防共を口実にして中国侵略を正当化し，
外国の対日疑念を払拭すること，第二に，防共を理由にして日独防共協定の力
を借りてドイツによる対ソ牽制を実現することである．

このような背景の下で，国民政府が「某公法家」の名義で発表した前述の
「中ソ不可侵条約の内容に関する研究」は，日本に完全に無視されたものと考
えられる．9月4日，対中強硬派の急先鋒である関東軍司令部は，中ソ不可侵
条約が公表され，国民政府の「容共政策益々露骨トナリタル今日」，日本は国
民政府に対する認識を根本的に改めるべきとしつつ，「（一）支那ニ於ケル赤化
ノ禍害ヲ防キ真ニ日満支提携ヲ庶幾スル為新タナル中央政権ノ成立ヲ促進スヘ
キモ（二）其ノ成否如何ニ拘ラス北支ニ於テハ直ニ我実力ノ及フ範囲ニ於テ北
支人ノ北支建設ヲ目標トスル強力ナル北支自治政権ヲ樹立シ確乎タル防共地帯
ヲ設定シテ将来戦ニ於ケル一方面ノ脅威ヲ緩和スルコト絶対必要ナルモノト認
ム」という意見を具申した[31]．

中ソ不可侵条約の影響に関する日本外務省の分析は，後に起こった事実に合
致するものが多い．しかし，最大の間違いは，日中ソ関係における原因と結果
を逆転させていることである．しかも，この因果関係の逆転は，国民政府の対
ソ・対日政策への誤解や判断ミスによるものではなく，故意の混同と歪曲によ
るものである．

日本外務省の記録によると，日本外交官の内部の議論において，日中ソ関係
の内在的論理について，はっきりとした認識が少なからずあったことが分かる．

216   第6章 「防共」概念をめぐる日中間の攻防（1937.8〜9）

たとえば，華北分離工作開始後の 1935 年 12 月 28 日の時点で，有吉明大使は，日本の対中政策と結び付けて，ある程度の反省を込めて中国の対日・対ソ態度の変化を次のように論じている．

> 最近ソ連側ノ極東進出ト我方ノ之ニ対スル態度カ支那ニ対スルカ如ク徹底的ナルヲ得サル実情ハ支那側一部ノ連蘇抗日論ニ相当気勢ヲ添ヘツツアル矢先華北自治問題ノ発生並ニ之ニ刺激セラレテ全国ニ瀰漫セル対日屈辱外交反対ノ声ハ蔣政権ヲシテ前述ノ如キ対日政策ノ足踏ヲ相当期間維持セシムルニ至ルヘキハ自然ノ勢ナルヘシト考ヘラルルヲ以テ我方ニ於テ右内外ノ形勢ヲ無視シ各方面ニ於ケル強攻策ヲ遮二無二押通サントスルモ実力ニ訴ヘサル限リ其ノ目的ヲ達シ得サルノミナラス我方ニ於テ万一実力行使ノ挙ニ出ツルカ如キコトアラハ蔣政権ヲシテ自暴自棄ノ投出策ニ出テシムルヨリ他ナシト思考セラル [32]

政治環境による制約のためか，有吉明は明言していないが，日本が発動したいわゆる「華北自治」が，中国の連ソ抗日論の高揚をもたらした根本的な原因であることを明らかに伝えている．

実際，これと類似した批判は国外からも頻りに寄せられていた．たとえば，1937 年 1 月，次のような「在中国イギリス大使の要望」が有田外務大臣に報告されている．

> 日本カ支那ニ対シ重圧ヲ加ヘ攻略ヲ行フ間ハ支那ノ抗日ハ終熄セサルヘク日本側ニテハ頻リニ支那ノ抗日ヲ云云スルモ自分ノ考ヲ率直ニ言ヘハ支那ノ抗日ハ日本自身作リ居ルモノニテ此ノ点日本政治家ノ猛省ヲ促シ度ク殊ニ北支ニ於ケル日本軍ノ行動，綏遠問題等ハ支那ノ抗日ニ拍車ヲ掛ケタルモノト思考セラルル処此ノ際日本カ穏健公正ナル政策ヲ以テ支那ニ臨マハ其ノ抗日，排日ハ容易ニ消滅スヘク而カモ対支政策転換ハ今カ最適期ナリト思考ス〔中略〕日本カ余リニ支那ニ重圧ヲ加ヘ虐メルカ如キコトアラハ支那モ已ムヲ得ス露国其ノ他ト手ヲ握ルコトアルヘシ支那カ連俄〔露〕容共政策ヲ採ルト否トハ一ニ日本ノ態度如何ニ懸ルモノト思考ス [33]

また，3 月 22 日，フランスの元駐日大使は，「日本ハ現在重大ナル時機ニ臨ミ東亜ノ天地ニ秩序ト平和ヲ齎スカ又ハ不慮ノ事態ニ展開セシムルカハ一ニ日本ノ外交如何ニ懸リ居レリ〔中略〕支那ハ外蒙等ノ関係上ソ連ニ対シ決シテ好

感ヲ有スルモノニアラサルモ敵ノ敵ハ友ナリト言フ仏国ノ諺ノ如ク日本ヨリ圧迫ヲ感シ居ル関係上露国ニ対シ幾分親ミヲ有スルニ過キス要スルニ今日ノ支那統一熱乃至連俄容共ノ素因ハ何レモ日本ニアルカ故ニ日本ノ態度如何ニ依リ是等モ幾分調整セラルヘシ」[34] と忠告した.

　英仏側からの忠告は，日本が現行の対中政策を改めなければ国民政府は連ソ容共も辞さずに日本に抵抗するという点に照準を当てていた．当時の国際社会のコンセンサスを代弁していたと言えよう.

　同時期における日本自身の認識については，1937 年 3 月 7 日付の『東京朝日新聞』論説を特筆すべきである．その論説は「ソ連邦の対支進出」と題するものであり，要旨は下記の通りである．最近一年来の問題は，日本が華北における変態的政情を清算して，日支間の摩擦面を縮小するか，あるいはロシアがその指導下の「支那」ソビエト政権ならびに共産軍を清算して露支提携を促進するか，その着眼と実施工作において日露のどちらが早いかであった．この見地に立って最近一年来の出来事を回想する時，我々は幾多の痛恨の失策を我方に発見できる．一言で言うと，一昨年の華北工作以来，眼前の小事にこだわって，大局的打算を誤っていることが多くある．「支那」は日本の間断なき悪刺激に耐えかねて，ついにロシアとの抱擁に向かって一歩進めたのである．具眼者は今こそ知るべきである．第 7 回コミンテルン大会の決議および王明の対国民政府宣言が発せられた一昨年の 8 月は，実に我が華北工作の躍進しつつあった時である．忌憚なく言うと，我々は最近 2 年の我が対支政策を再検討すべき時期に達したと断言する[35].

　この論説は，日本の「華北工作」以降の日中ソ関係の方向性を規定した要因を正確にとらえている．しかし，論説発表後の事実を見ると，「以中制日」を目指すソ連は，情勢の変化に応じて，中共を国民党との抗日協力に導いたため，中国では「連ソ抗日」論が更に高まり，それが中ソ関係改善に向けた圧力となって，国民政府に作用し続けた．反対に，日本は，華北の正常化を図る国民政府の平和的要請を拒否しただけでなく，「華北における変態的政情」を激化させ続け，ついに中国との全面戦争に至った．そのため，中ソ不可侵条約が正式に発表された 8 月 29 日，外務省東亜局長の石射猪太郎は，「とうとうソ支不侵略条約だ．支那を茲へ追い込んだのは日本だ．之で日支防共協定の理想も消し

218 第6章 「防共」概念をめぐる日中間の攻防（1937.8〜9）

飛んだのである．イラザル兵を用いて，ヘマな国際関係をのみ生み出す日本よ，お前は往年の独乙になる」[36]と嘆息せざるを得なかったのである．

石射猪太郎の独白に示されているように，日本の当局者の中には，中国における対ソ接近と国共合作の潮流が根本的には日本の対中政策によって醸成されたことを正確に認識しているものがいた．したがって，客観的に見れば，「侵中」と「防共」は両立できない関係にあり，日本が本当に防共を図るなら，まず侵中を止めなければならないこと，逆に言うと，日本が侵中を継続すれば，防共を実現することは不可能となることが日本側に理解されていないはずはなかった．だが，日本は不可能と知りながら侵中と防共を同時にやり遂げようとする一方，侵中優先か防共優先かという二者択一に直面した場合には，日本の実質的な選択は侵中優先であった．その結果，つまるところ，日本の対中政策の構図は，侵中を主とし，防共を従とする，侵中が「実」であり，防共は「虚」であるということになる．したがって，このとき日本が唱えていた「防共」は，目的の面では空洞化しており，行動の面では主に侵中のための手段と口実にすぎなかったのである．

「防共」問題をめぐる日本の政策の虚実について，日本が防共の盟友と見なしたドイツは，当時から鋭い分析と批判を行っていた．盧溝橋事件が勃発した後，日本は中国との戦争は反共作戦だと言って，ドイツから道義的な対日支援を得ようと尽力した[37]．7月27日，陸軍省次官はドイツの駐日武官と会見し，ドイツの駐華軍事顧問団が現在の緊迫した情勢下でも中国に協力しており，日本人将校の対独感情を著しく損なっていると非難した[38]．しかし，ドイツ外務省は，「日中間の決戦はソ連政府を利するもので，ソ連は日本が牽制され，この軍事決戦によって弱体化するのを喜んでいる」と認識していた[39]．また，ドイツ外務省は，日本人は中国での行動を反コミンテルン協定に基づく反共作戦と解釈しているが，故意の曲解にほかならない，「日本の行動は反コミンテルン協定に逆行し，中国の団結と統一を妨害し，中国における共産主義のさらなる蔓延を招き，結局，中国をソ連の懐に追いやることになる」と見ていた[40]．このような認識を背景に，ドイツ外務省は日本の偽りのプロパガンダに反感を持っていたのである．日本がドイツの駐華軍事顧問団を非難した後，7月28日にドイツ外務省は，現時点でドイツの駐華軍事顧問団を召還するこ

とは南京を敵に回すことを意味し，しかも，ロシア人がドイツ軍事顧問団の引き揚げによる空白を埋めるので，日本もこれを望まないであろう，したがってドイツはこの問題を考慮しないという電報をディルクセン（Herbert von Dirksen）駐日大使に送った[41]．

　また，トラウトマン（Oskar Paul Trautmann）駐華大使も，中共が華北で反日宣伝を行っているとの報告は日本人のでっち上げであるとし，「日本は反共闘争という名目で冀東政権を樹立し，綏遠作戦を行ったが，実際には全く無関係だ」と主張した．続けて，トラウトマンは，中国は日本人の行動によってソ連の懐に追いやられる可能性が十分にあるとし，日本の暴力的な政策は彼らが対決していると自称した共産主義勢力を生み出していると懸念を示した[42]．

　8月に入ってからも，日本はドイツに対して，中国の反日行動はすべて共産党によるものであり，ソ連が中国で活動し，援助を与えているとして，日本の目的は中国を侵略することではなく，中国と共同で防共を行うことにあると主張し続けた[43]．駐独中国大使館の報告によると，このような宣伝攻勢の影響で，ドイツ紙は「中日戦争について時々日本の偽情報を掲載し，中国の抗日は共産党の影響を受けたためという言説まで伝えた」[44]．8月20日には日本外務省欧亜局長の東郷茂徳がディルクセンと面談し，いわゆる「中ソ密約」の情報を伝えて注意を促した[45]．なお，武者小路公共駐独大使の外務省宛電報によると，中ソ不可侵条約の公表日である29日，ドイツ政府は問題の重大さに鑑み，直ちに関係部門を招集して議論した．結果，ドイツ当局は中ソ不可侵条約について，日中紛争が引き起こした苦境は中ソ協力の理由にはならず，中国の「連ソ」は中国の赤化を黙認したことにほかならないとした[46]．しかし9月7日には，ディルクセンが広田弘毅と会談した際，日中紛争の先鋭化が中国のソ連依存を強化していると指摘しつつ，日本が本来避けたい事態を自ら招いたという見解を婉曲に示した[47]．

4.「防共」をめぐる中国の「正用」と「逆用」

　防共概念をめぐって，日本側の措置を「虚実相補〔虚と実の相互補完〕」と概括するとすれば，国民政府の措置は「正逆併用」と要約できる．「正用」とは，

防共を肯定する立場から防共概念を運用することであり,「逆用」とは,防共を否定する立場から防共概念を運用することである.

日独防共協定が国民政府の連ソ抗日戦略に複雑な影響を及ぼしたこと,また日中全面戦争の初期にドイツの軍事顧問と軍需物資が中国において重要な役割を果たしたこと,という二つの理由から,国民政府による防共概念の「正用」は特に対独関係で際立っていた.それは主に下記の三つの方面に表れている.

(1) 日ソ共倒れ論による対独説得

盧溝橋事件後,日中紛争の原因に対する日本の歪曲に対し,訪英途中の孔祥熙は1937年7月23日,ドイツ駐英大使リッベントロップ(Joachim von Ribbentrop)との談話で,華北の日中戦争に対するソ連と共産主義勢力の影響を否定し,これまでの5年間,蔣介石はずっと反共戦争を指導しており,ソ連や共産主義の影響は全くない,中国政府は確かに自らの社会的目標を有するが,共産主義思想とは水と油のように相容れないと主張した.リッベントロップは,ドイツは中国が自国の利益から日独防共協定に加盟することを望んでいると述べたが,孔はこれを拒否した.しかし,それは防共への反対ではなく,日本は必ず反共を口実にして中国に新たな侵攻を仕掛けてくるという国民政府の一貫した主張に依拠したのである[48].

また,7月27日には,蔣介石が南京でドイツ駐華大使トラウトマンと会見した際に,日中紛争と独ソ両国との関連について重要な談話を発表した.蔣介石はまず,中国と日本が不幸にも極東戦争を引き起こした場合,イギリスとソ連が渦中に巻き込まれ,世界大戦になる恐れがあるが,ドイツは日独防共協定に基づいて参戦するかと尋ねた.トラウトマンは,日独防共協定の目的は共産党の活動を防止することにあり,軍事条項が含まれていないので,日中の問題は日独防共協定とは無関係だと答えた.蔣介石がこれに安堵を示すと,トラウトマンは「もし日中戦争が勃発した場合,ソ連は参戦するのか」と反問した.蔣は予断できないと答えたうえで,今のところ,中国はソ連とまだ何の関係もないが,ただ,今回の事件で極東戦争が引き起こされた場合,ソ連の態度は要注意だ,戦争の責任はすべて日本にあり,中国は戦争を引き起こす意図が全くないと付け加えた.最後に蔣介石は,日本は第三国の干渉を受け入れないと表

明しているが，現在日本と条約関係にあるのはドイツだけである，ドイツと日本が結んだ防共協定は，ソ連に対処することを目的としているが，いま日本は盧溝橋事件を拡大させ，矛先を中国に転じようとしている，だからドイツ政府はこの機会に防共協定の範囲を逸脱しないよう日本に友好的な忠告を送るのがよいと提案した[49]．

孔祥熙と蔣介石の発言から，国民政府上層部は「防共」に賛同する立場に立って対独工作を行っていたことが分かる．このため，彼らは国民政府の抗日戦に対するソ連の影響を否認し，中ソ間の関係性を認めず，国民政府の反共防共努力を強調した．蔣介石は日独防共協定がソ連を仮想敵国としているのを理由に，日本は中国ではなくソ連に矛先を向けるべきであると主張した．蔣の談話から，彼が日ソ開戦を期待し，ドイツがこれを阻止しないことを望んでいたことが窺える．

7月27日の蔣介石の要請に対し，トラウトマンは7月30日，「ドイツ政府は防共協定を根拠として日本に中国での行動の停止を求めることはできないが，日本も同協定を根拠としてドイツ側に協力を要請することはできない．他方で，ドイツ政府はすでに日本政府に態度の緩和を再度勧告した」と国民政府に伝えた[50]．これは日中戦争に対するドイツの中立を示したものであるが，8月初頭に孔祥熙がフランスを訪問した際，フランスから「独伊では，ロシアが中国を援助するなら，独伊も日本を助けるだろうといったうわさが飛びまわり，ロシアの心を凍てつかせている」と伝えられた[51]．8月10日，孔祥熙はドイツを再訪し，ドイツ経済相らと会談した．ドイツ側は日中両国間で戦争が発生した場合，ドイツは絶対的な中立を保つが，「戦争の範囲が拡大し，ソ連も巻き込まれたら，情勢が複雑になり，欧州に影響を及ぼす恐れがある」と述べ，ソ連の介入に反対する意向を仄めかした[52]．そのため，ベルリン滞在中の孔祥熙は，ドイツの経済相や国防相と会談を重ねるなかで，「ドイツはソ連の赤化主義を防がなければならないが，日本の経済侵略政策もドイツにとって大害となる．だから，日露両国の殺し合いは両虎の共倒れと同じようなもので，ドイツは高みの見物をし，その共倒れを待つだけでいいだろう．結果として世界に危害を及ぼすことは少なく，ドイツにとってとても有益だ」と述べた[53]．8月13日，孔祥熙はドイツの外務次官に，「日本が侵略国であることは，全世界に

222　第6章　「防共」概念をめぐる日中間の攻防（1937.8〜9）

知れ渡っている．過去にドイツが日本と防共協定を締結したことは，他国からの誤解を免れえなかった．今回の中日紛争でドイツが中国に好意を示すことができれば，ドイツに対する列強の誤解も解消できる」と強調した[54]．

　既述のように，日本の対ソ戦略は，ソ連を刺激することを避けつつ，日独防共協定を利用しドイツの力を借りてソ連を牽制するというものである．孔祥熙の「両虎共倒れ」論は日本と真っ向から対立し，侵略主義の日本と赤化主義のソ連の共倒れが世界の利益になるという理由で，ソ連の対日参戦を阻止しないようドイツに勧告したのであった．こうした孔祥熙の観点は7月27日の蔣介石談話よりも，国民政府の対ソ態度における隠れた本音の一面をさらけ出したものであるため，特に重視すべきである．

(2) ソ連の要求の拒否と中独友好の堅持

　独ソ関係の悪化につれて，ソ連は中ソ不可侵条約の締結以前から中独友好政策の中止を国民政府に繰り返し要求し[55]，条約締結後はさらにこの要求を重ねて伝達した．これに対し，国民政府はお茶を濁すような対応をしていたが，実質的にはソ連の要求を拒否し，中独友好の維持に努めた．

　例えば，ドイツのメディアが8月に前述の親日反中論を展開した際，国民政府内では一時，ドイツに対する否定的な感情が広がり，駐独大使程天放さえも，英仏ソの同情を確保する観点からドイツの対中態度の悪化は中国にとって有利になるとの意見を南京の中枢に具申した[56]．しかし，蔣介石は8月26日，ドイツの信用と中独の国交を維持するために，中国の対ソ方針の理由およびこれからの中独経済の更なる協力の方法をドイツに詳しく説明し，その対中態度を是正しなければならないとの指示を孔祥熙に打電した[57]．また，8月28日には，蔣介石はドイツ政府の事前同意を得た上で，行政院長の名義で，軍事委員会総顧問のファルケンハウゼン氏に「二等雲麾勲章」を授与することを国民政府に願い出た．ソ連を刺激しないよう，この叙勲は公表しないという前提で行われた[58]．さらに，中ソ不可侵条約が公表された直後の9月1日，蔣介石は「中ソ不可侵条約は締結されたが，独伊との関係は従来通りである」ことを再確認した[59]．

(3)「侵中＝造共」論に基づく和平の呼びかけ

中ソ不可侵条約が公布された後，程天放大使は8月30日にドイツ外務省を訪問し，中ソ条約の非軍事的性質を説明した後，中国は対ソ条約締結によって共産主義反対の立場を変えることは絶対になく，日本を含むいかなる隣国とも同じ性質の条約を締結したいと強調した．これは，許世英大使の日本政府への説明と一致するものである．また，国民政府が中国共産党員を釈放したことに対するドイツマスコミの批判に対し，程天放は，中国政府は侵略への抵抗のための一致団結を目指すため，悔悟を表明した一部の政治犯に愛国更生の道を提供した．釈放された者は共産党員だけではなく，中ソ条約とは全く無関係であると説明し，ドイツ政府が中国の立場を完全に理解し，誤解を持たず，従来の密接な関係を維持することを要請した．これに対して，ドイツ外務省は，中ソ条約はドイツ人にとって予想外だったので，その影響を疑わざるを得ない，不可侵条約は往々にして攻守同盟あるいは相互援助の第一歩となると指摘した．程天放は，中ソ不可侵条約は「中ソ間の諒解」と呼ぶことができるものの，中ソ相互援助と呼ぶことはできない，日本人の悪意ある宣伝を信用してはならないと否定した[60]．

国民政府が防共賛同の立場から展開した対独工作は，ある程度の成果を得た．9月5日の程天放報告によると，ドイツ紙の論調は8月に比べて好転しており，中国軍の抵抗力を称賛するものも出始めたという[61]．この変化をさらに促すべく，程天放は9月11日にドイツ外相を再訪した．会談でドイツ外相は，国民政府による中共党員の釈放とソ連の今後の在中活動に改めて疑念を表明し，「ソ連は信義を顧みない国家であり，隙あらば約束を反故にし破壊活動を思う存分行うものだ．ドイツはソ連に一杯食わされた過去があったので，中国は特別な慎重さを保たなければならない」と注意し，「戦争または紛争が起きている国家は共産党活動にうってつけの場所となる」と断じた．程天放はこの見方への大賛成を述べた後，それを借りて，「日本の中国侵略は，まさに共産党にとっての機会を造ることであり，真の反共国家は日本のこのような侵略政策に反対しなければならない」と主張し，「独伊両国が反共の立場から対中軍事行動を速やかに停止するよう日本に共同で勧告する」という中国の要望を繰り返した[62]．

224　第6章 「防共」概念をめぐる日中間の攻防（1937.8〜9）

　日本は防共を中国侵略の口実としたが，程天放はそれを逆手に取り，日本の中国侵略は共産党にとっての機会を造るとして，ドイツと日本に和平の必要を勧告した．先に引用したドイツ側の資料が示すように，この観点はドイツと一致している．また，9月15日の孔祥煕電報によると，国民社会主義ドイツ労働者党における親日派の積極的活動に鑑みて，孔はヒトラーに密書を送り，「大義を勧め利害を論したため，ヒトラーは幹部を呼んで密議した結果，中国の立場と中ソ条約を理解した．したがって，日本の工作は完全に失敗し，対外的には表面上否定するが，中独協力は以前決めた方法どおりに推進することになった」という[63]．

　孔祥煕は密書の具体的な内容を明らかにしていないが，ドイツの外交文書によると，それには中ソ不可侵条約締結への弁明が含まれており，要旨は次のとおりである．中国は蔣介石の指導下，終始反共産主義のために戦い，多大な犠牲を払ってきたが，今後も反共を続けていく．ソ連との条約締結は，共産主義に接近したり，中国における共産主義の存在を容認したりするものではなく，むしろ日ソ同盟を予防し，かつ中ソ関係を利用してコミンテルンの宣伝による中国西北地域の騒乱を平定し，全国民が抗日戦争に専念できるようにするためのものである，と[64]．

　上記の三つの方面の事実から分かるように，直接の対独工作および間接的な対日工作の中で，国民政府は「防共」を肯定する立場から，中国の抗日はソ連とは無関係であること，対ソ条約はソ連と日本の結託を予防するためのものであること，中国は引き続き反共の立場に立つことを再三強調していた．同時に，国民政府は，日本の中国侵略は「造共」に等しく，結果は「防共」を自ら破壊し，ソ連と共産主義を利することになると力説していた．特に孔祥煕は，日ソの共倒れが世界の利益になることを明確に主張した．これらは防共概念の「正用」の主な内容と言える．

　これと対照的なのは，国民政府がソ連の対日参戦を勝ち取るために対ソ工作において防共概念を逆用したことである．すなわち，日本による共同防共の要求を逆手にとって，ソ連に対して，日本の中国侵略は中国が共同防共を拒否したことと深く関連していること，日本の次なる目標はソ連を侵略することにあること，中国が抗日戦に失敗すればソ連を害することになると主張していたの

である（この問題については，本書では第5章で触れており，次章でも引き続き言及するので，ここではこれ以上立ち入らない）.

結　び

　国民政府による「防共」概念の「正用」と「逆用」の並行は，一見自家撞着に陥ったように見えるが，実際は，日本の対中戦争における目的と効果の自己矛盾と，それに伴って生じた多面性を客観的に反映している．そのため，国民政府にとって，各側面の運用はすべてそれなりの合理性があって，区別は対象国によって違う側面を際立たせることにあるだけである．そして，その特色は，「正用」の面では，戦争がもたらす結果の分析をより重視し，「逆用」の面では，日本の長期的な目標の暴露をより重視していたということである．その中で，日本の対中戦争がもたらす結果の分析においては，国民政府はその「造共利ソ」の提示に最も力を注いでいたと思われる.

　これに対して，「防共」概念をめぐる日本の政策の虚実は，「実」の面では，優先目標としての中国侵略であり，「虚」の面では口実と第二目標としての「防共」であった．このため，次章で示すように，戦争の継続につれて，一種の奇異な現象がだんだんと浮上してくる．すなわち，真の「防共」つまり「防ソ防中共」を本当により多く考慮したのは，「共同防共」を声高に唱える日本ではなく，「共同防共」を拒否した国民政府だったのである.

注
1)　全般的に言うと，これまでの研究は，他の問題を論じる際に付随的に本章の課題に触れるだけであった．また，一部の研究には，資料の誤読や恣意的な解釈という問題点が見られる.
2)　「広田外務大臣発在ソ連邦重光大使宛電報」第327号（1937年7月18日），「在上海岡本総領事発広田外務大臣宛電報」機密第1435号（1937年7月22日），外務省編纂『日本外交文書　日中戦争』第3冊（外務省，2011年），1988頁，1989頁.
3)　「川越大使発広田外務大臣宛電報」第640号（1937年8月2日），前掲「蘇連邦，中華民国間不侵略条約関係一件」．沈鈞儒は国民政府の対日政策と鋭く対立し，内戦停止・一致抗日を主張したいわゆる「抗日7君子」の一人であり，1936年11月

226 第6章 「防共」概念をめぐる日中間の攻防（1937.8～9）

に逮捕されたが，翌年の盧溝橋事件後に釈放された.

4)「中村総領事発広田外務大臣宛電報」第330号（1937年8月5日広東発），同上.

5)「広田外務大臣発在ソ重光大使宛電報」第390号（1937年8月7日），同上.

6)「帝国政府声明」（1937年8月15日），前掲『日本外交文書 日中戦争』第1冊，78頁.

7)「広田外務大臣発在ソ重光大使宛電報」第417号（1937年8月20日），前掲『日本外交文書 日中戦争』第3冊，1992頁.

8) 前掲『王世杰日記』（手稿本）第1冊，1937年8月30日条，96頁.

9)「八月二十六日南京外交部発東京支那大使館宛電報」（1937年8月28日藤井少将より），前掲「蘇連邦，中華民国間不侵略条約関係一件」.

10)「広田外務大臣発在仏在米在満大使他宛電報」合第1238号（1937年8月28日），同上.

11)「外交部発言人談中蘇不侵犯条約之内容与意義」（1937年8月29日），台北，中央研究院近代史研究所档案館所蔵，国民政府外交部档案，「中蘇互不侵犯条約」，11-04-15-06-03-003（旧档案番号112.6/0003）.

12)「我が外務省の見解」，『東京朝日新聞』1937年8月30日.

13)「東京八月三十日路透電」，台北，国史館所蔵，蔣中正総統文物，002-080103-00009-001. なお，「駐日大使館発外交部宛電報」第1217号（東京1937年8月30日発），台北，中央研究院近代史研究所档案館所蔵，国民政府外交部档案，11-04-15-06-03-004（旧档案番号112.6/0004）も参照.

14)「駐日大使館発外交部宛電報」第928号（東京1937年8月30日発），前掲国民政府外交部档案，11-04-15-06-03-004.

15)「駐日大使館発外交部宛電報」第1222号（1937年8月30日発），同上.

16)「駐日大使館発外交部宛電報」第1223号（1937年8月31日），同上.

17)「背後に軍事密約 ソ支不可侵条約の謎」，「不可侵条約にソ密約確実 伊太利政界の観測」，「日支提携を妨害 ソ連の巧妙な先手」，『東京朝日新聞』1937年8月31日.

18)「再びソ支条約について」，『東京朝日新聞』1937年8月31日. いわゆるスペイン内戦は1936年7月に勃発した. 交戦当事者の一方は政府軍と人民戦線の左翼連合であり，もう一方はフランコを中心とする右派勢力であった. 前者はソ連とコミンテルンの援助を受け，後者はドイツとイタリアの支援を受けた. このような内戦と国際戦争が交差する戦争はスペインに大きな損失をもたらし，全世界に衝撃を与えた. そのため，日中間でもスペイン内戦が大きな話題となった. 1939年4月，フランコ派が勝利し，スペインはフランコ体制期に入った.

19)「外交部発東京大使館宛電報」第821号（1937年8月31日），前掲国民政府外交部档案，11-04-15-06-03-004.

注　227

20)「許大使発外交部宛電報」第1230号（1937年9月1日），同上；「会晤記録」
　（1937年9月1日），台北，中央研究院近代史研究所档案館所蔵，同上．

21)「広田外務大臣発在仏国在米国大使宛電報」合第1339号（中ソ不可侵条約をめ
　ぐる在本邦中国大使との会談内容通報）（1937年9月3日），前掲『日本外交文書
　日中戦争』第3冊，1998頁．

22)「許大使発外交部宛電報」第1230号（1937年9月1日），前掲国民政府外交部
　档案，11-04-15-06-03-004；「会晤記録」（1937年9月1日），前掲国民政府外交部
　档案，11-04-15-06-03-003.

23)「許大使発外交部宛電報」第1230号（1937年9月1日），前掲国民政府外交部
　档案，11-04-15-06-03-004.

24)「某公法家対於中蘇不侵犯条約約文之研究」（9月3日発表4日見報），同上．
　「中ソ不可侵条約」第3条は，「本条約の条項は，本条約の発効以前に両締約国が締
　結したいかなる相互条約又は多国間条約も両締約国に生じた権利及び義務に影響又
　は変更を及ぼすと解釈してはならない」と規定した．また，王寵恵は1937年9月
　5日に在外使節に対して，「中ソ不可侵条約第3条は，国際連盟規約のほか，民国
　13年〔1924年〕の『中露懸案解決のための要綱』を指す．その意図は特に同大綱
　の第5条，第6条を重視している．もし外モンゴル及び共産主義宣伝という二つの
　事項について質問する者がいれば，中ソ不可侵条約第3条に依拠して詳しく解釈せ
　よ」と指示した．詳細は，前掲国民政府外交部档案，11-04-15-06-03-004.

25)『申報』1937年9月11日．

26)　例えば，1937年8月23日に開かれた国防最高会議常務委員会議で，王寵恵外
　交部長が中ソ不可侵条約について報告した際，「外モンゴル問題および共産主義宣
　伝問題については間接的な保留があった」とのみ言及し，「絶対密件」には一言も
　触れず，同会議もこれについて何の議論もしなかった（「国防最高会議常務委員第
　3次会議記録」（1937年8月23日），台北，中国国民党党史館所蔵，会00.9/2).
　同日，蔣介石は訪欧中の行政院副院長の孔祥熙に「中ソ不可侵条約が調印され，約
　1週間後に公表されるが，不可侵の約束以外に秘密内容はない．疑いを持たれない
　よう，適切な機会があればドイツ政府に説明してほしい」と打電した（「蔣中正発
　孔祥熙宛電報」（1937年8月23日），台北，国史館所蔵，蔣中正総統文物，002-
　010300-00003-064).この電報から分かるように，蔣介石はこの時点では，「絶対密
　件」について孔祥熙にも打ち明けていなかった．続いて9月1日，国民党中央政治
　委員会は国民政府に対して，「中ソ不可侵条約締結の経緯に関する外交部の報告」
　を送付したが，「絶対密件」には一言も触れていなかった（「中国国民党中央政治委
　員会発国民政府宛書簡」（1937年9月1日），台北，国史館所蔵，国民政府档案，
　001-064110-00005-006).また，1938年5月10日に立法院外交委員会で中ソ不可
　侵条約が審議されたが，「絶対密件」に関する言及はなかった．要するに，現存の

228　第 6 章　「防共」概念をめぐる日中間の攻防（1937.8〜9）

　　資料を見る限り，1937 年 8 月からこの立法院での審議に至るまで，「絶対密件」に
　　言及したものはないのである．前掲国民政府外交部档案，11-04-15-06-03-003.

27）「支那・防共を容れず　外相答弁　我勧説も水泡　衆院予算総会」，『東京朝日新
　　聞』1937 年 9 月 7 日.

28）　外交的努力の一環として，国民政府は 8 月 31 日に，義和団事件賠償金の 8 月分
　　担金 3 万 2 千ポンドを日本に支払った．「団匪賠償金を支那，日本に支払　国際信
　　用失墜を虞れ」，『東京朝日新聞』1937 年 9 月 2 日.

29）「ソ支不可侵条約ノ政治的影響ニ関スル件」（広田外務大臣発在仏大使ほか宛電
　　報合第 1303 号）（1937 年 9 月 1 日発），前掲「蘇連邦，中華民国間不侵略条約関係
　　一件」.

30）「広田外務大臣発在満植田大使宛電報（対欧米外交方針に関する件）」合第 1301
　　号（1937 年 9 月 1 日），前掲『現代史資料』第 9 巻，37-38 頁.

31）　関東軍司令部「時局に関する意見具申」（1937 年 9 月 4 日），同上，39 頁.

32）「有吉大使発広田外務大臣宛電報」第 1162 号（1935 年 12 月 28 日），前掲「帝
　　国ノ対支外交政策関係一件　第 5 巻」.

33）「加藤書記官発有田外務大臣宛電報」第 11 号（1937 年 1 月 8 日），「西安事件」，
　　外務省外交史料館所蔵，A.6.1.5.10.

34）「加藤書記官発佐藤外務大臣宛」第 123 号（1937 年 3 月 23 日），「帝国ノ対支外
　　交政策関係一件　第 7 巻」，外務省外交史料館所蔵，A.1.1.0.10.

35）「ソ連邦の対支進出」，『東京朝日新聞』1937 年 3 月 7 日.

36）　伊藤隆・劉傑編『石射猪太郎日記』（中央公論社，1993 年），1937 年 8 月 29 日
　　条，187 頁.

37）「ドイツ外務省発駐日大使館宛」（1937 年 7 月 28 日），陶文釗主編『中国近代史
　　資料叢刊　抗戦時期中国外交』（上）（成都，四川大学出版社，1997 年），914 頁.
　　以下，本資料集は『抗戦時期中国外交』（上）と略．The German Foreign Minis-
　　try to the German Embassy in Japan（July 28, 1937），R. J. Sontag（ed., tr.），
　　Documents on German Foreign Policy, 1918–1945, Series D, Vol. 1（London: H.
　　M. S. Stationery Office, 1949），pp. 742-744（以下，DGFP, Series D, Vol. 1 と略
　　す）.

38）「ディルクセン発ドイツ外務省宛」（1937 年 7 月 27 日），『抗戦時期中国外交』
　　（上），918 頁．The German Ambassador in Japan（Dirksen）to the German
　　Foreign Ministry（July 27, 1937），DGFP, Series D, Vol. 1, p. 740.

39）「ドイツ外務省発駐外機構宛」（1937 年 7 月 20 日），『抗戦時期中国外交』（上），
　　911 頁．The German Foreign Ministry to Various German Diplomatic Mis-
　　sions（July 20, 1937），DGFP, Series D, Vol. 1, pp. 733-734.

40）「ドイツ外務省発駐日大使館宛」（1937 年 7 月 28 日），『抗戦時期中国外交』

（上），914 頁. The German Foreign Ministry to the German Embassy in Japan
（July 28, 1937), DGFP, Series D, Vol. 1, pp. 742-744.

41) 「ドイツ外務省発駐日大使館宛」（1937 年 7 月 28 日），『抗戦時期中国外交』
（上），918-919 頁. The German Foreign Ministry to the German Embassy in
Japan（July 28, 1937), DGFP, Series D, Vol. 1, pp. 742-744.

42) 「トラウトマン発ドイツ外務省宛」（1937 年 8 月 1 日），『抗戦時期中国外交』
（上），915-916 頁. The German Ambassador in China（Trautmann）to the
German Foreign Ministry（August 1, 1937), DGFP, Series D, Vol. 1, p. 748.

43) 「駐徳大使館発外交部宛電報」第 502 号（1937 年 8 月 11 日発），台北，国史館
所蔵，外交部档案，020-010102-0022.

44) 「程天放発外交部宛電報」第 510 号（1937 年 8 月 20 日発），同上.

45) 「蘇支密約成立説に関する件　覚」（1937 年 8 月 23 日），前掲「蘇連邦，中華民
国間不侵略条約関係一件」.

46) 「武者小路大使発広田外務大臣宛」特情第 43 号（1937 年 8 月 30 日本省着），同
上.

47) 「広田外務大臣発在満在米在蘇大使ほか宛電報」合第 1431 号（1937 年 9 月 8 日
発），同上.

48) 呉景平訳「里賓特洛甫大使為元首兼総理所作的備忘録」（1937 年 7 月 24 日），
『民国档案』1994 年第 3 期，63-64 頁.

49) 「与徳大使陶徳曼談話」（1937 年 7 月 27 日於南京），秦孝儀主編『総統蔣公思想
言論総集』第 38 巻（台北，中国国民党中央委員会党史委員会，1984 年），79-82 頁.

50) 「蔣兼院長接見徳使陶徳曼及意使柯萊」，前掲『中日外交史料叢編』(4)，496 頁.

51) 「顧維鈞発蔣介石宛電報」（1937 年 8 月 6 日），前掲『中華民国重要史料初編・
対日抗戦時期』第 3 編，"戦時外交"(2)，731 頁.

52) 「程大使発外交部宛電報」第 501 号（柏林 1937 年 8 月 11 日発，南京 12 日収），
台北，国史館所蔵，外交部档案，020-010102-0022.

53) 「孔祥熙発蔣中正宛電報」（1937 年 8 月 24 日），台北，国史館所蔵，蔣中正総統
文物，002-090103-00016-053.

54) 「程大使発外交部宛電報」第 503 号（柏林 1937 年 8 月 14 日発，南京 8 月 15 日
収），前掲外交部档案，020-010102-0022.

55) 「駐華ソ連全権代表 D. V. ボゴモロフと蔣廷黻の会談記録」（1937 年 2 月 16 日），
「ソ連外務人民委員 M. M. リトヴィノフと駐ソ中華民国大使蔣廷黻の会談記録」
（1937 年 3 月 11 日），前掲『日中戦争と中ソ関係』，8-13 頁，23-27 頁.

56) 「程天放致外交部並転蔣院長電」第 513 号（柏林 1937 年 8 月 23 日発，南京 24
日収），前掲外交部档案，020-010102-0022.

57) 「蔣中正発孔祥熙宛電報」（1937 年 8 月 26 日），台北，国史館所蔵，蔣中正総統

230　第 6 章　「防共」概念をめぐる日中間の攻防（1937.8〜9）

文物，002-010300-00003-081.

58）「行政院院長蔣中正呈国民政府為呈請頒給軍事委員会総顧問徳国陸軍上将法肯豪森二等雲麾勲章此項勲敘並請免予明令公佈」（1937 年 8 月 28 日呈，30 日到），台北，国史館所蔵，国民政府档案，001-035100-00031-007.

59）『張嘉璈日記』（手稿），1937 年 9 月 1 日条.

60）「程天放致外交部並転蔣院長電」第 517 号（柏林 1937 年 8 月 30 日発，南京 31 日収），前掲国民政府外交部档案，11-04-15-06-03-004.

61）「程大使致外交部並転呈蔣院長電」第 525 号（柏林 1937 年 9 月 5 日発，南京 6 日収），同上.

62）「程大使致外交部並転蔣院長電」第 532 号（柏林 1937 年 9 月 13 日発，南京 9 月 14 日収），前掲外交部档案，020-010102-0022.

63）「部長発蔣院長，王部長宛」来電第 1184 号（1937 年 9 月 15 日），南京，中国第二歴史档案館所蔵，孔祥熙档案，3009（1）/256. なお，台北，国史館所蔵，蔣中正総統文物，002-090103-00016-088 も参照.

64）郭恒鈺・羅梅君主編，許琳菲・孫善豪訳『徳国外交档案──1928-1938 年之中徳関係』（台北，中央研究院近代史研究所，1991 年），58 頁.

第 7 章　日独ソをめぐる路線対立の展開と終焉 (1937.8〜1938.1)

　1937 年 8 月の「中ソ不可侵条約」の締結から，翌年 1 月の日本による「国民政府ヲ対手トセズ」声明の発出までの 5 カ月間は，国民政府が「ソ連ルート」と「ドイツルート」という二つの異なるルートをめぐって，「抗戦継続か講和か」の問題と「共同防共」問題を再検討する重要な時期であった．数多くの新資料の公開によって，この過程については多くの研究成果が生まれた．しかし，二つの問題点が依然存在している．第一に，国民政府は当時，ソ連の態度が中国の対外方針決定の先決条件であると再三強調していたが，国民政府の対ソ認識と対ソ政策についての考察は依然断片化されており，全過程にわたる体系的な探究は不十分であった．第二に，対ソ認識は，この時期においても国民政府の政策決定過程の枢要な位置を占めていたため，ドイツによる調停を含む重大な問題への国民政府の対応は，すべてソ連ファクターとの強い連関の下で展開された．したがって，対ソ関係と結び付けて総合的に分析しなければ，ドイツによる調停などの重大問題への諸措置間の因果関係は十分に究明できない．しかし，先行研究ではこのような問題意識からの論述は，従来深みを欠き，時系列上の混乱や細部の曖昧さ，不正確な解釈まで生じていた．

　上記の現状に鑑みて，本章は「ソ連ルート」に対する国民政府の認識と位置づけの変遷を論述の主要な対象とし，この変遷が「ドイツルート」及びその他の関連問題に与えた影響を論述の副次的な対象として，この時期における国民政府の路線対立を再検討する．

1.「外交方略」の不発と「疑ソ依独」論の台頭

(1) 楊杰の使命と蔣介石の「外交方略」

1937 年 8 月 21 日に中ソ不可侵条約が成立した後，蔣介石は軍事委員会参謀

232　第 7 章　日独ソをめぐる路線対立の展開と終焉（1937.8～1938.1）

次長の楊杰を団長とする「工業部渡ソ実業考察団〔視察団〕」をソ連に派遣した．蔣はソ連駐華大使ボゴモロフに，考察団の任務はソ連からの武器供給を受けることだけだと強調したが [1]，楊杰には，ソ連の援中物資を確保するほか，考察団はソ連の対日参戦の促進と中ソ相互援助条約の実現を主要任務とするよう指示した [2]．この第二の目標について，駐ソ中国大使館が南京に送った報告は，中ソ不可侵条約締結以前の報告と同様，依然として悲観的なものであった．例えば，8 月 23 日に干卓副武官は蔣介石宛の電報で次のように述べている．

　　ソ連は，極東での戦闘が拡大すれば，ドイツがチェコとソ連に侵攻し，大戦を引き起こす可能性があるから，自分たちは慎重に行動しなければならないと判断している．だから，ソ連が積極的な態度に転じたように見えたからといって，中国は外部の力を重視してはならない．頼りにならないからだ [3]．

しかし，このような消極的な評価とは裏腹に，中ソ不可侵条約締結以前にはソ連への対応に極めて慎重であった蔣介石は，条約締結以後はかなり自信を持っていたように見える．例えば，8 月 27 日のボゴモロフとの会談で，蔣介石は，中国は最後まで抗日戦を戦い抜き，敗戦しても日本と交渉しないと表明したうえ，アメリカ製の航空機の譲渡と義勇兵としてのパイロットの派遣をソ連に要請した [4]．8 月 29 日，中ソは同時に不可侵条約を公表したが，翌日，蔣介石は国防最高会議常務会議に下記の「抗日戦争期の外交方略」（以下「外交方略」と略す）を提出し，同案は修正可決された．

　　甲，原則：一，今回の中国の対日抗戦の結果は，東アジアに影響を及ぼすだけでなく，世界の大勢を動かす可能性もある．二，中国の単独での苦戦は無限の支持を得られず，途中で抗戦を放棄して講和を求めることもできない．よって必然的に世界の大局に活路を求めなければならない．三，中国が敗戦したら，日独伊陣営はユーラシアを支配し，ソ連は日独の挟撃により必ず敗北する．また，たとえ日本が単独でソ連を攻撃しても，ソ連は敗北する．その影響は西欧に及び，フランスがまず危険にさらされる．四，したがって，中国は世界で味方を求めるには，利害関係が最も密接な仏，ソを対象としなければならない．

　　乙，運用：一，ソ連への期待：軍事的には，義勇軍を援助して満洲を攪

1. 「外交方略」の不発と「疑ソ依独」論の台頭　233

乱し，朝鮮青年党は朝鮮を扇動し，外モンゴルは軍事的に直接的な威嚇を与える．政治的には，英米仏三国との連携を密接にしつつ，積極的な活動を行う．二，ソ連が軍事的・政治的に積極的な活動を展開するには，フランスの同情が不可欠である．したがって，対仏交渉は非常に重要だ．速やかにフランス参謀本部と大局的利害を詳細に検討し，その認識と決意を促すべきである．三，フランスは対独関係のためソ連に接近しようとしたが，極東における陸海軍の力は非常に弱く，特に安南〔ベトナム〕の防御がしっかりしていなかったので，日本の恨みを買うことを恐れている．ただし，仏ソの対日姿勢がイギリスに支持されれば，フランスの懸念を軽減し，仏ソの力を増強することができる．四，したがって，中日間の戦争がヨーロッパの大局に影響を及ぼす可能性があるなら，鍵を握るのはイギリスである．そこで，我々はイギリスに対して伝統的な密接な関係を保つだけでなく，中国が敗戦した場合イギリスが東方の領土で受ける実際の脅威と権益の損失を徹底的に自覚させ，積極的な態度をとるよう促さなければならない．五，独伊に対してそれぞれ外交活動を行う．ドイツに対しては，軍事上及び経済上の特殊な利益を条件にし，中国が今後も友好政策を堅持する誠意を持つことを表明する．イタリアに対しては近年の特別な友好関係を理由に，少なくとも友好的な中立を維持してもらう．また，中ソ接近に対する独伊の疑念を取り除かなければならない．六，アメリカは目下，戦争の渦中に巻き込まれない政策をとっているが，その民衆の態度は極めて移ろい易いから，数カ月後に情勢の進展によっては比較的積極的な行動をとるかも知れない．よって，この際，わが国は引き続きアメリカ国民の同情を得るよう努力すべきである．七，上記各項の運用については，次のような局面に達することを望んでいる．（1）形式上は中国単独で最後まで抗戦するが，ソ連から積極的な軍事援助を得られること．（2）英仏ソが外交の面で共同行動を取り，次第に軍事干渉を行うこと．八，上記の構想は現在の情勢と我々の期待に基づいて推論した結果であるが，国際情勢は目まぐるしく変化しており，我々の推論通りにはならない場合もある．したがって，第七項の局面を達成するようできる限りの努力を行うとともに，中日戦争の和解を求め調停の労を取りたいと表明してくれる第三国が出てきた

234 第7章 日独ソをめぐる路線対立の展開と終焉 (1937.8～1938.1)

ら，これを拒否せず，利害を計りつつ適切に運用し，対処方策を再考しなければならない[5].

上記の「外交方略」は，中ソ不可侵条約締結後の国民政府の対外目標および方針を端的に反映するものであるが，よく分析すれば，そこには二つの大きな誤りが内包されていることが確認できる.

第一に，「外交方略」は，中国の「単独での苦戦」に対する悲観的な見通しに基づき，第三国の助けを借りて共に日本に勝つという「世界の大局に活路を求める」ことに立脚している. したがって，まずソ連の積極的な軍事援助に期待し，そしてフランスやイギリス，アメリカの対中援助を次々と勝ち取ることを望み，最後にはドイツおよびイタリアとの友好関係をも維持することを主張しているのである. これは日本以外のすべての国を友邦として団結する構想である. しかし，「外交方略」が期待するこれらの国は，実際には互いに対立し合う異質な勢力であり，中国が期待する一致した行動を取ることは難しい. 特にソ連について見ると，独伊と根本的に対立しているだけでなく，英米仏との間にも政治制度やイデオロギーの面で大きな相違があった. また，対独関係においては，第5，6章で見たように，ソ連はドイツの反ソ政策と「日独防共協定」の存在により，中ソ不可侵条約締結以前から対独友好政策の中止を国民政府に繰り返し要求しており，中ソ条約締結後は一層ドイツを遠ざけることを国民政府に強調した. したがって，「外交方略」の規定どおり対独「友好政策」を維持すると，ソ連の不満を招いたに違いない. 逆に言えば，中ソが不可侵条約を締結した以上，「中ソ接近に対する独伊の疑念」を払拭することにも当然無理がある.

第二に，「外交方略」は中ソ関係を要の位置に置いているが，その対ソ判断およびそこから導き出された他国への期待はすべて中国の推論に依拠しており，相手国の実際の態度あるいは条約上の約束に基づくものではない. それどころか，これらの構想には深刻な欠陥がある. たとえば，「外交方略」は「中国が敗戦した」場合に，「日独伊陣営はユーラシアを支配し，ソ連は日独の挟撃により必ず敗北する」と予想し，ソ連は前者を避けるために中国を軍事的に援助しなければならないという結論を導き出した. しかし，「外交方略」は「中国の敗戦」を具体的に定義しておらず，それと国民政府が公の場で主張し続けて

いる「抗日戦必勝」との抵触も考慮していない. また,「外交方略」は日中戦争が必ず日ソ戦争を引き起こすと判断しただけでなく,「たとえ日本が単独でソ連を攻撃しても, ソ連は敗北する」と見て日本を過大評価した. だが実際には, 1934 年 6 月の時点で極東におけるソ連の兵力は既に日本陸軍の総兵力に匹敵し, その後はソ連が優位に立って両者の差は拡大し続けた. そのため, 1936 年 8 月, 軍部は内部への説明の中で, ソ連と比べて, 日本は「物質的方面カラ見テモ戦闘方面カラ見テモ今ノ処テハ遺憾乍ラ勝算カナイ, 空軍ノ如キハ特ニ不足」していると認めざるを得なかった[6]. また, 第 5 章で見たように, ボゴモロフ大使は中ソ不可侵条約締結以前から国民政府に対して「日本が単独で対ソ開戦を敢行するはずはない」と主張した. その理由として彼は,「今やソ連は軍事面で日本より強くなっている. 日本人もそれを理解している. 日本はソ連が西側でも戦争に巻き込まれるのを見てはじめてソ連侵攻の計画を立てるだろう」と述べた[7]. 言い換えれば, 日ソの間では互いに相手を刺激しないという暗黙の了解があった当時, 日ソ開戦を前提とした「外交方略」の推論は「木に縁りて魚を求む」のようなものであった. また, フランスとソ連が相互援助条約を締結していたから,「外交方略」は仏ソを「利害関係が最も密接」な国家としたが,「外交方略」で指摘されたとおり, フランスは対独関係のためにソ連と接近しただけであって, 極東では力が弱く,「日本の恨みを買うことを恐れて」いたのである. このため,「外交方略」はフランスの態度を改めさせる希望を「イギリスの支持」に託したが, その方法は依然として「中国の敗戦」がイギリスに損害を与えることを強調するだけのものだった.

　以上の分析から, 中ソ不可侵条約締結後の国民政府の情勢判断や対ソ構想は, かなりの程度現実離れしていたことが分かる. 注目すべきは,「乙」第八項に示されているように,「外交方略」の制定者の蔣介石は, 推論に立脚した構想が根拠薄弱であることを自覚し,「国際情勢は目まぐるしく変化している」ことも認識していたため, ソ連の対日参戦によって軍事的勝利を実現するという「ソ連ルート」を追求すると同時に,「中日戦争の和解」を図る第三国の調停を排除していなかったことである. つまり, 第三国ルートによる日中講和をも一つの選択肢として受け入れる意思があったのである. これがその後の路線対立の伏線となった.

(2) ソ連への懐疑とドイツへの期待

1937 年 9 月初め，蔣介石は対ソ政策にかなりの自信を見せていた．9 月 1 日に開かれた国防最高会議の全体会議で，彼は「中国が敗北すればソ連も安泰ではない」という理由だけで，ソ連はすでに中国の統一と対日抵抗を支援することを決めたとして，「しかるべき時が来れば，ソ連は自ずと我々のこの正義と自由のための神聖な戦争に参加する」と断言した[8]．また，9 月 6 日，対ソ工作を強化するために，蔣介石は妻の宋美齢のソ連派遣の可能性も検討した[9]．9 日，蔣介石は「ソ連の外交はソ連自身のためにも中国を助けなければならないと私は確信する」と日記に記した[10]．

しかし，蔣介石の「確信」とは裏腹に，この頃，国民政府の内外で少なからぬ人が対ソ政策に異議を唱えていた．たとえば，かつて外交部常務次長を務めた甘介侯は 11 日，民衆訓練部長の周仏海に「連ソを主張するなら軍事力による支援が必要であり，そうでなければ日本と交渉すべきだ」と述べた．15 日，周仏海は「蔣先生は今回の戦争について遠大な計画をもっていないようだ．ただ犠牲を辞さないという単純な決心しか抱いていない．時局をどう収拾するか，戦争がどこまで進むか，考えていないようだ．それが人々の心を苛立たせる．当てにならないソ連にまだ希望をもっているのか．ソ連は参戦できないし，参戦したとしても，英米が日本に同情する恐れがあり，中国はさらに孤立に陥るだけだ」と日記に書いた[11]．22 日，中ソ不可侵条約が成立して 1 カ月が経ったが，ソ連は物資面で積極的に中国を支援してきたものの，国民政府が最も期待している対日参戦に関しては何も動いていなかった．同日，外交部は駐ソ大使館宛の電報で，「中国の抗日戦は自国の存亡にかかわるだけでなく，ソ連の安全にも寄与している．そのため中国は最初から日本の侵略に対する中ソ両国の共同抵抗を望んできた．しかし，ソ連は中国に同情を示し支援を約束しているが，最後にどう転ぶかは未だに不明である」と指摘した上で，「ソ連の対日軍事政策は諸国の調停に対する中国の対応と密接に関係しているので，九カ国条約会議に対する方針と今後の戦略を決定するために，中国はソ連の真の態度を知らなければならない」として，ソ連に再度打診するよう指示した[12]．

翌日，蔣廷黻大使はソ連の副外務人民委員を訪ね，「個人の名義」で，ソ連は中国に軍事力による支援を与えることができるかと聞いた．ソ連側は，日本

はソ連をも脅かしているので，ソ連は将来対日作戦を行う可能性が高いと答えつつ，ただ，ソ連の将来の立場を予言するのは時期尚早であり，すべては国際情勢次第だ，中国には敵が一つしかないが，ソ連は中国より複雑な状況に置かれていると続けた[13]．この回答は婉曲であり，しかも気を持たせるようなものであったが，中国が切望する即時の「軍事力による支援」の否定ははっきりしている．他方で，9月下旬，ボゴモロフ駐華ソ連大使はモスクワより突如帰国命令を受けたが，出発の際，王寵恵外交部長を訪問し，ソ連の対日参戦は，国際連盟が日本を侵略国と認定すること，かつイギリスが日中戦争に一層密接に関与することという二つの条件を前提としており，「そうでなければ，ソ連はドイツとポーランドのソ連侵攻を懸念するので，中日戦争への参加はありえない」と主張した[14]．ここにきて，ソ連参戦の見通しに対する蒋介石の見方も悲観に転じ始めた．9月29日付の日記に，蒋は「敵を黄河以南まで侵入させることによって英ソ両国を焦らせ，戦争に参加してもらう」という思惑を記した[15]．翌日付の「本月反省録」に蒋は「ソ連は終始冷たくて日和見主義であった．本月末に航空機を蘭州に送り届けることを約束したにもかかわらず，未だに一機も来ていない．しかも駐華大使を召還する命令を出した．一体何を考えているのかさっぱり分からない」と批判し，「ソ連は狡猾であり，日本は乱暴である．このような隣国に挟まれている中国は神の力に頼らなければ堅固にならない」という対ソ・対日認識を記した[16]．

　ソ連をはじめ第三国の中国支援を推し進めるため，10月1日に開かれた国防最高会議常務会議で，国防最高会議副主席の汪精衛や立法院院長の孫科らは，「国家の生存のためには，犠牲を惜しまずに情勢を好転させるべきだ」と主張した．したがって，「外交を利用し実利を以て各国の援助を得る」という方針の下で，「外モンゴルの自治，中独経済協定，各国との通航」などの措置が挙げられ，王寵恵，張群，熊式輝（江西省政府主席）がこれらについて検討することが決定された[17]．10月4日，駐華ソ連大使館の武官は蘭州でのソ連領事館の開設と通航を求め，同日開かれた国防最高会議常務会議はそれに同意した[18]．しかし，中国がこうした積極的な姿勢を示したにもかかわらず，「軍事力による支援」という国民政府の要望に関しては，依然としてソ連の承諾を得られず，英米仏ももちろん行動してくれなかった．そのため，外交措置の検討

を命じられた熊式輝は10月5日に,「英,米,仏,ソは何れも積極的に援助できないから,独伊への働きかけに力を入れるべきだ」と提案した.これに対して周仏海は,「ドイツとイタリアが中国に対して現状維持さえしてくれれば,我々はすでに満足すべきだ.そこからさらに一歩進めることは絶対に不可能であり,しかも却って英,米,仏,ソの反発を招いてしまうので,割に合わない」と反対した.結局,この日の会議は「結論なしに散会した」.6日,周仏海らは「このまま戦っていけば,中国のためではなく,ソ連のための戦いになり,また,国民党のためではなく,共産党のための戦いになる」という認識で一致したのである[19].

周仏海らのこうした認識は,「中国が抗日戦をしなければ日本はソ連を先に叩くはずだから,ソ連には中国の抗日戦を全力で援助する義務または道義的責任がある」と考えている人が国民政府の中に少なからずいたことを示している.また,彼らは,中国の抗日戦はまず中国を守るためであること,中国は抗日戦をしなければならないことという2点を実質的に否定し,且つソ連の中国援助を単純に対日参戦と定義したため,その見通しに失望した彼らは,軍需物資や外交の面でのソ連の中国援助があるにもかかわらず,国民政府はソ連や中国共産党のために犠牲を払っているという不満をもっていたのである.

8日,アメリカのルーズヴェルト大統領がシカゴで日本を非難する談話を発表したという情報が伝えられたので,熊式輝の意見に反対していた周仏海は,日本はそれによりアメリカの調停を必ず拒否すると判断する一方で,「将来,ドイツとイタリアが調停に乗り出せば,日本はそれを受け入れるだろう」との見方に転じた[20].このように,前記の「外交方略」が望んでいた「第七項の局面」の到来を期待している間に,ソ連を疑うものは「外交方略」第八項,すなわち第三国の調停を通じて日中の「和解」を求めることをより重視するようになり,しかもソ連と対立しているドイツを最も相応しい調停者と決めたのである.これはソ連の対日参戦に頼って軍事的対日勝利を狙う「ソ連ルート」とは対照的な戦略であり,「依独講和〔ドイツに依存して講和を図る〕」を目的とする「ドイツルート」と言ってよい.

こうした背景の下,汪精衛らは対日政策に調整の余地を残すことに一層気を配った.たとえば,10月11日の国防最高会議常務会議で,国民党中央宣伝部

部長の邵力子が上海で対日国交断絶と宣戦布告を主張する者がいることを報告すると，汪精衛はすぐさま，国防最高会議第 1 回会議では今回の対日抗戦は宣戦布告や国交断絶などの方式をとらないことを決議したので，宣伝部はこの方針に従って社会を指導するよう指示した[21]．13 日に開かれた国防参議会の席上，「対日国交断絶」を発議する者がまた出たが，汪精衛は，「中国から国交断絶を言い出せば，中国の応戦が挑戦になってしまう．国際的な対中同情の情勢も大きく変化する．だから断交を主張する者は，国の外交政策を破壊する者であり，漢奸といってもいい」と非難した[22]．

　しかし，戦況が悪化している上，ドイツもいまだに調停の意思を示していないため，国民政府は事態打開の望みを「日ソ戦争の早期開始」に託さざるを得ない状況にあった[23]．そのため，10 月 12 日，王寵恵はフランスを訪問中の国民党元老の李石曽に打電し，「中ソ関係は次第に微妙になってきており，モスクワに重要人物を派遣し裏面から働きかけを行うべき」だから，モスクワに行ってソ連と接触するよう要請した．「蔣介石および他の政府要員は皆これに強く賛成している」とも強調している[24]．

　また，この頃，日本の新聞は「上海特電」として，ソ連の駐華大使と武官がモスクワに召還されたのは外モンゴル問題を議論するためであり，スターリン（Joseph Vissarinovich Stalin）は外モンゴルの独立を取り消し，外モンゴルに対する中国の宗主権を認め，外モンゴル軍隊を国民政府軍事委員会の指揮下に置き，中共軍と力を合わせて内モンゴルおよび満洲国に進攻することを決めた，と報道していた[25]．中ソ関係の真相を最も知っている国民政府にとって，日本側のこのような報道はいかにもナンセンスであったが，藁をも掴みたい気持ちからか，外交部は，この件の真偽をソ連に確認するよう蔣廷黻大使に訓電し，蔣介石も「ソ連は外モンゴル問題を放棄する可能性がある．アメリカの勧告を受けたためだろうか」との推測を書き残した[26]．

　ところが，ボゴモロフが帰国して間もなく当局に密かに逮捕された．ソ連はボゴモロフとの面会を申し入れる蔣廷黻に対し，「最初は病気だと言い，その後は多忙だと答えた」[27]．結局，蔣廷黻は 10 月 20 日，ソ連外務人民委員部に日本側の報道の真偽を確かめるが，その際，「当面の国際情勢では，ソ連とアメリカだけが対日問題に専念できる．したがって，中国人はソ連がより大きな

240 第7章 日独ソをめぐる路線対立の展開と終焉 (1937.8〜1938.1)

力を貸してくれることを大いに期待しており，外モンゴルの対日参戦もその一環となり得る」と付け加えた．これに対し，ソ連側は「ソ連とモンゴルは相互援助条約を結んでいるため，モンゴルが参戦した場合，ソ連も責任を免れない．ソ連は国際情勢全体を顧みなければならない」としてこれを否定し，「ブリュッセル会議の推移を静観する」ことを蔣廷黻に提案した[28]．こうして，ソ連参戦への期待は潰え，「外交方略」が描いていた「外モンゴルが軍事的に直接的な威嚇を与える」という構想も水泡に帰した．

ソ連が言及したブリュッセル会議とは，11月初めにベルギーの首都ブリュッセルで開催予定の「九カ国条約」締結国の会議（九国会議）のことだ．日中紛争の処理を課題とするこの会議について，10月18日に開かれた国防最高会議常務会議は，「推進しているのは英米であるが，今日のわが国の利害からすると，要となるのはソ連以外にない」とし，中国はこの機に乗じて「ソ連の真意を確かめ，それに基づいて全般的な計画を早急に決定すべきである」との認識を示した[29]．これを踏まえて，10月22日，蔣介石は蔣廷黻と楊杰に宛てた電報でブリュッセル会議への懸念を示したうえで，①ソ連はブリュッセル会議に参加するかどうか，②参加する場合，調停案に如何なる意見を出すか，③中ソ関係は日々密接になり，共通の利害を有するが，会議においてソ連は如何なる態度をとるか，④もしブリュッセル会議が失敗し，中国が最後まで抵抗戦を堅持する場合，ソ連は参戦する決心があるか，時期は何時か，⑤外モンゴル問題は必ず日本の攻撃の口実になるが，どのように共同で対処すべきか，という五つの問題についてソ連に打診することを命じた[30]．また，23日，蔣介石は「九国会議〔ブリュッセル会議〕に対する方針案」として，次のような項目を掲げた．「甲，妥協しない．乙，調停を拒否しない．丙，調停が成立しなかった場合の責任は敵国が負う．丁，各国が日本に憤慨し，経済制裁を実施し，かつソ連の参戦を英米に容認させることを目的とする．戊，上海と華北は不可分の全般的な解決とする」[31]．これを受けて，外交部は24日，ブリュッセル会議に出席予定の中国代表への指示の中で，ソ連の対日武力行使に対する英米の賛成と鼓舞を促すという中国の目的を更に強調した[32]．

しかし，国民政府要人の間では，上記の目標を達成できるか疑問視する声が多かった．だから，10月25日に行われた国防最高会議常務会議で，軍部側は

停戦の必要性を主張し，これを受けて会議は「停戦のメリットはデメリットより大きい」と判断した[33]．また，徐永昌（1937年7月から軍事委員会委員長保定行営主任，1938年1月から国民政府軍令部部長）は同日付の日記に「ソ連に頼るより，日本を懐柔した方が国を利すると思われる」と記した[34]．

ところで，蔣廷黻が10月26日にリトヴィノフ外務人民委員にソ連の対日態度を再度打診したが，リトヴィノフは「ソ連政府の政策は前からすでに決定されており，中国の最高当局はそれをよく知っているはずだ．先日ジュネーブでも孔祥熙と詳細に話した．よってここで改めて言明する必要はない．ボゴモロフの帰国は政策とは無関係である」と回答した[35]．

8月21日の中ソ不可侵条約締結からこれで2カ月余りが経過したが，この60余日のことを総括すると，ソ連政府は中国からの参戦要請に対し，婉曲にではあるもののすべて否定的な回答をしてきた．「外交方略」の構想が不発に終わったことにより，国民政府内では「ソ連ルート」への疑念が深まり，それに伴って「ドイツルート」への期待が上昇した．こうした雰囲気を受けて，蔣介石の10月の日記にも，ソ連への不満とドイツへの期待があちこちに記されていた[36]．これに関連して孫科は，中国がソ連の信任を得るため独伊を排斥すべきだと主張した際に，蔣介石から叱責された[37]．

2. 「反共」執念の復活と別ルートの模索

(1) 日中戦争をめぐる独ソ間の角逐

中国側の動向と呼応するように，折しもドイツは，日本が中国で消耗して対ソ圧力を軽減するのを阻止するという目的から，日中戦争の調停に乗り出した．その重要な一環として，1937年10月30日，駐華ドイツ大使のトラウトマンは国民政府外交部次長陳介を訪ね，日本との講和交渉を唱えた．また，トラウトマンは中国がソ連と不可侵条約を締結したことは大きな誤りであり，それによって中国と日本の交渉が難しくなったと指摘し，対ソ政策の修正も促した[38]．当時，ソ連の情報機関は神経を尖らせていたので，この動向はすぐに把握された．これを契機に，11月に入ると日中戦争をめぐる独ソの角逐が活発化した．

242 第7章 日独ソをめぐる路線対立の展開と終焉（1937.8～1938.1）

まずソ連側の行動を見る．抗日戦を堅持するよう国民政府を激励するため，11月1日，ソ連のヴォロシーロフ（Kliment Yefremovich Voroshilov）国防人民委員が楊杰と会見した．会談で，ヴォロシーロフは前記の蔣介石の10月22日の照会について，ソ連は友好国としてブリュッセル会議で中国を支持すると回答したうえで，ソ連は東西両方に敵を抱えており，すべての敵と同時に戦争する準備はできていないが，準備を加速させると説明した．蔣介石から与えられた使命を果たすことに重点を置く楊杰は，ヴォロシーロフに対して，蔣介石はソ連が極東の平和を守れば西方での平和も保障されると考えており，中国はソ連の対日参戦を望んでいると述べた．ヴォロシーロフは，もしソ連が準備のないままに極東の戦争に巻き込まれれば，戦争は長引き，日本の矛先はソ連に向かうかもしれないと答えた．期待に沿わない回答を聞いて，楊杰は，日本はすでに戦争により原料や財政の危機に陥り，目に見えて疲弊している，また，ドイツも準備ができておらず，且つ英仏やチェコスロヴァキアなどの敵国を抱えているため，日本に実効的な支援を提供できない，よって，蔣介石も私も，ソ連は現在の戦局を利用して，すべての敵に決定的な打撃を与えることが可能であると考えると言い返した．ヴォロシーロフは，「小官が軍人に過ぎないのに対し，楊杰将軍は優れた外交官でもあられ，極めて幅広い問題を扱うことができる．小官は大砲や飛行機や師団といったことしか扱うことができない」「もう一度繰り返すべきは，ソ連は現在二正面戦争に対して準備ができていないが，準備を進めているところであり，間もなく準備ができるということである」と述べて不快感を示した[39]．

上記の応酬から分かるように，ソ連の対日参戦問題に関するヴォロシーロフの見解は，現在の参戦可能性を否定すると同時に，抗日戦を堅持するよう中国を激励するため，将来の参戦可能性に希望を抱かせるというのが特徴であった．楊杰はこのことをよく理解しなければならないのに，11月1日の会談について同日蔣介石に送った電報では，「ソ連はブリュッセル会議で中国を援助することを決定し，すでにソ連の代表に中国の代表と協力して対処するよう力を尽くすことを命じた」と報告したほか，参戦問題に関するソ連の回答については，「22日の電報に示された第四項についてはすでに具体的な回答を得ており，ヴォロシーロフは電報では秘密が漏洩するおそれがあると懸念しているので，小

職は帰国して報告する予定である」とだけ伝えた [40].

　他方，東京では 11 月 2 日，広田弘毅外務大臣が日本側の講和条件として，下記の 7 項目を駐日ドイツ大使に提示した．

- ① 内蒙古に自治政府を樹立，その国際的地位は外蒙古と同様．
- ② 華北に非武装地帯を設定，中国警察隊が治安を維持．和平が成立した後，華北の全行政権は南京政府に委ねられるが，行政長官には親日的人物を希望する．
- ③ 上海の非武装地帯を拡大し，国際警察によりこれを管理する．
- ④ 排日政策の停止．
- ⑤ 共産主義に対して共同で戦う．
- ⑥ 日本製品に対する関税の低減．
- ⑦ 外国の権利の尊重．

　このうち注目すべきは第五項である．駐日ドイツ大使によると，この第五項について，広田は「在日中国大使の情報によれば，これは中ソ不可侵条約に抵触しない」と説明しつつ，「秘密協定がないならの話だが」と釘を刺したのであった [41]．広田のこの説明には重大な陥穽がある．その理由は二つある．一つは，第 5 章で述べた通り，中ソ不可侵条約には，条約の有効期間中，中国はいかなる第三国とも共同防共条約を締結しないという「公式にも非公式にも永遠に公開しない絶対密件」があったことである [42]．もう一つは，第 6 章で述べたように，その後国民政府はこの密約の存在を否定してきたが，日本は中ソ条約調印の直前にこの秘密を把握していたことである [43]．また，許世英駐日大使が 9 月 1 日に中ソ不可侵条約について広田に説明した際，中国は「自力防共」を継続するが，日本の「共同防共」の要求は受け入れないと明言していた [44]．この二つの理由から分かるように，広田は国民政府が日本との「共同防共」を受け入れられないことを知りながら，素知らぬ顔をして提案してきたのである [45]．

　いずれにしても，11 月 2 日に広田が提示した講和条件について，多くの人はそれほど厳しい条件ではないと感じていた．これは，日本がこの第五項で国民政府が乗り越えられない障害を巧妙に作り，「寛大な講和」を拒否した責任を中国に転嫁しながら，もとより講和の成立を困難にさせようとしていた意図

244 第 7 章 日独ソをめぐる路線対立の展開と終焉（1937.8～1938.1）

を見抜けなかったからだ.

この間, ソ連も日独間の動きに対抗して対中工作を続けていた. 11 月 4 日, 徐永昌と軍政部部長何応欽, 軍事委員会副参謀総長白崇禧らが会合した際, 白崇禧は,「ソ連の武官は中国の態度はいまだにはっきりしないと言っている. なぜなら, 中国は依然として独伊と友好関係を維持しているからである. これは敵国との友好関係と何ら変わらない. 中国は日本と防共協定を結ぶ可能性がある」というソ連側の不満と警戒を紹介した. これに対し, 何応欽は,「ソ連は攻守同盟を結びたいという中国の希望に応えていないのに, なぜそんなことを言うのか. しかも今日, 中国に武器を大量に売っているのは独伊である. ここに独伊と日本の関係が示されている」と反論した. しかし, 白崇禧は依然として「独伊から離れ, ソ連とフランスに接近する」ことを主張した [46]. 白崇禧のこうした態度はソ連の影響を物語っているだけでなく, 日本が設けた前記の障害が国民政府の内部対立を増幅させる作用があることをも明らかにしている.

そうした状況の中, 11 月 5 日夕方, トラウトマンは蔣介石と会談し, 日本側の講和条件を伝えた. 日記によれば蔣介石は会談前日に「ソ連にはもはや希望は持てない」ことを再確認したが [47], トラウトマンが伝えた日本の講和条件に対して, 蔣は日本が戦前の状態を回復しなければ, 中国は日本の如何なる条件も容認できないと拒否した. 理由として, 蔣は 11 月 3 日に開催されたばかりのブリュッセル会議に言及したほか, 日本の要求を受け入れると中国政府は世論に倒され, 中国には革命が起こる, その結果, 中国共産党が中国を支配することとなるが, 共産党は如何なる場合も降伏しないのだから, 結局, 日本は中国と講和できなくなる, と述べた [48].

(2) 反共執念の再燃と路線対立の激化

蔣介石がトラウトマンとの会談でわざわざ共産党問題を持ち出したのには次のような理由があった. 会談の前夜, 蔣は抗日戦突入以来の中共問題に焦りを募らせており,「外患は消えず, 内憂は日増しに増している」と痛感していた. また, 会談が始まってすぐ, 蔣介石は日本の講和条件は「防共協定の打診が中心」であることに気づいた [49]. そして, トラウトマンとの会談を終えた当夜,

蒋介石は国防最高会議全体会議を開催し，席上，まずブリュッセル会議に対する中国の方針として，「中日間の交渉に第三国の介入があれば，損失があったとしても利益の方が大きい．逆に，第三国の介入なしの直接交渉は利益があったとしても損失を被るに等しい」こと，「ソ連の極東戦争への参加を促すよう，英米に働き掛ける」ことなどを強調した．続いて，蒋は中共に矛先を向け，「〔7月の〕廬山会議の時，共産党は自ら共産党の名称を廃止することを申し出，今後すべて中央政府に従うと誓ったが，今やどのような指示も聞かなくなっている」と，抗日戦勃発後の中共の変節を非難した．そして，「我々は挙国一致で抗日戦を戦っているが，共産党があるから抗日ができるわけではない．抗日と連ソは別々のことであるからだ．このことをはっきり認識してほしい」と続けた．これに応えて，汪精衛は「外部の宣伝にはいくつかの誤りがある．一つは『国共合作』であり，もう一つは『連ソをしなければ抗日はできない．容共をしなければ連ソはできない』というものである．こうした宣伝はすべて改めなければならない」と論じた[50]．蒋介石と汪精衛の発言は参加者に会議の「反共」ムードへの強い印象を持たせた．たとえば，徐永昌はこの日の日記で蒋介石の談話を次のようにまとめている．「今日の悪は，誰もが共産党をほめそやし，将来共産党に参加する余地を残すということにある．そのため，共産党の洗脳や宣伝を受けて共産党をほめそやす者は少なく，善悪を知らず節操もないからそれをやる者が多い．ここに国家の危機があるのだ」と[51]．また，軍事委員会第三部部長の翁文灝も同日付の日記の中で，汪精衛が会議で「国共合作」などのスローガンを取り下げることを提案し，蒋介石が「共産党員ではないのに共産党を擁護し，流行を追いつつ利益を得ようとする者は，最も制裁すべきである」と主張したことを強調している[52]．

　以上からわかるように，トラウトマンが蒋介石に日本の講和条件を伝えたとき，中国の抗日戦は既に4カ月にわたっていたが，ソ連は国民政府の要請通りに参戦しなかっただけでなく，国内における中共の影響力が急速に高まっていた．そのため，国民政府上層部は「連ソ」と「容共」の副作用に深刻な危機感を抱くに至っていた．こうした背景の下，彼らはソ連の参戦を期待しながらも，「連ソをしなければ抗日はできない．容共をしなければ連ソはできない」という主張を否定しようとしていたのである．これは，「抗日戦を行いつつ，反共

246 第7章 日独ソをめぐる路線対立の展開と終焉（1937.8〜1938.1）

をあきらめない」という国民政府上層部の本音を改めて吐露するものだった．そして，彼らは「抗日」の面でソ連，中共と利害の一致を有しながら，「反共」の面では日本，ドイツと理念を共有しており，それによって深刻な自己矛盾と政策選択のジレンマに陥ったのである．

　要するに，ドイツの調停と国民政府上層部の対日・対ソ・対中共関係におけるジレンマとの重なりは，日中開戦後一時的に低下した国民政府上層部の「反共」執念を再び高めたのである．この観点からトラウトマンに対する蔣介石の回答を読み直すと，蔣は中ソ離間・中国分裂を目論む日本の「共同防共」条件を拒絶すると同時に，真の「防共」で日本に反省を迫ろうとする意図もあったことが窺える．

　この点と密接に関連して，11月5日のドイツ調停を蔣介石が拒否した直後から，国民政府内部に論争が生じていた．11月8日の国防最高会議常務会議で，汪精衛は著名な歴史学者である傅斯年の意見を紹介した際，「ドイツが中国に調停の意思を示してくれた以上，謝絶すべきではない．調停を受け入れれば，ブリュッセル会議が不首尾に終わった場合に調停の道を確保できるし，ドイツの機嫌を損ねることも回避できるからである」と主張した．これを受けて，王寵恵は直ぐさま「顧〔維鈞〕，郭〔泰祺〕に打電し，会議外で英米仏などに説明するよう指示する」と発言し，汪精衛への賛意を示した．しかし訪欧から帰国したばかりの孔祥熙は汪，王の意見に激しく反対した．その理由は，「ブリュッセル会議の結果が出ないうちに，中国が他者と調停の話をすると，各国の肝を冷やし，ブリュッセル会議を台無しにすることになる．これは敵国のわなにはまる行為である」というものだった．議論の結果，孔祥熙の意見が会議の総意となった[53]．だが，翌日，蔣介石のドイツ人顧問ファルケンハウゼンがトラウトマンの要請を受けて，「戦争が長引くと中国の経済が崩壊し，共産主義が中国に蔓延する」ことに中国指導部の注意を喚起した[54]．それに触発されたか，蔣介石は10日に「決して敵国と講和しない」という電報[55]をソ連に送ったものの，翌日付の日記では「共産党の陰謀」に言及し，「共産党の問題により抗日戦の将来を大いに憂慮する」と嘆息している[56]．

　まさにこの重要な局面に立ち至り，スターリンとヴォロシーロフはモスクワで11日夜，楊杰および張冲と会見し，4時間半に及ぶ会談を行った．日中戦

争の情勢に言及した際，スターリンは次のように論じた．中国は人口が稠密で，しかも現在，中国と戦争をしているのは日本だけだ．ソ連はかつて 14 カ国と同時に戦って勝利したのだから，中国も必ず日本に勝てる．中国が日本を疲弊させた後，日本の支配層が内紛を起こし，日本政府は倒される．もし自分が中国人だったら，国民に 3 年間の抗戦を呼びかける．この 3 年間にソ連は中国を支援する．中国に自前の飛行士や大砲さえあれば，誰も中国を打ち負かすことはできない，と．続いて，ソ連には「中国の唯一の同盟国」として対日参戦してほしいという楊杰の要請に対して，スターリンは，中国はソ連から支援を受けるだけではなく，米独英を含むあらゆる方面から支援を得るべきであること，ソ連は今，日本との戦争を望んでおらず，中国が日本の攻撃を撃退することができれば，ソ連は参戦する必要がない．日本が勝利を収めようとすることがあれば，ソ連は戦争に踏み切ること，という二つの意見を表明した．喜んだ楊杰は「閣下の二つのご意見は，我が政府および蒋介石元帥に伝達いたします」と述べ，「我々が滅びようとするときには，ソ連に期待を託すでしょう」と念を押したところ，スターリンは「いや，そのような偉大な国家が滅亡することはありません」と制止し，話題をそらしたという[57]．

　総じていうと，11 月 1 日のヴォロシーロフ談話と同様，11 日のスターリンの参戦問題に関するこの発言も極めて微妙である．ところが，楊杰と張冲は 12 日付の蒋介石への報告の中で，スターリンが重工業と軍需工業の面で中国の国土防衛戦を支援すると約束したことに触れたほか，対日参戦に関するソ連側の回答については，「誰も中国を打ち負かすことはできない」「偉大な国家が滅亡することはない」などの重要な点は省略し，次のように要約した．ソ連は日本の弱体化を望んでいるが，今はまだ対日開戦の時ではない．今開戦すると日本国民の反発を引き起こすのみならず，日本人の団結を促し，国際社会の対中同情も半減してしまう．現在，中国は抗日戦に力を入れており，しかも良好な成績を収めている．中国が不利になった時にソ連は日本に開戦する．ソ連は中国の最も信頼できる同盟国だが，英米仏独などの国に武器を供給する意思があるなら，中国はそれを受け入れるべきだ[58]．

　また，同日楊杰は 11 月 1 日のヴォロシーロフとの会談内容も比較的具体的に蒋介石に報告したが，そこには，「小官は大砲や飛行機や師団といったこと

しか扱うことができない」という不快感を含んだヴォロシーロフ発言には言及せず，「ソ連が参戦すれば，東方平和の基礎を一挙に打ち立てることができる．だが，ソ連の敵は非常に多く，東方で開戦すれば，西方も必ず踵を接して立ち上がる．二正面作戦の場合は勝利の確信がない．したがって，現在積極的に準備しており，その時期は確約し難いが，準備は早いだろう」という要旨を述べた[59].

このように，楊杰と張冲の上記の報告は，会談当事者としてのしかるべき分析が見えず，肝心な点については省略や言及の回避も行われたため，参戦問題に対するソ連の真の態度を正確に反映していなかった．また，楊杰と張冲が報告した内容を基準にして判断しても，参戦問題に関するソ連の態度は，全く異なる解釈をすることすらできるものであった．というのも，「今はまだ対日開戦の時ではない」と断言しつつ，「中国が不利になった時にソ連は日本に開戦する」という約束をもしている．また，「ソ連は中国の最も信頼できる同盟国である」としつつ，中国がドイツまで含めて他の国からも援助を受け入れるべきという提案もしている．さらに，ソ連はまだ準備中だと告げつつ，「準備は早いだろう」とも言っている．こうした発言はいずれも，重点をその前半に置くかそれとも後半に置くかによって，ニュアンスが大きく変わり，相反する判断を導くことができる．とりわけ，どのような状態が「中国が不利になった時」であるか，定義が違うと結論も違ってくる．たとえば，国民政府は南京の陥落をソ連が対日開戦すべき時とすることができる一方で，ソ連は南京が陥落しても一時的な挫折にすぎず，中国の最終的な勝利に影響しないため，ソ連の参戦すべき時には当たらないとすることもできるのである[60].

(3)「造共」防止論に基づく対日・対独工作

こうした曖昧さからソ連参戦の可能性を楽観視していた楊，張は，蔣介石への報告においてソ連参戦の不確実性を薄めた内容にしたのだが，蔣介石は容易に肯んじなかった．他方，「ドイツルート」に傾斜していた者は当然，情勢に対する悲観的な見通しを変えなかった．「絶対機密　読後焼却」と明記されたある極秘電報によると，11月12日夜に行われた国防最高会議常務会議で，王寵恵は書面で外交報告を行い，大要つぎのように説明した．「日本はすでに九

2. 「反共」執念の復活と別ルートの模索　249

国会議〔ブリュッセル会議〕への参加を拒否しており，九カ国条約から脱退する
かもしれない．英米は和解が成立しないなら他の方法を講じなければならない
と主張しており，アメリカは中日問題が再び国際連盟に持ち込まれることを望
んでいない」．また，監査院院長の于右任は，「国家の政策は現在を配慮しなけ
ればならず，将来を心配してはならない．対ソ外交は誤っており，蔣大使を使
っても役に立たない．注意しなければならない」と述べた．考試院院長の戴季
陶は「ソ連はすべて自国の利害問題を出発点とし，その政策は外交官に左右さ
れるものではない．ソ連の利益にならなければ，我々がいつまで抗日戦を続け
ても彼らは応援に来ない．ソ連の利益になるならば，外交的手腕を用いなくて
も，彼らは必ず大挙して日本に向かうだろうが」と発言した．最後に，軍政部
長の何応欽による軍事報告も「会議参加者の心を痛めた」[61]．その結果，ドイ
ツの調停を受け入れるかどうかをめぐって国民政府上層部は益々紛糾し，それ
と「反共」執念の復活との相互作用により，彼らは日本の「共同防共」のスロ
ーガンを利用して，「反共防共」の立場から日本との停戦を模索し始めた．

　この新しい傾向を象徴するのが孔祥熙の変化である．前述のように，孔は
11月8日の会合ではドイツの調停に猛反対した．また，11月12日，孔はブリ
ュッセル会議の中国代表に打電し，「外交面では英米仏を仲間につけてそれら
諸国と歩調を合わせ，特にソ連側に対する活動に力を注ぎ，北満国境で何らか
の行動をさせ，日本を牽制できるようになったら最上である」と訓示した[62]．
しかし，実際は孔祥熙もソ連の態度には確信を持っていなかった．中ソ不可侵
条約成立後，国民政府には二つの対ソルートがあった．一つは蔣廷黻をはじめ
とする大使館ルートで，主な接触相手はソ連の外交機構である．もう一つは，
楊杰をはじめとする「実業考察団」ルートで，主な接触相手はソ連の軍事機構
である．ソ連の態度に対する評価では，蔣廷黻ルートは悲観的であり，楊杰ル
ートは楽観的であった[63]．そこで孔祥熙は念のため11月17日，蔣廷黻に打
電し，中国が「最も困難な瀬戸際」に立っている日中戦争に対して，ソ連には
どのような具体的な方法があるか確認するよう指示した[64]．

　その指示に従って，蔣廷黻は19日にリトヴィノフを訪問し，中国の窮状を
訴え，「この時点で比較的良いニュースがあることを切望する」と述べた．し
かしリトヴィノフは，ソ連が以前に示していたもの以外，「今追加するものは

ない」と答えた. さらに, リトヴィノフは, 蔣介石の行政院長辞任説やドイツ
の調停説は, いずれも西洋の言論界に悪影響を及ぼしており, 中国の意志が弱
いと疑わせていると中国を非難した [65]. 蔣廷黻は直ぐに南京に報告電を打っ
た.

　しかし実際のところ, 19 日に開かれた国防最高会議常務会議の議事録を見
ると, 孔祥熙は蔣廷黻の報告を待たずにドイツ調停に対する態度に変化を見せ
ていた. というのも, 同会議において, 司法院院長の居正は冒頭「国家の戦争
は国家全体の利益から考えなければならない. 我々が軍事的に敗北しつつある
今, ドイツ大使が調停しようとしている. これに対し意見を集めて真摯に検討
すべきだ. 戦えるならば戦い, 戦えないなら和平を図る. こうしたことによっ
て, 歴史に責任を負い, 国家の生存を保全する. これこそわが革命党の堂々た
る態度だ」と主張した. 居正のこうした発言に対して, 孔祥熙も「ブリュッセ
ル会議の状況を見ると, 確実な方法は望めない」ことを理由に, 「わが国の代
表に別ルートを探るよう訓令すべきか」という問題について議論することを提
案した. 会議は最終的に「ブリュッセル会議で成果が出なければ, その閉会を
待って英米仏独などと個別に交渉し, 別ルートを模索する」と決定した [66].

　ところで, 注目すべきは, 孔祥熙がブリュッセル会議の結果を待つことなく,
別ルートを模索し始めたことである. 同日彼は次のような秘密電報を日本の友
人に転送するよう長男の孔令侃に指示した.

　　中国と日本は唇歯の国であり, 相協力して共存共栄を図らなければなら
　ない. 年初に磯谷〔廉介〕, 喜多〔誠一〕の諸君と会ったとき, 互いにこの
　ために励ましあった. 〔訪欧から〕帰国の際, 日本の朝野を訪問するよう回
　り道をして日本を経由することを考えたが, 旅先で平津と上海の戦闘とい
　う予想外のニュースを聞き, やむなく断念した. 目下情勢が益々悪化し,
　慨嘆に堪えない. 今後のことは実に憂慮すべきである. もしも日本が断崖
　の前で踏み止まらなければ, 必ず共倒れになり, 〔ソ連に〕漁夫の利を得さ
　せることになる. 今回の戦いで, 中国の世論は日増しに激しさを増し, 上
　海戦と太原戦では双方とも甚大な損害を受けた. 現在日本はかなり体面を
　保てているが, 戦争を続ければ勝敗は絶えず変わる. わが方は一歩一歩必死
　に抵抗し, 日本軍は最新鋭の武器を持っているが, 中国の広大さを考えれ

2.「反共」執念の復活と別ルートの模索　251

ば，内地に進入する場合，勝利を得ることができようか．代価は莫大であり，消耗も必ず大きくなる．今日本は孤立に陥り，列強の敵意が日々増大している．一度有事になると，対処する力はないと思われる．ここ数年，日本人は中日共存共栄を唱えてきたが，行動は共亡共枯だった．近ごろ反共を盛んに唱えているが，行動は造共である．悔悟しなければ，自ら防共の国力を消耗するだけでなく，中国に連共赤化を促し，後々無限の災いを招く．唇亡歯寒の意味を再考するよう，日本の識者の留意を切望する[67]．

　この密電から読み取れるように，「ソ連ルート」の挫折と「反共」執念の復活の二重の影響の下で，孔祥熙はソ連以外の「別ルート」の模索に賛成しただけでなく，「造共」の防止と「漁夫の利」の回避という観点から日本に直接説得を試み始めたのである．

　また，「別ルート」へのもう一つの試みとして，国民党中央常務委員の陳立夫は，11 月 19 日の国防最高会議常務会議で，「ドイツとソ連の協力を促せるなら，情勢の好転が望める」と発言した[68]．翌日から彼は，トラウトマンとの面談と通信を続け，ドイツは日本との反共協定によって日本を支持しているが，独ソ交戦は日本とイタリアに漁夫の利を与え，ドイツには災難をもたらすだけだと説き，戦争が続くことはアジアにおける共産主義の発展に大きなチャンスを与え，結局，「反共」を理由に対中戦争を発動した日本はむしろ共産主義の発展を助長していると主張した．明らかに，陳立夫は孔祥熙と同様，「造共」防止の観点から停戦を図り始めたのである．ただし，陳立夫のアプローチは孔祥熙と異なり，「ソ連との親善」をドイツに勧め，中独ソ不可侵条約の締結により，日本からドイツの植民地を取り戻すとともに，世界の構図を根本的に変えるというものだった[69]．前章で引用した「日露両国の殺し合いは両虎の共倒れと同様」有益だという孔祥熙の観点を踏まえて考えると，陳立夫の言葉の言外の意味は，ドイツがソ連との親善に転じさえすれば，ソ連は安心して日本を叩くことができるし，あるいは日本がソ連の参戦を恐れて対中戦争をやめることになる．どちらも「造共」を終わらせるのに有益であるということである[70]．

　ドイツは反ソのために日本との防共協定を結び，また反ソのために日中戦争を調停しようとしたのであるから，ドイツにとって，陳立夫の建言はまったく

252 第7章 日独ソをめぐる路線対立の展開と終焉（1937.8〜1938.1）

の「世間知らず」だ[71]. そして，国民政府自身について見ると，孔祥熙と陳立夫のような「造共」防止を出発点とする対日・対独工作は，日本の中国侵略の多面性を客観的に反映しているが，国民政府がこれまでソ連の参戦を要請する時再三強調してきた「日本の侵中＝侵ソ」と「中国の抗日＝援ソ」説と矛盾しており，ある意味ではソ連と中共に対する背信行為とも言える. したがって，日本の情報によれば，李宗仁，白崇禧ら「広西派」は，「中国は曖昧な態度をとり，遠交近攻の策を試みているが，ソ連に察知されているので，ソ連の真の積極的援助を期待するのは極めて困難であり，今後ソ連は軍需品などの物的な援助を消極的に続けるだけだろう」と観測しているのであった[72].

同時に，国民政府上層部は自力抗戦の前途について悲観的なムードに包まれていた. 周仏海は陶希聖らとの議論で，「ドイツ大使は，ヨーロッパ戦争の際，ドイツは何度も休戦するチャンスがあったが，ウィルヘルム〔ドイツ皇帝ヴィルヘルム二世〕がそれを拒否したので一敗地にまみれた，中国はこの二の舞を踏むべきではないと言っている. 極めて誠意に満ちた言葉だ. しかし，蔣先生はそれを考慮しない. このままやっていくと，どのような望みがあるのだろうか」と嘆息した[73]. 汪精衛も行政院参事の陳克文と談話した時，「頭を横に振ってため息をつきながら，友好国は好意を持っているが，わが方の門戸は固く閉ざされていて，話のしようがないと言った」. 続いて，汪は「今回の予測は完全に間違っている. しかし，こうなってしまった以上，続けていかないわけにはいかないだろう」と悲嘆した[74]. このような内情に直面して，蔣介石は「古参と文人は動揺し，講和を求めるよう主張しているが，このとき講和を求めるのは降服であり，講和ではないことが分からないのか」と憤慨した[75].

3. 「以独促ソ」と「依独講和」の交叉

(1)「張冲伝言」による誤判断とドイツ調停の両面的利用

時を同じくして，「張冲伝言」といわれるエピソードが発生した. 1937年11月18日，ソ連の態度を報告するためモスクワから帰国した張冲は，途中で大雪に見舞われ，「遅延を恐れた」ため，蘭州でまず下記の「最も重要な点」を蔣介石に打電した. 餞別宴においてヴォロシーロフから，「（一）中国の抗日戦

が生死の瀬戸際に立った時，ソ連は出兵し，決して座視しない．（二）航空機，重砲，ガソリン，戦車などを引き続きできるだけ供給する」との伝言を受けたという [76]．激戦時の通信困難により，蔣介石がこの電報を読んだのは 11 月 24 日だった [77]．先に紹介した 11 月 11 日前後の楊，張の報告はソ連の態度の二面性に僅かに言及していたため，蔣介石に一縷の望みを与えただけだったが，今回はこのような疑いをさしはさむ余地のない「張冲伝言」を受け，ソ連参戦に対する蔣介石の誤判断が最終的に形成されることとなったのである．折しも，11 月 24 日は中国が大きな期待を寄せていたブリュッセル会議が対日制裁問題で成果なく休会した日だったため，国民政府の内外で講和を主張する声がいっそう高まり，蔣介石は，より深刻な孤立状態に陥っていた．したがって，蔣介石にとって，「張冲伝言」は講和派を説得し，孤立状態を打開する格好の材料となった．蔣介石は，これまで抱いてきた対ソ疑念を顧みず，また蔣廷黻大使から寄せられた正反対の報告も無視し [78]，この伝言を根拠に，即座に「ソ連は我が国の危急存亡の関頭に必ず参戦すると約束したので，今や既に臨戦態勢に入ったかもしれない」と述べて，動揺する部下達をなだめた [79]．そして，張冲と実際に面会した後，蔣介石は 28 日に楊杰に打電し，「張同志はすでに南京に着き，私と面談した．スターリン氏とヴォロシーロフ氏に深甚なる感謝を申し上げたい．わが軍は万やむを得ない時，南京を死守し，友邦の出兵救援を待つことに決めた．いつ実現できるか詳細に回答してほしい」という旨をソ連に伝えるよう指示した [80]．

ちょうど同じ日，停滞していた「ドイツルート」にも新たな動きがあった．28 日夜，トラウトマンは漢口で孔祥熙と面会し，「本日朝ドイツ政府から日中戦争の調停を行いたいという訓令を受けた．日本側の条件は 11 月 5 日に伝えたものと変わらない．当時，中国はブリュッセル会議時に議場外でドイツと単独交渉ができなかったが，今ブリュッセル会議は休会しているため，ドイツは調停を再提案する」と伝えた．翌日，トラウトマンはこの件をめぐって王寵恵とも会談した [81]．

講和派は直ちに動き出した．王寵恵は 29 日に蔣介石に打電し，「目下の国際情勢では積極的な援助は望めず，国際連盟と九国会議も明らかに確固たる方法を持っていない．しかも英米ソは互いに責任をなすりつけ合っている．我が国

が調停の方法で戦争を終結させたいなら，ドイツ側の提案を見逃すべきではなく，速やかに具体的な回答を与えるべきである．例えば，一方ではドイツの調停を受けて協議を開始し，他方では双方の即時停戦を要求する．これは一つの方法となる」と上申した[82]．

同日，孔祥熙も「党，政府，軍の各方面と民間の世論に次第に厭戦気分が漂うようになっている」ことと「我が国はすでに多大な犠牲を払った」ことを理由に，ドイツの調停を受け入れることを蒋介石に建言した．蒋介石は孔の電報を受け取ると，すぐにトラウトマンに南京へ来て面談することを要請するよう返電した[83]．

しかし，「依独講和」を重視した王寵恵，孔祥熙と違って，「張冲伝言」を誤信した蒋介石は，「敵の攻撃を遅らせる」[84]ために「ドイツルート」の再開に同意したものの，ソ連の対独警戒心を利用して，ドイツの調停をカードにしてソ連の参戦を促すという「以独促ソ」という思惑もあった．そこで，蒋介石は11月29日，トラウトマンとの会見を準備しながら，楊杰に打電し，「ただ今ドイツ大使は漢口でドイツ政府の命令を受け，日本が講和を希望し，しかも華北への領土的野心はないという旨を伝え，間もなく私と面談するため南京に来ると言った．彼と会ったら必ずけんもほろろに断るが，南京の防御工事は極めて脆弱で，長く固守できないかもしれない．友邦はいったいいつ出兵できるのか，10日以内の実現は可能か．即答を切望する」と催促した[85]．また11月30日，蒋介石はスターリンとヴォロシーロフに親電を送り，「張冲同志が帰国し中国に対する先生方の深い友愛と真摯な配慮を詳述した．深謝申し上げる」と前置きをした後，「中ソ両民族はもともと東アジアの平和の二大柱石であり，利害が一致するだけでなく，苦楽を共にし，しかも凶暴な日本はわが共同の敵である」ことを理由に，ソ連に「即断即決し，正義のために出兵し，東アジアの危局を救い，中ソの永久協力の精神を強固にする」よう強く要請した[86]．

しかし，抗日と反共のジレンマによる葛藤から，「以独促ソ」を行う際，蒋介石の内心は大きな矛盾を抱え込んだ．11月30日付の日記の中で，蒋は「国家をスペインのような情勢に陥れてはならない」と自戒している[87]．また「今月の反省録」の中で蒋は，「抗戦の結果，豊かな東南地域が逆に敗残兵の略奪の場となった．これは戦前には思いもよらなかったことで，心を痛める．正

に抗日戦の唯一の致命傷だ」と反省している．しかし同時に彼は，今は「時間上では長期の抗戦をして敵の力を消耗させ，空間上では第三国の干渉を図り，広大な地域に多数の敵軍兵力を駐留させ，日本を進退これ谷（きわ）まる窮地に陥らせてこそ，敵の死命を制し，我が基本的な主張を貫くことができる」と書いている[88]．続いて12月1日付の日記の前に記された「今月の大事予定表」において，蔣介石は「長期抗戦の最悪の場合」を考えて，「共産党が機に乗じて混乱を引き起こし，民衆を誘惑して政権を奪取する」こと，「日ソ両国が中国を戦場とし，中国をスペインのような苦境に陥れる」ことなどを心配し，未来を憂慮していると綴った[89]．

　このような背景の下，蔣介石は11月30日に軍の幹部と話し合ったほか，12月2日，トラウトマンと会談直前の午後4時に，徐永昌，白崇禧らを再び集めて事前打ち合わせを行った．この会合ではまず，トラウトマンに同行して南京に到着した外交部次長の徐謨が状況を報告した．その後，「出席者が相次いで意見を表明し，〔ドイツが伝えた日本の講和条件は〕おおむね亡国に導く条件ではなく，検討すべきであると述べた」[90]．蔣介石も「亡国に導く条件ではないので，ドイツの調停は拒否すべきではない」と発言した．これは，蔣が「以独促ソ」に努力する一方，「依独講和」についても試みたいと考えていたことを物語っている．しかし，白崇禧は「防共協定はどういう性格か．教科書の修正や関税などの問題について我々はどう主張するか．日本との和平交渉を進めることで味方を失うことがあってはならない」と主張した．すると，第三戦区副司令長官の顧祝同も，「戦後復興に備えるために，味方を失わしめないという白の意見に賛成する」と発言した[91]．徐永昌の当日の日記によれば，白崇禧は，ソ連への配慮からドイツによる調停の受け入れに反対したが，その理由は，中国が「共同防共」などの条件を受け入れれば，「国際的に孤立し，日本が対ソ準備を完了した後に再び中国を圧迫する恐れがある」というものだった[92]．既述の11月4日の白崇禧の見解を振り返ると，徐永昌の分析は的確であることが分かる．言い換えれば，白崇禧の言う「失うべきではない味方」とは，ソ連を指していたのである[93]．

　内部の諸意見を確認した後，蔣介石はトラウトマンと会談し，冒頭，まず日本の講和条件が11月初頭のものと同様か否かを確かめた．「同様だ」というト

256 第7章 日独ソをめぐる路線対立の展開と終焉（1937.8〜1938.1）

ラウトマンの確答を得た後，蔣介石は中国側の意見として，次の5点を挙げた．①日本には信用がなく，すでに調印された条約でもしばしば破棄する．我々はドイツを信じており，ドイツが終始調停の労を取ることを望んでいる．②華北の主権と独立を確保しなければならない．③日本が提示した条件は議論の基礎とすることができるが，それは最後通告のように条件の変更を禁じるものではない．④日本は勝利を自認してはならない．中国は敗戦を認めていないからである．⑤日本側はこの条件を一方的に公開してはならない[94]．また，トラウトマンのドイツ外務省宛報告によると，蔣介石は会談で，日中間の和平交渉は中国と第三国との間の条約に触れてはならないとも強調したという[95]．言うまでもなく，ここで言う条約は中ソ不可侵条約を指している．その背景には白崇禧や顧祝同らへの配慮があったと思われる．

　トラウトマンとの会談を終えた夜8時頃，蔣介石は日本の講和条件を徐永昌らに伝え，意見を求めた．徐は，日本の条件が本当にこれだけの項目であるならば，「戦争をする必要は全くない」と講和を肯定した．理由として，徐は，このような条件での講和では，中国が亡国の危機を乗り越えるとともに，第三国による仲介を確保し，日本との直接交渉を回避できること，そして，中国は生存を図るために日本と和解するので，第三国は口出しできないこと，という点を強調した．なお，徐永昌の日記によると，「第三国は口出しできない」とは，「ソ連の反発を買う」という白崇禧の懸念を念頭に置いたものだった[96]．これと関連して，徐は，ドイツの調停をめぐって白崇禧が「共産党の主張に傾倒し」，「完全にソ連と中共軍の立場に立った」という批判を，翌日の日記に残している[97]．

　徐永昌がここまで白崇禧の反応を気にしたのは，白崇禧，李宗仁が率いる「西南系〔「両広系」または「桂系」とも言われる〕」軍隊のこの時の重要な地位と大いに関係がある．海外での評価を見れば，ソ連当局は前述の11月11日の談話で汪精衛らを「親日的」と言いながらも，「白崇禧は愛国者」だと認めている[98]．日本のメディアも，4カ月余りの戦争を経て，中国は政治的に「蔣介石派」，「西南派」，「共産派」の三大勢力に分化しており，「西南派」は現在最も強い勢力で，すでに日本軍から大きな打撃を受けていた「蔣介石派」と比べると，約6対4の力を持っていると評価した[99]．また，国内の評価を見ると，

銓叙部政務次長の王子壮は,「今回の戦争で全国から最も尊敬を集めたのは広西の李,白である.彼らは全力で徴兵制度を推進し,数年の間に大きな成果を上げてきた.今回の全国抗戦を聞いて,白崇禧が一番早く南京に来て軍事的に協力し,特に上海方面では重責を果たしている.また,李宗仁も命令にしたがって北上し第五路軍の戦いを指揮することになっている.要するに,西南系軍隊はできる限り中央に協力している.第一期には20個師団に上ると言われており,今後も続々と出動するだろう.その軍隊は勇敢で善戦しており,軍事責任者に至ってはその能力を称賛しない者はいない」と日記に記している[100].

(2) 「共同防共」条件への危惧

前項で見たように,トラウトマンは12月2日の蒋介石との会談で日本の条件が11月初頭と同様であることを強調していたが,その対応をめぐって,国民政府上層部には深刻な対立があり,そして,その最大の原因は日本が求める「共同防共」が中ソ関係と国内政治に与える影響をどう考えるかにあった.武漢にいた鉄道部部長張嘉璈の見聞もこの点を裏付けている.12月3日付の日記に張は次のように記した.「午後汪精衛を訪ねて長く話したが,講和の望みは非常に薄く,鍵はやはり内政にあるという印象であった.夜6時の行政院談話会では,南京の将校はまず停戦を実現してから講和交渉を開始するべきと主張し,とりわけ共同防共には反対していることを知った」[101].実際,軍の将校のみならず,大物文人たる教育部部長王世杰も,日本による共同防共の条件は「極めて危険である」と断じ,ドイツの調停を慎重に処理しなければならないと主張したのである[102].

ちなみに,中ソ不可侵条約締結時の「絶対密件」は外部に漏れないよう厳重に秘匿されており,白崇禧や徐永昌がこの密約を知っていたかどうかは確認できない.しかし,日本の講和条件をめぐる二人の対立は密約を知っていたかどうかによるものではなく,日本が提示した「共同防共」の条件に対する認識の違いによるものであったと思われる.たとえば,陳克文(行政院参事)は職位階級では密約を知ることは不可能だが,12月4日付の日記に彼は次のように記している.「日本の講和条件は,共同防共協定に加入すること,華北を高度な自治区とすること,関税を引き下げることなどを要求している.いずれも中

258　第7章　日独ソをめぐる路線対立の展開と終焉（1937.8～1938.1）

国人同士の分裂と殺し合いを狙う政策だ．そこに表れている敵国の狡猾さと残酷さは，兵力での侵攻よりも恐ろしい」[103]．陳克文は日本が求める「共同防共」などの条件を「中国人同士の分裂と殺し合いを狙う政策」と評したが，まさに本質をずばりと言い当てている．換言すると，陳克文の見方は中国人としての常識的な認識を示していたのである．そのため，蔣介石もこの点では陳克文と完全に一致していた．日記の中で蔣介石は，「敵国は共産主義を第一の標的とし，国民党と私を首切り人として利用し，わが国内で中国人が互いに殺し合い，中国が第二のスペインとなることを望んでいる．これは最も残酷な悲境であり，避けなければならない」と自戒している[104]．

　ただし，前述したように，陳克文と異なり，反共執念を抱く最高権力者である蔣介石は，日本型の「共同防共」に反対すると同時に，真の防共・反共に対する「連ソ抗日」の負の影響，すなわち孔祥熙が指摘した「造共」作用をも懸念していた．このジレンマが，蔣介石の内心の葛藤をさらに増幅させた．そのため，トラウトマンとの会談を終えた当日，蔣は「連ソは元々日本に脅しをかけるためのものであり，日本が早く目を覚ましてくれればまだ望みがある」との心境を披露し，翌3日には，蔣はソ連武官の傲慢な態度に触れ，「他人に頼るより自分で努力すべきだ」と自戒しつつ，ソ連への不満を露わにした．そして，4日には「日本とソ連が中国を戦場にし，中国を犠牲にする」ことを危惧し，ソ連人パイロットの怠慢に憤慨した[105]．

　要するに，蔣介石は抗日の必要から，ソ連参戦の実現に尽力しようとしていた一方，真の防共反共の必要からは，連ソ抗日のマイナス効果を懸念していたのである．だが，8月に二つの害を比べて軽微な害を取るという方針に基づいて中ソ不可侵条約の締結を決定した[106]蔣介石は，日本の中国侵攻が止まらない危機に直面する中，8月と同じ観点で抗日と防共の優先順位を扱うしかなかった．そこで，12月4日，蔣介石は楊杰に対して，ソ連当局から蔣とトラウトマンの会談内容を聞かれたら，次のように答えるよう指示した．

　談話の内容，甲，中国は共同防共を受諾する意思があるかとの質問に対して，中ソ両国が不侵略条約を締結した以上，共同防共を受け入れるはずがない，いかなる条約に対しても中国は自国を犠牲にしても決して国際的な信用を失わないと回答した．乙，内モンゴルが外モンゴルのような自治を

実施することを許容するかという質問に対して，中国領土内の主権は外国の干渉を許さず，内政への外国の関与を決して認めないと答えた[107]．

この甲と乙はいずれもソ連が最も懸念を寄せていたものだが，前項で引用した中独双方の記録と比べると，内容上の違いは明らかであり，日本が求めた「共同防共」を圧力にしてソ連の参戦を促そうとした蔣介石の意図も明白であった．

(3) スターリン返電への対応

ところで，12月5日に蔣介石が受け取ったソ連最高当局の電報の内容は「張冲伝言」とは大きく異なっていた．スターリンとヴォロシーロフの名義で発出されたこの電報は，前述の蔣介石の11月30日の親電に対する回答であるが，その要旨は次のとおりである．

1. ソ連政府の方針：(1) ソ連が日本の挑発を受けずに直ちに対日出兵したら，日本はかえって自国を侵略の犠牲者と称することになり，これは中国とソ連に不利になる．(2) ソ連は，九カ国又はその主要な一部が日本の侵略に共同で対処することを承認した場合に限り，直ちに出兵することができる．世界の世論はそれを正義と認め，日本は侵略されたとは言えないからだ．(3) ソ連政府の上記の態度はソビエト連邦最高会議のみが変更することができるが，同最高会議は遅くとも1月半ばか2月に開催する．それまでの間，ソ連はさまざまな方法で中国への技術援助を極力増強する．

2. ドイツの調停について：ソ連は中国政府は次のような態度をとるしかないと考えている．(1) 中国は戦争を望まないが，攻撃を受けたので，独立と領土を守るのはやむを得ない．(2) 日本が中国に侵攻した軍隊を引き揚げ，盧溝橋事件以前の状態を回復した場合，中国は日本との和平交渉を拒否せず，且つ両国間のすべての問題について交渉することに同意する．

3. ドイツ調停についての判断：(1) ドイツは日本政府を救援し，日本に休息の機会を与えようとしている．(2) 現在，日本といかなる停戦協定を締結しても，日本は必ず最初にそれを破る．(3) 中国政府の責務は脅しに屈しないことである[108]．

こうしたスターリンらの返電を手にした蔣介石は，当日，「スターリンの本

260　第7章　日独ソをめぐる路線対立の展開と終焉（1937.8〜1938.1）

音は楊杰, 張冲が報告したのと正反対のものだ. ソ連の出兵は絶望視するほか
ない」と判断せざるを得なかった[109]. しかし翌6日, 蔣は「スターリンの返
電が到着し, 日ソ双方の態度が明らかになり, これ以上待つものはない」と認
めながらも,「ソ連には希望がもてなくなったが, 絶望してはならない」[110]と
思い直した結果, スターリンらに返電し, 感謝を述べたうえで,「ドイツの調
停に関する御見解は私の意見と一致する. 中国は騙されないから安心してほし
い. ソビエト連邦最高会議が軍事力によって中国を支援することを決定してく
ださるよう祈る」と述べて, 実質的に再度スターリンに対日出兵を強く要請し
た[111].

　蔣介石のこうした措置の背後には二つの理由があったと考えられる.

　第一に, 中共と国民政府内部における白崇禧らの「共同防共」反対に続き,
ソ連当局もドイツの調停を明確に否定したため, 蔣介石は「依独講和」は到底
実現し得ないことをさらに認識し, そして, 抗日戦を続けるにはソ連が参戦す
るかどうかにかかわらず, 中国は連ソを続けなければならないことを再確認し
た. なぜなら, 国民政府は対外的にはソ連からの物資援助なしには抗日戦を維
持できないだけでなく, 対内的にもソ連の力を借りなければ中共を統制できな
いからだ[112]. 結局, 連ソ抗日を続けなければならない以上, ソ連の言ったこ
とを一応聞き入れ, 遅くとも1938年2月に行われるソビエト連邦最高会議の
奇跡を期待するしかない.

　第二に, 当時, 帰国した張冲が訂正しようとしなかった[113]だけでなく, ソ
連にいる楊杰も「張冲伝言」を正そうとしなかった. 楊杰の日記によると, ソ
連側が「張冲伝言」を根拠にした蔣介石の親電を受け取った後, ヴォロシーロ
フは1937年12月4日正午に楊杰に会い,「張冲伝言」が11月11日のスター
リンとの面談内容に一致しないことを指摘したうえで,「張冲の報告を不正確
とし, 張冲に対する怒りを露わにした」. 翌5日, ヴォロシーロフはまた人を
派遣して楊杰に対し,「張冲の言ったことは間違っていると言明する電報を蔣
介石に打電する」ことを要求した. 楊杰自身も「張氏は性急に手柄を求めすぎ,
自業自得だ」と考え, 来訪者に承諾した[114]. しかし実際には, 楊杰は6日に
蔣介石に送った電報において, 中国の参戦要請に対するヴォロシーロフの回答
は「時と場合によっては全世界の対ソ連開戦を引き起こす恐れがあるため, 今

は物的な援助に尽力するしかない」という主旨であると認めたものの,「張冲伝言」の真偽には言及しなかったばかりか,「参戦問題に対するソ連の懸念は確かに大きかったが,参戦は絶対不可能というわけではない.もし我が国が名望高い大物の使者をソ連に送り,英米仏の対ソ保障をも促し,環境が変われば,ソ連は必ず自発的に出兵する」と断言した[115].張冲と楊杰にしてみれば,このような言動は過去の自分の報告の誤りを糊塗するためのものにほかならないが,蔣介石にとっては,張冲と楊杰のやり方は,人が苦境に置かれたときによくある射幸心を一層克服不能にさせるものであった.

(4) 蔣廷黻大使の観察と提言

ところで,「以独促ソ」という幻想を捨てがたい蔣介石と違って,「依独講和」を重んじる者は,ソ連要因を考える際,蔣廷黻ルートからの報告を重視していた.そのことは,この頃の孔祥熙と蔣廷黻の通信に明確に表れている.

12月3日,孔祥熙は蔣廷黻に打電し,トラウトマンが伝えた日本の講和条件を告げた後,「現在の危機」として「ブリュッセル会議が失敗し,軍事の面でも不利であり,国際連盟には確実に助けてくれる手立てがなく,国内には危険な現象が続々と発生している」と指摘した.続いて,孔は「近頃,中日問題に対してソ連の趨勢はどうなっているのか,我が国を確実に援助してくれる方法があるか」という問題に対する蔣廷黻の見解を聞くとともに,「中国が敗北した場合,日本は必ず中国の人力と資源を利用してソ連を攻撃する」という「大害」をソ連に認識させることを蔣廷黻に指示し,「ソ連が即時動員し,中国に協力してくれるなら,中国は必ず勝利できる.しかし,引き続き躊躇し何も決めないなら,後に来る禍は計り知れない」という点,「中国は列強の助けが得られれば最後まで犠牲を惜しまないが,空論を語るだけで,中国の困難を増やすなら,中国は日本の過酷な条件を受け入れざるを得ない」という点をソ連に適切に示すことを付け加えた[116].

孔祥熙が電報を発出した同じ日,蔣廷黻はモスクワに到着したばかりの李石曽とともにリトヴィノフと会談している.李石曽はまず,フランスの友人が中国にソ連との提携を勧め,現在中国はすでにこの路線を歩んでいるという訪ソへの経緯を述べ,「今,国際的な大困難は,中ソ英米仏の五大国が着実に協力

262 第7章 日独ソをめぐる路線対立の展開と終焉（1937.8〜1938.1）

できないため，ファシズム三国がさらに横行していることにある」と指摘した．しかし，リトヴィノフは，「ご意見は尤もだ，私が平素主張しているのと同じである．ただし，アメリカと西欧各国はこのように考えていない．日本に積極的でないということにおいては，フランスは英米を上回っている．フランスは中国を助けようとしないばかりか，ソ連の対中援助をも望んでいない」と言い返した．李石曽はこの説に反論したが，リトヴィノフは，ソ連の態度ははっきりしており，英米が前進するならソ連も前進するということである，貴国の要人がここに来て遊説する必要はないときっぱりと否定した[117]．

蔣廷黻はリトヴィノフのこのような態度に鑑みて，12月5日，孔祥熙への返電において，「ソ連は中日両国の妥協に極端に反対しており，ドイツ調停の第5条件〔共同防共〕には特に不愉快なようだ．もしソ連がわが国内の反対派を唆そうとしたら，憂慮せざるを得ない」と指摘した．続いて蔣廷黻は，李石曽の要請に対するリトヴィノフの拒絶を紹介したうえで，次のように述べた．

　　楊杰次長のソ連国防人民委員部との交渉の結果を見ると，ソ連国防人民委員部の態度はリトヴィノフ外務人民委員より積極的に見えたが，不確実である．張冲は帰国したので，経過状況がすでに蔣委員長に報告されたと思う．但し，ソ連の真相を知るには，小職と張冲双方の報告をともに勘案しなければならない．しかもソ連の新大使はすでに4日にモスクワを離れており，本月中に漢口に到着する予定である．彼はスターリンの側近であるから必ず具体的な方案を携えている．要するに，政府は二つの点に注意しなければならない．第一に戦時下にある国の大事は伝言だけに頼ってはならない．同盟を結んでからはじめて信用できる．伝言は最も事を誤らせるのである．ソ連の新大使が着任したら，政府は彼に正式に同盟の締結を提案してみよう．その返答がソ連政府の最も信頼できる表明となるだろう．第二にソ連は内外の困難が少なくなく，たとえ参戦の意思があったとしても，数カ月後になるだろう．楊杰らは楽観しすぎているかもしれない[118]．

言うまでもなく，蔣廷黻はこの返電を通じて，楊杰と張冲が伝えた情報に鋭い疑問を投げかけたのだ．

また，蔣介石が前述のスターリン返電を受け取った後，蔣廷黻は孔祥熙の要請に応じて，12月6日にドイツの調停について次のような長い電報を外交部

3.「以独促ソ」と「依独講和」の交叉　263

に発出した.

　政府はドイツ大使の調停を受け入れるかどうかを決める際, 内外の事情に配慮しなければならないが, なかでも中ソ関係の進展は先決条件である. 政府の参考になるよう, 以下, 中日問題に対するソ連の態度を分析してみる. リトヴィノフは庸公〔孔祥熙〕, 石老〔李石曽〕と小職に対し, 鍵はアメリカにあり, アメリカが前進すれば, ソ連も前進すると言った. このような回答は我が政府の議論に資するものではない. アメリカは短期的には決して前進できないからである. また, リトヴィノフ外務人民委員はソ連が対処しなければならないのは日本だけでなく, 国際情勢全体であると言っている. 理由はというと, ソ連の東では日本が敵であり, 西ではドイツが敵であるが, 西の敵は東の敵より害を為しやすい. ソ連の西部は極東より重要であるからだ. 英仏米が動かなければ, ソ連は孤立に陥り, ソ連一国だけでは日独に対抗できない. ソ連のこのような解釈は我々の実際の助けにはならない. 国際情勢全般の変化は, 数カ月以内には実現できない. 万一数カ月後も変化がなければ, ソ連は依然として積極的に我が国を助けてくれないだろう. 我が国の敗北はソ連に不利であるが, ソ連自身の敗北よりはましだろう. ソ連が自国の利益を確保するには当たり前の対応となる. ソ連の国防人民委員はかつて楊杰次長に対しソ連内部にもやや困難があると述べ, リトヴィノフ外務人民委員も石老に対し, フランスは中国を助けず, ソ連が中国を助けることをも望まないと訴えた. つまり, フランスはソ連が極東で事を起こさず, ドイツへの対応に力を集中するよう望んでいるのである. フランスにとってドイツの害が日本の害をはるかに上回っているからである. もし全般の情勢が変わり, 英米が抗日に転じたら, フランスはソ連の参戦を阻止しないようになるだろう. さもないと必ず阻止するのである. いままで, 中国に対するフランスの助けは, 大部分は英米の機嫌を取り, よって英米の対独強硬を促すためであった. これは真実である. このような困難は数カ月以内には解消できない. したがって, こうした解釈は我が政府にとって, いかなる助けにもならない. このにっちもさっちもいかない情勢に対して, 謹んで以下のように提案したい.

　一, 中ソ間の利害関係は極めて深く, ここ数カ月以来, ソ連の援助も少

なくない．そのため，我が政府は調停に応じる前にソ連と確実に相談すべきである．

二，ソ連に対して，何カ月以内に，また日本がどの地域を侵犯した時に，ソ連が参戦し，かつ中国と同盟を締結するかについて，具体的かつ明確に表明するよう要請する．英米仏各国との「共同前進」という条件を再度持ち出されたら，我々はそのような返答が何の役にも立たず，実際には中国を助けないことと同様であるから，中国は別の計画を立てざるを得なくなるということをソ連に返答する．

三，最近，中ソ間の交渉ルートは入り組んでおり，困難があった．ソ連の新大使は月内に漢口に到着する予定であり，彼はスターリンの側近であるので，政府は彼と漢口で交渉すれば最も好都合なようだ[119]．

(5) 蒋介石の孤立と中ソ乖離の拡大

蒋廷黻のこの電報は，前記の「張冲伝言」への疑問に続いて，ソ連外務人民委員部の態度についても精緻に分析しており，楊杰と張冲に比べてより説得力があることは間違いない．蒋介石は，一方ではドイツに対し日本の11月条件を講和の基礎とする意思を表明し，他方ではソ連に対しドイツの調停を拒否し抗日戦を続ける意思を表明するという二重外交を行っているが，この電報は，国民政府上層部の大多数が「ソ連ルート」と「ドイツルート」に対する見方をめぐって，蒋介石との距離をさらに広げる結果をもたらした．

たとえば，12月6日午後，蒋介石は軍幹部にスターリンの返電を紹介し，「ソ連は，ドイツが調停を行っても日本が将来必ず信義を裏切るので，敵国を休ませずに抵抗したほうが有利であると言っている．なぜなら，ソ連の対日開戦はソビエト連邦最高会議の審議を経なければならず，この会議は遅くとも1カ月半以内に開催されるが，それまで待つ必要があるからだ」と言って，動揺を抑えようとしたが，徐永昌はその日の日記で，スターリンの論法は本当に赤ん坊を騙すようなものであったと一刀両断したうえ，ソ連は中国共産党を利用して我が国に抗日戦を迫ったが，自分自身は対日開戦を避けている，中国の官僚と学生の多くはソ連と中国共産党の主張を中国を利するものと見るが，全く不思議だと憤慨した[120]．

また，12月10日に開かれた国防最高会議常務会議でも，ソ連ほか第三国に対する見方がより悲観的になっている．王寵恵は，「ソ英仏は日本に対しては皆アメリカの態度表明を待っているが，アメリカは戦争を行わないことを前提としており，その方針転換は不可能だ．また，ソ連の状況は中国よりも複雑で，単独では決して出兵しない．武器と経済の面ではソ連は中国をやや助けているが，英仏は政府と商人が互いに責任をなすりつけ，決して実行しない」という要旨の報告をした．汪精衛は，「最後まで抗戦すれば勝利できるという主張はもちろん問題ないが，注意しなければならないのは，ソ連が参戦しないのは中国国民党の失策のせいだとの一部のメディアの主張だ．これは意図的な中傷であり，事実に完全に反している．訂正させなければならない」と指摘した[121]．

だが他方では，連ソ派は益々孤立に陥っていたものの，従来の主張を続けていた．たとえば孫科は，南京陥落当日の12月13日に行われた国防最高会議常務会議において，英米仏との交渉によりソ連の参戦を促進するよう提案した[122]．これは，ソ連が参戦しないのはソ連自身の意思ではなく，主として英米仏の妨害によるものだという従来の見方の繰り返しだ．

ところが孫科のこのような対ソ期待はすぐに裏切られた．孫科の発言があった当日，王寵恵外交部長は武漢でソ連の臨時代理大使と会見し，次のように述べて再度対日参戦を強く促した．中日戦争の基本的な要因は二つある．第一に，張群が外交部長を務めていた頃，中国は日本が求めた共同防共協定を拒否した．この協定は反ソを意味するためだ．第二に，日本の経済視察団は政治問題を棚上げにし，経済問題の解決を要請したが，中国はそれを拒否した．要するに，中日戦争はソ連に対する中国の明確な態度と関係があったのである．今や中国は岐路に立たされている．外国の援助がなければ抗日戦を継続できない．中国が敗北すると，日本は中国を反ソの基地にし，中国の資源や人力を利用してソ連を攻撃するだろう．ソ連は中国の敗北を座視してはならない．

王寵恵の主張は日本の対中侵略と中国の対ソ態度との関連性をより明確にしたものであったが，ソ連にとっては新鮮みがなかった．結局，ソ連臨時代理大使は「新しい大使が来てから検討する」[123]という理由で，やり過ごしてしまった．

このような背景の下，12月14日，徐永昌は「第八路軍および共産党は主戦

論に立ち，桂軍〔李宗仁，白崇禧が率いる西南系軍隊〕首脳部も主戦論に立ち，それを隠そうともしない．それ以外の人たちは，重責を負う者ほど口で言うことと腹の中で思っていることが違う」と嘆いた [124]．18 日，蔣介石も「各方面の要人は皆，軍事の面で失敗したので速やかに講和を求めるべきだと主張している．この主張にほぼ全員一致である」と嘆息せざるを得なかった [125]．蔣介石は，まだ「以独促ソ」の努力を放棄したくなかったが，国民政府の主流は一層「依独講和」に傾いていたのである．

それと同時に，ソ連の姿勢も中国の期待から益々遠ざかっていた．12 月 21 日，蔣廷黻大使はリトヴィノフを再訪し，ソ連は以前，アメリカが前進すればソ連も前進すると言ったが，この発言はまだ有効なのかと確認した．リトヴィノフは，「我々はこのような定式化を行ったことはない．我々は集団行動を取る用意があり，その主な障害はアメリカによってもたらされていると述べただけだ」と反論したうえで，「蔣廷黻がこれ以上挑発的な質問をするのを防ぐため」，ソ連は孫科を待っていると告げて，蔣廷黻と会談を続ける気がないことをほのめかした [126]．

4. 日本の行動と中国の路線対立の終焉

(1) 日本側の対中判断と講和条件の過酷化

国民政府の各派は 1937 年 12 月 2 日に蔣介石が述べた中国側の意見に対する日本の回答を待ち，かつ「以独促ソ」と「依独講和」の交叉の中で一層後者に傾斜していたが，同じ頃の日本の動きは国民政府の期待とは反対の方向に向かうものであった．以下，三つの面に分けて見てみる．

まず，11 月 19 日の孔祥熙密電が「防共」の立場から「唇亡歯寒」を強調し，日本の対中戦争の「造共」作用を指摘したが，これに対する日本の歩み寄りは見られなかった．のみならず，11 月 23 日，大本営陸軍参謀部第二部は中国の今後の情勢について下記の判断を下していた．中国の抗日戦の長期化は必然的に中国軍民の抗戦意欲を削ぎ，赤化を恐れる人々は次第にその防共反戦の感情を強め，よって赤と白の両勢力には長期抗戦を堅持すべきかをめぐって内紛が発生する．赤派が優勢になれば，反赤勢力が続々と抗日陣営から離脱し，国民

政府は中央政府の地位を失って共産主義色を帯びた地方政権に転落する．赤化した国民政府がその醜悪さを露呈するにつれ，中国民衆の関心は抗日から反共へと転じていく，と[127]．

　前述したように，11月以降の国民政府上層部の特徴は反共執念の復活である．孔祥熙は日本に「造共」しないよう注意したが，それは主に共産主義勢力の「漁夫の利」と中国民衆の「擁共」への転向を防ぐことを指している．しかし，上記の軍部判断はそれとは逆で，国民政府上層部は赤化し，中国の民衆は反共に転じると見ている．この判断に基づいて，大本営陸軍参謀部第二部が打ち出した対策は次のようなものである．中国に対しては，その世論を分裂させ，経済を破壊し，華北と沿海の各省に反共反国民政府の親日政権を樹立し，国民政府の内部で赤と白の対立を激化させつつ，同政府を崩壊させる．ソ連に対しては，不必要な刺激を避けると同時に，戦備を強化する．また，英米が反日独伊陣営を結成するのを阻止し，英ソの分裂を促す，と[128]．

　要するに，孔祥熙は日本の「共同防共」のスローガンを逆手に取り，日本の中国侵略の「造共」作用を指摘しつつ日本の政策転換を促そうとしたが，日本は引き続き「赤白対立を激化させること」を中国侵攻を推進するための切り札としたのである．また，これと関連して，日ソ開戦に対する国民政府の期待に反して，ソ連のパイロットがソ連機を操縦して南京で日本軍と空中戦をしていることを日本のメディアが報道している[129]にもかかわらず，軍部は対中戦争に力を集中させるため引き続きソ連を刺激しないことを方針としたのであった．

　第二に，前述したように，中ソ関係の面においても，12月以降，ソ連が現時点での対日参戦の可能性を繰り返し否定するにつれ，国民政府では「依独講和」を主張する者が多数派となりつつあり，孤立した蔣介石も「以独促ソ」の努力を続けていたものの，反共執念から来る心の葛藤が深まっていた．こうした諸要因の相互作用により，国民政府上層部の全般的な傾向としては「疑ソ」と「嫌共」が広がっていく．しかし，前引の軍部の対中判断と関連して，中ソ関係に対する日本側の観測は事実とかけ離れていたためか，国民政府上層部の赤化や中ソ関係の緊密化に関する重大な情報が飛び交っていた．

　例えば，12月7日付の在香港日本領事館からの極秘電によると，蔣介石はソ連と秘密条約を交渉するようモスクワにいる宋慶齢に指示したという．また

268　第7章　日独ソをめぐる路線対立の展開と終焉（1937.8〜1938.1）

その内容は，中華民国を「中華人民国」に，国民政府を「中華人民政府」に改名し，社会主義政策を実施し，ソ連の専門人材を顧問に招聘し，軍事面では共通の目標を立て，相互に援助し，反侵略戦争を妨害するすべての人物を一掃するというものだった[130].

　さらに，12月13日付の在香港日本領事館からの極秘電によると，蒋介石は九カ国条約が破綻したことで各国が条約の義務を放棄したとして，中国は拘束的な条約から脱退し，自ら活路を見出し，中ソ軍事協定を締結すべきだと考えているという．また，同情報によると，中ソ協定に対するソ連の構想は，まず中共軍を強化し，物資と軍事の運用を朱徳と毛沢東に任せ，軍事参謀を派遣して指揮を執るというものであり，そのためソ連は中国に対して，まず朱，毛を起用し，次第に彼らがソ連側に代わって活動を推進するよう求めたという[131].

　これらの情報により，日本では国民政府への敵意と中ソ関係への警戒がさらに増大したと思われる．12月15日，広田弘毅外相は関連情報の全文を重光葵駐ソ大使に転送した[132].　同日，大本営陸軍部は「事変対処要綱案」として，「対現中央政府解決の場合」と「従来の中央政府否認後」の場合に対する対策案をそれぞれ提出した．後者は外交国策を「対ソ反共態勢に転換する」ことを主張したが，その中身を読むと，実際には，対ソの面では空虚なスローガンにすぎず，真の狙いは「抗日容共」の国民政府を転覆させることであった．そのために，要綱案は次のような策を打ち出している．すなわち，中国に対する外国の補給を断つこと，日本の占領地で抗日政権に反対する強固な組織を作り，非占領地域では全国規模の反抗日政権活動を起こすこと，赤白両勢力および反日親日両勢力の存在を利用し，抗日政権の内部抗争を激化させること，抗日政権の金融を破壊すること，であった[133].

　第三に，南京陥落前後，日本の政策決定層は大局が定まったと考え，中国侵攻の戦果を確保するために講和のハードルを大幅に引き上げることとした．近衛文麿内閣は12月21日に「日支和平交渉に関する在京ドイツ大使宛回答文」を閣議決定し，日中講和の新しい「基礎条件」を次のように定めた．

　　　一，支那ハ容共抗日政策ヲ放棄シ日満両国ノ防共政策ニ協力スルコト

　　　二，所要地域ニ非武装地帯ヲ設ケ且該各地方ニ特殊ノ機構ヲ設定スルコト

三, 日満支三国間ニ密接ナル経済協定ヲ締結スルコト

四, 支那ハ帝国ニ対シ所要ノ賠償ヲナスコト

さらに, 同回答文は「日支講和交渉条件細目」として, 次の諸項目を挙げている.

一, 支那ハ満洲国ヲ正式承認スルコト

二, 支那ハ排日及反満政策ヲ放棄スルコト

三, 北支及内蒙ニ非武装地帯ヲ設定スルコト

四, 北支ハ支那主権ノ下ニ於テ日満支三国ノ共存共栄ヲ実現スルニ適当ナル機構ヲ設定シ之ニ広汎ナル権限ヲ賦与シ特ニ日満支経済合作ノ実ヲ挙クルコト

五, 内蒙古ニハ防共自治政府ヲ設立スルコト其ノ国際的地位ハ現在ノ外蒙ニ同シ

六, 支那ハ防共政策ヲ確立シ日満両国ノ同政策遂行ニ協力スルコト

七, 中支占拠地域ニ非武装地帯ヲ設定シ又大上海市区域ニ就テハ日支協力シテ之カ治安ノ維持及経済発展ニ当ルコト

八, 日満支三国ハ資源ノ開発, 関税, 交易, 航空, 通信等ニ関シ所要ノ協定ヲ締結スルコト

九, 支那ハ帝国ニ対シ所要ノ賠償ヲナスコト

附記

（一）北支内蒙及中支ノ一定地域ニ保障ノ目的ヲ以テ必要ナル期間日本軍ノ駐屯ヲナスコト

（二）前諸項ニ関スル日支間ノ協定成立後休戦協定ヲ開始ス[134]

駐日ドイツ大使によると, 12月23日広田外務大臣は上記の講和条件を提示した時, 「もし中国が日本の基礎条件を受け入れるなら, 中国はまず反共産主義の行動で自身の誠意を示さなければならない. 蔣介石は日本が決定した時期に講和の代表者を日本が指定した地点に派遣しなければならない. 日本は年末までに回答することを希望する」と述べた. こうした諸条件は従来の共同防共の中身を一層具体化するとともに, 「講和」を露骨に「降伏」に変質させるものであった. ドイツ大使は「これらの条件は11月2日の条件を遥かに上回る. 中国政府にこうした条件を受諾させるのは絶対に不可能である」と抗議したが,

270　第 7 章　日独ソをめぐる路線対立の展開と終焉（1937.8〜1938.1）

広田は「軍事局面の変化と世論の圧力」を理由にそれを退けた[135]．

(2) 国益・党益の相克と各派の相違

12 月 26 日夜 7 時，トラウトマン大使は，病中の蔣介石に代わって会見した孔祥熙らに，上記の日本の新しい講和条件における「基礎条件」の全部と「交渉条件細目」の一部を伝えた．当夜，その内容を知った蔣は，もし日本側が寛大な条件を提示したら，これを受け入れるかどうかをめぐって中国の内部で対立と動揺がまた高まるかもしれないと懸念していたが，今やこのような絶対に受け入れられない条件を見て安心した，中国の内部の対立は日本の新しい条件によって回避されるからである，という趣旨の感想を日記に綴った[136]．

しかし実際には，国民政府上層部の反応は，蔣介石が安心できるようなものではなかった．27 日に行われた国防最高会議常務会議で日本の新しい講和条件を検討した際，出席者の多くは依然として講和に賛成し，しかも于右任に至っては蔣介石を「優柔不断で賢明でない」と批判した．蔣介石は，「一度窮境に陥ると，過去提灯持ちだった人も今や皆，井戸に落ちた人に石を投げ落とすような行為を行っている」と憤慨した[137]．

ただ，同会議は講和か抗日戦継続かの最終的な決断を蔣介石と汪精衛，孔祥熙の三者に一任すると決定したため，28 日，蔣介石は三者会談において，敵国に降伏し耐え難い条件を容認すれば国家と民族は永遠に束縛される，これと反対に，敗北しても条約に調印さえしなければ，敵国は根拠を持たず，我が国は何時でも主権を回復する機会があると力説した．結果，三者で「正式な回答を暫く差し控える」ことを決定した[138]．

同日夜，蔣介石は着任したばかりのソ連新駐華大使ルガンツ（Ivan Trofimovich Luganets-Orelsky）と会見し，「以独促ソ」を再度試みた．ソ連側の記録によると，蔣介石は日本側の講和基礎条件を伝えたうえで，「中国は日本の条件に回答せず，抗日戦の継続を決定した」と表明しつつ，「現状ではソ連が公に武力を行使して中国を援助しなければ，中国は必ず敗戦する．目下日本は華北に偽政府を樹立し，安易な条件で中国との停戦と講和を唱えている．そのため，中国の言論界，特に知識人の間では，ソ連の出兵を望めない以上，中国の敗北はすでに確定しており，親日派政府を支持したほうがましだという空気が

4. 日本の行動と中国の路線対立の終焉　271

広がっている」と述べた．この種の話はソ連にとって新味がなく，そのうえ蒋がソ連の軍事力による支援を中国が敗北を避けるための先決条件と見なしており，明らかに誇張である．そのため，ルガンツは 12 月 30 日の孔祥熙との会談で，「ソ連革命の歴史」を引き合いに出し，「中国の抗日戦は自国の努力だけで敵に勝てる．ソ連は中国に同情し，可能な範囲で援助するが，単独で出兵して中国を助けることはしない」と明言した[139]．蒋廷黻が指摘したように，ルガンツはスターリンの側近であり，「彼の返答はソ連政府の最も信頼できる表明である」．したがって，蒋介石はその後の徐永昌との談話で，ついに「ソ連大使は武器援助はするが，対日開戦はできないとはっきり告げた」と認めた[140]．

　その後，「抗戦継続か講和か」の選択とそのための路線問題をめぐる国民政府上層部の対立がさらに深刻になった．この対立は，抗日と反共のジレンマに対する同じ人物の心の葛藤と，選択に対する各派人物の態度の違いに分けて見ることができる．

　前者は蒋介石が典型的である．概して言えば，国益を出発点とした場合，蒋介石は依然として抗日戦を堅持しようとしていた．理由はというと，国の領土と主権を守るという従来の目的に加えて，日本の条件を受け入れれば，「全国民が必ず立ち上がって反抗するので，政府が倒れ，国家は第二の満洲国となる．反対に，戦いを続ければ一縷の希望が残る」[141]との認識，そして内戦の危害は「抗戦の大敗」を上回るとの判断があったからである．したがって，蒋介石は「抗日戦以外に方法はない」と結論付けた[142]．しかし，国民党の領袖として，蒋介石は国家利益のほかに，国民党の政党利益も考えなければならない．ソ連が中国の期待通りに参戦してくれると信じていたとき，国家利益と政党利益は総じて一致していたが，ソ連が参戦を明確に拒否し，中共の影響力が日々高まってくると[143]，蒋介石は両者の矛盾を痛感し，心の葛藤を深めた．そこで，蒋介石は「抗日戦以外に方法はない」と認識しながらも，抗日戦の長期化が国民党の反共事業にもたらす損害を強く懸念した．その結果，1938 年元旦に蒋は講和を主張する者と抗日戦継続を主張する者を「表裏併用」することを決定したうえで，「日患は急だが防ぎ易く，露患は隠蔽的で得体が知れない」という満洲事変以来の日本観とソ連観を再確認した[144]．このことは，蒋介石が全般的には抗日戦の堅持を是としながら，それによる負の影響を恐れ，「ド

272　第 7 章　日独ソをめぐる路線対立の展開と終焉（1937.8〜1938.1）

イツルート」を残し，調停による講和の道を閉ざしたくなかったことを示している [145]．

　ところで，抗戦継続か講和かの選択に対する各派人物の態度の違いは，三つのグループの対立に要約できる．

　第一は，日本の条件を拒否し，最後まで抗戦を続けることを主張するグループである．そのうち，軍人の代表的な人物は白崇禧と李宗仁であり [146]，文人の代表的な人物としては翁文灝と王世杰が挙げられる．両者の理由は類似している．つまり，国際政治の面では中ソ関係の破綻を，国内政治の面では内戦の再発を懸念しなければならないというものである．例えば翁文灝は，中国が防共団体に加入すれば，「国際的な同情を失うだけでなく，国内が混乱し，日本は戦乱の鎮圧を口実にして侵略を一層強化する．実に憂慮すべきことである」と指摘した [147]．また，王世杰は 1937 年 12 月 31 日に蔣介石と面会した際，「現在，和平を主張する人は講和すれば国民政府を延命させることができることを理由にしているが，実際には日本との講和を行うと我が政府のすべての立場が変えさせられ，自ら九カ国条約と中ソ不可侵条約を破ることになる．また講和が成立したら，政府は国内では国民の非難に晒され，国外では引き続き日本に圧迫される．結局，政府は 1, 2 カ月しか維持できない」と進言した [148]．

　第二は，日独伊防共協定にいっそ参加しようと主張するグループである．その代表的な人物が第二戦区司令長官の閻錫山だ．この頃，彼は同志を募って独自の講和の道を模索し始めていた．1938 年 1 月 1 日，彼は徐永昌に対して，「中国が日独伊防共協定に参加してもよいかをドイツ大使に打診すべきである．日本は中国の加入を認めれば，当然対等に中国に接しなければならなくなる．さもないと，日本の侵中が防共のためではないことが立証されるからである」と主張した．このことは，閻錫山らは中ソ関係を顧みず，共同防共を手段とする対日講和を考え始めたことを示している．徐永昌の観察によると，当日午後，閻錫山らの「外交会議はこの方式でドイツ大使に回答することを決めた」[149]．

　第三は，多数を占めるグループであるが，その特徴は，全体として「依独講和」を志向しながらも，国内の大乱を避けるためできる限り日本に条件の緩和を求めようとしたことである．その代表的な人物としては汪精衛や孔祥熙，王寵恵らが挙げられる．孔祥熙は対日，対独の面では，この時より明確に「造

共」の防止と「漁夫の利」を与えないことを切り口としていた．1937年12月末，彼はドイツ大使館の関係者に対して，「講和の努力が奏功しなければ，中国は最後まで抵抗を堅持し，国家の経済が崩壊し，国民がソ連の虜になることもいとわない．結果，ソ連こそ戦争の勝者となる」と話したのである[150]．これと相まって，汪精衛は内部の説得に重きを置いていた．たとえば，1938年1月6日に蔣介石が会議を招集し抗戦継続か講和かの問題を討議した際，汪は次のような展望を述べた．

　　　日本に対する各国の経済制裁云々はもはや不可能だ．アメリカのガソリンも日本に売らざるを得ない．武器の面ではソ連だけが若干援助できるが，他の国々は自国のことだけで精いっぱいであり，我が国に供給できない．他国の参戦に至っては，特別な大変化がなければ完全に絶望するしかない．しかもソ連大使はソ連の参戦は却って中国に不利だと言っている．なぜなら，日ソ戦争になると，ヨーロッパには必ず問題が起こるし，イギリスはソ連の発展を危惧するため日本と提携するようになるからである．

　そして，汪精衛は次のように続ける．「ドイツ大使は中ソ両国が接近し過ぎたため，英米仏の同情を甚だしく失ったと指摘した．ドイツは中日両国が早く講和することを切望するが，本音では日本が国力を消耗し過ぎないことを願っている」[151]．会議の雰囲気に影響されたためか，蔣介石も「これまで対日問題では完全に世論に誤らせられた．これからは世論を考慮しないようにする」と述べた[152]．また，5日後，蔣は「片意地で独り善がりに陥ることが私の対外政策の失敗の根源である．自戒しなければならない」と自責し，「大胆不敵の精神は貴重であり，冒険精神も失ってはならない．しかし，国家に冒険させるのはあまりにも危険である．この際，前進するなら戦いができる，後退するなら守りができるという道を迅速に探るべきである」と反省した[153]．これは講和か抗日戦継続かの選択をめぐる蔣の葛藤をより明らかにしたものであろう．

(3)「対手トセズ」声明による戦争長期化の確定

　このように，講和を主張する者が多数を占めた一方，「日患」に対する抗戦を主張しつつ「露患」を危惧する最高指導者の蔣介石も葛藤しているという情勢を背景に，国民政府は，石射猪太郎外務省東亜局長が「阿呆」しか受け入れ

274 第7章 日独ソをめぐる路線対立の展開と終焉（1937.8〜1938.1）

ない154)と言うほど厳しいものであった日本の新条件をきっぱりとは拒否しなかった. 1月10日, 国防最高会議常務会議は「ドイツルート」を再検討した結果, 日本政府が講和条件について詳細な説明を行った後に中国が意見を表明すると決定した155). 11日, トラウトマンは日本の条件に回答するよう促したが, 王寵恵は蔣介石の最終決定を待たなければならず, 「日本が提示した条件はあまりにも広範に渡るため回答し難い」と答えた. 13日朝, トラウトマンは再び催促した. 王寵恵は電話で蔣介石, 汪精衛, 孔祥熙, 張群と相談して回答文を作成し, 外交部長の名義で午後にそれをトラウトマンに提出し, 日本側に伝えるよう要請した. それは次のような主旨のものであった. 「変更後の講和条件はあまりにも広範に渡るため, 中国政府はこうした新条件の性格と中身を理解したうえで詳細に検討し, 確実な決定を行いたい」と156). トラウトマンは, このように返答したら, 日本に「回答の回避」と見られると注意した. 王寵恵は「そのようなつもりはない」と答えた157). 王寵恵の否定はお茶を濁すためのものではない. 14日の国防最高会議常務会議において, 「汪精衛, 孔祥熙, 張群, 何応欽, 王寵恵が中日関係の大局を議論し, 多数は講和」に賛同するとともに, 「ドイツ大使は私の回答にやや不満を示した」という王寵恵の報告を受けて, 同会議は孔祥熙がトラウトマンに補足説明を加えることも決定した. そこで, 15日に孔祥熙はトラウトマンと会談し, ドイツの調停に改めて感謝したうえで, 「中国政府が意図的に回答を避けたり, お茶を濁したりしていると言われているが, 実際にはそうではない. 中国政府が何度も考えた末に応答を始めたという態度だけを見ても, その説の誤りを十分に証明できる. 中日紛争は何があっても解決しなければならない. ただ, 現在の戦局は日本の方が有利であり, 講和を主張するなら, その条件は受け入れられるものであると同時に中日紛争を永久に解決できるようなものでなければならない. 今回の日本側の条件はあまりにも広範に渡るものである」と論じた158).

　ところで, 蔣介石は王寵恵名義の回答文に対する日本側の反応を推測し, 「甲, 宣戦する, 乙, 拒否する, 丙, 期限を設けて回答を迫る, 丁, これ以上返答しない, 戊, 交渉を継続する」という五つの可能性を挙げた159). だが, 1月16日, 広田外務大臣は日本政府は講和交渉を放棄するという声明を駐日ドイツ大使に手交した160). そして, 同日, 日本政府は「爾後国民政府ヲ対手

トセス」と声明し，18日には同声明は「同政府ノ否認ヨリモ強イモノテアル」，つまり「国民政府ヲ否認スルト共ニ之ヲ抹殺セントスルノテアル」と強調した [161]．

こうした措置によって，日本は「ドイツルート」を切断し，和平交渉の扉を閉じたうえ，中国の正統政府としての国民政府の地位も否定した．これを受けて，17日，蔣介石は「講和を主張する者を断念させ，内部を安定させるために，日本の講和条件を拒否する」という決定を余儀なくされた [162]．かくして，抗戦継続か講和かの選択およびソ連ルートとドイツルートの取捨をめぐる国民政府の路線対立は，日本の行動によって共にいわば自然に終息し，日中戦争の長期化が最終的に確定したのである．

結 び

ドイツの調停が失敗し，日中戦争の長期化が確定した後，蔣介石と国民政府は自らの抗日姿勢が確固たるものであることをアピールするために，中国がドイツの調停において日本の講和条件を断固拒否したと強調した．他方で，日本は調停の失敗と戦争の長期化の責任を中国に転嫁するために，国民政府の主張を逆手にとり，日本の「国民政府ヲ対手トセズ」声明は中国の拒否に対応したものだったという印象を人々に持たせてきた．

本章の考察で浮き彫りになったのは，日本の「国民政府ヲ対手トセズ」声明が発せられるまで，国民政府は日本が提示した最終条件を受諾も拒否もしなかったという真相である．このような対応は弱腰や屈伏と見られがちだが，戦争の長期化の責任に関わる法的な観点から言えば，プラスであってマイナスではないと思われる．

国民政府がこうした対応をとった要因と意義については結論で分析するが，中国が日本の最終条件を受け入れなかった理由の中で，日本が講和の先決条件として「日中共同防共」に固執したのに対し，国民政府はそれに抵触する中ソ間の「絶対密件」を守らなければならなかったという点に注目すべきことを，ここでまず指摘しておく必要があると思われる．

学界には「絶対密件」は口頭声明にすぎないので，条約上の拘束力がないと

いう意見がある [163]．この見方には，口頭声明を守る必要はないという法律論が込められているが，しかし，国民政府にとって最も重要なのは，口頭声明としての「絶対密件」を守る必要があるかどうかという法律論ではなく，当時の内外情勢の中で，「絶対密件」を棄却することができるかどうかという現実論であったと筆者は考える．本章で述べた事実から分かるように，当時の国民政府においては路線問題をめぐって意見の対立があったものの，「日中共同防共」の受諾は国際的には中ソ関係の破綻を招き，国内的には内戦の再開をもたらし，結局国民政府が崩壊してしまうという認識では一致していた．国家主権の防衛から考えても国民党政権の維持から考えても，この結果は容認しがたい．換言すると，「絶対密件」の順守は法律の規制ではなく，こうした現実の制約によるものにほかならない．この点で言えば，抗戦継続か講和かの選択および路線の取捨をめぐる国民政府の対立に終止符を打たせたのは，まさしく日本だったのである．

注

1) 詳細は，「駐華ソ連全権代表 D. V. ボゴモロフ発ソ連外務人民委員部宛電報」（1937 年 8 月 23 日），前掲『日中戦争と中ソ関係』，122 頁.

2) 李嘉谷「中蘇関係史研究二題」，『抗日戦争研究』1995 年第 1 期，137–138 頁.

3) 「于卓電蔣中正蘇聯以為若遠東戦事拡大德国可能入侵捷克及蘇聯引起大戦故須謹慎行動等文電日報表」（1937 年 8 月 23 日），台北，国史館所蔵，蔣中正総統文物，002–080200–00546–041.

4) 「ボゴモロフ大使発外務人民委員部宛電報」（1937 年 8 月 28 日），前掲「〈中蘇外交文件〉選訳」（下），220–221 頁. Телеграмма Полномочного Представителя СССР в Китае в Народный Комиссариат Иностранных Дел СССР (28 августа 1937 г.), ДВП, Т. 20, с. 480–481.

5) 「国防最高会議常務委員第 6 次会議記録」（1937 年 8 月 30 日），台北，中国国民党党史館所蔵，会 00.9/2. 全文は，国立政治大学人文中心編『民国二十六年之蔣介石先生』（台北，政治大学人文中心，2016 年），570–572 頁.

6) 「陸軍省派遣影佐中佐説明概要」（1936 年 8 月 24 日），前掲「帝国ノ対支外交政策関係一件　第 7 巻」.

7) 「ボゴモロフ大使発ソ連外務人民委員部宛電報」（1937 年 7 月 19 日），前掲「〈中蘇外交文件〉選訳」（下），197–199 頁. Телеграмма Полномочного Представителя СССР в Китае в Народный Комиссариат Иностранных Дел СССР, из Шанхая (19

注　277

июля 1937 г.), ДВП, Т. 20, с. 392–394.

8)　詳細は,「国防最高会議第3次会議記録」(1937年9月1日), 台北, 中国国民党党史館所蔵, 会00.9/1.

9)　『蒋介石日記』(手稿), 1937年9月6日条.

10)　同上, 1937年9月9日条.

11)　前掲『周仏海日記全編』上編, 1937年9月11日, 15日条, 70–71頁.

12)　「外交部発駐ソ大使館宛電報」(1937年9月22日), 前掲『中日外交史料叢編』(4), 488頁.

13)　「ソ連副外務人民委員と蒋廷黻大使との談話記録」(1937年9月23日), 前掲「〈中蘇外交文件〉選訳」(下), 223–224頁. Запись беседы Заместителя Народного Комиссара Иностранных Дел СССР с Послом Китая в СССР Цзян Тин-фу (23 сентября 1937 г.), ДВП, Т. 20, с. 520–522.

14)　前掲『王世杰日記』(手稿本) 第1冊, 1937年9月28日条, 113頁.

15)　『蒋介石日記』(手稿), 1937年9月29日条.

16)　同上, 1937年9月30日 (本月反省録) 条.

17)　「国防最高会議常務委員第18次会議記録」(1937年10月1日), 台北, 中国国民党党史館所蔵, 会00.9/3;「鄒琳致孔令侃電」(1937年10月2日), 南京, 中国第二歴史档案館所蔵, 孔祥熙档案, 3009 (2) /52.

18)　「国防最高会議常務委員第19次会議記録」(1937年10月4日), 台北, 中国国民党党史館所蔵, 会00.9/3.

19)　前掲『周仏海日記全編』上編, 1937年10月5日, 6日条, 78–79頁. ちなみに, 最近,『熊式輝日記1930–1939』(台北, 中央研究院近代史研究所, 2022年) が刊行されたが, 残念ながら, 1937年までの日記は断片的なものであり, とりわけ1937年6月23日から12月31日までは空白となっている.

20)　前掲『周仏海日記全編』上編, 1937年10月8日条, 79頁.

21)　「国防最高会議常務委員第21次会議記録」(1937年10月11日), 台北, 中国国民党党史館所蔵, 会00.9/4.

22)　前掲『周仏海日記全編』上編, 1937年10月13日条, 81–82頁.

23)　『蒋介石日記』(手稿), 1937年10月11日, 13日条.

24)　「外交部発巴黎李石曽宛電報」(1937年10月12日), 台北, 中央研究院近代史研究所档案館所蔵, 国民政府外交部档案, 11–29–01–02–017.

25)　「駐日大使館発外交部宛電報」第1435号 (1937年10月18日発),「駐日大使館発外交部宛電報」第1445号 (1937年10月19日発), 台北, 中央研究院近代史研究所档案館所蔵, 国民政府外交部档案, 11–29–01–02–017. なお, 日本における報道の例として,「蒋・反日輿論を頼み　外交的暗躍に拍車　対ソ重大折衝進展」,『東京朝日新聞』1937年10月9日.

278　第7章　日独ソをめぐる路線対立の展開と終焉（1937.8〜1938.1）

26)　『蔣介石日記』（手稿），1937年10月21日条.

27)　「蔣大使発外交部宛電報」第1150号（1937年10月19日発），台北，中央研究院近代史研究所档案館所蔵，国民政府外交部档案，11-29-01-02-017.

28)　「蔣大使発外交部宛電報」第1151号（1937年10月21日発），台北，中央研究院近代史研究所档案館所蔵，国民政府外交部档案，11-29-01-02-017.

29)　「国防最高会議常務委員第23次会議記録」（1937年10月18日），台北，中国国民党党史館所蔵，会00.9/4.

30)　「蔣介石発蔣廷黻，楊杰宛電報」（1937年10月22日），前掲『中華民国重要史料初編・対日抗戦時期』第3編，"戦時外交"（2），333頁.

31)　『蔣介石日記』（手稿），1937年10月23日条.

32)　「外交部向蔣委員長呈致駐法大使顧維鈞駐英大使郭泰祺駐比大使銭泰指示政府対九国公約会議決定方針電」（1937年10月24日），秦孝儀主編『中華民国重要史料初編・対日抗戦時期』第2編，"作戦経過"（2）（台北，中国国民党中央委員会党史委員会，1981年），206-207頁.

33)　「鄒琳発孔秘書電報」（1937年10月30日），南京，中国第二歴史档案館所蔵，孔祥熙档案，3009（2）/52.

34)　前掲『徐永昌日記』（手稿本）第4冊，1937年10月25日条，157頁.

35)　「蔣大使発外交部宛電報」（1937年10月26日発），台北，中央研究院近代史研究所档案館所蔵，国民政府外交部档案，11-29-01-02-017.

36)　例えば，1937年10月7日付の日記には「明らかに，ソ連は中国を積極的に援助するつもりがない」こと，8日付の日記には「ソ連の態度は冷淡である」こと，10日付の日記には「ソ連の態度は曖昧である．新疆と甘粛における飛行場は将来ソ連の東進の基礎になるのではないか」という疑念が綴られている．なお，「ドイツの利用」など，ドイツへの期待については，『蔣介石日記』（手稿），1937年9月30日，10月4日，5日，10日，21日条などを参照されたい.

37)　「傅斯年致胡適」（1937年10月11日），中国社会科学院近代史研究所中華民国史組編『胡適来往書信選』中冊（北京，中華書局，1979年），365頁.

38)　「駐華ドイツ大使発ドイツ外務省宛」（1937年10月30日），『抗戦時期中国外交』（上），161頁. The German Ambassador in China（Trautmann）to the German Foreign Ministry（October 30, 1937）, DGFP, Series D, Vol. 1, pp. 774-775.

39)　詳細は，「ソ連国防人民委員 K. Ye. ヴォロシーロフソ連元帥と中国代表団団長楊杰将軍の会談記録」（1937年11月1日），前掲『日中戦争と中ソ関係』，178-183頁.

40)　「軍事委員会参謀次長楊杰，中央執行委員張沖自莫斯科呈蔣委員長報告伏羅希洛夫元帥招談稱比京会議蘇決助我已令出席代表与我代表切取聯繫電（摘要）」（1937

年 11 月 1 日). 前掲『中華民国重要史料初編・対日抗戦時期』第 3 編, "戦時外交"
(2), 334 頁.

41) ドイツ側の記録は,「駐日ドイツ大使発ドイツ外務省宛」(1937 年 11 月 3 日),
『抗戦時期中国外交』(上), 163-164 頁. The German Ambassador in Japan
(Dirksen) to the German Foreign Ministry (November 3, 1937), DGFP, Series
D, Vol. 1, pp. 778-779. 中国側の記録は,「徳国調停中日戦事」(1937 年 11 月 5 日
至 1938 年 2 月 4 日), 台北, 国史館所蔵, 外交部档案, 020-990700-0009.

42) 「国民政府代表王寵恵与蘇俄代表鮑格莫洛夫簽訂中蘇互不侵犯条約」(1937 年 8
月 21 日), 台北, 国史館所蔵, 蔣中正総統文物, 002-020300-00042-002.

43) 前掲「広田外務大臣発在ソ重光大使宛電報」第 417 号 (1937 年 8 月 20 日).

44) 前掲「広田外務大臣発在仏国, 在米国大使宛電報」合第 1339 号 (1937 年 9 月 3
日).

45) ちなみに, 第 6 章第 3 節でも言及しているが, 広田は 1937 年 9 月 1 日付の「ソ
支不可侵条約ノ政治的影響ニ関スル件」において,「ソ支密約（出所極秘）其他類
似ノ情報」を挙げつつ, 中ソ不可侵条約は中国が「支那事変」の影響を受けて明確
に連ソ容共政策を受け入れたことを示していると断じるとともに,「ソ連ノ立場ヨ
リスレバ支那ニ於ケルコミンテルン及紅軍ノ台頭以来帝国ノ対支政策上重視セラレ
来レル日支間ノ防共協定乃至提携ヲ不可能ナラシムルコトヲ狙ヘルモノナリ」と指
摘した. 広田は当時から噂されていた中ソ間の絶対密約の文言を把握していなかっ
たように思われるものの, その性格については確実に認識していたことは明らかで
ある. 詳細は, 前掲「ソ支不可侵条約ノ政治的影響ニ関スル件」(「広田外務大臣発
在仏大使ほか宛電報」合第 1303 号 (1937 年 9 月 1 日).

46) 前掲『徐永昌日記』(手稿本) 第 4 冊, 1937 年 11 月 4 日条, 165-166 頁.

47) 『蔣介石日記』(手稿), 1937 年 11 月 4 日条.

48) 「トラウトマン発ドイツ外務省宛」(1937 年 11 月 5 日),『抗戦時期中国外交』
(上), 164-165 頁. The German Ambassador in China (Trautmann) to the
German Foreign Ministry (November 5, 1937), DGFP, Series D, Vol. 1, pp. 780-
781.

49) 『蔣介石日記』(手稿), 1937 年 11 月 4 日, 5 日条.

50) 詳細は, 1937 年 11 月 5 日付の『張嘉璈日記』(手稿), 前掲『翁文灝日記』上
冊, 前掲『徐永昌日記』. なお,「徐次長発孔秘書宛電報」(1937 年 11 月 7 日), 南
京, 中国第二歴史档案館所蔵, 孔祥熙档案, 3009 (2) /19 も参照.

51) 前掲『徐永昌日記』(手稿本) 第 4 冊, 1937 年 11 月 5 日条, 167 頁.

52) 前掲『翁文灝日記』上冊, 1937 年 11 月 5 日条, 188 頁.

53) 「徐次長発孔秘書剛父宛電報」(1937 年 11 月 9 日発), 南京, 中国第二歴史档案
館所蔵, 孔祥熙档案, 3009 (2) /19.

280 第7章 日独ソをめぐる路線対立の展開と終焉（1937.8～1938.1）

54) 「トラウトマン発ドイツ外務省宛」（1937年11月9日），『抗戦時期中国外交』
（上），165頁．The German Ambassador in China (Trautmann) to the German Foreign Ministry (November 9, 1937), DGFP, Series D, Vol. 1, p. 784.

55) 「蔣委員長致駐蘇大使蔣廷黻転軍事委員会参謀次長楊杰告知蘇俄我軍従上海安全撤退無損失無論何時決不与日言和電」（1937年11月10日），前掲『中華民国重要史料初編・対日抗戦時期』第2編，“作戦経過”（2），211頁．

56) 『蔣介石日記』（手稿），1937年11月11日条．

57) 詳細は，「I. V. スターリンおよびK. Ye. ヴォロシーロフと楊杰，張冲の会談記録」（1937年11月11日），前掲『日中戦争と中ソ関係』，196-206頁．なお，本資料集は会談の日付を11月18日と記しているが，本書では，同資料集注393および中国側の記録に基づき，11月11日に訂正した．

58) 「軍事委員会参謀次長楊杰，中央執行委員張冲自莫斯科呈蔣委員長報告与史達林委員長晤談関於我自製武器，飛機及請蘇聯参戦等問題之談話内容簽呈」（1937年11月12日），前掲『中華民国重要史料初編・対日抗戦時期』第3編，“戦時外交”（2），335-336頁．

59) 「軍事委員会参謀次長楊杰自莫斯科呈蔣委員長報告謁伏羅希洛夫大元帥探詢蘇対比京会議時及会議後対我之態度与軍事協助之程度談話記録』（1937年11月12日），同上，336-337頁．

60) スターリンは11月11日に楊，張に会う前に，コミンテルン中央執行委員会のディミトロフ議長や中国共産党代表の王明らと会見したばかりだった．その中で，スターリンは，「中国には膨大な人的資源があるため，中国が日本に勝利するという蔣介石の話は正しいと思われる．ただ，すでに戦っている戦争を最後までやり遂げる必要がある」と指摘した．このような指摘から分かるように，楊杰，張冲との談話で，スターリンが強調した「中国は必ず日本に勝てる」という見解は，外交辞令ではなく，日中両国の国情に対する彼の冷徹な分析からの展望であった．換言すれば，スターリンは，最後まで抗日戦を堅持すれば，中国にはソ連が参戦しなければ救えないような「不利な時」が出現しないと判断していたのである．詳細は，『季米特洛夫日記』，1937年11月11日条，前掲『共産国際，聯共（布）与中国革命档案資料叢書』第17巻，534-537頁．

61) 「徐次長発孔秘書宛電報」（1937年11月13日発），南京，中国第二歴史档案館所蔵，孔祥熙档案，3009（2）/19.

62) 「譚処長発孔秘書宛電報（孔祥熙致比京顧郭銭三大使電文）」（1937年11月12日発），南京，中国第二歴史档案館所蔵，孔祥熙档案，3009（2）/19.

63) 前掲『蔣廷黻回憶録』，200-202頁．

64) 「国民政府行政院政務処長何廉奉命請蔣廷黻向蘇方詢問援華具体方案電」（1937年11月17日），中国第二歴史档案館編『中華民国史档案資料彙編』第5輯第2編

注　281

"外交"（南京，江蘇古籍出版社，1997 年），206-207 頁.

65）「蔣廷黻関於向李維諾夫探詢蘇聯援華具体方案致何廉電稿」（1937 年 11 月 19 日），同上，207 頁.

66）「国防最高会議常務委員第 32 次会議記録」（1937 年 11 月 19 日），台北，中国国民党党史館所蔵，会 00.9/5.

67）「南京致孔秘書」（1937 年 11 月 19 日），南京，中国第二歴史档案館所蔵，孔祥熙档案，3009（2）/19.

68）前掲「国防最高会議常務委員第 32 次会議記録」（1937 年 11 月 19 日）.

69）「(a) 陳立夫的外交建議」（Hankou/28.11.37/Trautmann an AA/Pol.VIII 2025/85318-27），前掲『徳国外交档案』，91 頁；崔文龍訳「〈陶徳曼日記〉選訳」，1937 年 11 月 20 日，21 日，23 日条，『抗戦史料研究』2017 年第 1 輯，152-154 頁.

70）孔祥熙と陳立夫の観点から分かるように，抗日戦を戦いながら，「防共」をも堅持したい国民政府上層部は，日ソ交戦を中国に最も有利なことと見なしていた.

71）前掲「〈陶徳曼日記〉選訳」，1937 年 11 月 20 日，21 日，23 日条，152-154 頁.

72）「毛慶祥呈蔣中正日方所伝蘇聯援華消息漸寂与広西方面抗戦動向及中国将有意以香港作抗日根據地日軍並注意戦区宣撫工作等日電訳文情報日報等八則」（1937 年 11 月 21 日），台北，国史館所蔵，蔣中正総統文物，002-080200-00491-018.

73）前掲『周仏海日記全編』上編，1937 年 11 月 16 日条，93 頁.

74）陳克文『陳克文日記』上冊（台北，中央研究院近代史研究所，2012 年），1937 年 11 月 18 日，21 日条，136 頁，138 頁.

75）『蔣介石日記』（手稿），1937 年 11 月 20 日条.

76）「中央執行委員張冲自蘭州呈蔣委員長報告伏羅希洛夫元帥嘱転呈俄対我抗戦之態度電」（1937 年 11 月 18 日），前掲『中華民国重要史料初編・対日抗戦時期』第 3 編，"戦時外交"（2），338-339 頁.

77）11 月 21 日，蔣介石は楊杰宛に，「張冲同志はいまだに南京に着いていない．彼は飛行機で新疆を経由して帰国したのか，あるいは，ヨーロッパから船で帰国したのか．返答せよ」と打電した．この電報は，蔣介石が 11 月 21 日の時点において，張冲の 18 日付の電報を受信していなかったことを示している．また，国史館所蔵の 11 月 18 日付張冲電報原本の傍注によると，この電報は 1937 年 11 月 23 日に受領し，11 月 24 日に蔣介石に提出されたとされる．これも蔣介石が 11 月 24 日に初めて 18 日付張冲電報を読んだことを裏付けるものである．詳細は，「蔣中正電楊杰詢張冲乗飛機或乗船到京並告知仍坐鎮南京」（1937 年 11 月 21 日），台北，国史館所蔵，蔣中正総統文物，002-010300-00007-030；「張冲電蔣中正據伏羅希洛夫嘱転呈如中国抗戦到生死関頭時俄当出兵」（1937 年 11 月 18 日），台北，国史館所蔵，蔣中正総統文物，002-020300-00042-007.

78）1937 年 11 月 23 日付の陳克文日記には，「蔣廷黻大使からの来電では，ソ連に

は我が国の戦いを助ける力がない. 一般の人々はソ連の参戦を望んでいるが, ソ連は内部が複雑で, 決して積極的に我が国を助けることはできないと報告した」と記されている. 詳細は, 前掲『陳克文日記』上冊, 1937 年 11 月 23 日条, 139 頁.

79) 前掲『徐永昌日記』(手稿本) 第 4 冊, 1937 年 11 月 24 日条, 185 頁.

80) 「蔣中正電告楊杰已面晤張冲並詢友邦何時出兵相助」(1937 年 11 月 28 日), 台北, 国史館所蔵, 蔣中正総統文物, 002-010300-00007-038.

81) 「国防最高会議常務委員第 33 次会議記録」(1937 年 12 月 3 日), 台北, 中国国民党党史館所蔵, 会 00.9/5.

82) 「徳国調停中日戦事」(1937 年 11 月 5 日至 1938 年 2 月 4 日), 台北, 国史館所蔵, 外交部档案, 020-990700-0009, 16-17 頁.

83) 「蔣中正電孔祥熙請徳大使陶徳曼来京面談」(1937 年 11 月 29 日), 台北, 国史館所蔵, 蔣中正総統文物, 002-070100-00045-033. なお, 11 月 30 日, 孔祥熙はさらに蔣介石に書簡を送り, ドイツの調停を「天祐の好機」であると強調した. その理由は次の諸点に要約できる. ①九国会議が終了したが, 結果は第三国が調停できないこと, 国際情勢が不利であることを証明しただけであった. ②現在, 日本と対話できる国は少ないし, ドイツの調停は日本の意思によるものであるため, 体裁上まだ筋が通っている. ③日本が提示した条件はまだ過酷とは言えず, 多くは古い案件の蒸し返しであり, しかもすべてを我々に強制するものではなく, 議論の余地が残っている. ④我が国は前線の戦いでは不利であり, 後方も充実していない. しかも, 財政と経済はすでに困難に陥った. ⑤わが国の各方面はまだ完全に覚悟しておらず, 自分の実力を温存しようとするものもある. 居候の身になったら, 四分五裂を回避できない. 万が一, 後方に変化が生じると, 国家は大乱に陥る. ⑥本日皆と相談したが, いずれも局面を早く転換することを希望している. このような情勢になった以上, 貴兄一人で負うには責任が重すぎる. 詳細は, 「孔祥熙電蔣中正徳大使奉該国政府令出而調停盼対其表示只須決定条件可由外交当局及行政院詳商另請設法収沙赫特為我国所用而不願聘日等文電」(1937 年 11 月 30 日), 台北, 国史館所蔵, 蔣中正総統文物, 002-080103-00032-004.

84) 『蔣介石日記』(手稿), 1937 年 11 月 29 日条.

85) 「蔣中正電蔣廷黻転楊杰徳大使在漢伝達敵方希望言和之意彼将回京見余有所面陳如其来時必厳詞拒絶但南京防禦工事殊嫌薄弱未知友邦能否於十日内出兵協助」(1937 年 11 月 29 日), 台北, 国史館所蔵, 蔣中正総統文物, 002-090106-00012-305.

86) 「蔣中正電蔣廷黻楊杰請伏羅希洛夫転史達林中蘇利害与共休戚相関」(1937 年 11 月 30 日), 台北, 国史館所蔵, 蔣中正総統文物, 002-020300-00042-009.

87) スペイン内戦については, 本書第 6 章注 18 を参照されたい.

88) 『蔣介石日記』(手稿), 1937 年 11 月 30 日 (本月反省録) 条.

注 283

89) 同上, 1937 年 12 月 1 日「本月大事預定表」.

90) 「国防最高会議常務委員第 34 次会議記録」(1937 年 12 月 6 日), 台北, 中国国民党党史館所蔵, 会 00.9/5.

91) 「徳国調停中日戦事」(1937 年 11 月 5 日至 1938 年 2 月 4 日), 台北, 国史館所蔵, 外交部档案, 020-990700-0009, 14 頁.

92) 前掲『徐永昌日記』第 4 冊, 1937 年 12 月 2 日条, 193-194 頁. なお, 王世杰は 1937 年 12 月 3 日付の日記に, 「会議において, 白崇禧は共同防共の条件が最も受け入れられないと指摘した」と記している. 詳細は, 前掲『王世杰日記』(手稿本) 第 1 冊, 147 頁.

93) ちなみに, 最近でも, 日本では, 白崇禧の言う「味方」はドイツを指しているとする研究があった. また, 台湾で出版された『蔣介石年譜』なども前者と同様の観点をとっている. これは, 本書の対象時期の重要な史実について, 正すべき誤解があったことを反映している.

94) 前掲「国防最高会議常務委員第 34 次会議記録」(1937 年 12 月 6 日).

95) 「トラウトマン発ドイツ外務省宛」(1937 年 12 月 3 日), 『抗戦時期中国外交』(上), 166 頁. The German Ambassador in China (Trautmann) to the German Foreign Ministry (December 3, 1937), DGFP, Series D, Vol. 1, pp. 787-789.

96) 前掲『徐永昌日記』(手稿本) 第 4 冊, 1937 年 12 月 2 日条, 194 頁.

97) 同上, 1937 年 12 月 3 日条, 195 頁.

98) 前掲「I. V. スターリンおよび K. Ye. ヴォロシーロフと楊杰, 張冲の会談記録」(1937 年 11 月 11 日), 203 頁.

99) 「三派の対立激化 互に立疎む 南京政府の内情」, 『東京朝日新聞』1937 年 11 月 20 日.

100) 前掲『王子壮日記』(手稿本) 第 4 冊, 1937 年 11 月 4 日条, 308 頁.

101) 前掲『張嘉璈日記』(手稿), 1937 年 12 月 3 日条.

102) 前掲『王世杰日記』(手稿本) 第 1 冊, 1937 年 12 月 2 日条, 147 頁.

103) 前掲『陳克文日記』上冊, 1937 年 12 月 4 日条, 145 頁.

104) 『蔣介石日記』(手稿), 1937 年 12 月 11 日 (本週反省録) 条.

105) 同上, 1937 年 12 月 2 日, 3 日, 4 日 (本週反省録) 条.

106) 詳細は, 本書第 5 章を参照されたい.

107) 「蔣中正電蔣廷黻転楊杰告知中蘇已訂不侵犯条約無由再談防共内蒙不允自治及日方若誠意停戦我方可以考慮等答徳大使商談大意並以此准直告俄当局」(1937 年 12 月 4 日), 台北, 国史館所蔵, 蔣中正総統文物, 002-090105-00002-251.

108) 「史達林委員長, 伏羅希洛夫元帥自莫斯科致蔣委員長申述蘇聯不能即刻対日出兵之理由及提供委員長与徳大使陶徳曼談判時応採取之態度電 (訳文)」(1937 年 12

284　第 7 章　日独ソをめぐる路線対立の展開と終焉（1937.8～1938.1）

月），前掲『中華民国重要史料初編・対日抗戦時期』第 3 編，"戦時外交"（2），339-
340 頁．なお，『蔣介石日記』によると，蔣は 12 月 5 日にスターリンらの返電を手
にしたとされる．

109)　『蔣介石日記』（手稿），1937 年 12 月 5 日条．

110)　同上，1937 年 12 月 6 日条．

111)　「蔣介石発スターリン宛電報」（1937 年 12 月 6 日），前掲『中華民国重要史料
初編・対日抗戦時期』第 3 編，"戦時外交"（2），340 頁．

112)　蔣介石は日記において次の 2 点を強調している．「一，対日政策では最後まで
抗戦するだけであり，ほかには方法はない．二，抗日戦を戦う間，ロシアは必ず中
国共産党を反逆させない」．『蔣介石日記』（手稿），1937 年 12 月 7 日条．

113)　1937 年 12 月 9 日付の周仏海の日記によると，周はこの日「張冲を訪問し，ロ
シアでの交渉状況を尋ねた」が，張冲は「スターリンの言によれば出兵は可能であ
る」と述べたという．詳細は，前掲『周仏海日記全編』上編，101 頁．

114)　「楊杰日記」，1937 年 12 月 4 日，5 日，李嘉谷「中蘇関係史研究二題」（『抗日
戦争研究』1995 年第 1 期），141-142 頁から再引用．

115)　「軍事委員会参謀次長楊杰自莫斯科呈蔣委員長報告伏羅希洛夫元帥告以蘇聯不
能出兵之理由及願儘量以物質力助我電」（1937 年 12 月 6 日），前掲『中華民国重要
史料初編・対日抗戦時期』第 3 編，"戦時外交"（2），469-470 頁．

116)　「孔祥熙発蔣廷黻宛電報」（1937 年 12 月 3 日），前掲『中華民国史档案資料彙
編』第 5 輯第 2 編 "外交"，656 頁．本資料集は，この電報の日付を「1937 年 12 月
2 日」としているが，電報の文末に「3 日」と明記されており，内容から見ても 12
月 3 日発と推定できる．そのため，本書では「1937 年 12 月 3 日」に訂正した．

117)　「蔣廷黻関於陪李石曽会晤蘇聯外長情形電稿」（1937 年 12 月 4 日），同上，208
頁．

118)　「蔣廷黻発孔祥熙宛電稿」（1937 年 12 月 5 日），同上，657 頁．

119)　「蔣廷黻発外交部宛電稿」（1937 年 12 月 6 日），同上，209-210 頁．

120)　前掲『徐永昌日記』（手稿本）第 4 冊，1937 年 12 月 6 日条，197-198 頁．

121)　「国防最高会議常務委員第 35 次会議記録」（1937 年 12 月 10 日），台北，中国
国民党党史館所蔵，会 00.9/5.

122)　「国防最高会議常務委員第 36 次会議記録」（1937 年 12 月 13 日），台北，中国
国民党党史館所蔵，会 00.9/5.

123)　抄訳．全文は，「ソ連駐華臨時代理大使発ソ連外務人民委員部宛電報」（1937
年 12 月 13 日），前掲「〈中蘇外交文件〉選訳」（下），225-226 頁．Телеграмма
Временного Поверенного в Делах СССР в Китае в Народный Комиссариат
Иностранных Дел СССР（13 декабря 1937 г.），ДВП, Т. 20, с. 654-655.

124)　前掲『徐永昌日記』（手稿本）第 4 冊，1937 年 12 月 14 日条，200-201 頁．

注　285

125) 『蔣介石日記』（手稿），1937 年 12 月 18 日条．ちなみに，実際には蔣介石本人も戦局をかなり悲観していた．蔣経国の日記によると，12 月 11 日，蔣介石は蔣経国に海外への渡航を命じた．蔣経国が「国家が危機に陥ったいま，私は海外渡航により笑いものにされるのではないか」と抵抗を見せたためか，12 月 14 日に蔣介石は考えを改め，蔣経国の国内残留を決定したが，これは蔣介石の動揺を示すエピソードに他ならない．詳細は，スタンフォード大学フーバー研究所所蔵，『蔣経国日記』（手稿），1937 年 12 月 11 日，14 日条．

126) 「ソ連外務人民委員と中国駐ソ大使蔣廷黻との談話記録」（1937 年 12 月 21 日），前掲「〈中蘇外交文件〉選訳」（下），226 頁．Запись беседы Народного Комиссара Иностранных Дел СССР с Послом Китая в СССР Цзян Тин-фу（21 декабря 1937 г.），ДВП, Т. 20, с. 679–680. なお，『翁文灝日記』によると，対ソ工作を強化するため，孫科立法院長は楊杰が具申した「名望高い大物の使者」として 12 月 24 日にソ連に向けて出発した．詳細は，前掲『翁文灝日記』上冊，1937 年 12 月 24 日条，204 頁．

127) 大本営陸軍参謀部第二部「支那カ長期抵抗ニ入ル場合ノ情勢判断」（1937 年 11 月 23 日），「支那事変関係一件　第 18 巻」，外務省外交史料館所蔵，A.1.1.0.30.

128) 同上．

129) 「我が軍撃破の敵機は新来のソ連機と判明　飛行士と共に参戦確実」，『東京朝日新聞』1937 年 11 月 24 日（夕刊）．

130) 「水沢総領事発広田外務大臣宛電報」第 918 号（1937 年 12 月 7 日香港発），前掲「蘇連邦，中華民国間不侵略条約関係一件」．

131) 「水沢総領事発広田外務大臣宛電報」第 936 号，第 938 号（1937 年 12 月 13 日香港発），同上．

132) 「広田外務大臣発在ソ重光大使宛電報」第 649 号（1937 年 12 月 15 日），同上．

133) 大本営陸軍部「事変対処要綱案（対現中央政府解決の場合）」「事変対処要綱案（従来の中央政府否認後）」（1937 年 12 月 15 日），前掲『現代史資料』第 9 巻，54–58 頁．

134) 「日華和平交渉に関する在京独逸大使宛回答文」（1937 年 12 月 21 日閣議決定），前掲『日本外交年表竝主要文書』下，380–381 頁．

135) 「駐日ドイツ大使発ドイツ外務省宛」（1937 年 12 月 23 日），『抗戦時期中国外交』（上），176–178 頁．The German Ambassador in Japan (Dirksen) to the German Foreign Ministry (December 23, 1937), DGFP, Series D, Vol. 1, pp. 802–804.

136) 『蔣介石日記』（手稿），1937 年 12 月 26 日条．

137) 同上，1937 年 12 月 27 日条．

138) 「国防最高会議常務委員第 38 次会議記録」（1937 年 12 月 27 日），「国防最高会議常務委員第 39 次会議記録」（1937 年 12 月 31 日），台北，中国国民党党史館所蔵，

286 第 7 章 日独ソをめぐる路線対立の展開と終焉 (1937.8〜1938.1)

会 00.9/5.

139) 詳細は,「ソ連駐華大使ルガンツ発ソ連外務人民委員部宛電報」(1937 年 12 月 29 日),前掲「〈中蘇外交文件〉選訳」(下),227–228 頁. Телеграмма Полномочного Представителя СССР в Китае И. Т. Луганца-Орельского в Народный Комиссариат Иностранных Дел СССР (29 декабря 1937г.), ДВП, Т. 20, с. 689–690. 前掲「国防最高会議常務委員第 39 次会議記録」(1937 年 12 月 31 日).

140) 前掲『徐永昌日記』(手稿本) 第 4 冊, 1937 年 12 月 31 日条, 209 頁.

141) 前掲『張嘉璈日記』(手稿), 1937 年 12 月 28 日条.

142) 『蔣介石日記』(手稿), 1937 年 12 月 29 日条.

143) 1937 年 12 月の蔣介石の日記を見ると,彼は,抗日戦を堅持するためには中共との協力を維持しなければならないことをよく認識していたが,同時に,中共の強大化と「攪乱」を強く懸念していた.また,この時期における中共の影響力の高まりについては,他の政府関係者の日記にも生々しい記録が残されている.たとえば,陳克文は 12 月 23 日付の日記にこう書いている.「〔抗日戦に〕負けた後,多くの人は次第に自信を失っているようだ.張伯勉は公務の交渉で四明銀行を訪問した時,政府を改組するなら,毛沢東を行政院長に,朱徳を軍政部長に任じるのが一番よい,彼らには多くの知恵があると言った.そばにいる彦遠と彦松もそれに同調した.これは明らかに自信が揺らいでいる証拠だ」.徐永昌も 12 月 24 日付の日記で,次のように嘆息している.「中央を罵ったら,また,国民党軍を非難したら,多くの青年達がそれに賛同する.だが,ソ連や中共軍を罵ったら,皆必ず反感を示す.これこそ国家の危機だ」と.詳細は,前掲『陳克文日記』上冊, 1937 年 12 月 23 日条, 155 頁;前掲『徐永昌日記』第 4 冊, 1937 年 12 月 24 日条, 206 頁.

144) 『蔣介石日記』(手稿), 1938 年 1 月 1 日条.

145) 王世杰は,蔣介石が当時構想中の政府改造で,孔祥熙を行政院院長に,張群を行政院副院長に指名したことを,「対日妥協への一傾向として周囲に疑われている」と指摘した.孔と張は講和に傾斜していたからである.前掲『王世杰日記』(手稿本), 1937 年 12 月 31 日条, 158 頁.

146) 徐永昌は 1938 年 1 月 5 日付の日記の中で,「全中国を見ると,抗日戦に対して,口で言うことと心の中で思っていることが一致しているのが,一番目は〔中共の〕第八路軍であり,二番目は李宗仁〔と白崇禧〕の軍隊だ.他の人々はみんな口で言うことと心の中で思っていることが違う」と論評した.前掲『徐永昌日記』第 4 冊, 1938 年 1 月 5 日条, 212 頁.

147) 前掲『翁文灝日記』上冊, 1937 年 12 月 28 日条, 205 頁.

148) 前掲『王世杰日記』(手稿本) 第 1 冊, 1937 年 12 月 31 日条, 158 頁.

149) 前掲『徐永昌日記』(手稿本) 第 4 冊, 1938 年 1 月 1 日条, 210 頁. 1937 年 11 月 6 日,イタリアが日独防共協定に参加した.

注　287

150)　「ドイツ外務省発駐日ドイツ大使館宛」（1937 年 12 月 29 日），『抗戦時期中国
外交』（上），182 頁．The German Foreign Ministry to the German Embassy in
Japan（December 29, 1937），DGFP, Series D, Vol. 1, pp. 810–811.

151)　前掲『徐永昌日記』（手稿本）第 4 冊，1938 年 1 月 11 日条，214 頁．

152)　同上，1938 年 1 月 6 日，11 日条，212–214 頁．

153)　『蔣介石日記』（手稿），1938 年 1 月 11 日条．

154)　前掲『石射猪太郎日記』，1937 年 12 月 22 日条，234 頁．原文は，「独大使は蔣
介石はこれではキクマイと，其通り，こんな条件で蔣が媾和に出て来たら，彼はア
ホだ」．

155)　「国防最高会議常務委員第 42 次会議記録」（1938 年 1 月 10 日），台北，中国国
民党党史館所蔵，会 00.9/6.

156)　「トラウトマン発ドイツ外務省宛」（1938 年 1 月 13 日），『抗戦時期中国外交』
（上），186 頁．The German Ambassador in China（Trautmann）to the Ger-
man Foreign Ministry（January 13, 1938），DGFP, Series D, Vol. 1, pp. 815–
816.

157)　「国防最高会議常務委員第 43 次会議記録」（1938 年 1 月 14 日），台北，中国国
民党党史館所蔵，会 00.9/6.

158)　詳細は前掲『翁文灝日記』上冊，1938 年 1 月 14 条，210 頁；「国防最高会議常
務委員第 44 次会議記録」（1938 年 1 月 17 日），台北，中国国民党党史館所蔵，会
00.9/6.

159)　『蔣介石日記』（手稿），1938 年 1 月 14 日条．

160)　「駐日ドイツ大使発ドイツ外務省宛」（1938 年 1 月 16 日），『抗戦時期中国外
交』（上），188–189 頁．The German Ambassador in Japan（Dirksen）to the
German Foreign Ministry（January 16, 1938），DGFP, Series D, Vol. 1, pp. 819–
820.

161)　「『国民政府ヲ相手ニセズ』政府声明」（1938 年 1 月 16 日），「補足的声明」
（1938 年 1 月 18 日），前掲『日本外交年表竝主要文書』下，386–387 頁．

162)　『蔣介石日記』（手稿），1938 年 1 月 17 日条．

163)　例えば，2022 年 10 月末に開催された「第 8 回近代中外関係史国際学術シンポ
ジウム」（中国社会科学院近代史研究所主催，オンライン開催）の討論においても，
同様の発言があった．

結　論

　本書ではこれまで，蒋介石と国民政府が「抗日」と「防共」をめぐる葛藤の中で歩んでいた選択の過程を考察し，その各段階の特徴と因果関係についても，関連する章でまとめた．結論では，各章の議論を踏まえながら，いくつかの重大な問題について補足的な論述を展開したい．

1.「抗日」と「防共」に関する国民政府の思惑

　まずはじめに，「抗日」と「防共」に関する国民政府の思惑をどう理解すべきかという問題であるが，筆者は，以下のポイントを押さえておく必要があると考えている．

　(1) 蒋介石と国民政府にしてみれば，日本もソ連も中国にとっての「外患」である．したがって，1931年の満洲事変の発生から1937年の日中全面戦争の勃発まで，蒋介石および国民政府の対外政策決定には，一貫して二つの主軸が存在していた．一つは中日関係における抗日，すなわち反侵略であり，もう一つは中ソ関係における防共，すなわち反「赤化」であった．

　(2) 政策決定のレベルでは，「抗日」よりも「防共」のほうが複雑で難しかった．なぜなら，日本という外患は，主に中国の主権と領土を侵犯するものであり，国民政府の最大の内憂である中国共産党とは関係がない一方で，反共において理念的には国民政府と一致していた．これに対して，ソ連という外患は，中東鉄道や外モンゴル，新疆などの問題で国民政府と国家主権に関わる対立があるだけでなく，国共内戦という国民党政権の存亡に関わる内政問題では中共の指導者，そして支持者としての役割を果たしていた．また，ソ連が押し進める共産主義革命は，中国の政治制度と文化を根本から覆すものであった．したがって，「患の大小」を考える時，国民政府は「露患大，日患小」という位置

づけをしていた．また，この位置付けから，国民政府は「日患」を「皮膚の病」，「露患」を「急所の禍」と見なした．

　他方で，日本はあからさまな武力攻撃で東北から華北へと中国の主権と領土を侵犯しているが，ソ連はそれと違って，中国との主権をめぐる対立は主に国民政府が誕生する前の歴史に由来し，その後の新疆問題も新疆の地方勢力を通じて蚕食していたし，中国の内政に対する「赤化」は，中共の武装革命への物質的な支援もあったものの，多くは思想やイデオロギーのレベルでの浸透である．したがって，「患の緩急」の面では，国民政府は「日患急，露患緩」と位置づけた．

　（3）本当の意味での抗日（日本の侵略に抵抗し，領土と主権を守ること）と本当の意味での防共（ソ連とコミンテルンによる中国の赤化を阻止し，中共問題などの内憂を解消すること）は，ともに国民政府の目的であった．だが，国民政府の実力を見ると，両者を同時並行的に推進することができないのみならず，一つ一つを単独で解決することも無理があるので，日ソ間の対立を利用して，「以露制日」あるいは「以日制露」のいずれかの「以夷制夷」策を活用しなければならなかったのである．すなわち，（1）（2）で述べたように，「患の大小」と「患の緩急」が相反する条件の下で，優先順位をいかに決めるかという難問に直面せざるを得なかった．「先安内，後攘外」という理想に従えば，国民政府にとっては抗日よりも防共を優先するべきだが，実際の状況に理想通りに対処できない場合は，臨機応変に対応するしかない．それゆえ，国民政府は中立によって日ソ相互牽制を図りつつ，日患の急がまだ中国が我慢できる限度内にとどまっている間は，「患の大小」の考慮を優先し，「防共」に注力するために「以日制露」を行った．しかし，日患の急が中国が我慢できる限度を超えると，「患の緩急」の考慮を優先し，抗日に注力するために「以露制日」を行ったのである．

　要するに，歴史の過程とその中の出来事およびそれに対応する為政者はすべて単純で画一的なものではなく，そこには対立的要素を含む複数の要素が同時に存在し，多くの複雑な矛盾を構成している．だからこそ，蔣介石および国民政府の政策決定も矛盾と葛藤の中で行われていたのである．彼らは多方面の問題を総合的に判断し，多方面の可能性に対応しなければならず，その多くは互

いに依存し合いながら対立している．したがって，今日の人々は，過去の歴史過程や歴史人物を研究する際に，研究対象に潜む矛盾，対立と多様性，変動性に常に注目しなければならない．すなわち，歴史家は，問題を単純化せず，一つの時期には一つの固定的な政策や傾向しかないと考えず，その政策が選択された論理や背景を重視し，通説にとらわれた一面的な歴史認識を克服するべきである．

（4）上記の中国の外交戦略の法則とでもいうべき論理から出発すれば，国民政府の実際の対日・対ソ政策の変化は，おおむね次の段階に分けられる．

①満洲事変から対ソ国交回復決定に至るまで（1931年9月～1932年10月）：制日のための対外提携は主に英米等を対象にし，ソ連を利用しない．また，反共を理由にして対日説得を試みつつ，日ソ結託を警戒し，ソ連の「満洲国」承認を阻止する．

②中ソ国交回復決定から塘沽停戦協定締結に至るまで（1932年10月～1933年5月）：以ソ制日を試行する．

③塘沽停戦協定締結から日本の華北分離工作開始に至るまで（1933年5月～1935年6月）：日ソ対立に対する中立によって日ソ相互牽制を実現しようと努める．

④日本の華北分離工作に対応する時期（1935年6月～1935年12月）：日本に対する防共カードとソ連に対する抗日カードの併用に始まり，中国の主権と国民党政権に対する日ソ両国の異なる姿勢に応じて，対日政策では日本の攻勢に対する応戦を恐れず（抗日），対ソ政策では中ソ提携（連ソ）を厭わないという態度に転じる．

⑤連ソ交渉から西安事件に至るまで（1935年12月～1936年12月）：1936年年初における連ソ制日交渉と国共合作交渉の頓挫に加え，2月の二・二六事件と3月のソ蒙相互援助議定書締結以後は，連ソ活動を中止するとともに，一時「以日制ソ」を模索し，局地的な共同防共を協議することで日本の対中政策の改善を図ろうとする．しかし5月以降の日本の華北特殊化攻勢に対応するため，国民政府は日ソ相互牽制戦略に復帰し，西安事件の勃発に至る．

⑥西安事件から盧溝橋事件に至るまで（1936年12月～1937年7月）：内外にわたる諸ファクターのせめぎ合いの中，国民政府は全般的には日ソ相互牽制

292 結 論

戦略を続ける．対ソ政策では相互援助条約の締結に努力しつつ，不可侵条約を拒み，ソ連のための抗日を回避する．対日政策では華北の正常化を目指すが，日本との共同防共を拒否し，日本のための反ソを回避する．

⑦盧溝橋事件から長期抗戦の確定まで（1937 年 7 月～1938 年 1 月）：国民政府は盧溝橋事件当初，⑥の方針を維持しようとしたが，日中全面戦争への突入に伴い，1937 年 8 月に中ソ不可侵条約を結ばざるを得なかった．その後，抗戦継続か講和かの問題をめぐるソ連ルート（ソ連の対日参戦を利用して軍事的勝利を図ること）とドイツルート（ドイツの調停を利用して講和を図ること）という路線対立の中，講和の道が日本によって遮断されたので，「日患」の急に対処するために連ソ容共を余儀なくされる．

（5）あらためて強調しなければならないのは，本書の対象時期においてさえ，国民政府にとっての「ソ連」と「中共」は，いわば二つの意味が与えられ，区別されていることである．すなわち，一つは日本の侵略に抵抗する力として利用できる「ソ連」と「中共」であり，もう一つはイデオロギーや制度，政治運動として排除しなければならない「ソ連」と「中共」である．換言すると，国民政府の連ソは，共産主義に反対するという前提の下で，日本と対立しているソ連の力を抗日のために利用することであり，国民政府の容共も，共産主義に反対するという前提の下で，中共の力を抗日のために利用することである．

しかしながら，抗日の「力」としてのソ連と中共は，イデオロギーや制度，政治運動としてのソ連と中共とは渾然一体たる存在である．そのため，国民政府がいくら分別しようとしても，必要なものだけを取り，不要なものを捨てるというようなことができない．したがって，不要なものが抗日とともに日々増強するにつれて，国民政府の葛藤と苦悩も日増しに深刻になる．本書の論述に見られるように，国民政府内部の講和派またはドイツルート支持者のソ連観の主な特徴は，ソ連をマイナス要因として扱うことにある．そのために，彼らは忍耐や講和の必要性を論じる時，いつもソ連と中共への疑念や戦争による中国のソビエト化と日中共倒れの危険を主な理由としていた．また，このような理由は，国民政府内部の論争で使われるのみならず，日本とドイツに対する説得など，外交の面でもよく使われていた．

他方，蔣介石を中心とする主戦派にとっても，ソ連はプラスとマイナスが交

錯する混合体である（そのマイナス面に対する蔣介石の認識は，前述した蔣の二つの観点に収斂していると思う．すなわち，「ソ連は狡猾であり，日本は乱暴である」，「日患は急だが防ぎやすく，露患は隠蔽的で得体が知れない」）．さらに，この混合体に伴う蔣介石ら為政者の心理的葛藤を考えれば，抗戦継続か講和かをめぐるもつれは，主戦派と講和派の両陣営だけでなく，主戦派内部およびその中心人物である蔣介石の心の中にもあったと言える．

2. 中国の抗日戦突入とソ連の意向との関連

日中全面戦争の原因について，日本政府は当時「コミンテルンの策動」と「国民政府の赤化」を主張した．また，中国においても徐永昌が代弁したように，戦争は客観的に見てソ連を利するものであったから，戦争の発生はソ連の「謀略」によるとする説があった．このような見方が事実無根であることは，本書の第5章で詳論している．問題は，こうした80年以上前の観点が，現在も時々繰り返されていることである．このような現状に鑑みて，以下の3点を提示する必要があると思われる．

第一に，ソ連は日独両国による挟み撃ちを回避し，中国に日本を牽制させるため，中国の抗日戦を積極的に促進しようとしたことは確かな事実である．しかし同時に，ソ連が国民政府に対して相互援助条約の締結を拒否し，即時参戦の約束をしなかったのも厳然たる事実である．国民政府がこうしたソ連の対中政策の両面の事実をともに的確に認識していたことも，やはり一次資料に記録された真実である．

言い換えれば，日中全面戦争の勃発まで，ソ連の即時参戦があるかないかという点について，国民政府が「騙された」という事実はなかった．しかも，蔣経国の帰国もソ連が期待したような役割を果たせなかった[1]．国民政府は，ソ連が，物的援助の提供を約束することによって中国の抗日戦を奨励したと認識してはいても，即時参戦を約束することによって自分たちを騙して抗日戦に駆り立ててはいないことは分かっていたのである．だからこそ，盧溝橋事件以前の国民政府は「以ソ制日」を図りながら，「第三国のための抗日」を回避する努力をし，そして，そのために中ソ関係を冷却させていたのである．

294   結 論

　この点については，引用済みの資料に加えて，一人の当事者の説を証拠として補足したい．1938 年 10 月，国防最高会議副主席を務めていた汪精衛は，日中戦争勃発当時のソ連の態度について，こう述べている．「我々が知っておかなければならないのは，ソ連は我が国に嘘を言っていなかったことである．昨年中ソ不可侵条約が成立したとき，我が外交当局は元々軍事面の相互援助条約を締結しようとしたが，ソ連大使はこう言った．中国の敵は日本一国だけであるが，ソ連の敵は決して一国だけではない．東方にも敵があれば西方にも敵がある．だからソ連は軽率に東方への態度を決められない，と」[2]．

　第二に，西安事件が起きた後，日本は中国の抗日ムードを緩和し，「共同防共」を名目にした日中共同反ソを実現するため，一時期は確かに「中国再認識」を通じて穏健な姿勢を示した．しかし，その後，日本は中国侵略の既得権益を死守することに固執したため，誤りを是正できないばかりか，かえって歪んだ心理状態の中でますますエスカレートし，全面戦争への歩みを加速させた．国民政府は日本のこの二つの側面をも的確に認識していたが，ソ連に対する期待感と比較すれば，日本の穏健姿勢への国民政府の期待感は，むしろより長く続いていたように見える．このため，盧溝橋事件に至るまで，国民政府は，対日政策の面において，華北の主権を先に回復することを要求しながらも，中日関係の平和的調整にも力を入れていたのである．

　第三に，対日・対ソ関係の処理における国民政府の上記のやり方は，抗日を続けながら防共も放棄しないという彼らの本質とは切っても切れない関係にある．具体的に言うと，日本が求める「共同防共」に対する国民政府の拒否は，ソ連やコミンテルンの勧告によるものでもなければ，彼ら自身が親ソ政策や容共政策をとろうとしたものでもない．根本的な原因は，日本のいわゆる「共同防共」が対中支配と対中侵略を強化するための口実であり，それを受け入れれば，「華北が日本に支配されるだけでなく，中国全土も第二の満洲国にされる」という国民政府の認識にあったのであった[3]．

　しかし同時に，ソ連と中共への警戒心および「真の反共」という論理で日本を説得することへの期待感を背景に，盧溝橋事件に至るまで，国民政府は共同防共を拒否しながら，日本に対してもソ連に対しても「独自反共」を再三強調していた．さらに，盧溝橋事件が起こった後も，国民政府は日本に対する軍事

的抵抗を行いながら，外交交渉の努力も続けていた．と同時に，ソ連に対して
は，国民政府は中ソ相互援助条約の締結に努力する一方，中ソ不可侵条約の締
結を引き続き回避しようとしていたのである．

要するに，日本の対中戦争の発動という「原因」が先にあったからこそ，中
ソ不可侵条約の締結による「共同防共」問題の条約面での決着という「結果」
が後に来たのである．なお，蔣介石らの「ソ連は必ず参戦する」，「日ソは必ず
戦う」といった予想は，主に彼ら自身が情勢の進展を理想化した結果として生
じた誤判断であった．同時に，「張沖伝言」のようなミスリードもそうした誤
りを導いた一因であったと言えよう．

3. ソ連の参戦拒否と国民政府の対日姿勢との関連

ソ連の参戦拒否と国民政府の対日態度との関連について，当時中国の左翼知
識人の間で流行した見方は，日本で流行った「コミンテルン陰謀」論や「国民
政府赤化」論とは正反対で，国民政府の反共姿勢や抗日の不徹底に焦点を当て
て責任を問うという特徴があった．たとえば，ソ連の対日出兵の望みが薄くな
った頃，胡愈之[4]は1937年10月3日の『申報』に「ソ連は我々を助けるこ
とができるだろうか」と題する評論を発表し，次のように述べている．

　ソ連は果たして我々を助けることができるのか，みんな問いかけている．
多くの人は，ソ連が我々を助けられない理由として下記の4点を挙げてい
る．つまり，第一にソ連国内で行われている粛清によって，ソ連のパワー
が弱まっていること，第二にソ連が日本に対して懸念していること，第三
にソ連がドイツに対して懸念していること，第四にソ連がイギリスに対し
て懸念していること，である．

　しかしながら，第一の理由をあげる者は実はソ連の国情を認識していな
い．本当は，党と軍に対する粛清の結果，紅軍の組織はより強固になり，
対外的パワーもいっそう増強している．第二と第三の理由も成立しない．
確かに，ソ連は東西両面で同時に侵略の脅威にさらされている．しかし，
第二次五カ年計画が成功した後，シベリア，ベラルーシ，ウクライナにお
ける防御塹壕は，鉄壁のように堅固になり，紅軍の規律と装備も一般の想

像をはるかに超えている．ソ連の国防は東部と西部の国境でそれぞれ強化
されている．言い換えれば，西部国境の駐留軍はドイツとポーランドを仮
想敵として配備し，シベリアの駐留軍は日本を仮想敵として配備している．
手分けして対応するには十分な余裕がある．だからソ連は対日作戦を恐れ
るどころか，東西の国境で対日戦と対独戦を同時に戦っても絶対的な勝利
の確信があるのである．

　一方，ソ連がイギリスへの懸念により中国を助けてくれないという説は
事実に近いかもしれない．イギリスは欧州で仏ソ陣営に入るか独伊陣営に
入るか態度を決めかねているからだ．日独がソ連に侵攻した時，イギリス
が決して侵略国を助けないという保証をしなければ，ソ連が独伊英日の共
同侵攻を引き起こす危険を冒してまで中国を助けてくれるか，確かに懸念
すべきである．

上記の自問自答によってソ連自身に由来する理由をすべて否定した後，胡愈
之は国民政府自身から原因を探し，次のように論を続けた．

　我々の抗戦の決意は，外交行動においてあまりにも不十分に見える．こ
の点を隠す必要はない．軍事面では焦土抗戦の事実があるのに，外交面で
は未だに日本との妥協の道を断ち切っていない．我々は今も敵国と国交を
断絶しておらず，ジュネーブにおいても日本に対する軍事・経済制裁を断
固として要求していない．これは明らかにイギリスの紳士外交の牽制で抗
日外交を貫徹できなくなったためだ．事実を考えると容認してもいいと思
うが，中ソ関係が急速に進展し得ない主な原因は，まさしくここにある．
だから最後に言えば，ソ連が我々を助けてくれるかどうかという問題の解
答は，我々自身にかかっている．私達自身が妥協心理と無意味な幻想を克
服し，最後まで抗日の決意を堂々と全世界に表明できるならば，ソ連が
我々を助けてくれるのはもちろん，平和と正義を愛する全世界の人々もす
べて私達の側に立つのである [5]．

本書の論述，特に第7章での考察から分かるように，胡愈之が否定したソ連
側の原因の多くは，実はソ連自らの主張そのものであった．言い換えれば，ソ
連が対日参戦をしないのは，根本的にはソ連の自らの国益や国内外の環境に基
づく決定であり，国民政府の対日姿勢とはあまり関係がなかった．本書第7章

で引用したスターリンの論理に従えば，国民政府が抗日戦を堅持すればするほど，ソ連が出兵しなければ救えないような事態は起こらず，ソ連は参戦しなくても済むのである．スターリンの論理は，日中両国の国情がもたらした一種の逆説を反映している．

つまり，第7章で引用した「抗日戦争期の外交方略」に示されるように，「ソ連は参戦するに違いない」という蔣介石らの判断は，「ソ連は戦略上日中戦争における中国の敗戦には耐えられない」という認識を前提にしている．しかし，広い国土と厖大な人口を持つ中国が途中で屈服しない限り，ソ連が耐えられないような壊滅的な敗戦は起こらず，最終的には必ず勝利できることが明らかであった．他方，国民政府が途中で日本に屈服すれば，必ずや国民党政権の崩壊を招くので，国民政府には政権維持のためにも屈服するという選択肢はなかった．抗日戦に突入した以上，国民政府は最後まで戦わなければならないのであるから，結果として，ソ連参戦の前提は国民政府自身の論理によって自己否定されることになるのである．

ちなみに，ソ連の参戦と国民政府の態度との関連性については，汪精衛が前述の1938年10月の演説で示した二つの観点は，注目に値すると思われる．

第一は，ソ連が出兵しないからといって国民政府の責任を追及するべきではないという観点である．汪精衛は言う．「当時の世論は中国政府を責め立てすぎた．『中国がかつてソ連と国交を断絶したから』，あるいは，『中国がかつて反共政策でソ連の好感を失わせたから』と国民は言うが，国と国の提携は共通の利害に依拠するものである．たとえ中ソ両国が以前に悪感情を抱いていたとしても，現在の共通の利害により国家間関係は変えられるのである．仏ソ両国もかつて悪感情を抱いていた．第一次世界大戦以後，フランスはソ連を極めて恨んでいた．それでもいまは軍事協定を結んでいる．したがって，かつての国交断絶はソ連と提携できないという理由にならない．また，反共政策を批判する者もいるが，それは中国の内政に属する問題なので，関係がないことは言うまでもない」．

第二は，ソ連が出兵しないからといってソ連を非難するべきではないという観点である．汪精衛は言う．「ソ連は国際的に様々な懸念を抱えているので，極東だけに専念し力を入れることができないのは事実であり，ソ連もそう言っ

ている．我々はこの点に基づいてソ連の態度を理解し，私たちの誤解が原因で
ソ連が中国政府に失望するのを防ぐ必要がある．ソ連の党争や体制を議論した
り，さらにはソ連の経済建設は誇張ではないかと論評したりする者がいる．そ
れは必要でないだけでなく，ソ連の疑念と誤解を招くことになる．そのような
疑念と誤解は，国交に悪影響を及ぼす．そのため，我が中央政府は，一方では
我々自身の立場を配慮し，政府に対する民衆の信用を理由もなしに破壊するの
を防ぐべきである．このような破壊は国家と民族の損失であり，絶対にしては
ならないからである．他方では，友好国に対する悪感情を排除するべきである．
この悪感情は中国とソ連の共通の利害をないがしろにし，結果的に共通の目標
から離れさせてしまうため，絶対にダメだ」[6]．

　汪精衛の説明からは，ソ連が出兵しなかったのは国民政府の過失ではないが，
ソ連の過ちとも言えないという結論が導き出されるかもしれない．中国やソ連
を含め，どの国も国益に基づいて外交を行うため，自国の利益だけを基準にし
て他国を批評することはできないからである．

4. 国民政府の路線対立の終焉

　孔祥熙がドイツの第二次調停にあたって蔣廷黻に指示した内容も，また，蔣
介石が過酷化した日本の講和新条件を知った後にソ連大使ルガンツに語った内
容も，その主旨は，ソ連に対して，即時参戦をしなければ，中国は日本の条件
を受け入れると示唆するものであった．しかし，ソ連が即時の対日参戦を明確
に否定した後，国民政府は日本の条件を受け入れなかった．

　他方で，蔣介石はドイツによる調停の排除と日本の条件の拒否をソ連に繰り
返し表明したが，12月2日にドイツが伝えた日本の条件を交渉の基礎とする
ことに同意してから，日本が「ドイツルート」を断つまで，国民政府は日本の
条件を拒否していなかった．このような「不承認（不同意）」と「不拒否」の
並行は，抗戦継続か講和かの問題と路線問題を処理する過程における国民政府
の矛盾と複雑性をよく表している．同時に，国民政府の路線対立を最終的に解
消させたのは，日本の「対手トセズ」声明であって，国民政府自身の主体的決
断ではないという史実も証明されている．言い換えれば，国民政府における路

線対立を終焉させたのは実質的には日本であって，国民政府ではないのである．

このような結果をどう捉えるべきか．筆者は次のような意見を提示したい．

第一に，「不承認」と「不拒否」はいずれも複数の原因が交叉した結果であるが，それぞれの最重要原因は大きく異なっている．日本の条件に対する国民政府の不承認を分析する時，最も重視すべきはソ連要因である．概して言えば，国民政府がソ連の対日参戦に楽観的な希望を抱いていた時，ソ連要因は疑いなく抗日戦を鼓舞する役割を果たした．しかし，ソ連が対日参戦しないからといって，それで自然に対日講和が促進されたわけではない．実際，ソ連，中共および国民政府内のソ連擁護者がともにドイツの調停に反対していたため，中ソ関係が破綻することによってもたらされる内戦（よく知られている国共内戦だけでなく，今日の人々に見過ごされがちな国民政府内部の主戦派と講和派の内戦も含む）への危惧が，日本の条件に対する国民政府の不承認を決定させる主な原因となった．つまり，中ソ不可侵条約締結以降，「ソ連ルート」の論理と位置づけは紆余曲折を辿ったが，ソ連要因は客観的に抗日戦を促進する要素であり続けた．ただ，前半においてはそれが抗日戦を鼓舞していたのが，後半においては対日屈服の阻止へと意味付けが変化したのである．

第二に，ソ連要因が対日抗戦を鼓舞し，同時に対日屈服を阻止することともなった最大の理由は，日本がそれを「幇助」したことであった．もし，日中全面戦争の切迫がなければ，国民政府の連ソ抗日はなく，日本がドイツの調停の中で終始「共同防共」を先決条件としなければ，「絶対密件」の違反による中ソ関係の破綻と内戦の再発に対する国民政府の危惧もなかったからである．

これと関連して，日本の講和条件に対する国民政府の「不拒否」を分析する際，国民政府が抗日戦を戦いながら，防共も放棄したくはなかったという点は，最も重視すべき本質的な国民政府の性格であるといえる．本書で再現した経緯を振り返ると，国民政府が日本の「共同防共」に反対した原因は，指導者達が親ソ容共主義者であったことではなく，中ソ不可侵条約締結後の日本の「共同防共」の真の目的は，中国侵略の口実としての利用と，中ソ関係を破壊し，中国人同士の殺し合いを誘発することにあるという国民政府の認識にあったのである．孔祥熙の「造共」反対論と「漁夫の利」を防ぐという主張，また，蒋介石の「日患は急だが防ぎやすく，露患は隠蔽的で得体が知れない」という主張

300 　結　論

は，いずれも本当の意味での「防共」に対して，国民政府の政策決定者が執念を抱いていたことを示している．この執念の制約の下で，彼らは日本の条件を承認することによる内戦の再発と国民政府崩壊を懸念する一方で，日本の条件を拒否することによる日中戦争の長期化と内外の共産主義勢力の増強をも憂慮していたのである．こうした板挟みの苦境が，国民政府の逡巡を生んだことは言うまでもない．

　第三に，国民政府の対日抗戦は，日本の侵略に抵抗し，国の領土と主権を守るという「攘外」の目標に基づく面もあれば，国内の戦乱を防止し，国民党政権を守るという「安内」の目標に基づく面もあった．日本の条件に対する「不承認」と「不拒否」は，いずれも「安内」という目標を国民政府が重視していることの反映であった．このことは，国民政府の対日・対ソ政策を評価する際，国家主権の擁護に基づく思惑と国民党政権の擁護に基づく思惑を同時に注視しつつ，両者の消長を確認しなければならないことを明らかにしている．

　第四に，当時の内外環境によって形成された客観的な論理は，抗日のためには連ソをしなければならず，連ソのためには容共をしなければならないというものであった．しかし，国民政府の政策決定者が望んでいたのは，ソ連と中共の力を借りて抗日を行うとともに，ソ連と中共の政治的影響を排除し，共産主義勢力の増強を防止することであった．客観的論理と主観的願望の矛盾は，戦争の「造共」効果に対する焦慮と相まって，国民政府の政策決定者をして，国家利益と政権利益を考える際，いつもある種の自家撞着を感じさせた．だからこそ，国民政府にとって，「ソ連ルート」と「ドイツルート」の選択も，抗戦継続か講和かの決定も，プラスとマイナスが混在し，メリットとデメリットが併存するジレンマなのである．国民政府がこの苦境に陥って右往左往し，逡巡している間に，日本の「対手トセズ」声明は「ドイツルート」を断ち切っただけでなく，和平交渉を打ち切りにすると同時に国民政府の正統な地位をも否定した．その結果，国民政府は他の選択肢が全くない中で長期抗戦の道を歩むことを余儀なくされた．そして，この長期抗戦を支えるために，国民政府は葛藤と動揺の中で「連ソ容共」をも続けざるを得なかったのである．この意味では，日本は国民政府に代わって中国の路線対立を終焉させると同時に，自らも最終的には既定目標とは逆方向へと歩むことになってしまったのである[7]．

5. 1937 年の「曲線」と教訓

1937 年前半における日本の対中政策の評価をめぐって，日中両国の学界では現在も論争が続いている．概観すると，日本の学界の一部では，西安事件後の日本の「中国再認識」とそれに伴う「佐藤外交」を根拠に，1937 年の前半になっても日本は対中開戦に向けて一直線に行動したのではなく，国交調整を図り戦争を回避する「曲線」も浮上していたことが主張されている[8]．また，2010 年 1 月に発表された日中歴史共同研究の日本側報告書では，林内閣時に出された前述の「対支実行策」と「華北指導方策」を「画期的な政策転換」として評価している．これに対して，中国の研究者の多くは，佐藤外交を「欺瞞」と呼び，その対中政策の調整は「内容が限られているだけでなく，実施もしなかった」と指摘している[9]．

筆者は，日中間の見解の相違を解消するには，「曲線」が果たして存在したかを論争するのではなく，「曲線」が確かに存在したことを認めたうえで，その性質と役割を明らかにする必要があると考える．特に，以下の 3 点の努力が不可欠である．すなわち，(1) この「曲線」を反映した「中国再認識」と穏健姿勢の背景と具体的な内容を検証し，その正負両面をバランスよく究明すること．(2) 認識・態度と政策・行動の違いを峻別したうえで，曲線の浮上から逆転までの過程を追跡すること．(3) 日本の対中穏健姿勢の強硬姿勢への逆戻りの要因を探り，歴史の教訓をくみ取ること．

また，3 点目の原因究明と教訓のくみ取りに当たって，最も重要なのは，政治，軍事，経済といった通常の視点にとどまらず，心理的葛藤という視点も重視することである．日本の対中穏健姿勢の転換は，指導者の心理状態の歪みと密接な関係があったからである．詳細については本書第 5 章で述べているので，贅言を避けたい．

ちなみに，盧溝橋事件の直後に蒋介石が「応戦」を決意した重要な理由の一つは，中国が「応戦を恐れない」あるいは「戦っても屈しない」という強硬な姿勢を示すことでしか，日本の戦争の脅威を打ち破ることができないと判断したことであった．蒋介石はそれを「精神的戦勝」策と自称したが，論理的には

302 結論

本書第5章で述べた日本側の心理状態と類似性がある．いずれにしても，日中両国が共に真の開戦決意と開戦準備を固めていない状況で全面戦争に陥ったのは，双方がともに「己が強硬に出れば相手が軟弱になり，己が妥協すれば相手が増長する」という心理状態にあったことと密接に関係している．

これを歴史の教訓として吸収しなければならない．なかでも，下記の2点が特に大切であると思われる．

（1）国際関係を改善するには，己の誤りを正し，相手との折り合いをつける必要がある．しかし，その必要を感じて，折り合いをつけようとする側は，心の葛藤を克服しなければならない．その際，特に重要なのは，己の誤りを正すことは相手に対する譲歩や恩恵ではなく，まずは自分のためであることを理解しなければならない．そして，なぜ自分は誤りを正し，歩み寄りをしなければならないのか，歩み寄りに対する自分の躊躇に間違いがないか，自分にとって何が本当の国益であるか，という問題を，長い目で正しく判断しなければならない．

（2）歩み寄りを受ける側は，それに正しく対応しなければならない．その際，特に重要なのは，つぎのことを十分に理解することである．すなわち，相手は歩み寄りへの心の葛藤を抱えており，また，自分と同じような心理状態にある場合もあること，そして，その葛藤をもたらした内在的な矛盾には，常に逆転や逆戻りへの方向性が潜んでいること，である．

注

1）　幸いなことに，『蔣経国日記』（手稿）が最近，スタンフォード大学フーバー研究所で閲覧可能となった．同日記は史実を確認するための最新の資料となっている．それによれば，蔣経国は帰国直後の1937年5月初頭から12月末まで蔣介石の命令で故郷の渓口で生活しているが，毎日の日課はソ連での12年間の経験の総括と中国の古典の再勉強であった．その間，蔣介石とは一度も会わなかった．また，通信の困難を背景に，盧溝橋事件に言及がなされるのは，事件発生後1週間を経た7月14日になってからである．そして，8月18日付の日記では対ソ方針にやっと触れられているが，「国際的環境により，我々は露仏英と提携し，独伊を中立に立たせるべきである」という，当時ではごく普通の観点が述べられているだけである．詳細は，『蔣経国日記』（手稿），1937年5月5日から12月31日までの条．

2）　汪精衛「最近外交方針（在法官訓練所演詞）」，『申報』1938年10月11日．

3) 酒井哲哉氏は，1935 年の日本の共同防共の主張は，「ワシントン体制に潜在していた排ソという契機を強調することで，対英米対中関係の修復をはかろう」とした「防共的国際協調主義」を背景としたものであると指摘していた（前掲『大正デモクラシー体制の崩壊』第 2 部第 3 章）．しかし，日本の共同防共論に対する国民政府側の認識はこの主張とは裏腹である．

4) 胡愈之（1896–1986）は浙江省生まれの著名な評論家，社会活動家．1931 年，『モスクワ印象記』を出版し，注目を集めた．1933 年 9 月秘密裏に中国共産党に入党．中華人民共和国誕生後，全国人民代表大会常務委員会副委員長などの要職を歴任した．

5) 胡愈之「蘇聯能不能幫助我們？」，『申報』1937 年 10 月 3 日．

6) 前掲「最近外交方針（在法官訓練所演詞）」．

7) この点については下記のドイツ側の二つの資料が示唆に富むと思われる．まず，1937 年 12 月末，ドイツ外務省は日本政府を説得するために，駐日ドイツ大使に次のような訓電を送った．「反コミンテルンの事業におけるドイツと日本の共通利益は中国の正常状態の迅速な回復を必要とする．たとえこれが日本の願望を完全には満たさない講和条件の下で実現せざるを得なくとも，同様である．日本はヴェルサイユ条約の歴史の教訓を考えるべきである」（「ドイツ外務省発駐日ドイツ大使館宛」1937 年 12 月 29 日，『抗戦時期中国外交』（上），182 頁．The German Foreign Ministry to the German Embassy in Japan（December 29, 1937），DGFP, Series D, Vol. 1, pp. 810–811）．そして，日本政府による「対手トセズ」声明が発表された直後，駐日ドイツ大使は広田外務大臣に対して，このままでは世界の人々に，日本こそ中国との講和交渉を決裂させた責任を負うべきであると考えられかねないと指摘したうえ，中国との講和を放棄する日本の行為は，①日英関係の更なる悪化への危険性，②中国のソビエト化，③日本の国力は中国侵攻によってそがれるため，ソ連と比較すると日本の国力は日増しに弱体化するという三つのマイナスの影響をもたらすと強調した．これに対して，広田は，①については，イギリスとの関係悪化は回避すべきであるとした．②については，蔣介石は既に共産党の影響を強く受けているので，戦争の継続がそれ以上の悪い変化を招くことはないとした．③については，戦争が長引くなら，このドイツの懸念は正しいだろうが，戦争の長期化は予測しなくて良い，と回答している（「駐日ドイツ大使発ドイツ外務省宛」（1938 年 1 月 17 日），『抗戦時期中国外交』（上），190–191 頁．The German Ambassador in Japan（Dirksen）to the German Foreign Ministry（January 17, 1938），DGFP, Series D, Vol. 1, p. 821）．結果からみれば，ドイツの懸念はすべて的中した．そのような結果をもたらした要因を分析すれば，特に上記の②と③に対する広田の回答に示された日本の判断の誤りに目を向けたい．改めて歴史の教訓の重みを我々に反芻させる史実と言ってよいであろう．

304   結 論

8) 前掲「日中戦争前夜の中国論と佐藤外交」，前掲「再考 日中戦争前夜」.

9) 詳細は，日本外務省ホームページ，https://www.mofa.go.jp/mofaj/files/100512
962.pdf（2023 年 7 月 15 日最終アクセス）. 北岡伸一・歩平編『「日中歴史共同研
究」報告書』第 2 巻（勉誠出版，2014 年）にも収録.

基本資料目録

　この目録は，本書の執筆にあたって，筆者が参照した資料の主要なものであり，未公刊資料，公刊資料の順に掲載している．未公刊資料は，『蔣介石日記』や『蔣経国日記』を含め，資料の所蔵機関名のみを列記した．ファイルの名称は各章の注を参照されたい．
　なお，先行研究については，各章の注に列記したが，紙幅の関係上，文献目録では省略した．

1. 未公刊資料

〔台湾〕
国史館所蔵資料
中央研究院近代史研究所所蔵資料
中国国民党党史館所蔵資料

〔中国〕
中国第二歴史档案館所蔵資料
中国社会科学院近代史研究所档案館所蔵資料

〔日本〕
外務省外交史料館所蔵資料
防衛省防衛研究所所蔵資料
国立公文書館アジア歴史資料センター所蔵資料
　（https://www.jacar.go.jp）
東京大学附属図書館所蔵資料

〔アメリカ〕
スタンフォード大学フーバー研究所所蔵資料

2. 公刊資料

【資料集／文集】

王鉄崖編『中外旧約章彙編』（北京，三聯書店，1962 年）

栄孟源主編『中国国民党歴次代表大会及中央全会資料』（北京，光明日報出版社，1985 年）

国史館審編処編『国民政府対日情報及意見史料』（台北，国史館，2002 年）

国史館編纂『蔣中正総統档案　事略稿本』（台北，国史館，2003-2016 年）

国防大学編『中共党史資料彙編』（内部発行，出版年不詳）

国立政治大学人文中心編『民国二十六年之蔣介石先生』（台北，政治大学人文中心，2016 年）

呉淑鳳等編『軍情戦報』（戴笠先生与抗戦史料彙編）（台北，国史館，2011 年）

呉景平「孔祥熙与希特勒，戈林，沙赫特和里賓特洛甫的談話──徳国外交档案選訳」（『民国档案』1994 年第 3 期）

秦孝儀主編『中華民国重要史料初編・対日抗戦時期』（台北，中国国民党中央委員会党史委員会，1981 年）

中華民国外交問題研究会編『中日外交史料叢編』（台北，中国国民党党史委員会，1995 年）

秦孝儀主編『総統蔣公思想言論総集』（台北，中国国民党中央委員会党史委員会，1984 年）

中共中央書記処編『六大以来（党内秘密文件）』（北京，人民出版社，1981 年）

中共中央文献研究室編『毛沢東文集』（北京，人民出版社，1993 年）

中共中央文献研究室・中国人民解放軍軍事科学院編『毛沢東軍事文集』（北京，軍事科学出版社・中共中央文献出版社，1993 年）

中共中央文献研究室編『周恩来軍事文選』（北京，人民出版社，1997 年）

中央档案館編『中共中央文件選集』（北京，中共中央党校出版社，1989-1992 年）

中共中央党史史料徴集委員会編『第二次国共合作的形成』（北京，中共党史資料出版社，1989 年）

中共中央党史研究室第一研究部編訳『共産国際，聯共（布）与中国革命档案資料叢書』（北京，中共党史出版社，2007 年）

中国社会科学院近代史研究所翻訳室編訳『共産国際有関中国革命的文献資料』（北京，中国社会科学出版社，1982 年）

中華民国史料研究中心編『先総統蔣公有関論述与史料』（台北，中華民国史料研究中心，1985 年再版）

中国第二歴史档案館等編『西安事変档案史料選編』（北京，档案出版社，1986 年）

2. 公刊資料　　307

中国第二歴史档案館編『中華民国史档案資料彙編』(南京, 江蘇古籍出版社, 1994-1998
年)

中国第二歴史档案館編『中徳外交密档』(桂林, 広西師範大学出版社, 1994 年)

中国史学会・中国社会科学院近代史研究所編『中国近代史資料叢刊・抗日戦争』(成都,
四川大学出版社, 1997 年)

中国社会科学院近代史研究所中華民国史室編『胡適来往書信選』(北京, 中華書局,
1979 年)

趙正楷等編『徐永昌先生函電言論集』(台北, 中央研究院近代史研究所, 1996 年)

陶文釗主編『中国近代史資料叢刊　抗戦時期中国外交』(成都, 四川大学出版社, 1997
年)

羅家倫・秦孝儀等主編『革命文献』(台北, 中国国民党中央党史委員会党史史料編纂委
員会, 1966-1978 年)

李雲漢編『九一八事変史料』(台北, 正中書局, 1982 年)

李雲漢編『蔣委員長中正抗戦方策手稿彙編』(台北, 中国国民党中央委員会党史委員会,
1992 年)

李嘉谷編『中蘇国家関係史資料彙編 (1933-1945)』(北京, 社会科学文献出版社, 1997
年)

李玉貞訳「〈中蘇外交文件〉選訳」(上) (『近代史資料』総 79 号, 1991 年 7 月)

李玉貞訳「〈中蘇外交文件〉選訳」(下) (『近代史資料』総 80 号, 1992 年 1 月)

劉維開編『国民政府処理九一八事変之重要文献』(台北, 中国国民党中央委員会党史委
員会, 1992 年)

劉維開「蔣中正委員長在廬山談話会講話的新資料」(『近代中国』第 118 期, 1997 年 4
月)

任駿編選「駐蘇大使蔣廷黻与蘇聯外交官員会談記録 (1936 年 11 月―1937 年 10 月)」
(『民国档案』1989 年第 4 期)

孫修福訳「蔣廷黻致王寵恵孔祥熙電」(『民国档案』1990 年第 4 期)

郭恒珏・羅梅君主編, 許琳菲・孫善豪訳『徳国外交档案――1928-1938 年之中徳関係』
(台北, 中央研究院近代史研究所, 1991 年)

張良任等編『蔣経国先生全集』(台北, 行政院新聞局, 1991 年)

稲葉正夫ほか編『太平洋戦争への道』別巻・資料編 (朝日新聞社, 1963 年)

外務省編『日本外交年表竝主要文書』(原書房, 1965 年)

外務省編纂『日本外交文書　満洲事変』(外務省, 1978 年)

外務省編纂『日本外交文書　昭和期』(Ⅰ・Ⅱ) (外務省, 1990-2008 年)

外務省編纂『日本外交文書　日中戦争』(外務省, 2011 年)

外務省百年史編纂委員会編『外務省の百年』(原書房, 1969 年)

外務省編『外務省執務報告』昭和11年（1-2）（クレス出版，1993年）
木戸日記研究会編『木戸幸一関係文書』（東京大学出版会，1966年）
島田俊彦・臼井勝美ほか編『現代史資料』（みすず書房，1963-1974年）
防衛庁防衛研修所戦史室編『戦史叢書』（朝雲新聞社，1966-1980年）
日本国際問題研究所中国部会編『中国共産党史資料集』（勁草書房，1972年）
原田熊雄述『西園寺公と政局』（岩波書店，1950年）
ラーズ・リーほか編，岡田良之助ほか訳『スターリン極秘書簡』（大月書店，1996年）
河原地英武・平野達志訳著，家近亮子・川島真・岩谷將監修『日中戦争と中ソ関係——1937年ソ連外交文書邦訳・解題・解説』（東京大学出版会，2018年）

Министерство иностранных дел СССР（Ред.）//Документы внешней политики СССР（Москва: Политиздат, 1970-1976）（ДВП）
М.Л. Титаренко и др（Ред.）//ВКП（б），Коминтерн и Китай, Т. 4（Москва: РОССПЭН, 2003）（ВКК）

United States Department of State (ed.), *Foreign Relations of the United States* (Washington D.C.: United States Government Printing Office, 1949-1954) (FRUS)

Ann Trotter (ed.), *British Documents on Foreign Affairs* (Lanham: University Publications of America, 1996) (BDFA)

R. J. Sontag (ed., tr.), *Documents on German Foreign Policy, 1918-1945* (London: H. M. S. Stationery Office, 1949) (DGFP)

【日記】
『蔣介石日記』（手稿）
『蔣経国日記』（手稿）
『張嘉璈日記』（手稿）
王世杰『王世杰日記』（手稿本〈影印本〉）（台北，中央研究院近代史研究所，1990年）
王子壯『王子壯日記』（台北，中央研究院近代史研究所，2001年）
顔恵慶（上海市档案館訳）『顔恵慶日記』（北京，中国档案出版社，1996年）
胡適『胡適的日記』（台北，遠流出版公司，1989-1990年）
胡適（曹伯言整理）『胡適日記全編』（合肥，安徽教育出版社，2001年）
公安部档案館編注『在蔣介石身辺八年——侍従室高級幕僚唐縦日記』（北京，群衆出版社，1992年）

2. 公刊資料　　309

周仏海（蔡徳金編注）『周仏海日記全編』（北京，中国文聯出版社，2003 年）

蔣介石（黄自進・潘光哲編）『困勉記』（台北，国史館，2011 年）

蔣作賓（北京師範大学・上海市档案館編）『蔣作賓日記』（南京，江蘇古籍出版社，1990 年）

邵元冲（王仰清・許映湖標註）『邵元冲日記』（上海，上海人民出版社，1990 年）

徐永昌『徐永昌日記』手稿本（台北，中央研究院近代史研究所，1990-1991 年）

馮玉祥（中国第二歴史档案館編）『馮玉祥日記』（南京，江蘇古籍出版社，1992 年）

翁文灝（李学通・劉萍・翁心鈞整理）『翁文灝日記』（北京，中華書局，2014 年）

陳克文（陳方正編輯校訂）『陳克文日記』（台北，中央研究院近代史研究所，2012 年）

崔文龍訳「〈陶徳曼日記〉選訳」（『抗戦史料研究』2017 年第 1 輯）

黄郛『黄郛日記』（台北，関源書局，民国歴史文化学社，2019 年）

熊式輝（林美莉校註）『熊式輝日記 1930-1939』（台北，中央研究院近代史研究所，2022 年）

木戸幸一『木戸幸一日記』（東京大学出版会，1980 年）

宇垣一成『宇垣日記』（朝日新聞社，1954 年）

石射猪太郎（伊藤隆・劉傑編）『石射猪太郎日記』（中央公論社，1993 年）

鈴木貞一「鈴木貞一日記」（『史学雑誌』第 87 編第 1 号，1978 年）

寺崎英成編著『昭和天皇独白録　寺崎英成・御用掛日記』（文藝春秋，1991 年）

Joseph C. Grew, *Ten years in Japan, a contemporary record drawn from the diaries and private and official papers of Joseph C. Grew, United States ambassador to Japan, 1932–1942* (London, Hammond, Hammond & Company, 1944)
- 日本語訳　ジョセフ・C・グルー（石川欣一訳）『滞日十年——日記・公文書・私文書に基く記録』（毎日新聞社，1948 年）

【伝記／回想録等】

沈亦雲『亦雲回憶』（台北，伝記文学出版社，1980 年第 2 版）

李宗仁口述・唐徳剛撰写『李宗仁回憶録』（台北，暁園出版社，1989 年）

顔恵慶『顔恵慶自伝』（台北，伝記文学出版社，1989 年再版）

顧維鈞（中国社会科学院近代史研究所訳）『顧維鈞回憶録』（北京，中華書局，1985 年）

陶菊隠『蔣百里先生伝』（台北，文海出版社，1972 年）

蔣廷黻『蔣廷黻回憶録』（台北，伝記文学出版社，1984 年再版）

張治中『張治中回憶録』（北京，中国文史出版社，1985 年）

鄧文儀『冒険犯難記』（台北，学生書局，1973 年）

陳布雷『陳布雷回憶録』（台北，伝記文学出版社，1967 年）

310　基本資料目録

陳立夫「参加抗戦準備工作之回憶」(『伝記文学』第31巻第1期, 1977年7月)

陳立夫『成敗之鑑』(台北, 正中書局, 1994年)

　松田州二 (訳)『成敗之鑑 (陳立夫回想録)』(原書房, 1997年)

程天放『程天放早年回憶録』(台北, 伝記文学出版社, 1968年)

董顕光『蔣総統伝』(台北, 中国文化書院出版部, 1980年)

NHK取材班・臼井勝美『張学良の昭和史最後の証言』(角川書店, 1995年)

重光葵『重光葵外交回想録』(毎日新聞社, 1978年)

須磨未千秋編『須磨弥吉郎外交秘録』(創元社, 1988年)

東郷茂徳『東郷茂徳手記──時代の一面』(原書房, 1989年)

高倉徹一編『田中義一伝記』(原書房, 1981年)

陳公博 (岡田西次訳)『中国国民党秘史──苦笑録』(講談社, 1980年)

佐藤尚武『回顧八十年』(時事通信社, 1963年)

児玉謙次『中国回想録』(日本週報社, 1952年)

【日誌／年表／年譜／その他】

劉紹唐主編『民国大事日誌』(台北, 伝記文学出版社, 1978年再版)

劉維開編『中国国民党職名録』(台北, 中国国民党党史会, 1994年)

郭廷以編著『中華民国史事日誌』(台北, 中央研究院近代史研究所, 1984年)

沈雲龍編著『黄膺白先生年譜長編』(台北, 聯経出版事業公司, 1976年)

中共中央文献研究室編『毛沢東年譜』(北京, 人民出版社, 1993年)

蔣永敬編『胡漢民先生年譜』(台北, 中央文物供応社, 1978年)

呂芳上主編『蔣中正先生年譜長編』(第1-12冊)(台北, 国史館, 2014年)

秦孝儀主編『総統蔣公大事長編初稿』(台北, 中国国民党中央党史委員会, 1978年)

周文琪・褚良如編著『特殊而複雑的課題──共産国際・蘇連和中国共産党関係編年史』
　(武漢, 湖北人民出版社, 1993年)

蔡徳金等編著『汪精衛生平記事』(北京, 中国文史出版社, 1993年)

朱彙森主編『中華民国史事紀要』(台北, 中華民国史料研究中心, 1987年)

何応欽将軍九五記事長編編輯委員会編『何応欽将軍九五記事長編』(台北, 黎明文化事
　業股份有限公司, 1984年)

胡頌平編著『胡適之先生年譜長編初稿』(台北, 聯経出版事業公司, 1990年校訂版)

【新聞／雑誌】

『益世報』『解放』『外交月報』『紅旗』『国聞週報』『国風半月刊』『申報』『大公
　報』(上海)(北京)『中央日報』『中央週報』『東方雑誌』『独立評論』『東京朝日
　新聞』『東京日日新聞』『日本評論』

あとがき

　本書は日本学術振興会科学研究費補助金「基盤研究（C）・14520105」，同「基盤研究（C）18K01417」による研究成果の一部である．出版に当たっては同「研究成果公開促進費（課題番号24HP5096）」の助成を頂いた．記して学術振興会ならびに匿名の審査員の方々に深く感謝申し上げたい．

　本書のテーマに関する研究において，筆者は2009年4月からの1年間をスタンフォード大学で，2019年からの1年間をオックスフォード大学と北京大学，南開大学，中央研究院近代史研究所で在外研究に従事する機会を得た．そのお蔭で，数多くの貴重な資料を収集できるとともに，海外の研究者との切磋琢磨から多くの啓発を頂いた．こうした経験がなければ本書を世に出すことはできなかったに違いない．筆者を快く在外研究に送り出して下さった大東文化大学の教員・職員各位，ならびに温かく受け入れて下さった海外の諸機関の関係者各位に厚く御礼申し上げる．

　また，本書を完成させるまでには，上記以外にも多くの方々にお世話になった．特に原稿をなんとか形にした段階では，武田知己氏（大東文化大学法学部教授）は，多忙を極める中，日本外交史の専門家の観点から原稿を精査し，文章の表現も含めて極めて有益なご教示を下さった．金子貴純氏（国立公文書館アジア歴史資料センター研究員）は，本書で引用した日本側資料の出典を再確認したうえで，注の表記を整えて下さった．日中共同養成博士課程院生として筆者の研究室に在籍している呉啓睿氏（南開大学歴史学院中国現代史専攻所属）は，中国側資料と第三国側資料を中心に本書の校正作業に協力して下さった．

　東京大学出版会は，学術書の出版事情が厳しいなか，筆者の前著である『中国国民政府の対日政策1931-1933』に続いて，続編としての本書の出版をも引き受けて下さった．上梓に漕ぎ着けるまでの全プロセスにおいて，編集を担当して下さった奥田修一氏には，全般の論述から微細な表現まで，休日も返上し

て原稿をブラッシュアップしていただいた．あらためて厚く御礼を申し上げたい．

最後に，私事で恐縮であるが，いつも陰でしっかりと支えてくれている妻にもありがとうの気持ちを受け取ってもらいたい．

来年は日中戦争と太平洋戦争の終戦80周年であり，多くの国が記念イベントを準備しており，学界では，日中戦争と太平洋戦争の起源を改めて検討する動きもある．この節目の年を目前に控えた本書の刊行がこうした歴史的課題の解明に少しでも貢献できることを心より祈念申し上げたい．

もう一つの前著である『蒋介石の国際的解決戦略 1937–1941——「蒋介石日記」から見る日中戦争の深層』を合わせて，本書の刊行により，満洲事変から真珠湾攻撃に至る10年間の日中関係と東アジア国際政治に関する筆者の探究は，一区切りをつけることができる．ここに辿り着くまでの長い歳月の中で，筆者は本当に数え切れないほどの方々のご指導とご支援を頂いた．御名前をすべて挙げることはできないが，3冊の著書による自分の探究がせめてもの恩返しとなっていれば，この上ない喜びである．

2024年10月

鹿　錫俊

人名索引

ア 行

天羽英二　63
荒木貞夫　77
有田八郎　125, 126, 128, 144, 158, 159, 216
有吉明　80, 85, 123, 216
石射猪太郎　217, 218, 273
磯谷廉介　87–91, 96, 132, 138, 139
一木清直　184
殷汝耕　109, 169, 178, 186
于右任　249, 270
ヴォロシーロフ（Kliment Yefremovich Voroshilov）　242, 246–248, 252–254, 259, 260
閻錫山　272
王子壮　8, 164, 257
汪精衛（汪兆銘）　20, 21, 43–47, 49, 51, 53–56, 58, 59, 63, 74–76, 78, 81, 83–86, 93, 94, 96, 106–108, 160, 161, 164–166, 183, 193, 197, 237–239, 245, 246, 252, 256, 257, 265, 270, 272–274, 294, 297, 298
王世杰　8, 47, 80, 257, 272, 283, 286
王正廷　187
王寵恵　77, 87, 89, 97, 163, 172–175, 178, 181, 188, 189, 193, 199, 200, 206, 227, 237, 239, 246, 248, 253, 254, 265, 272, 274
翁文灝　8, 146, 160, 245, 272
王明　182, 217, 280
大角岑生　77
大田為吉　36
岡田啓介　77

カ 行

何応欽　79, 87, 89, 99, 169, 186, 244, 249, 274
何鍵　8, 34, 64, 125–128, 134, 135, 148
賀耀組　121
郭泰祺　56, 59
加藤寛治　77
カラハン（Lev Mikhailovich Karakhan）　63

川越茂　141, 142, 148, 159, 161–164, 181, 206
甘介侯　236
干卓　232
顔恵慶　8, 36, 37, 44, 51, 57, 63, 82, 83, 125
喜多誠一　141, 160, 177, 181, 186
吉鴻昌　38
居正　37, 38, 250
許世英　144, 158, 162, 207, 210, 211, 213, 223, 243
クライン（Hans Klein）　145, 146
顧維鈞　142, 146
胡恩溥　81
胡漢民　79
顧祝同　255, 256
胡適　8, 42–48, 53, 58, 146, 192
胡愈之　295, 296, 303
呉震修　134
孔祥熙　13, 59, 84, 86, 93, 100, 102, 105, 109, 131, 136, 137, 160, 161, 172, 187, 188, 204, 212, 220–222, 224, 227, 241, 246, 249–251, 253, 254, 258, 261–263, 266, 267, 270–272, 274, 281, 282, 286, 298, 299
高宗武　192
黄郛　43, 50, 76, 77, 84
孔令侃　13, 250
児玉謙次　178
近衛文麿　77, 184, 268
小柳雪生　123

サ 行

斉世英　128, 129
坂根準三　80
佐藤尚武　162, 177
重光葵　182, 206, 268
朱徳　268, 286
周恩来　169, 197, 206
周仏海　8, 196, 236, 238, 252, 284
徐永昌　8, 43, 105, 165, 186–188, 241, 244, 245,

255–257, 264, 265, 271, 272, 286, 293

徐道隣　62, 70

徐謨　255

蔣介石　1, 6–10, 15, 17, 20–22, 25, 26, 33–35, 38, 44, 49–51, 53–56, 58–63, 73–88, 91, 93–100, 102–107, 109, 110, 119, 121–143, 145–147, 149, 152, 154, 157–160, 163, 164, 166, 167, 170, 172, 175–177, 182, 184, 186–188, 190–193, 200, 203, 206, 220–222, 224, 227, 232, 235–237, 239, 240, 242, 244–248, 250, 252–262, 264, 266, 267, 270–275, 281, 282, 284–286, 289, 290, 292, 293, 297–299, 301, 302

蔣経国　8, 26, 170, 198, 206, 285, 293, 302

邵元冲　8, 76, 78, 80, 85

蔣作賓　22, 76, 80, 96–99, 102, 105, 106, 108, 133

蕭叔宣　78, 80, 105

蔣廷黻　58–61, 79, 82, 147, 148, 169, 173, 188, 189, 236, 239–241, 249, 250, 253, 261, 262, 264, 266, 281, 298

邵力子　239

沈鈞儒　206, 225

鄒琳　13

杉山元　77

鈴木喜三郎　77

スターリン（Joseph Vissarionovich Stalin）　13, 239, 246, 247, 253, 254, 259, 260, 262, 264, 271, 280, 297

ストモニャコフ（Boris Spiridonovich Stomon-yakov）　59, 148

須磨弥吉郎　42, 65, 92, 102, 107–109, 123, 124, 134–136, 159, 160

盛世才　38, 58, 66, 108, 124

宋慶齢　267

宋子文　39, 43, 49, 79, 84, 160

宋哲元　133, 166

曽養甫　109

孫科　19, 20, 56, 92, 173, 174, 188, 199, 237, 241, 265, 266, 285

孫文　21

タ　行

戴季陶　133, 249

高橋坦　81

多田駿　100

張学良　85, 157–160

張嘉璈　8, 134, 141, 257

張季鸞　140, 141, 162, 165

張群　132, 133, 135, 140–142, 144, 146, 159, 160, 163, 164, 169, 171, 172, 178, 198, 199, 237, 265, 274, 286

張水淇　134, 141

張冲　119, 120, 169, 190, 246–248, 252–254, 260–262, 280, 281, 284

陳介　241

陳果夫　125–128

陳儀　87–91, 93, 96

陳克文　8, 252, 257, 258, 286

陳済棠　155

陳中孚　79

陳布雷　62, 80

陳立夫　5, 42, 109, 119–122, 125–129, 133, 134, 162, 172, 189, 251, 281

丁紹伋　163, 184, 196

程天放　119–121, 222–224

ディミトロフ（Georgy Mikhailovich Dimi-trov）　170, 280

ディルクセン（Herbert von Dirksen）　219

杜重遠　113

陶希聖　252

鄧文儀　8, 93, 95, 102, 114, 115, 123–125, 135, 150, 152

唐炳初　125, 127

唐有壬　42, 43, 84, 92, 123

東郷茂徳　219

トラウトマン（Oskar Paul Trautmann）　219–221, 241, 244–246, 251, 253–258, 261, 270, 274

ナ　行

永田鉄山　95

ハ　行

白崇禧　166, 244, 252, 255–257, 260, 266, 272, 283, 286

白逾桓　81

花谷正　80

人名索引　　315

林銑十郎　161, 162, 180, 184, 301
菱刈隆　66
日高信六郎　183
ヒトラー（Adolf Hitler）　41, 51, 121, 224
広田弘毅　75, 96, 98, 99, 101, 102, 105, 106, 108, 122, 123, 125, 133, 161, 184, 196, 206, 210, 211, 213, 243, 268–270, 274, 303
傅斯年　246
ファルケンハウゼン（Alexander von Falkenhausen）　94, 222, 246
馮玉祥　38, 173, 174, 199
ヘンダーソン（Loy Wesley Henderson）　194
ボゴモロフ（Dmitry Vasilyevich Bogomolov）　39, 83, 86, 87, 91, 105, 109, 122, 125, 129, 130, 131, 133, 136, 137, 168–170, 172–175, 177, 188–192, 200, 232, 235, 237, 239, 241
堀内謙介　184

マ　行
牧野伸顕　77
真崎甚三郎　77
松井石根　78
松岡洋右　63
三浦義秋　125
武者小路公共　219
毛沢東　171, 177, 206, 268, 286
森島守人　66

ヤ　行
熊式輝　237, 238
熊斌　105, 106
楊杰　55, 61, 140, 232, 240, 242, 246–249, 253, 254, 258, 260–264, 280, 285
楊虎城　160
葉楚傖　85, 112

ラ　行
羅文幹　43, 65
李石曽　239, 261–263
李宗仁　155, 166, 252, 256, 257, 266, 272, 286
リースロス（Frederick William Leith-Ross）　137–139
リッベントロップ（Joachim von Ribbentrop）　220
リトヴィノフ（Maxim Maximovich Litvinov）　63, 83, 142, 147, 148, 168, 188, 189, 191, 241, 249, 261–263, 266
林森　20
ルガンツ（Ivan Trofimovich Luganets-Orelsky）　270, 271, 298
ルーズヴェルト（Franklin Delano Roosevelt）　40, 41, 199, 238

ワ　行
若杉要　81, 122
若槻礼次郎　77

事項索引

ア 行

天羽声明　56
以ソ（露）制日　60, 83, 109, 145, 290, 293
依独講和　238, 254, 255, 261, 266, 272
以独促ソ　254, 255, 261, 266, 270
以日制ソ（露）　60, 83, 109, 133, 145, 290, 291
ヴェルサイユ条約　303
梅津・何応欽協定（何梅協定）　81, 178
汪精衛対日親善談話　77
王寵恵訪日報告書　78
汪・唐・黄体制　43
欧米派　124

カ 行

海軍省（日本）　185
外交組　19, 20
外交方針に関する提案　76
外務省（ドイツ）　218, 223, 256
外務省（日本）　32, 56, 59, 80, 106, 123, 125, 158,
　　　162, 178, 182, 183, 185, 186, 206, 207, 209,
　　　210, 213–215, 217, 219
外務人民委員部（ソ連）　36, 129, 168, 239, 264
「華北指導方策」　181, 301
華北駐屯軍　136
華北分離工作（華北事変）　5, 81, 84, 100, 102,
　　　109, 122, 129, 135, 179, 216, 291
関東軍　135, 159, 160, 184, 185, 215
冀察政務委員会　169
冀東防共自治委員会（冀東防共政府）　109, 135
九カ国条約　94, 268, 272
九国会議（ブリュッセル会議）　236, 240, 242,
　　　244–246, 248–250, 253, 261, 282
銀買い上げ政策　58
軍事機関長官会報会　186
軍政機関長官談話会　189
軍部大臣現役武官制　136
桂軍　265
経済提携優先　178–180

懸案を解決するための協定要綱（解決懸案大綱
　　　協定）　28, 212, 227
工業部渡ソ実業考察団　232, 249
紅軍　144
抗日7君子　225
「抗日戦争期の外交方略」　232, 234, 235, 238,
　　　240, 297
講和派　292, 293, 299
国際的解決戦略　63
国際連盟　16–18, 20, 24, 32, 36–38, 41–46, 48, 57,
　　　58, 96, 102, 165, 166, 169, 249, 253, 261
国際連盟規約　212, 227
「国策の基準」　139
国防最高会議　13, 227, 232, 236–240, 245, 246,
　　　248, 250, 251, 265, 270, 274, 294
国防参議会　239
国防大綱　106
国民社会主義ドイツ労働者党　224
国民政府　1, 6, 7, 9, 15–18, 20–26, 31, 32, 34, 36–
　　　43, 47, 58, 59, 73, 75, 76, 79, 87, 101–104, 108,
　　　109, 119, 130, 131, 135, 138, 141, 144, 145,
　　　147–149, 157–160, 162, 164, 166, 168, 170–
　　　173, 175–181, 185, 190, 194, 199, 205, 206,
　　　209, 211–213, 215, 220, 221–225, 228, 231,
　　　234–240, 245, 246, 248, 249, 252, 253, 257,
　　　260, 266–268, 270, 272, 275, 276, 289–300
「国民政府ヲ対手トセズ」　2, 231, 275, 299, 300,
　　　303
5項目要求　141, 144
五相会議　139
国共合作　130, 131, 245
国境問題協議委員会　36
コミンテルン　5, 16, 18, 36, 41, 99, 114, 122, 138,
　　　144, 165, 167, 170, 171, 177, 187, 189, 194,
　　　207, 209, 212, 214, 215, 224, 226, 290, 293,
　　　295, 303
　　　——第7回大会　92, 95, 103, 214, 217
コミンテルン陰謀論　157

サ 行

最後の関頭　108

済南事件　21

佐藤外交　162, 177–180, 301

山海関事件　33

幣原外交　21

支那駐屯軍　91

「事変対処要綱案」　268

上海事変（第一次）　18–20, 56, 90, 178

上海停戦協定　88, 97, 98, 107, 141, 178

上海福岡間航空協定　107

10 月 20 日付書物　106, 108

粛清運動　175

主戦派　292, 293, 299

新疆　8, 18, 38, 50, 51, 58, 61, 66, 82, 83, 85, 93, 95, 102, 103, 114, 115, 122, 131, 138, 147, 172, 208, 213, 289

新疆視察報告　102

「新疆省事情並蘇支関係」　124

新生事件　85

人民戦線　160, 172, 182

スペイン（内戦）　208, 226, 254, 255, 258

西安事件　2, 5, 149, 157, 158, 160, 162, 164, 166–168, 170, 171, 182, 187, 207, 291, 294, 301

「精神的勝利（戦勝）」策　188, 302

成都事件　141

西南派（西南系，桂系，両広系）　74, 79, 155, 256, 266

制露攘日　5, 68

「世界新情勢下の中国外交方針」　42

「赤禍根絶」決議　162

絶対密件（密約）　157, 193–195, 206, 210–212, 227, 228, 243, 257, 275, 276, 279, 299

1924 年の協定　23, 35

「先其所愛，微與之期」　50, 68, 74, 87, 88

専門家会議　20

造共　224, 225, 251, 258, 266, 272, 299, 300

「ソ支不可侵条約ノ政治的影響ニ関スル件」　213

外モンゴル　15, 16, 18–20, 24, 26, 28, 31, 38, 52, 82, 86, 131, 133, 134, 138, 142, 145, 171, 173, 193, 207–213, 227, 233, 237, 239, 240, 258, 289

ソ蒙相互援助議定書　5, 133–135, 137, 138, 140, 149, 214, 291

ソ連外務人民委員部　130, 239, 264

ソ連共産党政治局　169, 172, 190

「ソ連邦の対支進出」　217

ソ連ルート　231, 235, 238, 241, 251, 264, 275, 292, 299, 300

孫文・ヨッフェ共同宣言　15, 131

タ 行

「対欧米外交方針」　214, 215

第三インターナショナル　122, 126, 132

『対支基礎的観念』　100

「対支実行策」　181, 301

「対支ソ聯邦活躍の実相」　182

対ソ敬遠（接近回避）　17, 41

対ソ要望事項　34

対日親善　73–75, 78, 80, 84

第八路軍　286

太平洋条約　172, 174–176, 198

大本営陸軍参謀部第二部　266, 267

大本営陸軍部　268

大連会議　103

多田声明　100–104, 123

塘沽停戦協定　5, 38, 40, 41, 43, 45, 47, 48, 50, 88, 97, 98, 107, 132, 141, 178, 291

中央政治会議　19, 23, 36, 45, 56, 73–76, 78, 82–86, 93, 95, 100, 136

中央宣伝委員会　110

中央宣伝部　110

中華民国東部三省自治省政府とソビエト連邦との協定　28

中国共産党（中共）　1, 9, 15, 16, 18, 21, 22, 24, 31, 33, 36, 37, 39, 42, 50, 56–58, 61, 62, 65, 83, 95, 98, 100, 103, 105, 122, 126, 128–133, 137–139, 142, 144, 152, 161–168, 171, 172, 176–178, 182, 183, 186, 194, 197, 206, 217, 220, 223, 224, 238, 239, 244, 245, 256, 260, 264, 268, 284, 286, 290

中国国民党　15, 18, 21, 23, 32, 33, 85, 87–91, 100, 126, 135, 138, 139, 160–163, 166, 167, 172, 193, 194, 217, 265, 271

　　――五期三中全会　161, 162, 164, 168, 169,

事項索引

　　　171
　　　——五期三中全会の秘密決議　169
　　　——五期二中全会　138
　　　——中央政治委員会　166
　　　——第5回全国代表大会　108
中国再認識　5, 7, 178, 184, 294, 301
中国の三原則　77, 101, 102, 104, 107, 108
中ソ国交回復　2, 62, 291
中ソ相互援助条約　86, 87, 130, 131, 137, 140, 142, 150, 168–170, 172, 173, 175, 176, 189–191, 232, 292–295
中ソ通商条約　181
中ソ提携　25, 33, 34, 58, 104, 109, 149, 291
中ソ不可侵条約　5, 19, 20, 32, 35, 36, 39, 83, 87, 92, 130, 157, 169, 170, 174–176, 189–194, 205–215, 217, 219, 222–224, 227, 231, 232, 234–236, 241, 243, 249, 256, 258, 272, 294, 295, 299
「中ソ不可侵条約の内容に関する研究」　211, 215
中ソ密約　128, 206, 219
中東鉄道　15, 16, 18, 24, 26, 28, 31, 34, 36–39, 50, 66, 131, 138, 171, 289
中独ソ不可侵条約　251
「中日友好条約の要綱（7月要綱）」　88–90, 98
調査統計局　171
張冲伝言　252–254, 259–261, 264, 295
「帝国外交方針」　139
「敵乎友乎」　62, 70, 71, 80
徹底抗日案　32
ドイツルート　231, 238, 241, 248, 253, 254, 264, 272, 274, 275, 292, 298, 300
土肥原・秦徳純協定　81
得隴望蜀　180, 182
敦睦邦交令　86

　　ナ　行

南守北進　52
二・二六事件　131, 132, 134, 136, 149, 291
二重外交　55, 81, 135, 264
二重政策　84, 124
日独伊防共協定　272
日独防共協定　2, 146, 147, 157, 158, 169–171, 182, 198, 207, 214, 215, 220–222, 234, 286
日華貿易協会　178
「日支講和交渉条件細目」　269
「日支和平交渉に関する在京ドイツ大使宛回答文」　268
日ソ漁業協定　147
日ソ相互牽制戦略　55, 63, 73, 86, 133, 290, 291
日ソ不可侵条約　13, 22, 32
「日中共存共栄」論　47, 48, 54
「日中直接交渉要領案」　90, 101
日本経済視察団　178, 180, 265
日本の三原則　102, 105
熱河作戦（長城抗戦）　31

　　ハ　行

反ファシズム統一戦線　92
菱刈文書　39, 66
広田演説　75–77
広田三原則　101–104, 106, 129, 131, 135
不戦条約　212
幣制改革　108
米ソ国交樹立　40, 42, 43, 48, 51
ベルギー　44, 45
北守南進　52
北平政務整理委員会　43
北満鉄道譲渡基本協定　83
北海事件　141

　　マ　行

満洲国　22, 32, 34, 36, 50, 54, 63, 78, 82, 90, 91, 96–98, 102, 138, 145–147, 174, 178, 180, 185, 186
満洲事変（九一八事変）　1, 2, 16–18, 21, 23, 24, 32, 38, 49, 56, 79, 90, 123, 124, 169, 179, 180, 291
黙守待援　45, 56
門戸開放　51, 52
モンロー主義　52

　　ラ　行

藍衣社　124
「陸軍ノ基本四項」　103
陸軍省（日本）　32, 185, 218

両広事変　140, 155
連ソ制日　17, 19
盧溝橋事件　1, 176, 184, 186–188, 190, 193, 205,
　　218, 220, 221, 226, 291–294, 301, 302

盧山会議　245
盧山軍官訓練団　57
ロンドン海軍軍縮会議　74

著者略歴

1991 年 　中国復旦大学大学院歴史・国際政治学研究科博士課程修
　　　　　了（1993 年博士学位取得）．
1995 年 　一橋大学大学院法学研究科博士課程単位取得（1998 年博
　　　　　士学位取得）．
　　　　　一橋大学法学部助手，日本学術振興会特別研究員，島根
　　　　　県立大学総合政策学部助教授・教授を経て，
現　在　大東文化大学国際関係学部教授
　　　　　南京大学中華民国史研究センター客員教授

主要著書

『中国国民政府の対日政策 1931-1933』（東京大学出版会，2001 年）
『蔣介石の「国際的解決」戦略 1937-1941──「蔣介石日記」から
　見る日中戦争の深層』（東方書店，2016 年）
『中日外交戦略的博弈（1931-1941）』（南京，江蘇人民出版社，
　2024 年）

日中全面戦争に至る中国の選択 1933-1937
「防共」と「抗日」をめぐる葛藤

2024 年 12 月 25 日　初　版

［検印廃止］

著　者　鹿　　錫　俊
　　　　　　ろく　　しゃくしゅん

発行所　一般財団法人　東京大学出版会

　　　　代表者　吉見俊哉

　　　　153-0041 東京都目黒区駒場 4-5-29
　　　　https://www.utp.or.jp/
　　　　電話　03-6407-1069　Fax 03-6407-1991
　　　　振替　00160-6-59964

印刷所　株式会社理想社
製本所　誠製本株式会社

Ⓒ 2024 Lu Xijun
ISBN 978-4-13-036289-4　Printed in Japan

JCOPY 〈出版者著作権管理機構　委託出版物〉
本書の無断複写は著作権法上での例外を除き禁じられています．複写され
る場合は，そのつど事前に，出版者著作権管理機構（電話 03-5244-5088,
FAX 03-5244-5089, e-mail: info@jcopy.or.jp）の許諾を得てください．

川島　真編 岩谷　蔣	日中戦争研究の現在	A5・5200円
岩谷　蔣著	盧溝橋事件から日中戦争へ	A5・4800円
河原地英武訳 平野　達志	日中戦争と中ソ関係 1937年ソ連外交文書邦訳・解題・解説	A5・6000円
沈　志　華編 熊　倉　潤訳	中ソ関係史 1917–1960［上・下］	A5各5400円
田嶋信雄著	ナチス・ドイツと中国国民政府 1933–1937	A5・4500円
酒井哲哉著	大正デモクラシー体制の崩壊 内政と外交	A5・5600円
木戸日記 研究会編	木戸幸一関係文書	A5・7200円
有賀　貞著	国際関係史 16世紀から1945年まで	A5・3800円

ここに表示された価格は本体価格です．ご購入の
際には消費税が加算されますのでご了承ください．